中華郵政登記認爲第一類新聞紙類

中華民國三十年六月三十日

市政公報

第七十四期

南京特別市政府祕書處印

目錄

金陵全書

丙編・檔案類

市政公報

［第七十四—一〇四期］

（民國）南京特別市政府 編

南京出版社

圖書在版編目（CIP）數據

市政公報. 第74～104期 / 南京特别市政府編. —
南京：南京出版社，2012.12
（金陵全書）
ISBN 978-7-5533-0108-2

Ⅰ. ①市… Ⅱ. ①南… Ⅲ. ①地方政府—公報—匯編
—南京市—民國 Ⅳ. ①D693.62

中國版本圖書館CIP數據核字（2012）第269632號

書　名　【金陵全書】（丙編・檔案類）
　　　　市政公報（第七十四 —— 一〇四期）
編著者　（民國）南京特别市政府
出版發行　南京出版社
　　　　社址：南京市成賢街43號3號樓　郵編：210018
　　　　網址：http://www.njcbs.com
　　　　聯系電話：025-83283871（營銷）　025-83283883（編務）
　　　　電子信箱：njcbs1988@163.com
責任編輯　朱天樂
裝幀設計　楊曉崗
製　版　南京新華豐製版有限公司
印　刷　南京凱德印刷有限公司
經　銷　全國新華書店
開　本　889×1194毫米　1/16
印　張　60.75
版　次　2012年12月第1版
印　次　2012年12月第1次印刷
書　號　ISBN 978-7-5533-0108-2
定　價　1000.00 元

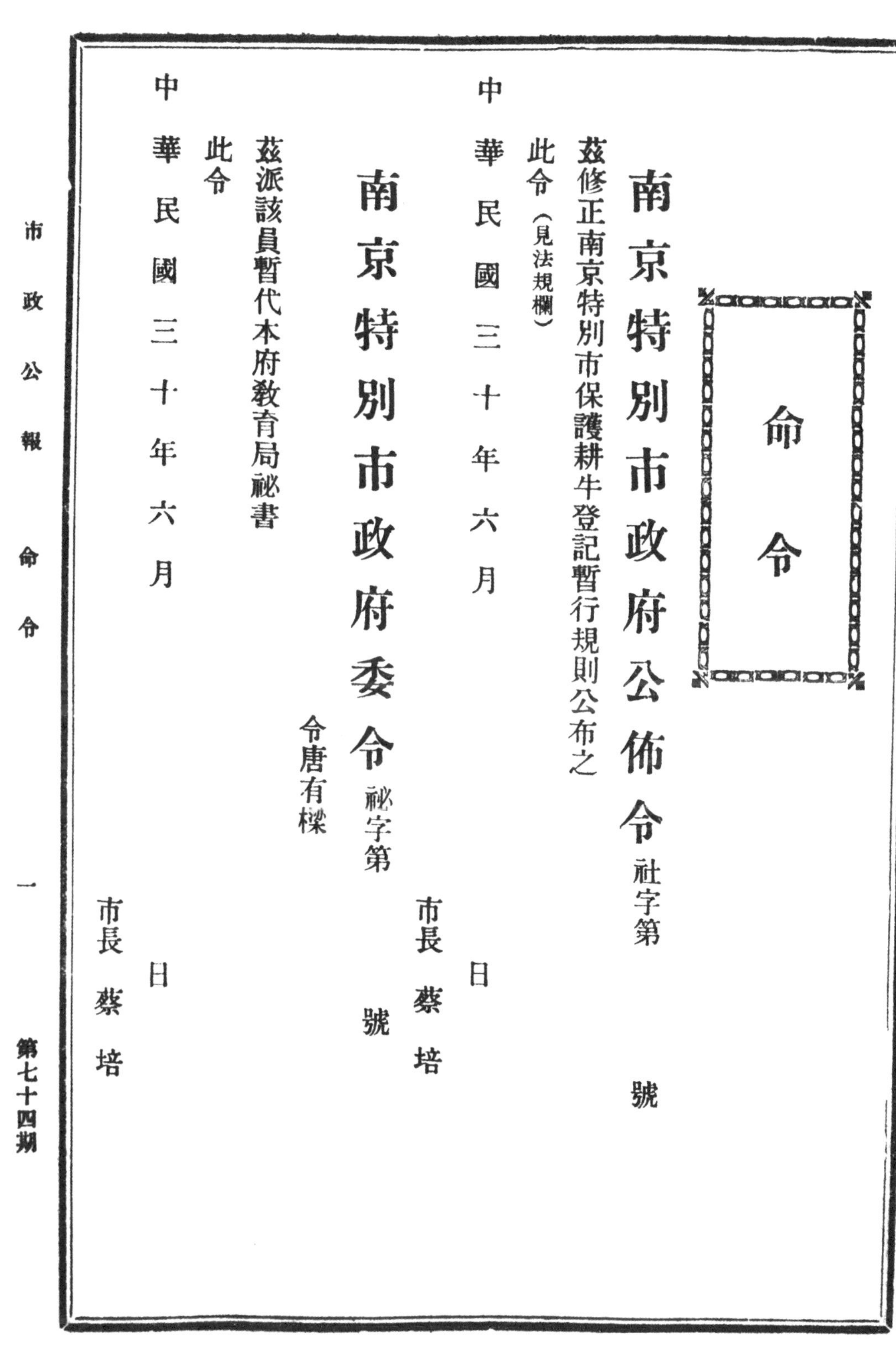

命令

南京特別市政府公佈令　社字第　　號

茲修正南京特別市保護耕牛登記暫行規則公布之

此令（見法規欄）

中華民國三十年六月　　日

市長　蔡培

南京特別市政府委令　祕字第　　號

令唐有樑

茲派該員暫代本府教育局祕書

此令

中華民國三十年六月　　日

市長　蔡培

南京特別市政府委令祕字第　號

令金萬扶
　陳書俊

兹派該員代理本府教育局第一二科長

此令

中華民國三十年六月　日

市長　蔡培

南京特別市政府委令祕字第　號

令教育局第一科長徐震

兹調該員代理本府教育局第三科長

此令

中華民國三十年六月　日

市長　蔡培

南京特別市政府委令祕字第　號

令謝軼萬

茲派該員代理本府教育局督學
此令
中華民國三十年六月　　日
市長　蔡培

南京特別市政府訓令

（不另行文）

令本府所屬各機關

案奉
行政院行字第二五一八號訓令開
「現奉　國民政府第七五號訓令開『查國民政府參事處組織條例現經修正明令公布應即通飭施行除分令外合行抄發該修正條例一份令仰該院知照并轉飭所屬一體知照此令』等因計抄發修正國民政府參事處組織條例一份奉此除分令外合行抄發該修正條例一份令仰該市府知照并轉飭所屬一體知照此令」等因附抄發修正國民政府參事處組織條例一份奉此除分令外合行抄同原件令仰該〇知照
此令
附修正國民政府參事處組織條例

中華民國三十年六月　　日

市長 蔡培

國民政府參事處組織條例　三十年　月　日修正公布

第一條　國民政府為輔助政務之進行特設參事處直轄於國民政府委員會

第二條　參事處設參事十六人至二十人由國民政府簡任之並指定一人為首席參事

第三條　參事處參事除備諮詢外并辦理主席特交事件

第四條　參事處得召集參事會議應辦事件由首席參事分配之

第五條　參事處需用職員由文官處調用之

第六條　本條例自公布之日施行

南京特別市政府訓令（不另行文）

令本府所屬各機關

案奉

行政院行字第二六一二號訓令內開

「現奉　國民政府第八三號訓令開『查二十六年七月二十二日修正公布之軍用技術人員任用暫行條例現經明令定自三十年七月一日起施行應卽通行飭知除分令外合行抄發該條例令仰知照并轉飭所屬一體知照』等因附發軍用技術人員任用暫行條例一份

奉此除分令外合行抄發原附件令仰該市府知照幷轉飭所屬一體知照此令」等因附發軍用技術人員任用暫行條例一份奉此除分令外合行抄發該條例令仰知照

此令

附軍用技術人員任用暫行條例

中華民國三十年六月　日

市長・蔡培

軍用技術人員任用暫行條例

二十六年七月二十二日修正公布
三十年六月十七日明令定自七月一日起施行

第一條　軍用技術人員之任用除法律另有規定外依本條例行之

第二條　軍用技術人員所任業務如左

一、兵器彈藥艦艇航空器車輛暨軍用糧秣被服裝具及其他軍用機械器材之研究設計製造修理檢驗等業務

二、馬種及其他軍用畜類之改良及蕃殖等業務

三、土木建築電機機械等工程業務

四、物理化學上之研究試驗製作及兵器彈藥之保管等業務

五、氣象測候業務

六、軍用工廠之設計及管理業務

七、其他認爲軍用需要之特種技術業務

八、關於以上各款之教授及編譯業務

第三條　軍用技術人員官等與文職比照如左

一、同中將技監爲簡任職二級至一級同少將技監技正爲簡任職五級至三級同上校技正爲簡任職八級至六級

二、同中校技正技士爲薦任職六級至一級同少校技士爲薦任職十二級至七級

三、同上尉技佐技士爲委任職四級至一級同中尉技佐爲委任職八級至五級同少尉技副爲委任職十二級至九級同准尉技副爲委任職十六級至十三級

第四條　簡任軍用技術人員應就具有左列各款資格之一者任用之

一、現任或曾任簡任技術人員經銓敍合格者

二、現任或曾任最高級薦任技術人員三年以上經銓敍合格者

三、在國內外大學或獨立學院畢業幷從事技術業務五年以上而有軍事技術上特殊之著作經驗或發明經審查考績合格者

第五條　薦任軍用技術人員應就具有左列各款資格之一者任用之

一、現任或曾任薦任技術人員經銓敍合格者

二、現任或曾任最高級委任技術人員四年以上曾受高等教育經銓敍合格者

三、在專科以上學校畢業幷在國內外從事技術業務三年以上能設計製造確有成績經審查考驗合格者

第六條　委任軍用技術人員應就具有左列各款資格之一者任用之

一、現任或曾任委任技術人員經銓敍合格者
二、在專科以上學校畢業經考驗合格者
三、具有前款同等學校畢業之相當學力經考驗合格者

第七條　同准尉之技術人員須在職業學校畢業或在軍用工廠充任匠目三年以上確有成績經考驗合格者

第八條　軍用技術人員所任職務必須與其所學之科系相當其科系如左
一、屬於大學或獨立學院者物理學系化學系數學系土木工程系機械工程系電機工程系化學工程系造船學系建築學系冶金學系畜牧學系工商管理學系
二、屬於專科學校者鑛冶專科機械工程專科電機工程專科化學工程專科土木工程專科河海工程專科建築專科紡織染色專科製革專科造船專科飛機製造專科畜牧專科
三、其他國內外大學或專科學校所習科系而爲本條例第二條所規定者

第九條　軍用技術人員經國民政府任命或最高軍事機關核准委用後除軍官佐已有官位者不得登記外統由最高軍事機關將該員履歷彙轉銓敍部查核按級登記

第十條　有左列各款情形之一者不得任用爲軍用技術人員
一、褫奪公權者
二、虧空公款者
三、曾因贓私處罰有案者
四、吸用鴉片或其代用品者
五、身體衰弱或有暗疾不堪服務者

第十一條　簡任薦任委任軍用技術人員之初任應從最低級敍起但具有特殊學術經驗者不在此限

軍用技術人員初任時得先署任三個月至六個月期滿勝任者再予實任

第十二條　軍用技術人員之晉等依左列之規定

一、晉等應逐級遞進不得超越

二、晉等應俟停年已滿成績優良而上級有缺額時其停年期如左

同少將　三年　同上校　四年　同中校　三年　同少校　三年

同上尉　四年　同中尉　二年　同少尉　二年　同准尉　二年

第十三條　軍用技術人員晉等之遴選委任職以所隸單位爲範圍薦任職以上得由所隸最高主管機關按其職務之需要適宜配置之

第十四條　軍用技術人員之退職依左列之規定

一、志願退職　本人自請辭職經核准者

二、裁減退職　因組織或編制變更而裁減者

三、傷病退職　傷病殘廢衰弱不堪服務者

四、考績退職　考績連續三年不及格者

前項第二款退職人員成績優良者得按其退職時之薪級酌予分發於軍用技術各機關場所服務

第十五條　軍用技術人員之薪俸除照陸軍軍官佐之薪俸定額外幷酌給技術加薪

第十六條　軍用技術人員退職時合於左列各款之一者給予終身贍養金其金額與軍官佐同

一、年滿五十五歲而服實職十五年以上者

第十七條　二、在職中因公殘廢者
在受領贍養金期內有左列情形之一者終止或停止其發給
一、犯刑事處分之罪者終止
二、喪失中華民國國籍者終止
三、再任職官者停止

第十八條　軍官佐具爲第四條第五條第六條資格而任軍用技術人員者仍保留其原有身分但不計入軍職之年資前項人員於動員時得視其職務之輕重酌免召集

第十九條　本條例施行日期以命令定之

南京特別市政府訓令

（不另行文）

令本府所屬各機關

案奉

行政院行字第二六二九號訓令內開

「現奉　國民政府第七九號訓令開『查陸海空軍軍籍條例現經修正明令公布應即通飭施行除令行外合行抄發該條例令仰知照并轉飭所屬一體知照』等因附發修正陸海空軍軍籍條例一份奉此除分令外合行抄發原附件令仰該市府知照并轉飭所屬一體知照此令」

等因附發修正陸海空軍軍籍條例一份奉此除分令外合行抄發該條例令仰知照

此令

附修正陸海空軍軍籍條例

中華民國三十年六月　日

市長　蔡培

陸海空軍軍籍條例　三十年六月十六日修正公布

第一條　陸海空軍人在服役期中均登記於軍籍

軍籍依軍人之身分而分為左之五種

甲、官　籍　經任官之軍官佐屬之

乙、准尉籍　經委補之各兵科准尉屬之

丙、准佐籍　經委補之各業科准佐屬之

丁、軍士籍　各兵科及各業科之軍士屬之

戊、兵　籍　兵卒屬之

軍法官軍用文官及其他與官佐同等之技術人員與聘僱人員等不行任官者分別註册其與軍士同級之雇員及與兵卒同級之各項夫役分別列於名簿均不登記於軍籍以上各項册簿分別以規則定之

本條例規定軍籍之一般事項及各種軍籍之概則至各種軍籍之籍式及其他詳細事項分別以規則定之

第二條　官籍分別陸海空軍編製之皆分總籍及分籍之二種如左

甲、軍官佐總籍　分別現役備役以各種官位之軍官佐依姓名順序通列之記載官科官階及其隸屬

乙、軍官佐分籍　為官籍之分部分別隸屬及管區就總籍中所列官佐列載之

軍官佐除登記軍籍事項外其他事項均詳於履歷冊履歷規則另定之

第三條　軍官佐之入籍轉籍除籍以總籍為準

准尉籍及准佐籍準照軍官佐官籍編製之

第四條　軍士以現役正役續役分別立籍

現役軍士籍以師(獨立旅)及其他獨立部隊為單位分別兵科業科編製之其單位較小者或一單位之同科軍士人數較少者則以若干部隊合併編籍正役及續役軍士籍以省或其他管區為單位編製之本條第一項中所稱之部隊單位係對於陸軍而定者海軍空軍依編制比照定之以下各條均同

第五條　兵籍屬於現役者以團(獨立營)為單位編製之在團(獨立營)以外之獨立連排其兵籍合於所隸之司令部正役及續役之兵卒依管區或以縣市編籍

第六條　軍籍內之入籍轉籍及除籍如左

甲、入籍

一、軍官佐初任敍任時

二、准尉准佐委補時

三、軍士初補敍補時

四、兵卒入伍時

乙、轉籍

一、軍人依任官條例而轉任時
二、依服役而分別軍籍者及退役轉役時
三、依部隊或地方而分別軍籍者在變更隸屬或籍貫時
丙、除籍
軍人依關於服役之法規所定而除役時或其他應除軍籍時均除軍籍

第七條　軍人在入軍籍時定其姓名自入籍後除發見有本條例第八條所定之原因者由軍籍主管機關依第九條所定而改名外其他無論任何原因均不得更改姓名

第八條　軍人同姓者在軍籍中不得同名其範圍如左
甲、軍官佐及准尉准佐陸海空軍通之同姓者避同名
乙、軍士同師（獨立旅）及其他同在一籍者同姓者避同名幷與同師官佐及准尉准佐避同名
丙、兵卒對於同姓者應避同名如左
一、部隊迴避　同團（獨立營連排）內之兵卒避之
二、鄉籍迴避　同縣（市）內之軍士兵卒避之
三、對上迴避　對於本師（獨立旅）官佐准尉准佐及本團（獨立營連排）之軍士均應避之

第九條　凡軍人入籍在第八條所定範圍而遇同姓同名時由軍籍主管機關予以改名其規定如左
一、入籍有先後時先在籍者不改名不論秩位之高下均以後入籍者改名
二、同時入籍者以秩低者改名秩如相同則以年幼者（同年者依月日）改名
三、轉籍時及入籍後而發見同姓者之同名均與前一二兩款同

四、士兵之改名以原爲單名者增加上（下）字而爲雙名其原爲雙名者删其上（下）字而爲單名但删其上（下）字而字義不能成名者或仍別有在同一軍籍而同名者則易其字

五、軍官佐及准尉准佐之改名採用其別號無別號者或別號有與在官籍同名者則適用前款對於士兵改名之所定

六、軍人改名均由軍籍主管機關行之不受本人之呈請凡養成候補軍官佐之學校對於入學學生之姓名須檢查其有否與在陸海空軍各官籍及准尉籍准佐籍之同姓者同名遇有同名則依前項所定而予改名

軍籍主管機關或學校於軍人改名後須行知其戶籍所隸之縣（市）

第十條　軍籍中之以姓名爲順序者其姓名排列辦法另定之軍籍中之以資序爲順序者其資序之先後依資序規則之所定

第十一條　軍人入籍時確定其年齡及出生年月日登籍後無論任何原因不予更改

第十二條　軍籍所載軍人籍貫以現籍爲準（凡籍貫之有疑義時其解釋依戶籍法規之所定）退役後軍籍所載現籍以外之旅寓事項與召集有關者則在軍官佐及准尉准佐詳於履歷册在士兵詳於動員名簿

第十三條　主管軍籍之編製及發行者爲軍籍主管機關各種軍籍之主管機關如左

甲、官籍及准尉籍准佐籍

陸軍　軍政部軍衡司承辦

海軍　海軍部軍衡司承辦

空軍　航空署人事科承辦

乙、軍士籍　現役者由師（獨立旅）司令部（副官處承辦）及其他獨立部隊主管之其退役後由所定地方機

關主管之

丙、兵籍 現役者由團（獨立營）本部主管之其退役後由所定地方機關主管之

軍政部海軍部航空署關於軍籍事務須互相連絡各地方機關主管軍士籍及兵籍者須與有關係之現役軍士籍及兵籍主管機關連絡各軍籍主管機關所編製之軍籍須呈請上級機關審核備案

第十四條 除軍籍主管機關外之軍士機關部隊學校及民政司法各機關須存用軍籍之全部或某一種者爲軍籍存用機關

軍籍之發行及存用機關與保存年限等均於各種軍籍規則分別定之

第十五條 本條例自公布日施行

南京特別市政府訓令

（不另行文）

令各局處
城鄉各區公所

案奉

行政院行字第二五三五號訓令開

「現奉 國民政府第七十六號訓令開「據本府文官處簽呈稱「准中央政治委員會秘書廳中政秘字第一零二零號公函開『查三十年六月五日中央政治委員會第五十次會議討論事項第一案主席交議『據清鄉委員會汪兼委員長簽呈擬請於該會內增設會計長辦公處暨修正該會臨時組織大綱附具修正草案呈請鑒核等情請公決案』當經決議『照

修正條文通過送國民政府』紀錄在卷相應錄案並抄同原簽呈及修正該會臨時組織大綱各一份函達至希查照轉陳明令公布並分別飭遵『等由理合簽請鑒核』等情到府自應照辦除明令公布並通飭施行外合行抄發該大綱令仰知照並轉飭所屬一體知照『等因計抄發修正清鄉委員會臨時組織大綱一份』奉此合行抄發原大綱一份令仰知照並轉飭所屬一體知照此令」等因計抄發修正清鄉委員會臨時組織大綱一份奉此除分令外合行抄發原大綱一份令仰知照並轉飭所屬一體知照

此令

附修正清鄉委員會臨時組織大綱

中華民國三十年六月　日

市長　蔡培

清鄉委員會臨時組織大綱　中華民國三十年六月十一日修正公布

第一條　國民政府為積極辦理各省市清鄉事宜特設清鄉委員會為最高指導機關

第二條　國民政府授權清鄉委員會關於清鄉區內之軍政事宜得逕為制定法規發布命令或諮商行政院暨軍事委員會分別執行之

第三條　清鄉委員會設委員長一人由軍事委員會委員長兼任之副委員長二人由軍事委員會常務委員一人及行政

院副院長兼任之

委員十八至十六人由關係軍政各部會長官及當地省政府主席兼任之

第四條 本會處理及審議事項如左

一、關於淸鄉軍政法規之制定事項

二、關於淸鄉設施之各方聯絡事項

三、關於淸鄉區域之劃定事項

四、關於淸鄉區內行政設施之指導監督事項

五、關於淸鄉實施軍警部隊之指定派遣事項

六、關於招撫事項

七、關於軍警部隊之給與事項

八、關於保安隊警察之設置及保甲編組事項

九、關於淸鄉區內特種教育及民衆訓練事項

十、關於建築碉堡事項

十一、關於交通通信運輸事項

十二、關於封鎖匪區事項

十三、關於淸鄉區內經濟統制及經濟建設事項

十四、關於淸鄉軍政方面之人事調整事項

十五、關於淸鄉實施經臨各費之籌措及預算決算之審核事項

十六、關於兵器彈藥器材糧秣之補給及工事構築等事項
十七、委員長發交審議事項

第五條　為執行清鄉區內之政務及統率指揮保安隊暨警察得分區設置清鄉督察專員公署主持辦理之
清鄉督察專員公署組織另定之

第六條　清鄉區內軍隊之指揮調遣事宜得設參謀團計劃之
參謀團組織另定之

第七條　本會設祕書長一人承委員長之命副委員長之指導處理會內事務副祕書長一人助理之

第八條　本會設左列各處
一、第一處承辦總務事項
二、第二處承辦政務事項
三、第三處承辦軍務事項
四、第四處承辦社會福利事項
五、會計長辦公處承辦會計事項
各處組織另定之

第九條　本會因事務上之必要得聘用參議諮議及設置祕書專員服務員

第十條　本會於必要時得設各種委員會

第十一條　本大綱自公布日施行

南京特別市政府訓令

（不另行文）

令所屬各機關

案奉

行政院行字第二五三三號訓令內開

「現准軍事委員會會軍字第八十三號咨開『查黃揆文所部經本會於四月十一日令飭改編爲暫編陸軍步兵第六旅着按照陸軍編制迅即編成聽候派員點驗并分別咨令各在案茲查該部迄未編成經派員澈查亦與請編原案不符所有暫編陸軍步兵第六旅番號應即予以撤銷除令飭停止活動結束具報暨分別令行外相應咨請查照并希轉飭所屬知照』等由准此合行令仰知照并轉飭所屬一體知照此令」

等因奉此除分令外合行令仰○該知照并轉飭所屬一體知照

此令

中華民國三十年六月　　日

市長　蔡培

南京特別市政府訓令　祕字第　號

令各處局及所屬各機關

案奉

行政院行字第二六五四號訓令開

「現奉　國民政府第九零號訓令開「據本府文官處簽呈稱「准中央政治委員會祕書廳中政祕字第一零陸零號公函內開『茲奉陳代理主席諭『本年夏季各機關辦公時間自七月一日起至八月三十日止仍照上年成案改爲上午八時至十二時下午三時至五時』等因相應錄諭函達卽請查照轉陳分飭遵照』等由理合簽請鑒核」等情到府自應照辦除分令外合行令仰遵照并轉飭所屬一體遵照」等因奉此除通令外合行令仰該市府遵照并轉飭所屬一體遵照此令」

等因奉此除分令外合行令仰該〇遵照并轉飭所屬一體遵照

此令

中華民國三十年六月　日

市長　蔡培

南京特別市政府訓令　財字第　號

令本府所屬各機關
南京市銀行

案准

財政部幣字第二三三九號咨開

「查事變以前各銀行及銀錢業運送鈔票及銀幣銅元等項例須呈由本部核准發給護照並一面飭知經過各關卡查驗放行歷辦有案現在中央儲備銀行早經成立各重要城市並已陸續設置分支行或辦事處其他省立銀行暨普通商業銀行亦先後呈請本部核准註册此後各銀行因業務上之關係運輸新舊法幣往來國內各口以及旅客之攜帶國內鈔票入口者勢必日見繁多自非明定准運鈔票護照辦法不足以資稽查而昭愼重茲由本部訂定准運鈔票護照辦法計共九條業經呈奉　行政院核准以部令公布在案除分行外相應檢同准運鈔票護照辦法一份咨請貴市政府查照并轉飭所屬一體知照爲荷」

等由并附送辦法一份准此除分行外合行抄發該辦法令仰該○知照

此令

附發准運鈔票護照辦法一份

市長　蔡培

中華民國三十年六月　日

准運鈔票護照辦法

第一條　凡運輸國內各種通用鈔票入中國各口岸應塡具申請書載明種類（應註明某銀行鈔票及票面金額如中國銀行鈔票百元十元五元一元五角二角之類）數額用途裝載箱數及起卸地點由負責人署名蓋章呈由各該口岸海關監督公署或中央儲備銀行分行轉呈財政部核准發給准運護照方得入口如無照入口經關查獲應

即悉數充公

凡旅客攜帶國內鈔票入口者應以一千五百元為限如超過一千五百元時應依前項規定請給准運護照

第二條　凡由內地運輸新舊法幣至上海或運輸新舊法幣往來國內各口而數額超過一萬元者應將種類數額用途裝載箱數及起運地點呈由財政部核准發給准運護照方得起運如無照起運經關查獲應即悉數充公

第三條　凡由國外或國內新製空白或已簽字而未發行之鈔票無論由國外運輸入口或於國內各地方間運輸應憑財政部准運護照運送

第四條　准運護照除照章由經過關卡驗放外沿途軍警應免予開驗但在戒嚴時期認為有開驗之必要時仍得照章開驗惟得依運送人之請求移至嚴密處所行之以昭慎重

第五條　准運護照有效時期以三個月為限

如請領銀行為國家銀行或省市銀行准運護照有效時期以六個月為限

第六條　凡承領護照之人不得將護照轉借他人應用

第七條　凡領用護照應繳照費五元印花稅二元

第八條　本辦法實施之口岸由財政部隨時以命令定之

第九條　本辦法自民國三十年七月一日施行

南京特別市政府訓令 財字第　　號

令各處局

案奉

行政院行字第二五一九號訓令內開

「現奉 國民政府第七四號訓令開據本府文官處簽呈稱『准中央政治委員會祕書廳中政祕字第一零二二號公函開查三十年六月五日中央政治委員會第五十次會議討論事項第二案主席交議據行政院呈轉據財政部呈依據中央政治委員會第九次會議動用節餘經費決議案擬具各機關動用節餘經費補充辦法四條呈請鑒核等情請公決案當經決議修正通過送國民政府通令遵照紀錄在卷除錄案函復行政院查照外相應錄案并抄同行政院原呈及修正各機關動用節餘經費補充辦法各一份備函奉達即希查照轉陳通飭遵照等由附抄送行政院原呈及修正補充辦法各一份准此理合簽請鑒核等情據此應准照辦除分令外合行抄發原附辦法一份令仰該院遵照並轉飭所屬一體遵照』等因附抄發各機關動用節餘經費補充辦法一件奉此除分令外合行抄發原附辦法一份令仰該市府遵照並轉飭所屬一體遵照此令」

等因并附發補充辦法一份奉此除分行外合行抄發原補充辦法令仰該〇遵照辦理

此令

附發各機關動用節餘經費補充辦法一份

中華民國三十年六月 日

市長 蔡培

各機關動用節餘經費補充辦法

三十年六月五日中央政治委員會第五十次會議修正通過

一、各機關經費節餘不必解繳國庫惟須將數目抄報財政部備查

二、前項節餘仍由各該機關妥為保存

三、各機關動用節餘在五千元以下仍照前議決案呈經本管院會核准各院及軍事委員會動用節餘在五千元以下者即由本機關自行核定各院部會動用節餘在五千元以上者均應由各院及軍事委員會呈請中央政治委員會議決

四、中央政治委員會議決及各院會核准動用節餘應隨時令知財政部

南京特別市政府訓令 祕二字第　號

令各區公所

查本府所發之市民證每張僅收手續費五分近因紙張印刷價值日增經於本月二十三日開市民證談話會議決每張加收五分茲定於七月一日起開始繳收其由各區公所所收之市民證費仍以四成津貼各區辦公費用以六成繳府又查各區市民證收據簿有向本府具領者有自行置備者嗣後概由各區自備應用以歸一律再發給市民證辦法第十條「但須登報聲明」一語下應加「或由區坊保長」證明字句亦經會議通過除分令外合亟令仰該區長一併遵照辦理此令

中華民國三十年六月　日

市長 蔡培

南京特別市政府訓令 社字第　號

南京特別市政府訓令　社字第　號

令　城鄉各區公所
　　南京市商會整理委員會

案奉

行政院行字第二二九五號訓令內開

「現奉

國民政府第五八號訓令開『查商品檢驗法現經修正明令公布應即通飭施行除分令外合行抄發該商品檢驗法一份令仰知照并轉飭所屬一體知照此令』等因計抄發修正商品檢驗法一份奉此除分令外合行抄發商品檢驗法一份令仰知照並轉飭所屬一體知照」

等因附抄發修正商品檢驗法一份奉此除分令外合亟抄發原件令仰該區會[illegible]知照并轉飭所屬一體知照

此令

計抄發修正商品檢驗法一份（略）

中華民國三十年六月　日

市長　蔡培
社會局長　盛開偉

令城鄉各區公所

案准

內政部禮三字第四十號咨開

「案查關於寺廟登記事項本部業於民國二十五年一月訂定規則公布施行在案現在地方治安漸次恢復常態主管機關應卽舉辦寺廟登記隨時報轉本部以資查考除分咨外相應檢同寺廟登記規則及書表咨請查照轉飭遵照辦理爲荷」

等由并附寺廟登記規則及寺廟概況人口財產法物登記表暨各項執業憑證登記說明書等件各三份到府准此自應照辦除分令外合行抄發前項規則及塡載說明書各二份寺廟登記表四種各〇份令仰該區長遵照轉飭境內各寺廟限期領取前項四種登記表各三份依式塡送并派員切實調查所塡是否確實如有不符應隨時責令更正統限於文到二十日內彙齊轉報本府以憑彙辦爲要

此令

附發寺廟登記規則寺廟總登記各表塡載說明各二份寺廟概況登記表寺廟人口登記表寺廟財產登記表寺廟法物登記表各〇份（略）

中華民國三十年六月　日

市長　蔡培

社會局長　盛開偉

南京特別市政府訓令社字第　　號

令城鄉各區公所

社會局案呈准

財政部所得稅籌備處南京區辦事處公字第十號公函開

「案查前奉部頒修正所得稅暫行條例暨施行細則並開征佈告當經檢同條例及細則十份佈告十一張函請貴局分別存轉在案茲再檢附所得稅第一類及第三類征收須知各十份送請查照除抽存附卷備考外卽希轉發各區區公所查收俾資瀏覽是荷」

等由附送所得稅第一類及第三類征收須知各十份准此除各抽存一份備查外合行檢發該項須知各一份令仰該區查照

此令

附發所得稅第一類及第三類征收須知各一份（略）

中華民國三十年六月　　日

市長　蔡培

南京特別市政府訓令社字第　　號

令城鄉各區公所

南京特別市政府訓令 社字第　號

令各城鄉區公所

社會局案呈准

財政部所得稅籌備處南京區辦事處公字第四號公函以本處奉令籌備南京區所得稅事務業經函知在案茲奉部令定於本年七月一日繼續開徵並頒發佈告及修正所得稅暫行條例連同暫行條例施行細則等件到處除於本城應貼佈告各街衢巡派夫役持往實貼外檢送所得稅開征佈告十一張修正所得稅暫行條例及施行細則十份請查照抽存佈告二張分別實貼附卷又條例細則一份留備查檢其餘佈告九張條例細則九份并希轉發各區區公所查收貼覽藉廣宣傳等由應准照辦除抽存佈告二張及條例細則一份分別實貼備查并分令外合行檢發佈告一張及修正所得稅暫行條例連同施行細則一份仰卽查收將佈告張貼於區公所門首藉廣宣傳並將條例細則存區以備人民諮詢爲要

此令

計發所得稅開征佈告一張修正所得稅暫行條例暫行條例施行細則一份（略）

市長　蔡培

中華民國三十年六月　日

案查各區公所前報之坊鄉鎮保甲長名册歷時已久本府雖據各區按月呈報之更委清册隨時飭由社會局予以更正惟更動過甚每遇稽考諸多不便茲規定截至六月底爲止一律重行詳實造報該項名册一份限文到十五日內報府備查不得延誤嗣後各該區所轄坊鄉鎮保甲長每月不論有無異動均須於次月五日以前由區彙報一次除分令外合行令仰該區長卽便遵照辦理爲要

此令

中華民國三十年六月　日

市長　蔡培

社會局長　盛開偉

南京特別市政府訓令 社字第　號

令第一二三四五區區公所

案准

行政院糧食管理委員會管字第三七五八號函開

「案查本會對於米商私囤私運及暗盤等情事業經飭屬嚴厲取締並函請貴市政府轉飭社會局協助在案茲爲更求周密起見訂定發售京市官米暫行辦法並定本月十六日實施除令飭本會南京區辦事處轉行一體遵照嚴厲執行外相應檢附辦法函達查照轉飭社會局

切實協助嚴厲執行」

等由並附辦法到府准此自應照辦除派員隨時查察辦理並分行外合亟抄發原辦法仰該區遵照一體切實協助爲要

此令

附抄發發售京市官米暫行辦法一份(略)

市長蔡培
社會局長盛開偉

中華民國三十年六月　日

南京特別市政府訓令 社字第　號

令第一二三四五區公所

案准

行政院糧食管理委員會管字第四〇三一號公函開

「查本會發售官米防止米商私囤私運以及其他不正當之行爲迭經飭屬派員稽查並訂定發售京市官米暫行辦法函請貴市政府轉飭社會局協助查察在案茲爲使人民明瞭各米商售米手續隨時舉報起見經本會印就布告令發南京區辦事處轉飭米業聯合辦事處分

發實貼並將原布告縮印送請轉發社會局散發全市俾衆週知相應檢送上項縮印布告一千份卽希查照辦理爲荷」

等由並附送縮印布告一千份到府准此自應照辦除分令外合亟檢發原布告令仰遵照尅速派員散發各市民週知仍將遵辦情形具報爲要

此令

計附發縮印布告三百 三百 一佰四十 一百四十 壹佰份（略）

中華民國三十年六月　日

市長　蔡培

社會局長　盛開偉

南京特別市政府訓令　社字第　號

令第一二三四五區公所

本府爲調劑民食提倡米麥並用起見特向無錫採辦麵粉運京現先發售最上等之山鹿牌麵粉每袋暫定售價爲二十七元五角按照各該區本年五月份人口數比例支配計該區每日應發售

一百三十五
一百八十
八十五
五十
五十

袋茲制定辦法九條隨令附發並定於本年七月一日起開始發售除分令外合行令仰該區長卽便遵照妥愼辦理仍將遵辦情形隨時具報爲要切切

此令

附發辦法二份（略）

中華民國三十年六月　日

市長蔡培
社會局長盛開偉

南京特別市政府
首都警察廳
布告
祕政字第　號

案查本市國府路廣州路山西路等處行道樹曾於本年三月間令飭園林管理處分別補植在案茲查該項新植行道樹因遭風吹受損者固屬有之而被莠民盜伐者亦復不少若不嚴加取締不獨妨害林政抑且有礙市容嗣後如有盜伐樹木及拆毀綠籬情事一經察覺卽予拏案依法懲辦決不寬貸除令飭園林管理處及該管區公所警察局隨時嚴密防範保護查察外合行會銜布告仰該地民衆一體周知愼勿故蹈法網凜之切切

此布

中華民國三十年六月　日

市長　蔡培
廳長　蘇成德

法規

南京特別市保護耕牛登記暫行規則

三十年六月修正

第一條　本規則依據農鑛部保護耕牛登記規則第二條之規定訂定之

第二條　凡本市區境內耕牛除由本府貸給農民耕牛業經烙印給證保護驗明免再登記外其民間私有耕牛應一律塡具申請書呈請該管區公所登記違者查明處罰

第三條　登記耕牛須合于左列條件

一、種類　水牛黃牛犂牛

二、年齡　牡牛在一歲以上十二歲以下牝牛在一歲以上十歲以下

三、體高　牡牛在四尺以上牝牛在三尺八寸以上

四、體格　各部勻稱姿勢正確及蹄質堅靭無畸形者

五、性能　壯健而繁殖能力無故障及性馴而無惡癖者

第四條　各區公所於直轄各鄉耕牛完全申請登記後由區定期派員選擇適中地點召集登記耕牛逐一查驗隨時烙印於耕牛之左角上無角者烙於前肢之左蹄(烙印及號碼由府製發之)

第五條　登記耕牛經烙印後由區彙造淸册呈請本府發給保護證(其淸册格式由府印發之)

第六條　登記烙印耕牛發給保護證後得受地方官廳之保護

第七條　凡辦理耕牛之調查查驗登記烙印等手續槪不收費

第八條　凡耕牛年齡達四歲以上其牡牛之所有者或管理者除左列各項情形外遇有以牝牛請求配種者不得拒絕

一、牡牛有疾病時

二、牝牛有疾病時

三、一月請求交配二頭時

四、有其他正當理由者

第九條　耕牛有左列各項情事之一時由區呈請解除其保護之限制

一、缺乏第三條之要件時

二、耕牛致病或發生其他故障時

三、認爲無保護之必要時

第十條　爲前條之解除時應由區於第四條烙印之側爲第二次解除之烙印

第十一條　耕牛如有轉讓或變更管理時應由雙方呈報該管區公所轉請本府換給保護證

第十二條　保護耕牛不論私有官有槪行禁止販運出口及私行屠宰違者查明處罰

第十三條　屠宰場如發現烙印一次之耕牛應拒絕屠宰一面呈報本府核辦

第十四條　保護耕牛如有倒斃或亡失時應即呈報該管區公所查明轉報本府核辦

第十五條　保護耕牛每年冬季由本府定期派員赴各區按册查驗一次

第十六條　保護耕牛於必要時得受施行預防牛疫注射

第十七條　耕牛所有者對於保護耕牛不得有左列虐待情事

一、每月繼續耕役在十小時以上
二、食料不足及不均勻者
三、疾病或被犂架及其他物質擦傷而不加醫治仍令工作者
四、任意鞭打者
五、牛房不潔或任聽雨雪侵襲者

第十八條　本規則如有未盡事宜得隨時修正之

第十九條　本規則自公布日施行

公牘

南京特別市政府咨 地字第　號

案查本市土地工作旬報表業經咨送至六月份上旬在卷茲造具六月份中旬旬報表一份相應備文咨送卽希

督照爲荷

此咨

內政部

計咨送本市土地工作六月份中旬旬報表一份

市長　蔡培

中華民國三十年六月　日

南京特別市政府咨 衛字第　號

案查中醫請領部證業將彭豸等九人檢同證件證費咨請貴部查核辦理在案茲續登記中醫計石玉成等十九人相應繕具名冊一份檢同各該證件十九宗領換證書印花等費壹百零二元咨請

貴部審查核發證書爲荷

此咨
內政部

附中醫請領部證名册一份證件十九宗證費壹百零二元（略）

市長　蔡培

中華民國三十年六月　日

南京特別市政府咨　工字第　號

案准

貴部交航字第一二五七號咨以擬訂部轄航政事項委託代辦暫行規程已於本月九日公布施行幷囑將本府轄境內船舶管理機關名稱地點暨筦理情形詳爲見覆以便指定代辦機關等由附交通部部轄航政事項委託代辦暫行規程一份准此相應抄錄本府工務局第一二船舶登記所地點幷檢同南京特別市水上交通筦理暫行規程一册咨覆

查照爲荷

此咨

交通部

附南京特別市政府工務局第一二船舶登記所地點

南京特別市水上交通管理暫行規程（略）

南京特別市政府辦理土地登記工作六月份中旬旬報表

中華民國三十年

事項／件數／日	接收登記聲請表	土地所有權登記	房屋登記	更正登記	塗銷登記	移轉登記	分割登記	共有權登記	住所變更登記	繕寫查驗證	發給査驗證	備註
11		6				4					2	
12					1							
13		1				2						
14		1										
星期15												
16						7						
17		1			1	1						
18		2				1						
19		2									1	
20		4								2	10	
總計件數		17件			2件	15件				2件	13件	

中華民國三十年六月　日　　市長 蔡培

南京特別市政府公函 社字第　號

案准

貴廳政二字第一二三六號公函略以奉部令擬訂取締蘆棚茅屋暫行辦法採取消極變通方法於人民重行搭蓋及新建之茅屋限令相互隔離留空火巷以策安全並以事關市區建築特檢送辦法草案一份囑查核見復等由准此查所定辦法立意周詳本府自可贊同相應函復即希

查照辦理爲荷

此致

首都警察廳

中華民國三十年六月　日　　市長 蔡培

首都警察廳取締蘆棚茅屋暫行辦法草案

第一條　本廳爲預防火災保持公安起見凡在市內搭蓋蘆棚茅屋者除應遵守其他法令外並依本辦法取締之

第二條　人民因修建蘆棚茅屋依市政府頒行之市區建築暫行簡則報請工務局核發建築執照時應由工務局會同該管警察局派員查勘

第三條　已搭蓋之蘆棚茅屋暫准存在但認爲與公衆安甯有重大危險者得限令拆遷或依本辦法責令改善

第四條　人民新建蘆棚茅屋暫准就原指定偏僻空曠區域內建築凡人烟稠密繁盛處所以及鄰近機關學校醫院軍營工廠等處概不准搭蓋

第五條　人民新建或拆造蘆棚茅屋時最多以五間相連爲一組各組間須留出火巷一道火巷距離至少以六公尺爲度

第六條　蘆棚茅屋外週牆垣門窗及屋頂等處露出之蘆棚茅草等易燃着物部分均須一律用灰或泥質覆蓋寸許

第七條　蘆棚茅屋各居戶應置備水缸水筒滿貯清水靠近火種處所不得堆積柴薪油類酒類及其他易燃着物並應隨時愼防火燭

第八條　違背本辦法之規定得按情節重輕依法處罰之

第九條　本辦法經商准南京特別市政府同意呈奉警政部核准施行如有未盡事宜得隨時呈請修正之

南京市戶口統計表

民國三十年六月

祕書處第二科統計股製

區別	戶數	人口數						
		總計	男性			女性		
			合計	成人	兒童	合計	成人	兒童
總計	137914	613012	340592	233018	107674	272420	180948	91472
第一區	26864	123009	67867	48328	19539	55142	37874	17268
第二區	37703	165606	90699	61140	29559	74907	51099	23808
第三區	18270	77020	43750	30450	13300	33270	22395	10875
第四區	10370	45044	25316	17822	7494	19728	13222	6506
第五區	10416	47402	28035	21131	6904	19367	13113	6254
上新河區	12395	54554	29288	20089	9199	25266	16722	8544
燕子磯區	9324	44759	24469	15470	8999	20290	12190	8100
孝陵衛區	4085	19166	10126	5388	4738	9040	5392	3648
安德門區	8487	36452	21042	13200	7842	15410	8941	6469

註：一 本表根據各區公所填報之戶口月報

二. 各外國僑民戶口不在此內

南京市戶口增減比較表

民國三十年六月

祕書處第二科統計股製

區別	戶增減數	人口增減數						
		總計	男性			女性		
			合計	成人	兒童	合計	成人	兒童
總計	−129	−826	−414	−427	+13	−412	−359	−53
第一區	−38	−118	−56	−39	−17	−62	−35	−27
第二區	−69	−552	−224	−227	+3	−228	−294	−34
第三區	−26	−88	−52	−39	−13	−36	−26	−10
第四區	−46	−279	−200	−160	−40	−79	−76	−3
第五區	+27	+104	+57	+16	+41	+47	+50	−3
上新河區	+11	+33	+23	+12	+11	+10	+5	+5
燕子磯區	+3	+56	+33	+8	+25	+23	+9	+14
孝陵衛區	−2	−16	−9	−13	+4	−7	−10	+3
安德門區	+11	+34	+14	+15	−1	+20	+18	+2

註：一. 本表根據各區公所填報之戶口月報
二. 各外國僑民戶口不在此內
三. 有（+）符號者爲增加有（−）符號者爲減少

市政公報暫定價目表

期限	價目	郵費
零售每冊	三角	本市半分 外埠一分
半年 十二冊	三元五角	本市六分 外埠一角二分
全年 二十四冊	七元	本市一角二分 外埠二角四分

市政公報廣告刊例

頁數	價目
一頁	每期十一元
半頁	每期六元
四分之一頁	每期三元

刊登廣告在四號以上者每期按照七折計算連續十號以上者每期按照六折計算長期另議

出版日期 本公報暫定每月二次

編輯者 南京特別市政府祕書處

發行者 南京特別市政府祕書處

印刷者 南京紹新印刷所 地址：復興路中段 即天青街四〇四號

中華郵政登記認爲第一類新聞紙類

中華民國三十年七月十五日

市政公報

第七十五期

南京特別市政府祕書處印行

目錄

命令

法規

公牘

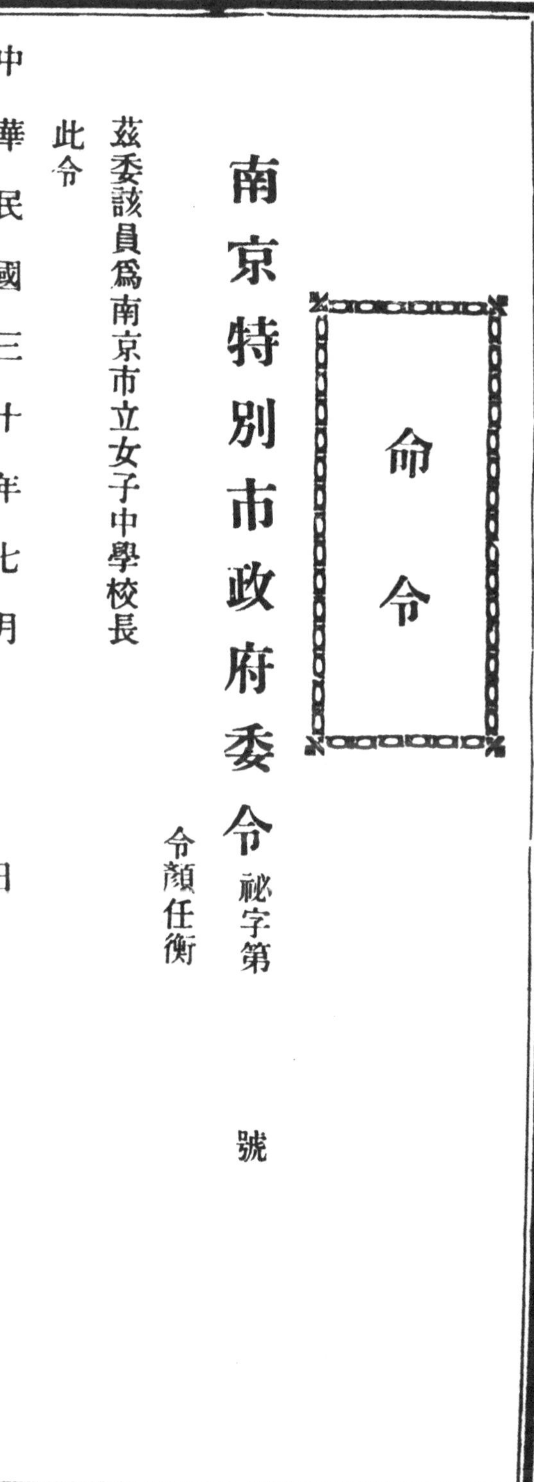

命令

南京特別市政府委令 祕字第　號

令顏任衡

茲委該員爲南京市立女子中學校長

此令

中華民國三十年七月　日

市長 蔡培

南京特別市政府訓令 祕字第　號

令本府所屬各機關

案奉

行政院行字第二七四三號訓令內開

「奉 國民政府第九七號訓令『查市組織暫行條例業經制定明令公布應即通飭施行

除分令外合行抄發該條例一份令仰該院知照并轉飭所屬一體知照此令』等因附發市組織暫行條例一份奉此除分令外合行抄發前項條例令仰知照并轉飭所屬一體知照此令」一等因附抄發市組織暫行條例一份奉此除分令外合行抄發前項暫行條例令仰知照并轉飭所屬一體知照

此令

附抄發市組織暫行條例一份

中華民國三十年七月　日

市長　蔡培

市組織暫行條例（三十年七月四日公布）

第一章　總則

第一條　市冠以所在地地名稱爲某某市隸屬於行政院之市稱爲某某特別市

第二條　凡人民聚居地方其有左列情形之一設市者隸屬於行政院

一、首都

二、人口在百萬以上者

三、在政治上經濟上有特殊情形者

具有前項二三兩類情形之一而爲省政府所在地者應隸屬於省政府

第三條　凡人民聚居地方人口在三十萬以上而工商業發達者得設市隸屬於省政府

第四條　市之廢置及其區域之劃定變更應經國民政府之核准

第五條　市分爲若干區區以內之編制爲坊街其戶數之編成得依各該地方情形自定之但須呈准行政院或省政府備案

前項坊街得冠以所在地地名若稱路或里者依其名稱

第六條　市所屬之鄉村地方依其情形得編爲鄉鎮

第七條　中華民國人民無論男女在市區域內繼續住居一年以上或有住所達二年以上年滿二十歲經宣誓登記後爲市公民有公民權

第八條　前條之宣誓登記在區公所舉行其辦法由內政部定之

第二章　市職務

第九條　市於不抵觸中央及上級機關法令範圍內辦理左列事項

一、戶籍之調查及登記事項

二、育幼養老濟貧救災等之設備及管理事項

三、糧食儲備及調節事項

四、勞工事項

五、合作社及互助事項之組織及指導事項

六、風俗改良事項

七、造林墾牧漁獵之保護及取締事項

八、農工商業之改良及保護事項

九、公安及消防事項

十、市財政事項

十一、市有財產之管理及使用收益處分事項

十二、市營事業之管理事項

十三、地政事項

十四、公共土木工程及其他建築營繕事項

十五、市民建築工程之指導及取締事項

十六、公用事業之設備管理及監督指導事項

十七、港灣河道碼頭倉棧船舶之管理及取締事項

十八、教育及其他文化事項

十九、名勝古蹟之保存事項

二十、公共衞生及醫療事項

二十一、菜市屠宰場公共娛樂場所及公共墓地之設置及取締事項

二十二、上級機關委辦事項

二十三、其他依法令所定由市辦理事項

第三章　市財政

第十條　左列各類定爲市財政收入

一、土地稅　四、牌照稅　七、市公有財產收入
二、房捐　五、廣告稅　八、市公營業收入
三、營業稅　六、碼頭捐　九、其他依法律應爲市有收入及依法律特許征收之稅捐

第十一條　市因建設事業之需要得依法募集市公債

第四章　市政府

第十二條　市設市政府依法令掌理市行政事務并監督所屬自治團體

第十三條　市於不抵觸法令範圍內得發布市令制定市單行規則

第十四條　市政府設市長一人綜理市政指揮監督所屬職員及各機關
隸屬於行政院之市市長特任隸屬於省政府之市市長簡任或荐任

第十五條　市政府設左列各局
一、社會局　掌理第九條第一類至第八類事項
二、財政局　掌理第九條第十類至十二類事項
三、工務局　掌理第九條第十四類至第十五類事項
四、教育局　掌理第九條第十八類至第十九類事項
五、衛生局　掌理第九條第二十類至二十一類事項

第十六條　市政府於必要時經上級機關之核准得分別增設左列各局
一、地政局　掌理第九條第十三類事項
二、公用局　掌理第九條第十六類事項

三、港務局　掌理第九條第十七類事項

第十七條　隸屬於行政院之市得設置宣傳處其組織另定之

第十八條　前三條規定各局處及其掌理之事項如因地方特殊情形必須變更者得呈准上級機關歸併他局或設科辦理之

第十九條　警察局受市政府之指揮監督掌理第九條第九類事項

第二十條　隸屬於行政院之市各局設局長一人簡任隸屬於省政府之市各局各科設局長或科長一人荐任或委任

第二十一條　市政府設祕書處典守印信辦理機要文件處務及其他不屬於各局或各科掌理事項

隸屬於行政院之市設祕書長一人簡任隸屬省政府之市設祕書長一人荐任或簡任

第二十二條　隸屬行政院之市得設參事二人至四人簡任隸屬省政府之市得設參事二人荐任掌理市單行規則或命令之撰擬審核事項

第二十三條　各局或各科及祕書處之職員名額除本條例已有規定者外應規定於各該市政府組織規則中其組織規則由上級機關核定之

第二十四條　市政府得呈准上級機關設置各種委員會

第二十五條　市政府因事務上之必要得聘任專門技術人員或設置專員

第二十六條　市政府得酌用雇員

第二十七條　市政府得合署辦公

第五章　市政會議

第二十八條　市政府得設市政會議以左列人員組織之

一、市長
二、參事
三、局長或科長
祕書長應列席市政會議有關係之祕書科長或區長得列席市政會議

第二十九條　左列事項應經市政會議議決
一、關於市政府祕書處及各局或各科辦事細則事項
二、關於市單行規則事項
三、關於市預算決算事項
四、關於整理市政收入及募集市公債事項
五、關於經營市公產及公營業事項
六、關於市政府祕書處及各局或各科職權爭議事項
七、市長交議事項
八、其他重要事項

第三十條　市政會議每月至少開會一次由市長召集之以市長爲主席

第三十一條　市政會議規則由該會議定之

第六章　附則

第三十二條　市自治法未施行前市應籌備自治并得設臨時參議會其組織條例另定之

第三十三條　市自治法施行時本條例卽行廢止

第三十四條　本條例自公布日施行

南京特別市政府訓令 財字第　號

令本府附屬各機關
南京市銀行

案准

財政部幣字第二九七號咨開

「案查本部制定准運鈔票護照辦法業經明令公布於民國三十年七月一日施行並分別咨令各在案茲根據該辦法第八條之規定指定江蘇省上海南京蘇州鎭江楊州南通浦口安徽省蚌埠安慶蕪湖浙江省杭州甯波嘉興爲實施口岸除以部令公布並分咨外相應咨請查照並轉飭所屬一體知照爲荷」

等由准此除分行外合行令仰該〇知照

此令

中華民國三十年七月　日

市長　蔡培

南京特別市政府訓令 財字第　號

令各處局
附屬機關

查各機關請領經常費應將上月份支出計算書據先行造送否則不予核發業於收支款項暫行辦法內厘訂條文於二十九年十月十六日以財字第三四五七號訓令飭遵在案各機關遵照實行者固多而少數機關往往不能按期造報延誤計政實匪淺鮮茲爲提高行政效率起見自本年七月份起各機關經常費計算書據限於每月經過後十日內編造呈送到府如果仍事稽延下月份經費即予停發至七月以前各月份經常費計算書據倂限於七月底以前一律趕編齊全呈候核轉倘或逾限八月份經費亦不發放此係特飭之件各機關務須恪遵辦理切勿因循自誤除分行外合行令仰該○即便遵照辦理此令

中華民國三十年七月　日

市長　蔡培

南京特別市政府訓令　祕二字第　號

令各處局

案奉

行政院行字第二六八五號訓令內開

「准　國民政府文官處文字第九五六號公函開「奉　主席交下考試院本年六月十六日院文呈字第一〇六號呈稱『案查現任公務員甄別審查條例及其施行細則公布施行（二十九年七月一日公布）將滿一年該施行細則第三條內稱各該長官記載公務員平時成績須就任職三個月以上者先行填表彙送其未滿三個月者俟滿三個月後填送等語是依據上項之規定各機關之現任公務員任職已滿三個月者均應送審幷迭經本部分函各機關催送在案現查中央各機關已送審者固佔大多數但亦有因故遲延未送者至各省市地方機關以改組未久任用在後均尚未送審本部職責所在爲推進銓政起見擬請鈞院轉呈　國民政府通令中央地方各機關對於任職已滿三個月之現任公務員限於一個月內一律送審以重銓政又京內各機關已經甄審合格人員頗有延不照章繳費領取合格證書者亦擬請鈞院轉呈　國民政府通令各機關轉飭各該員於接到本部領證通知後限一個月內照章繳費具領逾限卽由各機關在各該員薪俸項下扣除彙送本部以憑頒發否則卽喪失其甄別合格之保障不得再行請領以示限制所擬是否有當理合備文呈請鈞院鑒核示遵』等情據此查該部所呈係爲推行銓政似尚可行除指令仰候轉呈核示再行飭遵外理合備文呈請鈞府鑒核指令祇遵等情幷奉諭照呈辦理由文官處函知各機關等因除分函外相應函達卽希查照轉飭所屬一體遵照爲荷」等由准此除分令外合行令仰遵照幷轉飭所屬一體

遵照此令」

等因奉此自應遵辦除分令外合行令仰遵照并轉飭所屬一體遵照

此令

中華民國三十年七月 口

市長 蔡培

南京特別市政府訓令 財字第 號

令財政局 社會局
各區公所
南京市商會整理委員會

案奉

行政院行字第二〇〇二號訓令內開

「奉 國民政府府字第九一號訓令內開『查交易所交易稅條例現經修正明令公布應即通飭施行除分令外合行抄發該條例令仰知照并轉飭所屬一體知照此令』等因附發交易所交易稅條例一份奉此除分令外合行抄發前項條例一份令仰該市府知照并轉飭所屬一體知照此令」

等因附抄發交易所交易稅條例一份奉此除分令外合行抄發前項條例一份令仰該局區會知照並轉飭

各商民一體知照

此令

附抄發交易所交易稅條例一份

中華民國三十年七月　日

市長　蔡培

交易所交易稅條例（三十年六月二十八日修正公布）

第一條　凡在交易所買賣有價證券或物品悉依本條例之規定征收交易稅

第二條　交易稅稅率規定如左

甲、有價證券除現貨交易不課稅外按買賣約定價格征收之其價格內百元以下之數目應按百元計算履行交易之期限在七日以內者征萬分之零，四在七日以外者征萬分之零，七

政府發行之公債庫券交易免稅

乙、標金每條（三一二，五零公分成色九七八）征法幣四角

丙、棉花每百担征法幣一元四角

丁、棉紗每百包征法幣五元五角

戊、麵粉每千包征法幣一元

己、雜糧

小麥黃豆紅糧每車征法幣一元

豆餅每千斤征法幣六角

豆油每百担征法幣六角

第三條　交易稅由交易所於買賣成交時按照前條規定稅率責成原經紀人向買賣行爲當事人附帶各征字數交付於交易所彙同轉解國庫如經紀人不爲附征交付或交付不足額時交易所應負責代繳

第四條　交易所應將逐日成交數量及價格於次日塡具清表報告交易所監理員核明并將應納交易稅稅款逕交國庫

第五條　交易所監理員得隨時檢查交易所或經紀人之帳册查核交易所塡報之成交數量及價格有無隱匿或虛僞情事

第六條　交易所怠於爲第四條之報告及繳稅或違反規定之期限或報告中有隱匿虛僞時處以一千元以下之罰金其因而漏稅者除征收其應納稅額外處以漏稅十倍以上三十倍以下之罰金

交易所如因經紀人之違反規定致受處分時得轉責於經紀人

第七條　交易所交易物品之種類如有增加或變更應依立法程序修訂稅率征收交易稅

第八條　凡未設置交易所監理員地方之交易稅財政部得委託地方財政機關或銀行代爲征解

第九條　本條例自公布日施行

南京特別市政府訓令　社字第　號

令第一二三四五區公所
南京市商會整理委員會

社會局案呈准

行政院糧食管理委員會南京區辦事處京字第一三九六號公函開

「查五月二十九日防止米商違章營業暨取締不正當米商會議所擬暫行辦法業經呈奉

行政院糧食管理委員會管字第三九六二號指令修正核定除分函暨公佈外相應錄同修正辦法隨函附送即希查照辦理幷轉飭所屬一體知照」

等由准此自應照辦除飭社會局遴派人員隨時抽查並分令外合行抄發原辦法令仰該區會即便轉飭所屬各坊保甲長米糧業同業公會諭飭各米商一體知照

此令

附發防止米商違章營業暨取締不正當米商暫行辦法一份

市長　蔡培

中華民國三十年七月　日

防止米商違章營業暨取締不正當米商暫行辦法

一、凡米商違章營業暨未領營業許可證及登記證之不正當米商（如米攤米販）依本辦法辦理之

二、未經領有營業許可證及登記證之不正當米商（沿街擺設米攤米販）一律嚴行取締並沒收其所有之米

三、各米商應將每日領得公米全數陳列發賣地點使衆目共見依照規定價格及時間公開出售倘有抬高售價摻雜水糠暨收藏囤積私行出售及不按照規定時間出售者即將該米商所有之米半數沒收之並得停止其營業

四、首都警察廳或社會局沒收之米糧應按旬移送南京區辦事處收歸公有

五、沒收之米糧由南京區辦事處照官價變賣後所提獎勵金其支配辦法應按照「行政院糧食管理委員會處理米商違章案件罰金提成充獎暫行辦法」辦理

六、首都警察廳南京特別市政府社會局暨糧食管理委員會南京區辦事處各暫派專責人員四名秉承主管長官之命每日分往市區內分別抽查

七、查察人員于執行職務時如遇有困難發生得隨時隨地請求警察機關或辦理地方自治人員協助之

八、關於處分事項由首都警察廳執行之

九、無論何人如發覺米商違章營業及沿街擺設米攤兜販均得向查察人員或就近警察機關舉發

十、米店發售時間由糧食管理委員會南京區辦事處規定之

十一、本辦法由行政院糧食管理委員會核准施行如有未盡事宜得隨時修正之

十二、本辦法自公佈日施行

南京特別市政府訓令　社字第　號

令第一二三四五區公所

案准

首都警察廳政四字第二一〇五號函開

「案准首都夏令衛生運動委員會箋函以第八次委員會決議本市舉行大掃除事宜交

由清潔組辦理一案囑查照辦理等由准此經飭據清潔隊擬具大掃除計劃一份並定於本月十一日至十五日舉行在案除分令外相應檢同原計劃一份備函奉達卽希查照分令各坊保甲長就近協同辦理暨轉行衛生局外勤人員隨時查察督促爲荷」等由幷附送大掃除計劃一份到府准此除分行外合亟檢發原計劃一份令仰該區公所卽便遵照轉飭所屬坊保甲長予以協助並就近協同認眞辦理爲要

此令

附抄發大掃除計劃一份(略)

中華民國三十年七月　日

市長 蔡培

社會局長 盛開偉

南京特別市政府訓令 社字第　號

令第一二三四五區公所

案准

行政院糧食管理委員會管字第四二六九號公函開

「查本會接濟京市民食前經採購洋米運京發售嗣爲便利市民購買起見爰有南京區米業聯合辦事處之組織指定特約商發售官米各在卷最近訂定發售京市官米辦法亦經實

施惟米商積習未除致市民購米仍多向隅自應設法補救俾減少市民困難茲訂定直接發售京市官米辦法決定卽日試辦除公布並令飭本會南京區辦事處遵照迅卽實施外相應抄同原辦法函達查照」

等由准此除分令外合行抄發原辦法令仰該區卽便轉飭所屬各坊保甲長一體知照

此令

附發直接發售商米辦法一份

中華民國三十年七月　日

市長　蔡培

社會局長　盛開偉

行政院糧食管理委員會直接發售京市官米辦法

第一條　行政院糧食管理委員會爲便利京市人民購買食米起見責成南京區辦事處遴選殷實米商直接發售官米依本辦法之規定辦理

第二條　本會就南京市分爲東南西北中五區及下關區每區指定信用較著之米號一家直接發售官米每日發售總數不加限制

前項指定之米號各應取具銀行或錢莊擔保得先向本會南京區辦事處領米發售其價款俟下次領米時掃數繳淸但每家米號每次領米數額不得超過壹百石

第三條　直接發售官米號應在門首懸示「糧食管理委員會南京區辦事處南京市〇區發售官米號」木牌以資識別

條四第　凡住在本京之市民除軍警及各機關團體合作社社員已由本會核定供給食米者外在各米號不易購得食米時得憑區公所所發之戶籍門牌證暨本人市民證附具「確供自食」保結先向住在地之本區直接發售官米號或本會南京區辦事處指定之公共場所請領購米聯票並聲述不能購到食米之情形購米人領得米票後再行備款憑票向米號糴米

第五條　凡戶主向直接發售官米號購買食米以每月每戶一次發售一石為標準但組織較大之公司或商號其購買數量得另行核定之

第六條　直接發售官米號對於購買人購米時得斟酌情形保留發售之權

第七條　直接發售官米號塡發購米聯票應註明戶籍門牌戶口人數購買人姓名及購買數量每石單價以一聯交購買人收執一聯連同保結送本會南京區辦事處查核並隨時立簿登記

購米聯票由本會南京區辦事處製式發交各米號自行印用

第八條　本會南京區辦事處對於直接發售官米號發售官米情形應根據購米聯票及保結隨時派員抽查

第九條　直接發售官米號所售米價較本會所定市價每石增加二元以免影響其他米商之營業

各米號得按照規定就售價中每石扣取手續費

第十條　直接發售官米號專賣官米不得兼售其他米穀並不得有攙雜及私抬高價等不正當行為違則依照本會發售京市官米暫行辦法之規定分別懲處

第十一條　本辦法經糧食管理委員會主任委員核定施行

南京特別市政府訓令 社字第　號

令南京市公典整理委員會

查南京市公典前因招收官股設置整理委員會籌議進行現已由市銀行借款周轉毋須另招商股所有該整理委員會應卽撤銷除分令外合行令仰該會將所有一切文卷卽日移交南京市公典董事會接收保管具報爲要

此令

中華民國三十年七月　日

市長　蔡培

南京特別市政府訓令 教字第　號

令市立中小學校
民衆教育館
圖書館

案奉

行政院行字第二七〇三號訓令內開

「現准軍委會會公字第九一號咨開「案據泰州第一集團軍總司令李長江梗未電略稱『查共匪在鹽城所設立之兩大麻醉青年機關一爲抗大第五分校二爲魯迅藝術學院華

中分院專門吸收男女青年現該兩校第一期學員生三百名已於五月底畢業二期新生刻正招集中該校長陳毅粟裕政治委員劉來等利用畢業員生分函親友輾轉汲引遠及兩湖川廣各省報到者絡繹不絕請飭政治宣傳兩部暨各省行政當局設法制止藉塞洪流』等情據此查共匪肆其邪說麻醉青年自應嚴密防杜藉以正本清源除令政治訓練部知照防制外相應咨請貴院查照轉飭各省行政機關及宣傳部嚴行防範以遏亂萌」等由准此除分行外合行令仰該市府遵照飭屬嚴密防範並設法消弭以遏亂萌爲要此令」等因奉此除分行外合行令仰該校館長一體遵照嚴密防範以遏亂萌爲要

此令

中華民國三十年七月　日

市長　蔡培

教育局長　楊正宇

南京特別市政府布告　財字第　號

案查前據農民代表侯瑞等呈請放墾宜昌二段洲市有部份洲地以資墾殖等情到府當以事關振興農業增加生產經予批准承領開墾查該洲總面積原係官民共有節經派員上洲勘界平均分成甲乙兩部根據分界原案指定甲部爲市產除諭飭領墾佃民按照甲部畝分上洲實地開墾並函請江

甯縣政府轉飭所在地區公所及警察機關一體保護以重墾務外合行布告該洲居民人等一體週知

此布

中華民國三十年七月　日

市長　蔡培

財政局局長　蹇先驄

南京特別市政府通告 工字第　號

查本府爲整飭市容起見前經規定全市自用及營業人力車夫須一律穿着號碼背心并定於本月十六日起實行節經通知人力車業同業公會遵照在案茲查此項號碼背心業已製就運到每件實收工料費國幣二元五角應由人力車行及自用車主自卽日起備款并攜帶行車執照向本府工務局車輛登記所購領以便准期穿用幸勿自誤除通知人力車業同業公會遵照外特此通告

中華民國三十年七月　日

市長　蔡培

工務局長　謝學瀛

法規

首都夏令衛生運動委員會暫行章程

第一條　本會定名爲首都夏令衛生運動委員會設辦事處於市政府

第二條　本會以辦理及指導首都夏令公共衛生事業爲宗旨

第三條　本會由南京特別市政府會同南京特別市黨部中國社會事業協會社會福利委員會首都警察廳社運會南京分會市商會青年團等共同組織之

第四條　本會設委員十三至十五人由上列各機關担任之并就委員中互推常務委員三人至五人處理本會一切事宜

第五條　本會委員會議每兩星期舉行一次常務會議每一星期舉行一次必要時得召開臨時會議

第六條　本會設下列各組每組設主任一人幹事及辦事員若干人分掌各組事宜下列各組得視情形之需要聘任專門技術人員

(1)總務組　辦理議事文書聯絡會計庶務等事宜(市政府担任)

(2)防疫組　辦理注射消毒撲滅蚊蠅等事宜(市政府担任)

(3)清潔組　辦理清潔道路處置垃圾取締隨地便溺事宜(警察廳擔任)

(4)檢查組　辦理菜市肉類檢查飲食店清潔檢查取締小販售賣生冷飲食街頭露宿等事宜(警察廳擔任)

(5)宣傳組　辦理關於夏令衛生常識宣傳事宜(市政府担任)

第七條　本會職員除專門技術人員外各組主任得由委員兼任幹事及辦事員等由參加各機關臨時調用

第八條　本會每月經常臨時各費由總務組擬具預算提交委員會核議其經費來源另行決定

第九條　本會各組辦事細則另訂之

第十條　本會辦理時期自五月十五日起至九月十五日止預定爲四個月必要時得由委員會議決議延長之

第十一條　本章程如有未盡事宜得隨時提請委員會決議修正之

第十二條　本章程經委員會議決議通過並呈報主管機關備案後施行

公牘

南京特別市政府咨 衛字第　號

案查醫藥人員請領部證已將第二十一批登記人員檢同證件咨請

貴部查核辦理在案茲續經登記醫師張鳳岐等八人牙醫師徐志冲一人合計九人相應繕具名冊一份檢同各該證件計九宗領換證書印花等費陸拾叁元咨請

貴部查核辦理爲荷

此咨

內政部

附第二十二批請領部證名冊一份證件九宗證費陸拾叁元（略）

市長　蔡　培

中華民國三十年七月　日

南京特別市政府咨 衛字第　號

前准

貴部衛四字第五一號咨開

「案查民政會議移送決議案第四十八號案內(一)漢口特別市政府提擬請提倡人民誕辰健康診斷以資保健案(二)南京特別市政府衛生局提爲宣傳衛生促進健康起見擬具辦法定期舉行衛生運動大會案業經本部抄同原提案暨審查意見報告表等於三月十三日以衛四字第四十一號咨請貴府查照飭屬遵辦在案茲以衛生運動大會意義重大原案規定於五月十五日及十二月十五日分期舉行現本年度第一期舉行日期將屆自應如期施行藉資喚起民衆注意衛生除分咨各省市政府查照辦理並飭中央醫院搜集有關衛生宣傳資料備大會陳列暨舉行健康診斷以示倡導外相應咨請查照轉飭所屬妥爲籌備並希先期與本部隨時商洽」

等由准此自應照辦查此案先由市黨部邀集本府各局處及社會運動委員會南京分會東亞聯盟中國總會福利委員會中國社會事業協會首都警察廳南京市商會南京市青年團指導部等各機關於四月二十二日在南京市黨部開第一次會議當經通過暫行章程草案十二條分設總務防疫淸潔宣傳檢查等五組於五月十五日照規定日期成立並由市府刊發關防啓用在案除已由衛生局局長衛錫良呈請備案並經咨復訂期審議各項章則外相應檢同該會全部章則計劃以及預算等件咨請貴部查核爲荷

此咨

內政部

附送首都夏令衛生運動委員會暫行章程一份（見法規欄）

辦事細則五份實施辦法五份及預算表六份會議紀錄八份（略）

市長 蔡培

中華民國三十年七月 日

南京特別市政府咨 地字第 號

案查本市土地工作旬報表業經咨送至六月份中旬在卷茲造具六月份下旬旬報表一份相應備文咨送即希

詧照為荷

此咨

內政部

計咨送本市土地工作六月份下旬旬報表一份

市長 蔡培

中華民國三十年七月 日

南京特別市政府咨 地字第 號

案查本市土地工作旬報表業經咨送至六月份下旬在卷茲造具七月份上旬旬報表一份相應
備文咨送卽希
督照爲荷
此咨
內政部
計咨送本市土地工作七月份上旬旬報表一份
市長　蔡　培
中華民國三十年七月　日

南京特別市政府公函 財字第　號

案查前據農民代表侯瑞等呈請放墾宜昌二段洲市有部份洲地以資墾殖等情到府當以事關
振興農業增加生產經予批准承領開墾查該洲總面積原係官民共有節經派員上洲勘界平均分成
甲乙兩部根據分界原案指定甲部爲市產除諭飭領墾佃民按照甲部畝分上洲實地開墾並布告週
知外相應檢附藍圖函請
查照轉飭所在地區公所暨警察機關一體保護並希
見復爲荷此致

南京特別市政府辦理土地登記工作六月份下旬旬報表

中華民國三十年

事項 件數 日	接收登記聲請書	土地所有權登記	房屋登記	更正登記	塗銷登記	移轉登記	分割登記	共有權登記	住所變更登記	繕寫查驗證	發給查驗證	備註
21		4			1	2					6	
星期22												
23		6				2				1		
24		1				1				1		
25		2				3					2	
26		1				1						
27		1			1							
28		4									1	
星期29												
30		1				3				2		
總計件數		20件			2件	12件				4件	9件	

南京特別市政府辦理土地登記工作七月份上旬旬報表

中華民國三十年

事項/件數/日	接收登記聲請書	土地所有權登記	房屋登記	更正登記	塗銷登記	移轉登記	分割登記	共有權登記	住所變更登記	繕寫查驗證	發給查驗證	備註
1		1				1				1	1	
2		1				3					1	
3		8								1		
4						2					2	
5		4				5				1	3	
星期 6												
7		1									1	
8						4					2	
9		2				2						
10					1	1				1	1	
總計件數		17件			1件	18件				4件	11件	

江甯縣政府

計附藍圖一份(略)

市長 蔡 培

中華民國三十年七月 日

南京特別市政府公函 工字第 號

案查前准

貴廳函囑修製單行路綫標誌木牌一案經已飭交工務局分別辦理幷經函復在案茲據該局復稱前項單行路綫牌業已按照表列各處分別製就木質圓形標誌牌及白鐵箭形標誌牌各五十隻暨修理油漆二隻亟須前往設置擬懇轉請派員會同辦理等情相應函請查照剋日派員會同辦理爲荷

此致

首都警察廳

市長 蔡 培

中華民國三十年七月 日

南京特別市政府公函 工字第　號

逕啓者查本市馬車行因貪圖便宜往往購用病馬拖車載客裝貨又復漫無限制值此天氣炎熱病馬無力任重每至力竭倒地情殊可憫不特有虧人道抑且妨礙交通影響行旅除飭本府工務衞生兩局對於車行馬匹嚴行檢查如係病馬非經醫治全愈不准拖車外茲並規定馬車載客連同馬伕在內不得逾六人裝貨不得逾八百市斤事屬維繫交通相應函請

貴廳查照轉飭所屬一體協助如遇違背上項規定車輛幷請照章處罰以示懲儆實紉公誼

此致

首都警察廳

市長 蔡培

中華民國三十年七月　日

市政公報暫定價目表

期限	價目	郵費
零售每冊	三角	本市半分 外埠一分
半年十二冊	三元五角	本市六分 外埠一角二分
全年二十四冊	七元	本市一角二分 外埠二角四分

市政公報廣告刊例

頁數	價目
一頁	每期十一元
半頁	每期六元
四分之一頁	每期三元

刊登廣告在四號以上者每期按照七折計算連續十號以上者每期按照六折計算長期另議

出版日期 本公報暫定每月二次

編輯者 南京特別市政府祕書處

發行者 南京特別市政府祕書處

印刷者 南京紹新印刷所 地址：復興路中段 即天青街四〇四號

中華郵政登記認爲第一類新聞紙類

中華民國三十年七月三十一日

市政公報

第七十六期

南京特別市政府祕書處印行

目錄

命令

法規

公牘

統計

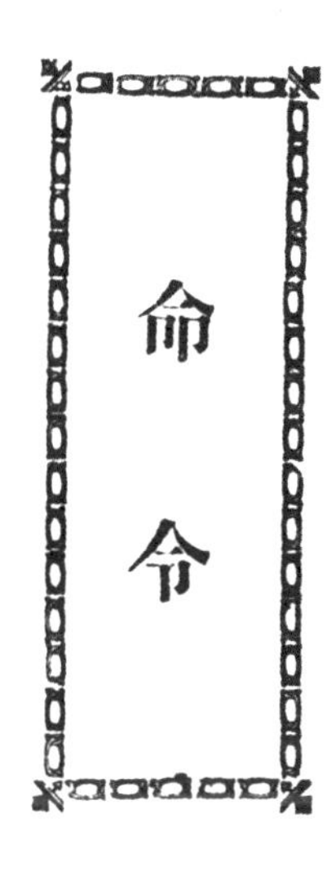

命令

南京特別市政府公佈令 教字第　號

茲制定南京市立民衆教育館館長館員服務規則暨南京市立民衆圖書館館長館員服務規則公布之

此令

附南京市立民衆教育館圖書館館長館員服務規則（見法規欄）

中華民國三十年七月　日

市長 蔡培

教育局長 楊正宇

南京特別市政府公布令 教字第　號

茲制定市立中心民衆學校暨附設民衆學校暫行簡則市立民衆學校校長教員任免及服務暫行規則及市立民衆學校各科教學實施綱要公佈之

此令

附市立中心民衆學校暨附設民衆學校暫行簡則
市立民衆學校校長教員任免及服務暫行規則（見法規欄）
市立民衆學校各科教學實施綱要

中華民國三十年七月　日

市長蔡培
教育局長楊正宇

南京特別市政府公布令社字第　號

茲修正南京特別市工商業登記暫行規則第五條及第六條條文公布之

此令

附修正第五條第六條全文（見法規欄）

中華民國三十年七月　日

市長蔡培

南京特別市政府委令祕字第　號

令仇良弼

茲委該員爲本市第二區區長

此令

中華民國三十年七月　日

市長　蔡培

南京特別市政府委令　祕字第　號

令華惕庵

茲委該員爲本府衛生試驗所所長

此令

中華民國三十年七月　日

市長　蔡培

南京特別市政府委令　教字第　號

令市立民衆圖書館主任胡國仁

茲委該員爲市立民衆圖書館館長

此令

中華民國三十年七月　日

南京特別市政府訓令 財字第　號

令所屬各機關

據財政局案呈財政部庫字第二七二號訓令開

「案准中央儲備銀行公函總國文字第四十二號開『查本行國庫局所用收款書向係三聯經詳加研究尚有未妥現改爲四聯五聯兩種四聯係國庫局所用者以總字編號五聯係發給各分支行國庫課所用者上海分行以滬字編號蘇州支行以蘇字編號杭州支行以杭字編號蚌埠支行以蚌字編號除將收款書及辦法函發各分支行即日改用外相應將四聯五聯兩種收款書樣式各一本及交分支行國庫課塡給解款機關五聯收款書辦法一分送請查照轉飭知照』等由准此查事關便利記帳手續自可准其改用除分函並令知外合行檢同四聯收款書五聯收款書式樣各一張令仰該局遵照並轉飭所屬一體知照此令」

等因附四聯五聯收款書式樣各一張轉呈到府除分令外合行令仰該○知照

此令

計抄發中央儲備銀行國庫局四聯五聯收款書式樣各一份（略）

市長　蔡培

中華民國三十年七月　日

南京特別市政府訓令 財字第　號

市長 蔡培

令財政局 社會局 各區公所 南京市商會整理委員會

案奉

行政院行字第二〇〇二號訓令內開

「奉 國民政府府字第九一號訓令內開『查交易所交易稅條例現經修正明令公布應卽通飭施行除分令外合行抄發該條例令仰知照幷轉飭所屬一體知照此令』等因附發交易所交易稅條例一份奉此除分令外合行抄發前項條例一份令仰該市府知照幷轉飭所屬一體知照此令」

等因附抄發交易所交易稅條例一份奉此除分令外合行抄發前項條例一份令仰該局會區知照幷轉飭各民商一體知照

此令

附抄發交易所交易稅條例一份（略）

中華民國三十年七月　日

市長　蔡培

南京特別市政府訓令　財字第　號

令各捐稅征收機關
　各城鄉區公所
　上新河區公所

案准

江蘇省政府祕一字第四〇八號咨開

「案准貴市政府先後電咨以本省寧浦區營業稅局在市區頭關鎮設所攔江收稅囑轉令制止以清界限並希見復等由准經令飭財政廳遵辦去後茲據復稱『查此案已准首都警察廳函以據西郊警察局報稱「寧浦營業稅局在頭關江岸設所攔征過往船隻」等情請見復到廳當以攔征船隻核與營業稅定章不合且侵越界限擅行設立稅收機關自屬非是卽經嚴令該局立卽撤銷停止征收並函復在案奉令前因理合將本案辦理情形具文呈復仰祈鈞座鑒賜核轉實爲公便』等情前來相應據情咨復卽希查照」

等由准此正轉行間據牲畜屠宰稅征收所呈報該營業稅局在本市安德門區設立牙行代征查驗處征收過往牲畜稅影響本市稅收請予禁止等情到府查省市征稅各有界限不容侵越致紊行政系統

業經咨准江蘇省政府嚴令將越界所設稅收機關撤銷立卽停止征稅有案嗣後如有在本市越境設立稅收機關强征稅捐者各商民應拒絕納稅並就近報請警察機關予以制止以清界限而維稅政准咨前由除布告暨函首都警廳查照外合行檢發布告令仰該〇遵照並將布告分別實貼通衢俾衆週知

一面將該區頭關鎭所設越境征收機關已未撤銷並停止征稅情形立卽查明具報爲要

此令

附布告〇份

市長 蔡培

中華民國三十年七月　日

南京特別市政府訓令 社字第　號

令城鄉各區公所
園林管理處

案准

農鑛部林字第二八六號咨開「查本部前以所屬中央模範林區管理局組織條例多與現在事實不符經由部另擬規程十六條於七月二日呈奉　行政院指令核准修正公布施行等因自應遵照辦理除由部修正公布施行并分別咨令外相應檢送修正規程一份咨請查照并希轉飭所屬一體知照」

等因並附送林區管理局修正組織規程一份准此除分令外合亟抄發原規程一份令仰該區處知照

此令

抄發中央模範林區管理局組織規程一份（略）

中華民國三十年七月　日

市長　蔡培

社會局長　盛開偉

南京特別市政府訓令　祕字第　號

令城區各區公所

現値夏暑一般苦力奔走於烈日之下汗流浹背求飲解渴洵爲急切需要本府特置辦茶亭拾具分發城區公所每區兩具除分令外合行令飭該區公所卽日來府具領設置要道責令所在地保甲長切實管理逐日施給茶水應需水費每具每月以三十元爲度備據呈候核發一俟秋涼仍將原亭繳府翌年再行分發應用仰卽遵照辦理幷將設置地點及所在地保甲長姓名報候備查此令

中華民國三十年七月　日

市長　蔡培

南京特別市政府訓令 宣字第　號

令一二三四五區公所

查本市第二期防疫注射卽將開始本府爲使民衆明瞭防疫注射意義起見不日卽將在市區範圍內實施擴大宣傳茲定于七月三十日下午三時在本府大禮堂舉行防疫宣傳會議除分令外合行令仰該區公所遣派指定宣傳人員准時出席爲要

此令

中華民國三十年七月　日

市長　蔡培

南京特別市政府訓令 衛字第　號

令各區公所
　清潔隊

查時屆夏季各種犬類易於感染瘋狂病症關于家犬登記及捕捉野犬各項工作亟宜積極辦理除訓令清潔隊自九月一日起開始捕捉野犬外仰該區長卽便轉飭坊保甲通知居民凡有未經登記之家犬限於八月份內一律至衛生局登記外仰該隊長卽自九月一日開始分派伕役協同捕捉野犬逐日報候處理是爲至要

各區公所轉飭坊保甲通知居民凡有未經登記之家犬限於八月份內一律至衛生局登記勿再觀望爲

此令

中華民國三十年七月　日

市長　蔡培

南京特別市政府訓令 衛字第　號

令城鄉區各區公所

查本月十九日衛生防疫委員會會議第十二項議決定於本月二十八日上午九時召集城區區坊保長暨鄉區區長前來本府在大禮堂開會商討第二期霍亂預防注射進行事宜並由警備司令部派員參加等語紀錄在卷合行令仰該區長準時出席並轉飭各該坊保長一體出席爲要

此令

中華民國三十年七月　日

市長　蔡培

南京特別市政府訓令 社字第　號

令第一二三四五區公所

案准首都警察廳政二字第二一五九號公函開

「案查本廳遵令擬訂取締蘆棚茅屋暫行辦法草案業經商准貴府函復同意並呈部核示在案茲奉警政部本年七月九日保參會字第三九號指令修正飭卽公布施行等因奉此除分別修正繕具正本報部備查並布告民衆周知暨通令各屬遵照施行外相應抄同是項暫行辦法備函奉達卽希查照並飭屬一體知照爲荷」

等由附送首都警察廳取締蘆棚茅屋暫行辦法一份准此除分令外合行抄發原辦法令仰該區知照並轉飭所屬一體知照

此令

計附發首都警察廳取締蘆棚茅屋暫行辦法一份（略）

中華民國三十年七月　日

市長　蔡培

社會局長　盛開偉

南京特別市政府布告

衛字第　號

查本市第一次防疫注射工作業經辦理結束在案近以上海地方有眞性霍亂流行本府爲加强防疫効能防止疫癘侵入維護市民健康起見爰再定于八月一日起至八月三十一日止舉辦第二次霍亂預防注射所有城鄉居民屆期可於每日夏季節約時間上午九時至下午六時逕往各該區坊保

公所聽候注射免費領取證書並定自八月十一日起舉行城門檢查調派防疫班前往光華門中山門太平門挹江門漢中門中華門水西門玄武門通濟門等九處注射疫苗如查有未攜本年第二次防疫注射證者一律禁止出入城門事關防疫要政仰全市民衆一體知悉

此佈

中華民國三十年七月　日

市長　蔡培

衛生局局長　衛錫良

南京特別市政府布告

衛字第　號

查每屆夏令各冷食店紛紛出售刨冰不知刨冰一項乃傳播霍亂傷寒痢疾病菌之媒介無知小民不問是否合於衛生祇顧逞快一時殊不知一經飲用輕則發生急性腸胃疾病重則患霍亂痢疾等症生命攸關實爲危險在此防疫緊張時期本府爲防患未然計除飭衛生稽查嚴格取締各冷飲冷食店出售刨冰外合行布告週知仰全體市民一體知照切勿飲用以重衛生切切

此佈

中華民國三十年七月　日

市長　蔡培

衛生局局長　衛錫良

南京特別市政府布告 財字第　號

案准

江蘇省政府秘一字第四〇八號咨開

「案准貴市政府先後電咨以本省寧浦區營業稅局在市區頭關鎮設所攔江收稅囑轉令制止以清界限並希見復等由准經令飭財政廳遵辦去後茲據復稱『查此案已准首都警察廳函以據西郊警察局報稱「寧浦營業稅局在頭關江岸設所攔征過往船隻」等情請見復到廳當以攔征船隻核與營業稅定章不合且侵越界限擅行設立稅收機關自屬非是即經嚴令該局立即撤銷停止征收並函復在案奉令前因理合將本案辦理情形具文呈復仰祈鈞座鑒賜核轉實爲公便』等情前來相應據情咨復即希查照」

等由准此正轉行間據牲畜屠宰稅征收所呈報該營業稅局在本市安德門區設立牙行代征查驗處征收過往牲畜稅影響本市稅收請予禁止等情到府查省市征稅各有界限不容侵越致紊行政系統業經咨准江蘇省政府嚴令將越界所設稅收機關撤銷立即停止征稅有案嗣後如有在本市越境設立稅收機關強征稅捐者各商民應拒絕納稅並就近報請警察機關予以制止以清界限而維稅政准咨前由除分令暨函首都警察廳查照外合行布告仰本市商民人等一體週知此布

中華民國三十年七月　日

市長　蔡培
財政局長　蹇先驄

法規

南京市立民衆教育館館長館員服務規則

第一條　南京特別市政府教育局爲使市立民衆教育館館長及館員有所遵循起見特訂定本規則

第二條　市立民衆教育館（以下簡稱市立民敎館）館長職務如左

一　關於綜理全館對內對外一切事項

二　關於指導職員分掌館務及各組活動事項

三　關於編造預算決算事項

四　關於公物之保管及調查統計事項

五　關於民衆讀物之編繪及印發事項

六　關於規劃市內民衆教育之推進及改善民衆生活事項

七　關於輔導區內民衆教育之改進事項

八　關於定期舉辦各種民衆教育活動事項

九　關於計劃分區實驗民衆教育事項

十　關於主持館務會議並執行決議事項

十一　關於教育局令辦事項

十二　關於其他應行呈報事項

第三條　市立民教館員秉承館長之指導辦理各組事務

第四條　市立民教館長及館員均係專任職不得兼任館外任何有給職務

第五條　市立民教館長不得私自離館如有事或因病請假者須請人代理其假期在三日以上者須呈報教育局核准始得離館館員請假亦須請人代理並得館長之許可始能離館但假期在一星期以上者須由館長呈奉教育局核准後方能離館

第六條　市立民教館長得定期召集社教機關負責人舉行輔導會議並於事先呈請教育局派員指導

第七條　市立民教館視實際需要得設各種委員會並呈報教育局備案

第八條　市立民教館長應於每年六月底前將館務概況彙編報告書呈請教育局轉呈　教育部備核

第九條　依法設立之私立民衆教育館館長館員適用本規則

第十條　本規則如有未盡事宜得隨時呈准市政府修改之

第十一條　本規則自呈奉市政府核准教育部備案後公布施行

南京市立民衆圖書館館長館員服務規則

第一條　南京特別市政府教育局爲使市立民衆圖書館館長及館員有所遵循起見特訂定本規則

第二條　市立民衆圖書館（以下簡稱市立民圖館）館長職務如左

一　關於綜理全館對內對外一切事項

二　關於指導職員分掌館務及各組活動事項

三　關於編造預算決算事項
四　關於圖書公物之保管及調查統計事項
五　關於圖書之徵集採購及分類編目出納事項
六　關於規劃市內巡迴文庫及圖書流通事項
七　關於指導民衆增進閱覽圖書興趣事項
八　關於定期舉辦有關民衆教育活動事項
九　關於書報刊物之整訂及目錄編印事項
十　關於收集保存本地已刊未刊各種有價值之著作事項
十一　關於主持館務會議並執行決議事項
十二　關於教育局分辦事項
十三　關於其他應行呈報事項

第三條　市立民圖館館員秉承館長之指導辦理各組事務

第四條　市立民圖館館長及館員均係專任職不得兼任館外任何有給職務

第五條　市立民圖館館長不得私自離館如有事或因病請假者須請人代理其假期在三日以上者須呈報教育局核准始得離館館員請假亦須請人代理並得館長之許可始能離館但假期在一星期以上者須由館長呈奉教育局核准後方能離館

第六條　市立民圖館館長應於每年六月底前將館務概況並編報告書呈請教育局轉呈　教育部備核

第七條　依法設立之私立民圖館館長館員適用本規則

第八條　本規則如有未盡事宜得隨時呈准市政府修改之

第九條　本規則自呈奉市政府核准　教育部備案後公布施行

南京市立中心民衆學校暨附設民衆學校暫行簡則

第一條　本簡則係遵照　教育部頒佈之民衆學校規程訂定之

第二條　中心民衆學校（以下簡稱中心民校）單獨設立之附設民衆學校（以下簡稱附設民校）得分設於地點適中之市立各級小學校及社教機關內

第三條　中心民校及附設民校其名稱均以數字定之

第四條　中心民校暫設學徒班婦女班成人班三種每班學額須招足五十名始得開班附設民校設夜間班一班至三班其學額相同

第五條　中心民校授課時間暫定上午下午夜間但婦女班以日間授課爲原則附設民校（不論學徒婦女成人均收）但以不妨礙小學教課時間爲原則

第六條　中心民校及附設民校學生前後期修業期限各定爲三個月每日授課時間以兩小時爲原則但總時數不得少於二百小時

第七條　中心民校及附設民校招收學生凡年齡在十六歲以上之失學男女均得入學修完民校課程

第八條　中心民校及附設民校均不收學費及其他費用並供給書籍文具

第九條　中心民校及附設民校學生修業終了成績及格者由學校給予學業成績證明書

第十條　中心民校及附設民校課程爲國語（包括公民常識及精神講話）算術（包括珠算及筆算）樂歌體育

第十一條　中心民校及附設民校教科書採用教育部編民衆學校課本

第十二條　中心民校及附設民校應提倡並實施課外作業注重生產職業訓練

第十三條　中心民校及附設民校校長教員任免及服務規則另訂之

第十四條　中心民校及附設民校校長由　南京特別市政府教育局遴選合格人員呈請　南京特別市政府委任之教員則由校長遴選合格人員呈請教育局局長核定聘任之

第十五條　中心民校得設助理教員一人兼辦繕寫事宜

第十六條　中心民校應設圖書室但所需讀物除一部份由校採購或徵集外並得與市立民衆圖書館特約訂定之

第十七條　中心民校校長及教員均負輔導民衆學校之責每校全期暫定輔導六次及示範教學兩次

第十八條　中心民校校長每校在輔導完畢後三日內填具報告表呈送教育局審核

第十九條　中心民校及附設民校須預定訓練條目逐週舉行並由教育局按期派員考核其成績

第二十條　中心民校及附設民校須依照教學曆按序進行並應注意健康教育及生產教育之發展

第二十一條　中心民校及附設民校每週考查學業一次月終須舉行測驗一次評訂優劣以示鼓勵

第二十二條　本簡則如有未盡事宜得隨時呈請修改之

第二十三條　本簡則自呈奉　南京特別市政府核准暨　教育部備案後公佈施行

南京市立民衆學校校長教員任免及服務暫行規則

第一條　南京特別市政府教育局爲使市立民衆學校校長及教員有所遵循起見並依據南京市立中心民衆學校暨附設民衆學校暫行簡則第十三條之規定訂定之

第二條　凡民衆學校校長任用由教育局局長遴選合格人員呈請　市長核委教員則由校長呈請教育局局長核定聘任之

第三條　民衆學校校長須人格高尚思想純正具有左列資格之一者

(一)國內外大學教育學院或教育科系高等師範科或師範大學畢業對於民衆教育確有研究者

(二)本科師範及特別師範科或高中師範畢業曾服務教育五年以上著有成績並對於民衆教育確有興趣者

(三)師範講習科及縣立師範或鄉村師範舊制中學或高中畢業從事民衆教育五年以上而確有成績證明者

(四)凡現任市立中小學校校長及社教機關負責人得依現有資格辦理

第四條　民衆學校教員須人格高尚思想純正有左列資格之一者

(一)本科師範及特別師範科或高中師範科畢業曾服務教育三年以上著有成績並對於民衆教育確有興趣者

(二)師範講習科及縣立師範或鄉村師範舊制中學或高中畢業從事民衆教育三年以上而確有成績證明者

(三)凡縣立師範或鄉村師範及高中學校畢業從事民衆教育二年以上而確有成績證明者

(四)凡現任市立中小學校教員及社教機關高級職員得依現有資格辦理

第五條　民衆學校校長或教員有左列情事之一者教育局得隨時予以解職

(一)違背現行法令者

(二)褫奪公權尚未恢復者

(三)行爲不檢或有不良嗜好者

(四)治校不力或廢弛職務者

(五)操守不謹侵蝕公款者

(六)學識平常成績不良者

第六條　中心民衆學校校長之職務如左

(一)綜理全校對內對外一切事務
(二)指導敎職員分掌校務及敎導事宜
(三)隨時考察學校環境及公共衛生
(四)編造預算決算書
(五)規劃開學及結束應行處理之事務
(六)擬具招生留生計劃
(七)發給學業成績證明書及一切名譽證書
(八)主持校務會議並執行議決案
(九)辦理教育局指定之一切事務
(十)支配教員分担教導學生及課外作業指導之責

第七條　民衆學校教職員應接受校長之委託辦理教學訓育事務文書及調製各種表簿事宜

第八條　中心民校校長及教職員均專任職不得兼任校外任何有給職務

第九條　中心民衆學校校長應常川住校如有事故或因病請假者須請人代理其假期在三日以上者須呈報主管機關核准始得離校教員請假須請人代理並得校長之許可始能離校但假期在一星期以上者須由校長呈奉主管機關核准後方能離校

第十條　中心民衆學校校長及教員須依照南京市立中心民衆學校暨附設民衆學校暫行簡則第十七十八兩條之規定辦理

第十一條　中心民衆學校校長得定期召集全市民衆學校校長及教員研究改進民教事宜並呈請教育局派員指導

第十二條　民衆學校應組織研究會從事研究並將研究結果呈報教育局備核

第十三條　本暫行規則如有未盡善處得隨時呈准南京特別市政府修改之

第十四條　本暫行規則自呈奉南京特別市政府核准公佈施行

南京市立民衆學校各科教學實施綱要

查民衆學校讀本，係採用

教育部編印之民衆學校課本，但各科教學法尚未編竣頒發，自應設法補救，俾資遵循，茲應顧及教員便於教學起見；特擬訂各種教學實施綱要一種，作爲參考，其施教科目，定爲國語，公民，常識，算術，樂歌，體育五種，但欲實現前項目標，應首重此項科目之教學，期于各科教學之中，以收潛移默化之實效，茲列爲五節：

一、教學目標。

二、作業內容。

三、時間支配。

四、教學過程。

五、教學方法要點。

其中僅提綱領，舉其概要，對於各校特殊情境，仍留伸縮餘地，各教員教學時，宜參酌活用，貴能適合民衆生活，順應社會環境，以饜民衆之需求，而符民教之本旨。

一、教學目標

(一)國語

1.能認識已教之文字，並明瞭其讀音及字義。
2.能運用已識之字，做成簡短的日常應用文。
3.能閱讀淺近書報，和日用文件。
4.能書寫日常應用文字，
5.有預防普通疾病的知識。
6.能注意衣食住行的整潔與衞生。
7.能了解對於生活有關係的一切自然現象。
8.能破除鬼神及風水等迷信觀念。

(二)公民常識

1.能了解和平反共建國的要旨；並有服從領袖的精神。
2.陶冶誠實，公正，守規律，負責任，及互助勇敢爲公犧牲等精神。
3.有奉公守法愛國愛羣等信念。
4.能了解各級政府組織及建國的程序。
5.明瞭使用四權與自治的能力。
6.能了解中日兩國關係的重要，和必須親善互助合作的事實。
7.能明瞭我國疆域的大概。
8.能明瞭我國偉大人物的歷史。

(三)算術

1.有日常生活中，關於數量的常識，和計算的能力
2.有計算敏捷，和準確的習慣。
3.能記普通日用的賬目。
4.能使用日常通用的度量衡。
5.能作簡單日用的預算。
6.能處理普通家庭的簿記。

(四)樂歌

1.陶冶良好的品性。
2.有欣賞音樂的能力。
3.有應用音樂的興趣，與使用簡單樂器的技能。
4.能了解藝術與人生的關係。
5.有參加季節娛樂的興趣習慣。
6.能不作種種有害身心的消遣。
7.養成自娛娛人的能力。

(五)體育

1.能使身體各部平均發育。
2.養成以運動爲娛的習慣。
3.養成刻苦耐勞尊重勞動的精神。

4.培養勇敢敏捷整齊嚴肅的個人品格。

5.有和協互助合作等團體精神。

二、作業內容

（一）國語

A.識字

1.字音的了解。

2.字形的認識。

3.字義的明瞭。

4.日用普通單字的認識。

B.閱讀

1.認識和運用簡單語句。

2.閱讀淺易的日常應用文——便條，書信，柬帖，日記。

3.認識通用的標點符號。

C.作文

1.填句的練習。

2.造句的練習。

3.普通標點符號的應用。

4.便條書信及應用文的練習。

D.寫字

1.筆順的練習。

2.已識各字的書寫和練習，

3.國語課本的抄寫或默寫。

4.日常應用行書的認識。

5.俗體破體字的認識。

E.常識

1.風，雨，雷，電，霜，霰，日蝕，月蝕，虹，地震，流星，火山等原因的說明。

2.四時氣候的變遷及其與生物的關係之了解。

3.人體內外形構造的說明。

4.普通疾病預防方法的認識。

5.衣食住行衛生的提示。

(二)公民常識

1.公民道德的提示。

2.和平反共建國提示。

3.四權行使的練習。

4.中日親善思想的灌輸。

5.各級政府組織及建國程序的說明。

6.公共事業的倡導。
7.崇拜歷史偉大人物與服從領袖的訓練。
8.歷史常識的供給。
9.地理常識的供給。
10國際政治常識的供給。

(三)算術

1.認數和記數法。
2.撥珠和算盤記數法的練習。
3.加減法口訣及其運算的練習。
4.九遍口訣的練習。
5.乘除法口訣及其運算的練習。
6.加減乘除法，應用題的練習。
7.碼子字寫讀和記帳的練習。
8.數的認識和數字(阿拉伯字)的寫讀。
9.橫的數字(阿拉伯字)與縱的數字(漢字)的認識。
10我國現行度量衡的認識，

(四)樂歌

1.歌譜的認識，

2.發音的練習，

3.正當姿態的養成，

4、聲音長短高低的辨別，

5.簡單歌詞和拍子的練習，

6.鄉土樂器的演奏，

7.黨歌的練習，

(五)體育

1.姿勢和步伐的訓練，

2.準備操的練習

3.簡易國術的練習，

4.正當姿勢的養成，

三、時間支配

節次／科目／星期	第一節（六十分）				休息	第二節（六十分）			
一	精神講話	廿分	國語	四十分	五分	國語	四十分	體育	廿分
二	公民常識	廿分	國語	四十分	五分	國語	四十分	樂歌	廿分
三	算術	廿分	國語	四十分	五分	國語	四十分	體育	廿分

四	公民常識	廿分	作文	四十分	五分	算術	四十分	樂歌	廿分
五	公民常識	廿分	國語	四十分	五分	國語	四十分	體育	廿分
六	國語溫習	卅分	算術	卅分	五分	學業考查	四十分	樂歌	廿分
日	休								假

說明

一、以上時間支配；國語佔百分之五六，算術佔百分之一五，公民常識佔百之一二，樂歌體育平均佔百分之八五，但國語成分，尚未達到百分之六十以上，其餘各科目亦爲時間限制，不能擴充，應由教員鼓勵學生多作課外練習以資補救，

二、休息時間僅有五分鐘，因成人對於時間極爲注意，如休息時間過長，往往私自離校，倘環境許可得斟酌延長，但不得超過十分鐘，其授課時間，仍以實足二小時爲原則，

三、關於一週間上課日期，或由學生要求於星期一休假者得變更之，但須呈報備案，

四、公民常識及精神講話教材，暫定如下：(一)時事，(二)公民道德，(三)名人事蹟，(四)和平反共建國要旨，(五)地方自治，(六)公共衛生，(七)政權與治權，(八)學校生活，(九)家庭生活，(十)社會生活，

五、樂歌先教黨歌，

六、體育如在夜間上課，以課間操行之，

七、考查學業，係將一週間各科目作一簡單之考查抽查，默書等均可，公民常識方面，注意是否已獲得良好習慣，或已了解授予之知識及和平運動之眞諦，

八、學期始末之星期其時間支配，須斟酌活用，務要注意。

四、教學過程

（一）國語

A.識字閱讀及常識

1.引起動機（用談話或講故事但須注意與學生日常生活之關係。）

2.生字練習（新詞句包括在內，）

甲、教音義，

乙、教筆順，

3.課文誦讀（範讀領讀，分組讀對互讀，分別讀）

4.課文深究（解釋或補充）

甲、教員講解（先述全篇大意再逐字逐句解釋）

乙　師生討論（有時省略，）

5.應用練習（包括矯正錯誤）

甲、書寫練習，

乙、填字練習，

丙、造句練習，

B.作文

1.引起動機，

2.決定題材，
3.講解題意，
4.示範（作文用助作法，填句，造句，）
5.練習，
6.訂正批評，
7.應用，

C.寫字

1.預備，（包括引起動機，決定目的，）
2.示範，

甲、揭示字帖，
乙，說明筆順，
丙，指導姿勢，
丁，指示字形構造。

3.練習
4.訂正錯誤，
5.比較，

(二)公民常識

1.引起動機，（創造適當環境）

2.根據目標，選擇敎材，並指示實施範圍，

3.設計（或用演講，或用問題討論或用家庭聯絡，或用個別談話）

4.考查（是否學生已獲得正確的知識和行爲，是否學生已養成優良的德性與習慣，）

5.批評糾正並應用，

（三）算術

1.引起動機，

2.決定目的，

3.示敎，

甲，講解題意。

乙，指示練習方法，

4.嘗試練習，

5.矯正錯誤，

6.正式練習。

7.口訣練習。

（四）樂歌

1.引起動機。

2.決定目的。

3.講述歌意。

4.反復範唱——聽唱法。
5.開始練習——領唱，分組唱，個別唱。
6.批評矯正。
7.正式練習。

(五)體育

1.整隊練習。(包括準備操)
2.姿勢練習。
3.示範。
4.分組或個別教練。
5.矯正姿勢。
6.方向變換練習——示範。
7.步伐手勢練習——示範。
8.正式教練。

五，教學方法要點。

(一)國語

A.識字及閱讀。

1.根據學生經驗，及目前心境，引起動機。
2.解釋字句的方法，要多變化，以集(或用動作表現，或示圖表實物或用遊戲方法。)中注意維持興味。

3. 多造出生字應用的機會。

4. 文字的分折應約略指示文字構成的意義（例如吃從口燒從火）以助記憶。

5. 讀書教學，先全體而後分折。

6. 注意增進讀書速率的訓練。

7. 培養自動閱讀的能力。

B. 作文

1. 先從塡句造句，作基本的訓練。

2. 材料須適合學生的經驗和想像，並以國語中已習過的字句爲基礎。

3. 作文多用助作法。

4. 塡句，造句，作文，注意自己的訂正。

5. 共同的錯誤須共同訂正。

C. 寫字

1. 先養成寫字的習慣（執筆，收用具，鋪紙等。）和適當的姿勢。

2. 注意筆順間架，結構的指導。

3. 練習材料，最好利用閱讀的材料或將它組成有意義的字句。

4. 要作速寫的習練。

5. 結果最好由學生自已批評自己訂正，自求改進。

D. 常識

1.教學應根據學生的經驗，與目前心境。
2.教學順序，須顧及時間的分配，
3.多供給實際境遇，
4.注意教學結果的實現，與養成一種生產勞作的興趣，
5.好習慣的養成要注意練習，
6壞習慣的破除，要以善代惡，
7.常作衛生檢查及比賽，

(二)公民常識，

1.教材應由近而遠，由簡而繁，由具體而抽象，由現在而過去(家庭研究，而學校研究，而地方研究，而國家研究)
2.多利用機會(固定的；精神講話，臨時的，時事，體息時或各科教學中均可)並須供給適當的動境，
3.方法多變化，(比賽法，個別談話，家庭聯絡，公共訓練，)多用積極的指導，少用消極的懲罰，
4.注意間接的暗示，
5.常作實際考查，
6.先注意壞習慣的破除，再注意好習慣的養成，
7.好習慣養成後，須注意練習，
8.注意實際的活動，以及與各科教學的聯絡，

(三)算術(珠算)

1.注意心算及速算的練習，心算是算術的基礎，應反復練習，
2.教授新的方法和原理，應從實際需要與具體的問題出發，用歸納法逐步推行，
3.教學時，說理宜明，教完以後宜使有充分應用與練習的機會，
4.練習問題，須根據學生生活的經驗與境遇，多從衣食住行家庭學校、社會，各方面經濟問題出發特別注重買賣找錢，折扣等練習，
5.教學口訣應分別解釋幫助記憶，避去機械的誦讀，
6.常用簡單速算競賽法，以引起學生的學習興趣，
7.練習時，避免無謂的手續(如抄題寫等數寫答數等)尤須注意革除學生計算時足以影響速率的種種不良習慣，
8.練習開始時，須準確無誤，
9.練習的方法要多變化(或卡片練習或用遊戲的練習)
10隨時舉行測驗，診斷學生缺點，
11注意個性適應，實行個別指導，

(四)樂歌

1.先用聽唱法，再由聽唱法轉入視唱法，
2.吟唱時注重音調姿勢的矯正，
3.歌曲的高低遲緩節拍，須使學生十分明瞭，可用手勢畫圖表明，
4.歌詞教學應使學生通曉歌詞的意義及情感，由教師充分說明並表現，

5. 教新歌時，應由教員範唱，以便學生傾聽爲避免混淆聽覺起見範唱時最好不用樂器伴奏，

6. 歌曲練習，以純熟爲主，

7，練習時顧到全體，但亦須注意個別的矯正，

8. 利用社交集會授予適當的歌譜，

9. 教學時如無風琴伴奏可用笛口琴或胡琴，

(五)體育

1. 準備操（如整隊，步伐轉向變排等均須注意練習，）

2. 教練時須注意整齊嚴肅的精神，

3. 隨時注意個別的姿勢，

4. 訓練學生保持良好的姿勢，

5. 簡易國術的訓練（踢毽，拳術架式等，）

南京特別市工商業登記暫行規則

三十年七月修正

第一條　凡在本市於固定處所經營工商業者除別有規定外均須依照本規則向南京特別市政府（以下簡稱本府）聲請登記

第二條　工商業登記人於登記時均須攜帶市民證或其他足資證明之文件

第三條　工商業復業者於登記時須提出前市政府警察廳等主管機關所發之營業執照或其他足資證明之文件經證明爲原業主後方准登記營業

前項證件如已遺失或無法提出時須覓具殷實舖保一家出具證明書證明其爲原業主

第四條 工商業開業者於登記時須覓具殷實舖保一家證明係正當商人後方准登記營業

第五條 工商業登記人於登記時均須填具規定申請書一份報由該管區公所査明轉呈本府核發營業許可證如資本總額未滿二百元者由本府社會局發給小商人營業執照

第六條 工商業登記費應按左列數額於申請登記時呈繳

資本額	登記費	資本額	登記費
未滿二百元者	一元	二百元以上未滿一千元者	二元
一千元以上未滿五千元者	四元	五千元以上未滿一萬元者	八元
一萬元以上未滿五萬元者	十六元	五萬元以上未滿十萬元者	三十四元
十萬元以上未滿二十萬元者	七十元	二十萬元以上者	一百元

第七條 工商業應登記之事項如左

1.營業種類
2.店號名稱及開設地點(暨日期)
3.店主或經理人姓名年齡籍貫住址
4.店夥及僱工人數並每月待遇
5資本總額
6.存貨價值

7.獨資擬合資(如係合資應將股東姓名年齡籍貫一併註明)
8.營業場所係已產擬係租賃(如係租賃須註明租金)
9.開業擬復業(如係復業須註明以前營業地點及店號)
10進貨及銷售方法
11設備概要(如係工廠應註明機器種類及數目)
12每月營業額或生產數量(如為商店應註明營業額如為工廠則註明生產數量)
13有無支店及支店所在地(如本身為支店應將總店所在地註明)

第八條　工商業登記人於領得營業許可證後應另向該管警察局填具開張報告表報告開張日期其有關治安風化消防衛生等事項由本府衛生局及警察警應另訂規則取締之

第九條　工商業登記後如有停業變更改組遷移轉讓者均應將許證繳銷按照本規則之規定另行申請登記

第十條　登記如有不實經利害關係人舉發由本府派員調查屬實者得吊銷其營業許可證

第十一條　本府為執行本規則起見得派員隨時檢查之

第十二條　凡未經登記領證之工商業擅自營業者得停止其營業並處五元以上五十元以下之罰金

第十三條　營業許可證應懸掛於公衆易見之處所不得轉讓或轉借

第十四條　本規則如有未盡事宜得隨時修改之

第十五條　本規則自公佈日施行

公牘

呈行政院文

案查本府奉　令舉辦京市臨時清荒墾殖所有經辦情形節經先後呈報在案茲以春耕已告結束所有城鄉荒地亦經全部放領完畢謹將處理程序分陳於后

一、調查：查本市市區幅員遼闊調查需時尤以鄉區路遠殊費周折初次調查城區部份計荒地三百十八號面積二千一百四十七畝二分除玄乙字第七十三號（即太平門東富貴山坡下）玄乙字第九十五號（即前中央黨部勘定部址）兩共一千一百畝因軍用關係雖經函商未能放墾及其他過於畸零磽瘠者不計外其能放墾之地僅及半數復經派員擴查務以市無曠土地盡其利爲原則嚴令查報繼又發現荒地一百三十三號約計面積三百九十二畝三分前後共計四百五十一號面積約共二千五百三十九畝五分鄉區部份計共荒地二百五十二號面積約共一千零二十八畝八分

二、放領：城區部份已經核准放領者計二七五號約面積九百七十畝八分其餘荒地皆爲地質惡劣不宜墾殖或爲友邦軍民使用無法放領者均經派員會同當地坊保甲長切實查

明原委塡列表格以資考核綜計可以放領之地實共二百七十八號面積約九百七十三畝五分核與已經放領之數佔有百分之九九强鄉區部份適値農忙每以來往不便未及趕辦承領手續而實際上已經自行墾殖者爲數甚多查現經本府放領者計二百二十四號約面積九百三十九畝二分佔鄉區荒地面積百分之九一、二强其未辦承領手續者擬聽其自種本府仍當隨時查核成績俾資督促

三、指導：此次放墾所有種籽均已經本府農林專員予以鑑別試驗發芽率擇優分發播種凡關農事技術上之指導事宜如播種拔留中耕施肥刈草除虫防病……均於相當時期指派技術人員巡迴各地悉心指導故生長旺盛收獲自可較豐

四、考成：本府於六月一日起復派技術人員分赴各地考核種植情形以其生長滋殖程度暫分爲優上中可劣五等評定其成績綜核考成結果其應列入優等者佔百分之十三列入上等者佔百分之二四列入中等者佔百分之四一列入可等及劣等者佔百分之二二

五、估計：此次招墾爲期迫促前後共計三月乃以經濟關係事先未克盡量宣傳更以技術人員缺乏每有照顧不周之憾所幸上下一心努力墾務成績尙佳估計產量平均每畝可有一石五斗之收獲以放領總面積計本期約可收獲二千八百六十五石左右假定市價每石値五十元約値國幣十四萬元左右以後因地質之成熟技術之嫻習其生產率當

可漸見增加也

再查本市四郊崗峯環疊其間固不乏荒山曠地惟格於山岡不宜施種深恐一經墾殖泥土鬆動風雨衝瀉淤塡溝渠轉於農事有損故大部荒山暫予保留另備造林之用

以上關於辦理本市區臨時淸荒墾殖事宜業經全部蕆事理合將辦理詳情連同城鄉區墾荒放領淸册乙本未墾荒地調査報告表乙册實地勘攝照片乙册一併具文呈報伏祈

鑒核俯賜備案實爲公便

謹呈

行政院長汪

附呈南京特別市臨時淸荒墾殖放領淸册乙册未墾荒地調査報告表乙册實地勘攝照片乙册(略)

南京特別市市長　蔡培

中華民國三十年七月　日

南京特別市政府咨 地字第　號

案查本市土地工作旬報表業經咨送至七月份上旬在卷茲造具七月份中旬旬報表一份相應備文咨送卽希

警照爲荷
此咨
內政部
計咨送本市土地工作七月份中旬旬報表一份
市長　蔡　培
中華民國三十年七月　日

南京特別市政府公函　祕字第　號

案查特務機關會同本府所發之市民證按照發給市民證辦法第十三條規定出入城關時市民證及各處所給通行證不問所發年份一律有效現據孝陵衛區長等報告近日市民出入城關友軍有將民國二十八年昭和十四年市民證撕毀須更換新證
貴廳警士亦間有撕毀前二十八年分市民證等情到府除商由本府聯絡官通知各城關友軍以後對于二十八年市民證一律有效外相應函請
貴廳查照並希轉飭所屬知照至紉公誼
此致
首都警察廳

南京特別市政府辦理土地登記工作七月份中旬旬報表

中華民國三十年

事項 件數 日	接收登記聲請書	土地所有權登記	房屋登記	更正登記	塗銷登記	移轉登記	分割登記	共有權登記	住所變更登記	繕寫查驗證	發給查驗證	備註
11		5				3						
12		2				1					1	
星期13												
14		1										
15		2				4						
16					1						1	
17										1		
18					1						2	
19		5				3					1	
星期20												
總計件數		15件			2件	11件				1件	5件	

市長 蔡培

中華民國三十年七月 日

南京特別市政府公函 財字第 號

案准

江蘇省政府秘一字第四〇八號咨開

「案准貴市政府先後電咨以本省寧浦區營業稅局在市區頭關鎮設所攔江收稅囑轉令制止以清界限並希見復等由准經令飭財政廳遵辦去後茲據復稱『查此案已准首都警察廳函以據西郊警察局報稱「寧浦營業稅局在頭關江岸設所攔征過往船隻」等情請見復到廳當以攔征船隻核與營業稅定章不合且侵越界限擅行設立稅收機關自屬非是卽經嚴令該局立卽撤銷停止征收並函復在案奉令前因理合將本案辦理情形具文呈復仰祈座鑒賜核轉實爲公便』等情前來相應據情咨復卽希查照」

等由准此正轉行間據牲畜屠宰稅征收所呈報該營業稅局在本市安德門區設立牙行代征查驗處征收過往牲畜稅影響本市稅收請予禁止等情到府查省市征稅各有界限不容侵越致紊行政系統業經咨准江蘇省政府嚴令將越界所設稅收機關撤銷立卽停止征稅有案嗣後如有在本市越境設立稅收機關强征稅捐者各商民應拒絕納稅並就近報請警察機關予以制止以清界限而維稅收准

咨前由除布告分令外相應函請
貴廳查照並煩轉飭所屬一體協助辦理爲荷
此致
首都警察廳

中華民國三十年七月　日

市長　蔡培

南京特別市政府公函　工字第　號

案查本市人力車乘坐價目前經會銜布告在案本府以該項規定似較簡單未能詳密適用經飭工務局派員勘定下關車站等衝要四十處分別標插乘雇人力車馬車車價表木牌以利行旅惟查各處起迄地點距離不同該項乘坐人力車價目表亟須重行訂定茲仍依照前定原則以每華里不得超過二角計算並參酌市區之繁僻道途之遠近等實際情形予以重訂以求切實適用事關本市交通自應商請
貴廳同意俾便共同實施相應檢同擬訂各表備函奉達卽希
查照酌核見復以便製牌標插並轉飭人力車業公會一體知照爲荷此致
首都警察廳

附送人力車馬車價目表牌面部式樣圖一種及乘坐人力車價目表四十種計一式二份（略）

市長　蔡培

中華民國三十年七月　日

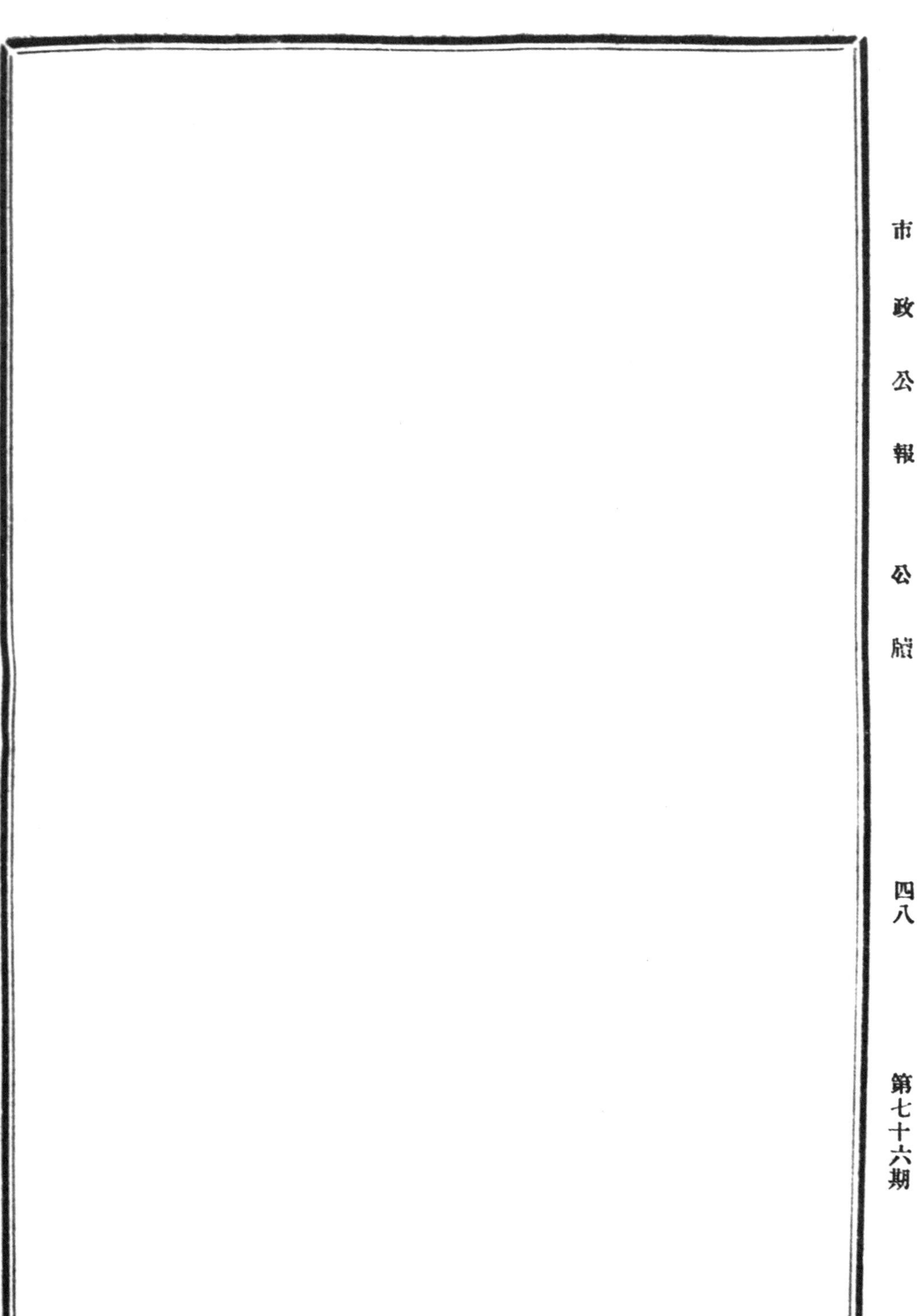

南京市戶口統計表

民國三十年七月

祕書處第二科統計股製

區別	戶數	人口數						
		總計	男性			女性		
			合計	成人	兒童	合計	成人	兒童
總計	138331	616627	342730	234690	108040	273897	182051	91846
第一區	26998	124093	68451	48744	19707	55642	38233	17409
第二區	378[illegible]8	166678	91299	61605	29694	75379	51454	23925
第三區	18279	77165	43813	30499	13314	33352	22455	10897
第四區	10424	45537	25674	18119	7555	19863	13326	6537
第五區	10501	47817	28335	21376	6959	19482	13208	6274
上新河區	12395	54681	29369	20136	9233	25312	16751	8561
燕子磯區	9368	45048	24623	15620	9003	20425	12346	8119
孝陵衛區	4093	19182	10138	5403	4735	9044	5386	3658
安德門區	8465	36426	21028	13188	7840	15398	8932	6466

註：一. 本表根據各區公所塡報之戶口月報
二. 各外國僑民戶口不在此內

南京市戶口增減比較表

民國三十年七月

祕書處第二科統計股製

區別	戶增減數	人口增減數						
		總計	男性			女性		
			合計	成人	兒童	合計	成人	兒童
總計	+417	+3615	+2138	+1672	+466	+1477	+1103	+374
第一區	+134	+1084	+584	+416	+168	+500	+359	+141
第二區	+105	+1072	+600	+465	+135	+472	+355	+117
第三區	+9	+145	+63	+49	+14	+82	+60	+22
第四區	+54	+493	+358	+297	+61	+135	+104	+31
第五區	+85	+415	+300	+245	+55	+115	+95	+20
上新河區	——	+127	+81	+47	+34	+46	+29	+17
燕子磯區	+44	+289	+154	+150	+4	+135	+116	+19
孝陵衛區	+8	+16	+12	+15	−3	+4	−6	+10
安德門區	−22	−26	−14	−12	−2	−12	−9	−3

註：一. 本表根據各區公所填報之戶口月報

二. 各外國僑民戶口不在此內

三. 有(+)符號者爲增加有(−)符號者爲減少

市政公報暫定價目表

期限	價目	郵費
零售每冊	三角	本市半分 外埠一分
半年十二冊	三元五角	本市六分 外埠一角二分
全年二十四冊	七元	本市一角二分 外埠二角四分

市政公報廣告刊例

頁數	價目
一頁	每期十一元
半頁	每期六元
四分之一頁	每期三元

刊登廣告在四號以上者每期按照七折計算連續十號以上者每期按照六折計算長期另議

出版日期 本公報暫定每月二次

編輯者 南京特別市政府祕書處

發行者 南京特別市政府祕書處

印刷者 南京紹新印刷所 地址：復興路中段 即天青街四〇四號

中華郵政登記認爲第一類新聞紙類

中華民國三十年八月十五日

市政公報

第七十七期

南京特別市政府祕書處印行

目錄

命令

法規

公牘

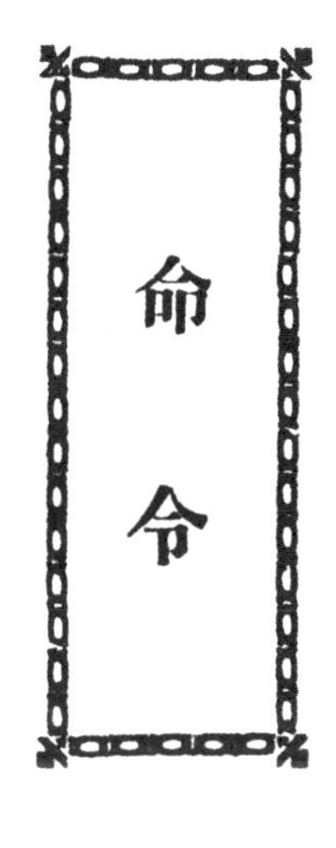

南京特別市政府訓令 祕字第　號

令本府各局暨所屬各機關

查本府各局處暨所屬各機關造送經臨各費支出計算書類其格式參差不一且與現行會計章則多有未合茲爲劃一程式便於審核起見按照現行會計章則釐定支出計算書收支對照表暨各費附屬表財產增加表財產減損表單據粘存簿塡表說明等隨令頒發各一份仰該〇遵照自本年七月份起一律照此規定程式辦理其有在七月份以前經臨各費支出計算書類尙未造送者亦應依式編製迅卽呈送以憑審核爲要

此令

附發支出計算書及各類表據格式全份（略）

中華民國三十年八月　日

市長 蔡培

南京特別市政府訓令　祕字第　號

令所屬各機關

案查各局所屬機關造送經臨各費支出計算書據歷來逕函本府祕書處第二科請予審核程序手續均有未合亟應予以糾正自本年七月份起所有各該局附屬機關呈送上項書據應呈由本府發交審核以資劃一而昭愼重合行令仰分別轉飭遵照

此令

市長　蔡培

中華民國三十年八月　日

南京特別市政府訓令　財字第　號

令本府所屬各機關

案奉

行政院行字第二九五六號訓令開

「現據財政部呈稱『案查中央儲備銀行成立之初本部爲謀推行新法幣以期逐漸完成幣制之統一起見卽經同時制定整理貨幣暫行辦法十一條公布施行並呈報鈞院鑒核備案在案該辦法第六條內載『凡人民完粮納稅及其他對於政府之支付一律行使中央儲備銀行發行之法幣但暫准以舊法幣與中央儲備銀行發行之法幣同樣行使』等語第自中央

儲備銀行成立迄今已逾半載各重要地方之分支行及辦事處均經先後擇要設立所發兌換券輔幣券數目遽有增加足資周轉茲擬自本年九月一日起所有中央稅收一律收用中央儲備銀行發行之法幣及該行之支票至關於一切地方稅收在已經設立中央儲備銀行分支行處之地方並應同樣辦理其未設有中央儲備銀行分支行處或新法幣尚未普遍流通之地方暫准以舊法幣繳納地方稅以期兼顧是否有當理合具文呈報仰祈鑒核示遵』等情據此當經指令准如所擬辦理除轉呈中央政治委員會備案並分行外合行令仰該市府查照飭屬一體遵辦」

等因奉此除分行外合行令仰該〇即便恪遵辦理是爲至要切切

此令

市長　蔡　培

中華民國三十年八月　日

南京特別市政府訓令 祕字第　號

令本府所屬各機關

案奉

行政院行字第二九六七號訓令開

「現奉　國民政府第一零九號訓令開『查郵政儲金暫行條例現經制定明令公布應即通飭施行除分令外合行抄發該條例令仰知照并轉飭所屬一體知照』等因計抄發郵政

儲金暫行條例一份奉此合行抄發該條例令仰該市府飭屬一體知照」等因附抄發郵政儲金暫行條例一份奉此除分令外合行抄發該條例令仰知照

此令

附發抄郵政儲金暫行條例一份

市長　蔡培

中華民國三十年八月　日

郵政儲金暫行條例

三十年八月四日公布

第一條　郵政儲金事務由交通部所屬郵政總局辦事處儲金課辦理之

第二條　郵政儲金之存入及支取均以國幣爲限

第三條　郵政儲金每一人或一團體僅得爲一存戶

郵政儲金機關發現一人或一團體有兩戶以上之儲金時除保留其最初之一戶外餘均發還本金不給利息

第四條　郵政儲金得分存簿儲金支票儲金定期儲金及劃撥儲金四種

第五條　存簿儲金每次存入須滿一元其未滿一元者應先向郵政儲金機關領取儲金格紙陸續購貼郵票俟貼滿時存入

第六條　存簿儲金每戶存入總額以三千元爲限逾限之數不給利息前項限制於政府機關自治團體及公益法人不適用之

第七條　郵政儲金初次存入時由存入之局按其種類分別發給存簿單據或支票以後續存支取均以存簿單據支票爲憑

第八條　郵政儲金存簿及單據存戶不得私自添註塗改

第九條　存戶在通儲區內得向任何郵政儲金機關續存或支取通儲區及其辦法由交通部定之

第十條　存戶如五年內幷無存入支出或其他聲請郵政儲金機關應速通知該存戶取回存款幷自五年期滿之日起停止給息

第十一條　存簿儲金及支票儲金得隨時支取但個人存簿儲金如一次支取達五百元以上時郵政儲金機關得要求支取人事先通知

第十二條　劃撥儲金辦法如左

一、無論何人得以現金請求郵政儲金機關撥入劃撥儲金存戶名下

二、劃撥儲金存戶得以儲金請求郵政儲金機關互相劃撥

三、劃撥儲金存戶得以儲金請求郵政儲金機關撥付現款於他人

第十三條　郵政儲金本息以郵政財產擔保之

第十四條　郵政總局辦事處每三個月應將郵政儲金資產負債表公告一次

第十五條　交通部設置郵政儲金監察委員會監察關於郵政儲金收支賬項及運用事宜

第十六條　郵政儲金之利息應免一切稅捐

第十七條　郵政儲金之利率結算方法及其運用範圍應由郵政總局辦事處擬具提請監察委員會核定

第十八條　無行爲能力人及限制行爲能力人對郵政儲金機關所爲之行爲視爲有行爲能力人之行爲

第十九條　郵政儲金之運用以左列事項爲限

一　購買中央政府發行之公債庫劵但購買之資金不得超過其儲金總額及公積金總額百分之十五

二　以妥實有價證劵或棧單爲質之放款

三　以有確實收益不動產爲抵押之放款但其總額不得超過儲金總額百分之十五抵押金額不得超過該不動產估値百分之五十

四　以定期存摺或存單爲質之放款

五　票據貼現

六　押匯

七　經營倉庫業

八　農業放款

九　經營簡易人壽保險

十　其他經監察委員會通過呈由交通部核准對於有確實收益之國營公營事業之投資或放款但其總數不得超過儲金總額百分之二十

第二十條　郵政儲金之會計獨立一切收支應另立專賬由郵政總局辦事處彙報交通部

第二十一條　關於郵政儲金之一切收支款項概用郵政儲金之名義爲之幷由郵政總局辦事處主任會同儲金主管人員簽字蓋章

第二十二條　郵政總局辦事處簽訂關於儲金保管運用之章程契約均應提請監察委員會轉呈交通部核准

第二十三條　本條例之施行區域時期幷各項儲金章程均由交通部以部令定之

第二十四條　本條例自公布日施行於交通部設置郵政儲金匯業總局時卽行廢止

南京特別市政府訓令 祕字第　號

令本府所屬各機關

案奉

行政院行字第二九八五號訓令開

「現准軍事委員會會軍一字第一二五號咨開案據首都憲兵司令申振綱七月三十一日呈稱前奉鈞會常會決議將首都憲兵指揮官名義撤銷任命職爲首都憲兵司令幷着組織司令部當以憲兵各項前規破壞殆盡着手籌組不敢草率懇予相當之籌備時間曾經申叙理由呈請令知警衛師鄭師長照常暫維現狀嗣奉會軍一字第二零六二號指令照准幷着妥善籌設具報各等因奉此茲以司令部籌組略具規模定於八月一日成立暫借國民大會堂憲兵第一大隊部正屋卽日開始辦公除正式宣誓就職典禮另行擇定再請鈞會派員監誓賜訓以昭鄭重外理合具報仰祈鑒核備案分別函令各軍政機關知照幷令知警衛師鄭師長卽將憲兵第一第二兩大隊一應人員卷宗物品款項等件移交職部接收辦理等情據此除指令幷分行外相應咨請查照幷轉行知照爲荷等由准此除分行外令仰該市府飭屬一體知照」

等因奉此除分令外合行令仰該○知照並飭屬一體知照

此令

中華民國三十年八月　日

市長　蔡培

南京特別市政府訓令 財字第　號

令各處局　各區公所
南京市銀行　各稅收機關

案准

財政部幣字第四七五號咨開查關於美國等凍結中國資金一案本年七月二十九日第七十次行政院會議討論對策當經決議通過本部所提處理指定人資產辦法卽由本部於本年七月二十九日以部令公布施行並根據處理指定人資產辦法第一條至第四條規定指定範圍佈告週知各在案除分行外相應抄同處理指定人資產辦法及佈告各一份咨請查照並希轉飭知照等由附送處理指定人資金辦法及佈告各一份過府准此除分令外合行抄發原件令仰該〇知照

此令

計抄發處理指定人資產辦法及佈告各一份(略)

中華民國三十年八月　日

市長　蔡培

南京特別市政府訓令 教字第　號

令各區公所

案准

社會部社乙字第六零號咨開

「案准教育部秘字第五一七二號咨開『查我國工廠近年以來出品數量與製造技術均鮮顯著之進步良以教育未能普及工人對於所從事之職業缺乏認識故各地工廠及工人團體亟宜附設工人業餘補習學校利用休閒時間授以基本知能俾工作發生興趣增加效率不特工人之幸廠方亦受其益相應咨請貴部轉飭各地工人團體切實推設業餘學校以重補習教育』等由准此查事變以還我國教育幾瀕停頓際茲和運開展百廢待舉對於推設工人業餘補習學校一事自應積極實施藉謀增進工人知識准咨前由除咨復并分行外相應咨請

貴市政府查照並飭屬辦理至紉公誼此咨」

等由准此除分令外合行令仰該區長迅將各該區內所有工廠及有無附設補習學校情形調查呈復以憑核辦勿延爲要

此令

中華民國三十年八月　日

南京特別市政府訓令 社字第　號

令城鄉各區公所

查本府與中國社會事業協會聯合舉辦集團結婚業經訂定辦法定於本年十月十日在國民大會堂舉行第一屆集團結婚並公告在案查集團結婚旨在改善風俗崇尚節約亟應普遍宣傳以資提倡除分令外合行檢發該項辦法十五份令仰轉飭所屬廣爲宣傳俾衆周知凡市民欲申請參加者均令其於九月二十日前逕向中山東路三〇五號南京特別市集團結婚辦事處辦理登記手續爲要

此令

計附發南京特別市集團結婚辦法〇份（見法規欄）

市長　蔡培
教育局長　楊正宇

南京特別市政府訓令 教字第　號

中華民國三十年八月　日

市長　蔡培
社會局長　盛開偉

令 市私立各校館
各 區 公 所

案據本府教育局呈稱

「案奉 教育部祕字第五二三四號訓令開『案查關於奉 令核議湖北省政府何主席電請恢復孔廟春秋丁祀舊典一案前經本部會同內政部商定採用折衷辦法並擬訂原則三項呈奉 院令核准分別咨令遵照各在案所有先師孔子誕辰紀念辦法及秩序單茲經會同改訂凡舊典中不涉陳腐之儀式悉行列入由各地方長官酌量辦理藉隆祭典以示尊崇並經會銜呈奉 行政院行字第四五一四號指令開「呈件均悉准如所擬辦理仰卽咨行各省市政府及教育機關學校一體遵照此令件存」等因奉此除分別咨令外合行抄發改訂先師孔子誕辰紀念辦法及秩序單令仰遵照並轉飭所屬一體遵照此令』等因幷抄發改訂先師孔子誕辰紀念辦法及秩序單奉此理合檢同改訂先師孔子誕辰紀念辦法及秩序單各一份仰祈通令市私立各校館暨各區公所一律遵照實爲公便。」

等情據此除分令外合行抄發改訂先師孔子誕辰紀念辦法及秩序單各一份仰該〇長卽便遵照

此令

附抄發改訂先師孔子誕辰紀念辦法及秩序單各一份

中華民國三十年八月 日

市長　蔡培

先師孔子誕辰紀念辦法

民國三十年六月內政教育兩部會同改訂

一、紀念日期　八月二十七日

二、紀念名稱　先師孔子誕辰紀念

三、孔子事略　先師孔子名丘字仲尼魯人幼年卽志於學壯遊四方闡揚堯舜禹湯文武周公救世致治忠恕一貫之道晚年復刪詩書定禮樂贊周易修春秋垂法後世爲儒家之祖歷代尊爲師表　國父亦每推崇不置先師生於民國紀元前二四六二年(周靈王二十一年)卒於同紀元前二三九〇年(周敬王四十一年)年七十有三

四、紀念儀式　是日休假一天全國各界一律懸旗誌慶國民政府特派大員至曲阜致祭各省市縣長官率同所屬各機關各學校各團體代表齊集各該地孔廟(駐在地無孔廟者改在禮堂)舉行紀念典禮

五、宣傳要點

一、講述孔子生平事略

二、講述孔子學說

三、講述　國父革命思想與孔子之關係

先師孔子誕辰紀念秩序單

民國三十年六月內政教育兩部會同改訂

一、全體肅立

二、奏樂（有鐘鼓者鐘鼓齊鳴）
三、唱國歌
四、向國旗及孔子遺像（或牌位）行最敬禮
五、奏演樂舞（未備樂舞者從略）
六、主席報告紀念孔子之意義
七、演講
八、唱孔子紀念歌
九、奏樂（有鐘鼓者鐘鼓齊鳴）
十、禮成

南京特別市政府訓令

社字第　　號

令第一二三四五區公所

案准

首都警察廳政一字第二三八四號公函開

「查本京前因事變初定地方秩序未復爲防杜莠民偸竊搬運他人物件起見特經前南京警察廳規定運物通行證一種凡民間搬運拆卸房屋之磚瓦木料以及其他各項舊有傢具等無論係己物或新近購買者均應先赴該管警察局塡具報告表經查明屬實給有本廳所發

運物通行證後方准起運藉示限制歷經辦理在案惟上項辦法原屬當時應便之方現在本京治安早經恢復常軌此項發給運物通行證辦法自無繼續施行之必要應即廢止以便民衆惟民間拆卸房屋或搬家以及運物出城等仍應遵照定章分別向主管機關請領建築執照或遷居運物等證件以憑查驗不得違誤除呈報暨分別函令并布告外相應函達即希查照爲荷」等由准此除分令外合行令仰知照并飭屬知照

此令

中華民國三十年八月　日

市長　蔡培

南京特別市政府訓令　教字第　號

令第一二三四五區公所

查本府發交各區之平價麵粉原定價格每袋國幣二十七元五角前經令飭遵照在案茲規定自八月十五日起每袋改售國幣二十六元五角除分令外合亟令仰遵照辦理并飭令各坊保甲長傳知市民一體周知一面將截至本月十四日止售出麵粉袋數列表具報爲要

此令

中華民國三十年八月　日

市長　蔡培
社會局長　盛開偉

南京特別市政府訓令　社字第　號

令南京市商會整理委員會
　南京市公典

案准
社會部社丁字第四六號咨開
「查公益典當辦法前經本部擬訂呈請　行政院鑒核施行在案茲奉　行政院本年七月十日行字第四四九〇號指令略開『呈件均悉公益典當辦法由該部公布施行並分咨各省市一體飭屬照辦可也』等因奉此業經本部遵令公布除呈復並分行外相應檢附該項公益典當辦法一份咨請貴市政府轉飭所屬遵照辦理為荷」
等由附送公益典當辦法一份准此除分行外合行抄發前項辦法一份令仰該商會/公典即便知照
此令

附抄發公益典當辦法一份(略)

中華民國三十年八月　日

南京特別市政府訓令　財字第　號

令田賦征收處
　地政局

案奉

行政院行字第二八八號令開

「現奉

國民政府第一零四號訓令開『查征收田賦考成條例及契稅條例現經修正明令公布應即通飭施行除分令外合行抄發修正征收田賦考成條例及修正契稅條例各乙份令仰知照并轉飭所屬一體知照等因計抄發修正征收田賦考成條例及修正契稅條例各乙份奉此除分令外合行抄錄奉頒條例各乙份令仰該市府轉行所屬一體遵照』等因并抄發修正征收田賦考成條例及修正契稅條例各乙份奉此除分令外合亟抄發修正征收田賦考成條例令仰遵照辦理切切

契稅條例

此令

市長蔡培

社會局長盛開偉

中華民國三十年八月　日

市長　蔡培

計抄發修正征收田賦考成條例一份
契稅條例一份

征收田賦考成條例

三十年七月二十二日修正公布

第一章　總則

第一條　凡各省征收地丁漕粮租課或地價稅及其他隨同田賦征收之款項其考成均依本條例規定辦理之

第二條　各省財政廳廳長為督征官各縣縣長為經征官

各省民政廳廳長同負督催經征田賦之責亦適用本條例關於督征官之規定

各縣設有財政局者縣長局長共同負責

第三條　各市財政局局長為經征官亦適用本條例關於經征官之規定其造報事項由該管長官覆核轉部

第二章　截限時期

第四條　凡征收田賦以本年十二月底會計年度屆滿時為截限結報之期其分兩期征收者以本年六月底為第一期截限之期督征官應於前限屆滿後一個月內分別彙報

凡開征不滿三個月者准其比照第十八條之規定展期三月再予併數考核但須於冊報時先行聲明

第三章　考核分數

第五條　各經征官應於每年六月第一期征收截限屆滿之月分別將已完未完實數造具簡明清册報由該管督征官核明彙報財政部幷分報各該省政府暨民政廳查考

第六條　各經征官於會計年度屆滿總限之前一日應將全年丁粮租課已完未完實數及附近三年實完分數扣除災荒蠲緩分別彙造收入及比較總册報由該管督征官核明彙報財政部幷分報各該省政府暨民政廳査考

第七條　前條造報分數分爲左列三項

經征本年田賦分數

催征上年民欠幷積年民欠各分數

帶征某年緩征田賦分數

第八條　前條考核分數應以額征數勻作十分計算但遇有荒缺尚未復額以及蠲緩之年得以實征數攤算其催征上年幷積年民欠舊賦以原欠分數計算帶征緩賦以緩征分數計算

第九條　前條考核分數如該經征官一年數任者應依照年額合前後任併計仍於已完未完分數內各就在任日期攤算但得除去停征日期

第十條　各經征官屆考核時如任事未及一月者免予考核

第四章　奬勵方法

第十一條　各經征官於截數造報定限以前照額全完者由該主管督征官報部核予特奬

第十二條　素稱征收疲玩之市縣或因事變征册散佚者本年能加意整頓照數全完者從優核予特奬若照近三年實收成分多收至二分以上者記功一次三分以上者記功二次四分以上者記大功一次五分以上者記大功二次六分以上者酌予優奬各經征官如積功二次或大功一次者該主管督征官得隨時報部請奬勞績金其勞績金之數

目以多收成數百分之十爲標準

第十三條　各經征官如在任繼續三年均於截數造報定限以前照額全完者酌予優獎若按照近三年比較尚未照額全完之區係由該經征官回復原額三年全完者由該主管督征官報部核予特獎其三年內遇有蠲緩之年應將該年扣除俟次年補足併計

第十四條　各督征官督催全省田賦於截數造報定限以前照額全完者核予特獎至帶征舊欠緩賦核計近三年全省實收成分多收至一分以上者記功一次二分以上者記功二次三分以上者記大功一次四分以上者記大功二次五分以上者由部酌予優獎六分以上者核予特獎各省民政廳廳長如能實力督催各縣經征田賦財政部得視該省著有成績縣分之多寡分別核獎各經官於受優獎特獎時財政部并得咨明該管省市政府予以特別保障

第五章　懲戒方法

第十五條　各經征官於截數造報之日止照該縣額征或應征數未完不及三分者免予議處三分以上依左列規定分別懲處三分以上者記過五分以上者記大過七分以上者免職積過二次作一大過積大過三次者卽予免職向來征收最稱疲玩之市縣或因事變征册散佚尚未整理就緒者各經征官於造報時詳晰申明由該主管督征官覆核相符者得酌予減免處分

第十六條　依照前條規定近三年比較向係照額全完本年無故短收者由督征官從嚴議處

第十七條　各督征官督催全省田賦於截數造報之日止照全有額征總數平均計算依第十五條第十六條之規定分別懲處

第十八條　征收田賦未完分數應以截數造報之日爲初限責令留任催征展期三月爲二限限滿實行處分在二限之內續

報征完者得視其征完分數分別減免

第十九條　各經征官如將已征田賦揑稱民欠者免職懲辦仍按數追繳該管督征官知情徇隱者免職失察者減年俸十分之三

第二十條　造報逾限者依左列日期分別懲處

一月以上者減三個月俸十分之一二月以上者減半年俸十分之一三月以上者減一年俸十分之一四月以上者免職

第二十一條　凡受本條例奬勵及懲戒者功過得分別抵銷

第二十二條　前條所列功過難得互相抵銷但因記過抵銷記功時應將以前記功所領奬金繳還方准抵銷

第二十三條　應受本條例第十五條至第十八條及第二十條之處分時如因特別事故呈准有案者不在此例

第六章　附則

第二十四條　各督征官幷應訂定所屬各經征官考核員司奬懲保障規程報部核准施行

第二十五條　前條所指征收員司之奬懲保障規程以左列原則訂定之

甲、按當地物價情形訂給適當薪資

乙、不隨長官爲進退非有過失不得撤換

丙、給奬從優

丁、懲弊從嚴

戊、酌定奬勵儲金

第二十六條　本條例如有未盡事宜得由財政部隨時呈請修正之

第二十七條　本條例自公布日施行

契稅條例

三十年七月二十二日修正公布

第一條　本條例所稱契者指不動產之賣契典契而言

前項契約用紙由財政部定式頒行各省市財政廳局製發

第二條　繳納契稅應貼用財政部特別印花

前項特別印花未頒發前暫以國幣計算核收

第三條　不動產之買受人或承典人須於契約成立後六個以內赴該管征收官署以左列稅額呈驗註册完稅

賣契稅　契價百分之六

典契稅　契價百分之三

前項典契稅由承典人繳納但出典人於贖產時應歸還稅額之半於承典人

先典後賣之賣契得以原納典契稅額劃抵賣契稅但以承典人與買受人屬於一人者爲限

官署地方自治團體及其他公益法人爲不動產之買受人或承典人免納契稅但以收益爲目的者不在此限

第四條　訂立不動產賣契或典契時須由出賣人或出典人赴該管征收官署塡具申請書請領契紙除繳納契紙費一元外無論以何種名目不得征收他項費用

前項之契紙費由出賣人與買受人或出典人與承典人分擔申請書之格式由財政部定之

第五條　不動產之出賣人或出典人請領契紙後已逾兩月其契約尚未成立者原領契紙失其效力但因有障礙致契約不能成立時得於限內赴該管征收官署申明事由酌予寬限

第六條　原領契紙因遺失及其他事由須補領或更換時仍依第四條第一項之規定繳納契紙費

第七條　遺失已稅紅契經確實證明准予補契照原宅稅額繳納十分之二之補契稅但契紙費仍應照繳

前項之補契稅金及契紙費由買受人或承典人負擔

第八條　不動產之買受人或承典人逾第三條之期限不依本條例繳納契稅者除納定契之稅額外科以左列之罰金

逾限未滿一個月者　應按納稅原額科十分之一

逾限一月以上未滿兩月者　應按納稅原額科十分之二

逾限兩月以上未滿三月者　應按納稅原額科十分之四

逾限三月以上未滿四月者　應按納稅原額科十分之六

逾限四月以上未滿五月者　應按納稅原額科十分之八

逾限五月以上者　應按納稅原額科罰一倍

第九條　繳納契稅時匿報契價者除另換契紙改正契約補繳短納稅額外并科以左列之罰金

匿報契價十分之一以上未滿十分之二者　應按短納稅額科十分之二

匿報契價十分之二以上未滿十分之四者　應按短納稅額科十分之四

匿報契價十分之四以上未滿十分之六者　應按短納稅額科十分之六

匿報契價十分之六以上未滿十分之八者　應按短納稅額科十分之八

匿報契價十分之八以上者　應按短納稅額科罰一倍

第十條　本條例第三條所定六個月之納稅期間限於已領官契紙者適用之其私紙所書之契約以白契論除責令補領契紙繳納定率之稅額外并照應納稅額科以一倍以下之罰金

第十一條　征收官署應於署內附設推收所過戶與契稅同時辦理

第十二條　本條例施行細則以財政部令定之

第十三條　本條例自公布日施行

南京特別市政府 中國社會事業協會 聯合舉辦南京特別市第一屆集團結婚公告 集字第一號

本府 本會 爲改善社會風俗提倡儉約起見經會商決定於本年十月十日在國民大會堂舉行南京特別市第一屆集團結婚茲已在中山東路三百〇五號成立南京特別市集團結婚辦事處凡欲申請參加者自公告日起至九月二十日止可向辦事處辦理登記手續特此通告

中華民國三十年八月　日

市長　蔡培

理事長　丁默邨

南京特別市政府布告 工字第　號

爲布告事查本府前發二十九年度船舶搪磁牌截至本年七月底止已失時效茲已製定黃地黑字搪磁號牌自本月十四日起實行換發仰各遊船業戶卽將前領磁牌持赴該管第二船舶登記所繳銷聲請換領新磁牌不得藉故延宕倘有違抗定予懲罰不貸又查此項磁牌以前每塊收費六角現因物價

騰貴磁牌製價亦逐步高漲不得不酌量增加茲特重行規定磁牌收費每塊改爲國幣一元四角併仰各船戶一體遵照此布

中華民國三十年八月　日

市長　蔡培

南京特別市政府通告　教字第　號

查本府爲保障市立各小學原任教員起見迭經通令各校對於此項教員儘先續聘並轉飭各該教員迅赴原校向校長接洽續聘辦法各在案現在三十年度第一學期開學在卽市立各小學教員人選問題應卽加以調整爲此重申前令仰各該原任教員於三日內（本月十一日至十三日）逕向原校接洽各該校校長應將接洽情形隨時具報如有教員不能續聘者亦由該校校長申叙理由並轉知解約教員攜同學歷證件暨本市登記合格證書等親自向本府教育局第二科管理股登記以便統籌辦理切勿延誤特此通告

中華民國三十年八月　日

市長　蔡培
教育局長　楊正宇

南京特別市政府通告 工字第　號

查本市人力車夫穿着號衣將及一月號衣上之白漆號碼經汗濡及洗滌後白色漸退字跡模糊本府爲整飭劃一起見仰各人力車夫將號衣背心一律限三天內交由各車商洗淨送交工務局車輛登記所另用白布製成之號碼縫上再行發回穿着以期永久而免褪色幷爲體念民艱不另取費除分別令飭車輛登記所及批示人力車行業公會遵照轉飭各行商切實辦理並函請首都警察廳查照外特此通告

中華民國三十年八月　日

市長 蔡培

法規

南京特別市集團結婚辦法

三十年七月訂

一、南京特別市政府中國社會事業協會(以下簡稱本府會)為改良社會風俗，提倡儉約起見，特舉辦集團結婚。

二、本府會同設立南京特別市集團結婚辦事處，其組織規則由本府會商另訂之。

前項辦事處(以下則稱本辦事處)之地點，暫設於中山路三〇五號。

三、集團結婚日期及地點決定後，於兩個月前公告之。

四、申請參加之結婚人，應在本辦事處規定登記時間內，填具申請書兩份，隨繳最近二寸半身相片各七張，並繳納典禮費國幣伍拾元，印花費國幣兩元。

前項申請書，向本辦事處索取概不收費。

五、本辦事處接受申請書後，即行調查，如無不合情事，即於典禮二十日前登報公告，倘利害關係人對於結婚人之婚姻有異議者，應於開始登報之日起十日內，向本辦事處陳明核辦，逾期無異議時，即確認為婚姻合法准其參加。

六、核准登記之結婚人，於結婚前一星期，應依照通知書所規定之時間前來本辦事處領取登記證，屆時憑證參加典禮。

七、凡參加集團結婚之結婚人及其主婚人，家長或監護人，不得過事鋪張，其邀請親友之柬帖，須依照本辦事處所定之格式。

前項柬帖，由結婚人依式自辦分發，如委託本辦事處代辦、代發者，應另繳費用。

八、凡經登記而中途退出者，所繳典禮費概不發還，如因事或病屆時不克參加者，得申明理由，改爲參加下屆典禮。

九、結婚人、主婚人、介紹人應於典禮舉行之前一日，親到禮堂先行演習結婚儀式，及在結婚證書上簽名蓋章。

前項結婚證書，由本辦事處製備，不另取費。

十、集團結婚典禮舉行時，以本府市長（會理事長）爲證婚人。

十一、結婚人禮服規定新郎服藍袍、黑馬褂、白襪、黑鞋。新娘服緋色長袍、緋色鞋、襪，身罩短兜紗，手捧花球。

前項禮服，不限質料，由結婚人自備。如委託本辦事處代辦者，費用照繳，花球由本辦事處備發，不另取費。

十二、集團結婚典禮舉行時，不用嬪相及提紗兒童，並不得抛散花紙等物。

十三、集團結婚典禮舉行時，除結婚人、主婚人、介婚人（紹）由本辦事處發給證章佩帶外，其他親友及來賓，須憑觀禮劵入禮堂觀禮。

前項觀禮劵得逕向本辦事處索取。

十四、集團結婚儀式及禮堂規約另定之。

簡附關於結婚部份之法律條文

一、民法第九百八十條　男未滿十八歲，女未滿十六歲者，不得結婚。

一、民法第九百八十一條　未成年人結婚，應得法定代理人之同意。

一、民法第九百八十二條　結婚應有公開之儀式及二人以上之證人。

一、民法第九百八十三條　與左列親屬，不得結婚。

一、直系血親及直系姻親。

二、旁系血親及旁系姻親之輩分不相同者。但旁系血親在八親等之外，旁系姻親在五親等之外者，不在此限。

三、旁系血親之輩分相同，而在八親等以內者。但表兄弟姊妹，不在此限。

前項姻親結婚之限制，于姻親關係消滅後亦適用之。

一、民法第九百八十五條　有配偶者不得重婚。

一、民法第九百八十六條　因姦經判決離婚或受刑之宣告者，不得與相姦者結婚。

一、民法第九百八十七條　女子自婚姻關係消滅後，非逾六個月不得再行結婚，但于六個月內分娩者，不在此限。

喜帖格式(一)結婚人出面式

既證同心願諧永好爰定　　月　　日參加

南京特別市政府
中國社會事業協會合辦之南京特別市第　　屆集團結婚典禮

謹此奉達敬希

台鑒

鞠躬

地點——

時間——

喜帖格式(二)男女家長共同出面式

南京特別市政府
中國社會事業協會 合辦之南京特別市第　　屆集團結婚典禮
月　　日　　參加
耑此奉達敬希
台鑒
（家長姓名）　　鞠躬
地點——
時間——

喜帖格式(三)男女家長一方單獨出面式

南京特別市政府
中國社會事業協會 合辦之南京特別市第　　屆集團結婚典禮
男方用「小兒　　與　　女士」
女方用「小女　　與　　先生」 參加　　月　　日
耑此奉達敬希
台鑒
鞠躬
地點——
時間——

公牘

南京特別市政府咨 地字第　號

案查本市土地工作旬報表業經咨送至七月份中旬在卷茲送具七月份下旬旬報表一份相應備文咨送卽希
詧照爲荷
此咨
內政部

計咨送本市土地工作七月份下旬旬報表一份

中華民國三十年八月　日

市長　蔡培

南京特別市政府咨 地字第　號

案查本市土地工作旬報表業經咨送至七月份下旬在卷茲造具八月份上旬旬報表一份相應

備文咨送卽希
誓照爲荷
此咨
內政部
計咨送本市土地工作八月份上旬旬報表一份
中華民國三十年八月　日　市長蔡培

南京特別市政府公函　財字第　號

案准江蘇郵政管理局第一二四七號函開查關於拆讓新街口棚攤一案業經本局於本年七月十日備由第一一一二號公函請爲轉飭辦理在卷惟迄未准復而各應拆棚攤亦未遵示拆讓茲以本局新街口新廈卽將完成本局定於最短期內遷入辦公在未遷入之前所有排水管接通官溝及該廈後門至漢中路快車道馬路一段等工程亟需完成如各應拆棚攤不予拆除則各該工程勢將無法進行相應再行備函派由本局郵務視察員談振鐸持詣貴府至希查照如各該棚攤不於本月十四以前自動拆讓務請轉函警察廳飭屬會同攤販管理所實行官方代拆以免遷延而利進行是爲至荷等由准此查此案前據攤販管理所報同前情曾經函請

南京特別市政府辦理土地登記工作七月份下旬旬報表

中華民國三十年

事項／件數／日	接收登記聲請書	土地所有權登記	房屋登記	更正登記	塗銷登記	移轉登記	分割登記	共有權登記	住所變更登記	繕寫查驗證	發給查驗證	備註
21		17			1					1	2	
22					1	1					5	
23		4			4	2				1	3	
24		3				2				1		
25		3				3						
26					1						6	
星期27												
28		13				10						
29		2				1				2		
30		3				1				2		
31		2				3				1	2	
總計件數		47件			7件	23件				8件	18件	

南京特別市政府辦理土地登記工作八月份上旬旬報表

中華民國三十年

事項／件數／日	接收登記聲請書	土地所有權登記	房屋登記	更正登記	塗銷登記	移轉登記	分割登記	共有權登記	住所變更登記	繕寫查驗證	發給查驗證	備註
1		2				1					1	
2		2				2					1	
星期 3												
4		5				2						
5						1					1	
6						5					3	
7		1			1						3	
8		3			1	2					3	
9		2				2						
星期 10												
總計件數		15件			2件	15件					12件	

貴廳轉飭西區警察局派警協助勒遷在案現今該廈即將完成郵局定於最短期內遷入辦公拆讓一節勢不容緩相應再行函請

查照轉飭西區警察局於本月十四日以前派警協助勒遷以利進行實紉公誼此致

首都警察廳

市長　蔡培

中華民國三十年八月　日

南京特別市政府公函 工字第　號

案據工務局簽稱本局管理船舶向無巡船設備遇有到埠不停及行駛江中船隻每苦無法檢查影響登記殊非淺尠擬請函首都警察廳轉令各區警局暨下關水巡隊遇有本局船舶登記所查驗船隻時予以切實協助以裕收入等情前來查該局既無巡船使用對於檢驗船舶自感不便據呈前情相應備函奉達請

煩查照轉令攸關各區警局及下關水巡隊如遇船舶登記所派員檢驗船隻務請隨時協助以利進行並祈

見復爲荷此致

首都警察廳

市長 蔡培

中華民國三十年八月　日

南京特別市政府牋函 財字第　號

逕復者案准

貴局一二二四七號函以關於拆讓新街口棚攤一案囑卽轉函首都警察廳飭屬會同勒遷等由查此案前據攤販管理所呈同前情到府當卽轉函警察廳轉飭西區警察局派警協助勒遷在案茲復准函前由除錄函再請警察廳查照辦理外相應函復希卽

查照爲荷此致

江蘇郵政管理局

南京特別市政府啓　八月　日

市政公報暫定價目表

期限	價目	郵費
零售	每冊三角	本市半分 外埠一分
半年	十二冊 三元五角	本市六分 外埠一角二分
全年	二十四冊 七元	本市一角二分 外埠二角四分

市政公報廣告刊例

頁數	價目
一頁	每期十一元
半頁	每期六元
四分之一頁	每期三元

刊登廣告在四號以上者每期按照七折計算連續十號以上者每期按照六折計算長期另議

出版日期　本公報暫定每月二次

編輯者　南京特別市政府祕書處

發行者　南京特別市政府祕書處

印刷者　南京紹新印刷所　地址：復興路中段即天靑街四〇四號

中華郵政登記認爲第一類新聞紙類

中華民國三十年八月三十一日

市政公報

第七十八期

南京特別市政府秘書處印行

目錄

命令

法規

公牘

統計

南京特別市政府公布令 社字第　號

茲制定南京特別市抑平物價暫行辦法公布之

此令

附南京特別市抑平物價暫行辦法（見法規欄）

中華民國三十年八月　日

市長　蔡培

南京特別市政府公布令 工字第　號

茲制定南京特別市工務局許可水爐業代售自來水暫行規則七條公布之

此令

計抄附南京特別市工務局許可水爐業代售自來水暫行規則七條（見法規欄）

中華民國三十年八月　日

市長　蔡培

工務局局長　謝學瀛

南京特別市政府令　祕字第　號

令第一區長劉連祥

茲調該區長爲本市第五區區長此令

中華民國三十年八月　日

市長　蔡培

南京特別市政府令　祕字奉　號

令祕書處科員李尙淸

茲調該員代理本市第一區區長此令

中華民國三十年八月　日

市長　蔡培

南京特別市政府訓令（不另行文）

令城鄉各區公所
　園林管理處

案奉

行政院行字第三〇六四號訓令開：

「現奉

國民政府第一一七號訓令開：『查實業部中央模範林區管理局組織條例現經明令廢止應即通行飭知除分令外合行令仰知照并轉飭所屬一體知照』等因奉此除分令外合行令仰該市府飭屬一體知照」等因奉此除分令外合行令仰知照此令

中華民國三十年八月　日

市長　蔡培

南京特別市政府訓令 社字第　號

令城鄉各區公所

案准

行政院粮食管理委員會管字第五三八五號公函開：

「據本會總辦事處案呈南京區辦事處函稱『案據查報邇來新穀陸續登場鄉區新米業已零星運京銷售聞有不肖之徒有乘機勒索米捐情事如果屬實實屬不法已極除派員嚴密查究外用特奉函即祈鑒察轉飭查驗人員訓練班學員嚴予查察務獲究辦』等情據此查所稱如果屬實亟應嚴加究辦除飭本會查驗人員訓練班派員密查并分函首都警察廳轉飭所屬一體嚴查外相應函達查照即請轉飭社會局嚴密查究并希見復」

等由准此自應照辦除函復並分令外合亟令仰該區長即便遵照辦理具報為要

此令

中華民國三十年八月　日

市長　蔡培

南京特別市政府訓令　社字第　號

令衛生局　南京市商整會
　本府各局　各區公所

查本市物價日趨高漲漫無止境影響民生殊非淺鮮爰于本月二十日召集有關各機關市商會及各同業公會討論抑平物價辦法在案茲經制定南京特別市抑平物價暫行辦法除公布並分行外

合亟抄發原辦法暨會議決定事項令仰該 局轉飭菜場管理所遵照決定事項暨暫行辦法切實辦理 局知照 會轉飭各同業公會遵照辦法暨決定事項切實奉行 區公所知照 爲要

此令

附發抑平物價暫行辦法（見法規欄）會議決定事項

中華民國三十年八月　日

市長　蔡培

南京特別市抑平物價會議決定事項

（一）抑平本市物價先就人民日用必需品着手辦理

（二）由社會局擬定南京市抑平物價辦法仍俟核定後公布施行

（三）目前各項物價由各同業公會於三日內開送市商會核轉本府以憑核定價目

（四）在本市蔬菜公會未組織以前各種蔬菜由衛生局菜場管理所孫主任遠猷於三日內開具價目呈送本府核定

（五）商會金委員所提邀請各同業公會及其他機關團體組織評價委員會應俟市府另案核定飭遵

南京特別市政府訓令　工字第　號

令 水爐業公會 各區區公所

茲制定本市水爐業代售自來水暫行規則七條除公布並分行外合行檢發暫行規則乙百 乙份令

仰該區公所遵照此令

及會分發各水爐業一體遵照此令

附發規則　份（見法規欄）

中華民國三十年八月　日

市長　蔡培

南京特別市政府布告　工字第　號

爲布告事查本府前頒車輛登記暨領用牌照收費標準施行已久亟應修改尤以磁牌費一項因物價騰貴製價步漲不得不酌量增加藉資挹注玆特重行規定車輛登記牌照各費例表公布週知并定自十月一日起悉依新訂數額徵收仰各車主一體遵照此布

附修訂車輛登記費牌照費一覽表一份

中華民國三十年八月　日

市長　蔡培

工務局局長　謝學瀛

修訂各種車輛登記費牌照費一覽表

三十年十月一日公布施行

名稱	登記費	執照費	號牌費	備註
自用客汽車	六、〇〇	〇、五〇	一二、〇〇	
營業客汽車	七、二〇	〇、五〇	一二、〇〇	
自用貨汽車	七、二〇	〇、五〇	一二、〇〇	
營業貨汽車	九、〇〇	〇、五〇	一二、〇〇	
自用公共客汽車	七、二〇	〇、五〇	一二、〇〇	
營業公共客汽車	九，〇〇	〇、五〇	一二、〇〇	
自用機力腳踏車	四、〇〇	〇、五〇	五、〇〇	
馬車	三、〇〇	〇、二〇	〇、六〇	
騾車	二、四〇	〇、二〇	〇、六〇	
自用自行車	〇、六〇	〇、二〇	〇、六〇	
營業自行車	〇、九〇	〇、二〇	〇、六〇	
三輪腳踏車	一、二〇	〇、二〇	〇、六〇	
自用人力車	一、五〇	〇、二〇	〇、六〇	
營業人力車	一、八〇	〇、二〇	〇、六〇	
甲等板車	二、四〇	〇、二〇	〇、六〇	
乙等板車	二、一〇	〇、二〇	〇、六〇	

貨箱車	一、八〇	〇、二〇	〇、六〇
水車	〇、九〇	〇、二〇	〇、六〇
雙輪手車	〇、八〇	〇、二〇	〇、六〇
獨輪手車	〇、八〇	〇、二〇	〇、六〇

法規

南京特別市政府抑平物價暫行辦法

一、本辦法以維護市民生計暨兼顧商人利益爲原則
二、抑平價格之物品暫以市民日食日用必需者爲範圍
三、舶來品以進貨原價連同運輸稅率等費作標準酌加售價但不得超過百分之五至百分之二十
四、非本市生產品以來源地之原價連同運輸稅率等費作標準酌加售價但不得超過百分之五至百分之二十
五、本市生產品以物資成本暨供求情形爲標準酌定售價
六。各項物價由府逐月召集有關機關暨有關同業公會參照市價商討規定後公告之
七、本辦法自公布日施行

南京特別市工務局許可水爐業代售自來水暫行規則

第一條　凡距離自來水站三百公尺以外之水爐業欲代售生水者得覓具妥保在本府工務局申請領取許可證
第二條　請領許可證者以在社會局領有營業執照者爲限
第三條　凡未領有許可證之水爐業違章私售生水者處十元以上一百元以下之罰金再犯者得請社會局撤銷其營業執照
第四條　許可證每季更換一次每月收國幣貳元於領證時預先繳納
第五條　凡攙雜井水塘水及不潔之物出售者得處罰之或吊銷其許可證

第六條　每季逾期不更換許可證者停止其代售生水

第七條　本規則呈奉　市長核准施行如有未盡事宜得隨時呈請修改之

南京特別市市立中學職教員任用待遇及服務規則

第一章　總則

第一條　本規則根據教育部中學規程有關各條規定訂定之

第二條　市立中學職教員任用待遇服務及獎懲除遵照部頒法令外均依本規則辦理之

第三條　市立中學職教員分校長教員及其他職員教務主任訓育主任事務主任級任導師均由專任教員兼任之

第四條　市立中學職教員人數除科任教員應照授課時數核定外六級以下者每校設校長一人教導主任一人級任教師每級一人會計庶務文牘各一人圖書儀器管理員各一人書記一人至三人譯員一人六級至八級者設教務主任訓育主任事務主任各一人並增設教務員一人訓育員一人書記一人以後每增三級均增書記一人

第五條　市立中學職教員以專任爲原則遇必要時得設兼任教員但不得超過總數十分之三

第六條　市立中學校長由教育局遴選合格人員呈請市政府委任之職教員由校長遴選呈局審核後聘任之書記事務員由校長按照規定月薪雇用並呈局備案

第二章　資格

第七條　市立中學校長須以人格高尚品行端正並具有左列資歷之一者爲合格

一、國內外大學畢業得有學位曾任教育職務三年以上著有成績者

二、高等師範學校或專門學校畢業曾任教育職務三年以上著有成績者

第八條 市立中學職教員須以品學優良並具有左列資格之一者

甲、高級中學

一、國內外師範大學或高等師範學校畢業者

二、國內外大學或專門學校畢業者

三、對於國學或藝技富有研究者

四、曾受高中師資檢定合格者

乙、初級中學

一、具有高中教員資格之一者

二、師範專修科畢業者

三、師範學校本科或高中師範科畢業並具有三年以上之教育經驗著有成績者

四、曾受初中師資檢定合格者

第九條 凡職教員資格之審查核定及考試事宜均由教育局指派或聘請委員若干人組織委員會處理之

第十條 市立中學校長聘請職教員時應先塡具職教員擬聘表呈送教育局審核後分別聘任之如有資格不合者得令重選合格人員呈局審核或由局調派合格人員接充之擬聘表須將各員學歷經歷證明文件担任職務教授科目授課時數及每月薪金詳細開列以備審核

姓名	年齡	性別	籍貫	學歷及經歷	担任職務與課務	每月薪金、如係職員兼教員者應分別註明

第十一條　各校擬聘之職教員經教育局審查合格後須將各員聘約連同存根相片於開學二週前呈送局驗印後方生効力

第十二條　市立中學職教員初聘爲一學期續聘爲一學年但在第二學期續聘者以一學期爲限

第十三條　市立中學會計須取具殷實保證如有疏忽校長事務主任應負連帶責任

第三章　待遇標準

第十四條　市立中學校長薪給規定如下

學級數	薪給
6級以下	200
6級至8級	220
9級至11級	240
12級至14級	260
15級至17級	280
18級以上	300

第十五條　市立中學校長得視事務繁簡及學級多寡每週須兼課三小時至六小時不另支薪

第十六條　市立中學教務主任訓育主任事務主任待遇標準規定如左

學級數	薪給
6級以下	60
6級至8級	80
9級至11級	100
12級至14級	120
15級至17級	140
18級以上	160

第十七條　主任兼課教薪以時數計算並視學級多寡規定如下

一、十八級以上每週授課不得超過十小時

二、十五級至十七級每週授課不得超過十二小時

三、十二級至十四級每週授課不得超過十四小時

四、十一級以下每週授課不得超過十六小時

第十八條　級任導師之職薪規定為二十元

第十九條　級任導師之教薪以時數計算每週授課最少十六小時最多不得超過二十小時

第二十條　科任教員之教薪以授課時數計算每週授課最少十六小時最多不得超過二十四小時

第二十一條　教薪標準規定如左

一、高中每小時二元

二、初中每小時一元七角五分

但國文科及算學科教薪除按照前兩項規定授課時間計算外每級每週另增二小時閱卷教薪算學科另增一小時閱卷教薪

第二十二條　事務員之職薪依照左列標準支給

學級數	六至八級	
	人數	薪給
會計	1	75
庶務	1	70
文牘	由國文教員兼1	40
教務員	1	70
訓育員	1	70
圖書管理員	1	70
儀器管理員	理化教員兼1	40
書記	4	240
譯員	1	30

九級至十一級 人數	九級至十一級 薪給	十二級至十四級 人數	十二級至十四級 薪給	十五級以上 人數	十五級以上 薪給
1	80	1	85	1	90
1	75	1	80	2	140
1	70	1	75	1	80
1	75	1	80	1	85
1	75	1	80	1	80
1	75	1	80	1	80
1	40	1	40	1	40
5	300	6	360	7	420
1	30	1	30	1	30

備註　譯員由日語教員兼任
各校寄宿生如在三十人以上者得添聘訓育員一人

第二十三條　市立中學聘請職教員於開學一週前呈局核准者自學期開始時支薪中途聘請者自到校服務之日起支薪

第四章　服務

第二十四條　市立中學校長應遵照中華民國教育宗旨及方針秉承教育行政長官處理全校一切事宜

第二十五條　市立中學職教員應秉承校長分掌全校校務及課務不得兼任校外有給職務

第二十六條　市立中學職教員應出席規定之各種會議並受教育局之指定舉行之各種教育試驗並須報告試驗結果及研究心得

第二十七條　會計處理會計事宜應遵照教育局規定之簿記式樣及報銷手續隨時聽候稽核

第二十八條　市立中學職教員在校時間每日至少七小時假期中除輪值辦公外如有要事應隨時到校處理

第二十九條　市立中學服務細則由各校另訂之

第五章　請假

第三十條　市立中學職教員非因疾病及特別事故不得請假

第三十一條　請假應商得校長同意並請合格人員代理凡在三日以上者應呈局備核一星期以上者應檢同證件及代理人合格證件一併呈局

第三十二條　校長請假一日以上應塡具請假單先行呈局核准一星期以上者應依照前條規定辦理

第三十三條　校長主任級任請假時課務得請校外合格人員代理外其職務應請校內相當人員代理

第三十四條　女教員生產假規定四十日應請合格人員代理並由校長將代理人合格證件於假期前三日呈局核准

第三十五條　專任女教員連續服務滿一年以上其生產假之代理人薪金於代理終了時由校長呈局核發

第三十六條　一學年內職教員請假日數事假累計不得逾二星期病假不得逾三星期如確係病重而有證明者得酌量延長之婚假父母喪假各二星期並得酌給途程假逾期不續假或不續假者應即由校長改聘

第三十七條　每學期終了各校校長應將職教員請假事由日數列表統計呈局備核

第六章　獎懲

第三十八條　市立中學職教員有左列情形之一者應予獎勵

一、任職期內服務成績優良者

二、任職期內對于中等教育有特殊研究其著作經審查合格者

三、利用假期進修成績優良者

第三十九條　獎勵分左列二項

一、加薪
二、傳令嘉獎

第四十條　市立中學職教員有左列情形之一者應予懲戒
一、教育成績欠佳者
二、任意曠廢職務者
三、行爲不檢或有不良嗜好者
四、奉行法令不力者
五、身心缺陷不能任事者

第四十一條　懲戒分左列二項
一、警告
二、解職

第四十二條　本規則如有未盡事宜得呈准修正之
第四十三條　本規則自呈奉市政府暨教育部備案後施行

南京特別市市立中學經費概算標準

第一條　南京特別市教育局爲謀市立中學歲出經費之適當支配並參酌現實情形修訂本預算標準
第二條　市立中學經費分下列各項
一、俸給　職教員傭員之俸薪及校工之工資等屬之

二、辦公費　凡文具郵電消耗印刷修繕旅運雜支等屬之

三、購置費　凡教具設備器具圖書等屬之

四、臨時費　特別事業費

第三條　第二條第一項之各校俸薪依下列標準核定之

一、職教員事務員俸薪照市立中學職教員待遇標準核定之

二、校工工資每人每月平均照三十五元計算凡六級以上之學校得用校工七人以後每增三級添用一人各校如有寄宿生三十人以上者添用一人六十人以上者添用二人

第四條　第二條中所列辦公費規定每級五十元十級以上之學校每增一級加四十元編造預算時應斟酌各校實際情形妥為分配呈局審核

第五條　第二條中所列購置費臨時費特別事業費等另行核定支配

第六條　本預算標準呈准市政府後施行之

南京特別市市立小學職教員任用待遇及服務規則

第一章　總則

第一條　本規則根據教育部小學規程有關各條之規定訂定之

第二條　凡市立小學職教員之任用待遇服務及獎懲除遵照部頒法令外均依照本規則辦理之

第三條　市立小學分模範小學完全小學初級小學簡易小學四種

第四條　市立小學職教員分校長主任級任教員科任教員助教員及事務員其校務分掌辦法另定之

第五條　市立小學設校長一人每學級設級任教員一人高級部每兩級設科任教員一人初級部每四學級設科任教員一人高初級合併滿三級者得設科任教員一人校長應兼任教員如在四學級以下者校長應兼任級任教員各校設有半日制者每二班設級任教員一人

模範小學八級以上者設教導研究事務三部每部設主任一人完全小學六級以上者設教導主任一人初級小學簡易小學四級以上者設教導主任一人凡四學級以下者不設主任得以級任一人兼任教導職務各校主任均須兼任教員

各校在六級以上者設事務員一人兼司會計職務十二級以上者增設助理事務員一人

第六條　市立模範小學以八學級爲最低額十八級爲最高額完全小學以六學級爲最低額二十四學級爲最高額初級小學簡易小學自單級起以十學級爲最高額

第七條　小學內附設幼稚園者以兩班爲限設主任一人教員二人其僅附設一班者班主任一人教員一人

第八條　模範小學完全小學初級小學簡易小學校長由教育局遴員呈請市政府委任之各小學教員由校長就登記合格人員遴選呈准聘任之

第二章　資格

第九條　小學職教員以人格高尚思想純正並具有左列資歷之一者爲合格

甲　模範小學校長

一、國內外大學教育學院或教育科系及師範大學畢業對於初等教育確有研究者

二、高等師範師範專修科畢業曾任初等教育職務二年以上著有成績者

三、舊制師範本科高中師範科畢業曾任初等教育職務五年以上著有成績者

乙　完全小學校長

一、國內外大學教育學院或教育科系及師範大學畢業對於初等教育確有研究者

二、高等師範師範專修科畢業曾任初等教育職務一年以上者

三、舊制師範本科高中師範科畢業曾任小學教員二年以上著有成績者

四、專門以上之學校畢業曾任初等教育職務三年以上著有成績者

五、高級中學或舊制中學畢業對於初等教育素有研究曾任小學教員四年以上著有成績者

六、鄉村師範縣立師範（四年制）畢業曾任小學教員三年以上著有成績者

丙　初級小學簡易小學校長

一、具有完全小學校長資格之一者

二、鄉村師範縣立師範或其他二年以上之師範學校畢業曾任小學教員二年以上著有成績者

丁　模範小學教員

一、國內外大學教育學院或教育科系及師範大學畢業對於初等教育素有研究者

二、高等師範師範專修科畢業曾任初等教育職務者

三、舊制師範本科高中師範科畢業曾任小學教員二年以上著有成績者

四、專科學校畢業或有專門技能曾任小學教員三年以上著有成績者（以科任教員爲限）

戊　高級小學教員

一、舊制師範本科高中師範科及特別師範以上之學校畢業者

二、高級中學或舊制中學畢業曾任小學教員三年以上著有成績者

三、教育部教員養成所特科畢業曾任小學教員二年以上者

四、國立師範小學師資訓練班畢業曾任小學教員三年以上者

己　初級小學教員

一、具有高級小學教員資格之一者

二、鄉村師範縣立師範或其他二年以上之師範學校畢業者

三、教育部教員養成所特科或本科畢業者

四、國立師範小學師資訓練班畢業者

庚　幼稚園教員

一、幼稚師範畢業者

二、三年以上之師範學校畢業曾任幼稚園教員一年以上者

三、曾任初級小學教員者

第三章　任用手續

第十條　市立小學教員之聘任先由各小學校長塡具教員擬聘表呈送教育局審核後分別聘任之呈送擬聘表時應將各員學歷經歷證明文件担任職務每週授課分鐘擬敍薪級詳細開列以備審核

教育局審核教員資歷時如認爲不合格者得令重選教員呈局審核或由局調派合格人員接充之

附教員擬聘表式

姓名	性別	學歷	經歷	證明文件	担任職務課務及授課分鐘	擬敍薪級	備註

第十一條　市立小學校長新聘續聘教員應將聘約於開學二週前呈送教育局審查核定薪級後方生效力

第十二條　市立小學教員聘約初聘以一學期為一期期滿得繼續聘任續聘任期為一學年但在第二學期開始時續聘教員應以一學期為一期

第十三條　小學教員於應聘後在聘約期內雙方不得無故解約中途如有自請辭退情事須商得校長同意並須有合格人員接替後方得離校

第四章　待遇標準

第十四條　市立小學職教員之薪額由教育局依照左列薪級標準核定之

薪級	月薪
1	110
2	105
3	100
4	95
5	90
6	87
7	84
8	81
9	78
10	75
11	72
12	69
13	66
14	63
15	60
16	58
17	56
18	54
19	52
20	50
21	48
32	46
23	44
24	42
25	40

第十五條　市立完全小學校長支薪標準視學級多寡規定如左

學級數	薪級
5—6	10
7—8	9
9—10	8
11—13	7
14—16	6
17—19	5
20以上	4

第十六條　市立模範小學校長支薪標準比照完全小學校長加三級支薪

級十七條　初級小學簡易小學校長支薪標準視學級多寡規定如左

學級數	薪級
1—3	12
4—5	11
6—7	10
8—9	9
10以上	8

第十八條　完全小學主任支薪標準視學級多寡規定如左

學級數	薪級
5—6	13
7—8	12
9—10	11
11—13	10
14—16	9
17—19	8
20以上	7

第十九條　模範小學主任支薪標準比照完全小學主任加二級支薪

第二十條　初級小學簡易小學主任支薪標準視學級多寡規定如左

學級數	薪級
4—5	14
6—7	13
8—9	12
10以上	11

第二十一條　初級小學簡易小學在四級以下者由級任一人兼教導職務得比照原薪加一級支薪

第二十二條　小學高級部級任教員支薪標準規定爲十四級薪科任教員十五級薪中級部級任教員十五級薪科任教員十六級薪低級部級任教員十六級薪科任教員十七級薪助教員十九級薪

日語教員支薪標準以學級數計算每任科一級支薪十五元

附設幼稚園之主任比照高級部級任教員薪級班主任比照中級部級任教員薪級

兼任初級小學分校主任之教員比照原薪加一級支薪

模範小學教員比照普通小學教員加一級支薪

第二十三條　事務員助理事務員支薪標準規定如左

學級數	薪級	
	事務員	助理員
6—8	21	
9—11	23	
12—15	22	25
16—19	21	24
20以上	20	23

第二十四條　市立小學職教員資歷或服務成績優異者得晉級支薪其辦法另定之

第二十五條　市立小學聘任職教員於開學前一星期呈局核准者自學期開始時支薪中途聘任者自呈准之日起支薪

第五章　服務

第二十六條　各級小學校長總理全校事務指導職教員分掌校務及教導事宜並須担任本校課務不得兼任其他有給職務

第二十七條　各級小學校長每週授課分鐘視學級多寡規定如左

一、完全小學

學級數	授課分鐘
4—6	540
7—9	450
10—12	360
13—15	270
16—18	180
19以上	120

二、模範小學校長每週授課分鐘得較完全小學校長減少九〇分鐘但十八級以上之學校每週任課不得少於九〇分鐘

三、初級小學簡易小學

學級數	授課分鐘
1	900
2	810
3	720
4	630
5	540
6	450
7	360

第二十八條　各級小學敎導主任秉承校長處理全校訓敎事宜除担任本校課務外不得兼任其他有給職務其每週授課分鐘得視學級多寡規定如左

學級數	分鐘
4—6	690
7—9	600
10—12	510
13—15	450
16—18	390
19以上	330

一、模範小學主任每週授課分鐘得比照上項規定減少九十分鐘

二、初小簡小級任兼敎導職務者每週授課分鐘得視學級多寡減少九十分鐘至一百二十分鐘

第二十九條　各級小學級任教員考查兒童個性主持全級事務編製兒童學籍及有關全級訓導事宜並須担任國語及其他一種主要科目

小學科任教員主持各該科之教學及有關事宜其授課分鐘規定如左

級部		每週授課分鐘
高級	級任	810—900
	科任	900—990
中級	級任	900—990
	科任	960—1050
低級	級任	990—1050
	科任	1050—1140

第三十條　各級小學事務員秉承校長辦理會計繕寫及其他庶務事宜在十二級以上者其繕寫庶務事宜得僱員助理不設事務員者各項職務由職教員分任

第三十一條　事務員處理會計事宜應遵照教育局規定之簿記式樣及報銷手續隨時聽候稽核

第三十二條　職教員應出席規定之各種會議並受教育局指定舉行之各種教學試驗並須報告試驗結果及研究心得

第三十三條　職教員應接受校長之指導負訓導兒童及分担兒童課外作業指導之責

第三十四條　職教員在校時間每日至少八小時假期中應輪流在校辦公

第六章　考績與獎懲

第三十五條　各級小學校長考績由教育局核定教員考績先由校長詳細考查後呈局核定之

第三十六條　各級小學校長應於每學期放學前一星期內將各教員品性教學能力及服務勤惰連同請假事由日數並將任職期

內之成績評定甲乙丙丁四等呈報教育局經局核定分別獎懲

第三十七條　現任職教員如有左列情形之一經審查合格者應予獎勵

一、連續服務五年以上成績優良者

二、任職期內對於小學教育有特殊研究其著作經審查合格者

三、利用假期進修成績優良者

第三十八條　獎勵分左列三項

一、升調

二、晉級

三、傳令嘉獎

第三十九條　現任職教員有左列情事之一者應予懲戒

一、教學成績欠佳者

二、奉行法令不力者

三、行爲不檢或有不良嗜好者

四、任意曠廢職務者

五、身心缺陷不能任事者

六、違犯刑法證據確實者

第四十條　懲戒分左列三項

一、警告

二、降級

三、解職

第七章　請假

第四十一條　職教員非因疾病及特殊事故不得請假

第四十二條　職教員請假應商得校長同意自請合格人員代理請假在三日以上者應呈報教育局備查一星期以上者應檢同證件及代理人合格證件一併呈驗

第四十三條　校長請假一日以上應即塡具請假單先行呈局核准一星期以上者應依前條之規定辦理

第四十四條　校長主任級任請假時除課務得請校外合格人員代理外其職務應請校內相當人員代理

第四十五條　女教員因生產請假其假期規定爲四十日並應請合格人員代理於假期前三日呈局核定

第四十六條　專任女教員在市立小學連續服務滿一年以上因生產請假其代理人薪金於代理終了時由校長呈局核發之

第四十七條　一學年內職教員請假日數事假累計不得逾二星期病假不得逾三星期如確係病重而有證明者得酌量延長之婚假父母喪假各二星期並得酌給途程假逾期不銷假或不續假者應即由校長改聘

第四十八條　每學期終各校校長應將職教員請假事由日數列表統計呈局備核

第八章　附則

第四十九條　本規則如有未盡事宜得呈准修正之

第五十條　本規則自呈奉市政府暨教育部核准備案後施行

南京特別市市立小學經費概算標準

第一條　南京特別市教育局爲謀市立小學歲出經費之適當支配並參酌現實情形修訂本預算標準

第二條　市立各小學之經常費分下列各項

一、俸　給　職教員之俸薪及校工之工資屬之

二、辦公費　凡文具郵電修繕印刷消耗旅運雜支等項屬之

三、購置費　凡教具設備器具圖書等各項購置屬之

四、臨時費　特別事業費

第三條　第二條第（一）項各校俸給依下列標準核定之

一、職教員俸給照市立小學職教員待遇標準核定之

二、校工工資每人每月平均為三十元其人數規定如下

小　模

學級數	人數
8→11	4
12→15	5
16→18	6

完小　初小　簡小

學級數	人數
1→2	1
3→6	2
7→12	3
13→18	4
19→21	5
22之上	6

第四條　第二條第（二）項之各校辦公費規定如下

一、模範小學八級支一百十二元（每級十四元）八級以上每增一級加十元

二、完小初小簡小四級支四十元（每級十元）四級以上每增一級加八元

三、各校辦公費應斟酌現實情形妥為分配呈局審核

四、簡易小學之課業用品費每班十五元以四班為限規定為每校六十元

第五條　第二條第（三）（四）兩項之購置臨時費特別事業費另行核定支配

第六條　本標準呈奉市政府核准施行

公牘

南京特別市政府咨 地字第　　號

案查本市土地工作旬報表業經咨送至八月份上旬在卷茲造具八月份中旬旬報表一份相應備文咨送卽希

査照爲荷

此咨

內政部

計咨送本市土地工作八月份中旬旬報表一份

中華民國三十年八月　　日

市長　蔡培

南京特別市政府咨 衞字第　　號

案查醫藥人員請領部證已將第二十二批登記醫師張鳳歧等九人檢同證件咨請

貴部審查給證在案茲據續請登記醫師隨祖蔭等九人呈送證件前來經核與管理條例尙屬相符相應繕具名冊一份檢同各該證件計九宗領換證書印花等費五十四元五角咨請

貴部查核辦理見復爲荷

此咨

內政部

附第二十三批請領部證名册一份

證件九宗證費五十四元五角（略）

市長　蔡　培

中華民國三十年八月　日

南京特別市府公函　社字第　號

接准

貴會管字第五三八五號公函以鄉區新米零星運京銷售不肖之徒有乘機勒索米捐情事囑爲嚴密查究等由准此除飭社會局並分令城鄉各區公所一體嚴查究辦外相應復請

查照

此致

行政院粮食管理委員會

市長　蔡　培

南京特別市政府辦理土地登記工作八月份中旬旬報表

中華民國三十年

事項／件數／日	接收登記申請書	土地所有權登記	房屋登記	更正登記	塗銷登記	移轉登記	分割登記	共有權登記	住所變更登記	繕寫查驗證	發給查驗證	備註
11		1				2						
12						1						
13		1				3					1	
14		3				2						
15		3				4						
16					2						2	
星期 17												
18		3			1	1					1	
19		1										
20		2				6					2	
總計件數		14件			3件	19件					6件	

中華民國三十年八月　日

南京特別市政府公函 祕字第　號

案查本市安德門菊花里遺有古時鐵鑄大砲一尊係前代遺物擬請

貴會保管業經函達查照並准函復照辦等由在案茲查此項鐵鑄大砲業由友邦運回交到相應備函

送上即希

督照保存以重古物至紉公誼

此致

文物保管委員會

附鐵鑄大砲一尊

市長　蔡培

中華民國三十年八月　日

南京特別市政府公函 工字第　號

茲制定本市水爐業代售自來水暫行規則七條除公布並分行外相應檢同暫行規則二十份函

達

查照並希轉飭所屬一體知照為荷

此致

首都警察廳

附送規則〇份（見法規欄）

中華民國三十年八月　日

市長　蔡培

南京市戶口統計表

民國三十年八月

秘書處第二科統計股製

區別	戶口	人口數						
		總計	男性			女性		
			合計	成人	兒童	合計	成人	兒童
總計	138617	618335	343652	235302	108350	274683	182563	92120
第一區	27126	124758	68797	48975	19822	55961	38447	17514
第二區	37918	167426	91743	61945	29798	75683	51691	23992
第三區	18248	77243	43863	30535	13328	33380	22476	10904
第四區	10396	45386	25587	18047	7540	19799	13269	6530
第五區	10502	47793	28320	21357	6963	19473	13193	6280
上新河區	12374	54563	29310	20106	9204	25253	16715	8538
燕子磯區	9354	44952	24557	15531	9026	20395	12256	8139
孝陵衛區	4153	19516	10312	5508	4804	9204	5481	3723
安德門區	8546	36698	21163	13298	7865	15535	9035	6500

註：一，本表根據各區公所塡報之戶口月報
二，各外國僑民戶口不在此內

南京市戶口增減比較表

民國三十年八月

秘書處第二科統計股製

區別	戶減增數	人口增減數						
		總計	男姓			女姓		
			合計	成人	兒童	合計	成人	兒童
總計	+286	+1708	+922	+612	+310	+786	+512	+274
第一區	+128	+665	+346	+231	+115	+319	+214	+105
第二區	+110	+748	+444	+340	+104	+304	+237	+67
第三區	—31	+78	+50	+36	+14	+28	+21	+7
第四區	—28	—151	—87	—72	—15	—64	—57	—7
第五區	+1	—24	—15	—19	+4	—9	—15	+6
上新河區	—21	—118	—59	—30	—29	—59	—36	—23
燕子磯區	—14	—96	—66	—89	+23	—30	—50	+20
孝陵衛區	+60	+334	+174	+105	+69	+160	+95	+65
安德門區	+81	+272	+135	+110	+25	+137	+103	+34

註：
一，本表根據各區公所塡報之戶口月報
二，各外國僑民戶口不在此內
三，有(十)符號者爲增加有(一)符號者爲減少

市政公報暫定價目表

期限	價目		郵費
零售	每冊	三角	本市半分 外埠一分
半年	十二冊	三元五角	本市六分 外埠一角二分
全年	二十四冊	七元	本市一角二分 外埠二角四分

市政公報廣告刊例

頁數	價目
一頁	每期十一元
半頁	每期六元
四分之一頁	每期三元

刊登廣告在四號以上者每期按照七折計算連續十號以上每者期按照六折計算長期另議

出版日期 本公報暫定每月二次

編輯者 南京特別市政府祕書處

發行者 南京特別市政府祕書處

印者 南京紹新印刷所 地址：復興路中段 即天青街四〇四號

中華郵政登記認爲第一類新聞紙類

中華民國三十年九月十五日

市政公報

第七十九期

南京特別市政府秘書處印行

目錄

命令

法規

公牘

南京特別市政府公布令 社字第　號

茲制定南京特別市物價評議委員會規程公布之

此令

附南京特別市物價評議委員會規程（見法規欄）

市長 蔡培

中華民國三十年九月　日

南京特別市政府 首都警察廳 公布令 社字第　號

茲制定南京特別市政府首都警察廳會訂違反抑平物價暫行辦法罰則公布之

此令

附會訂違反抑平物價暫行辦法罰則（見法規欄）

中華民國三十年九月　日

市長　蔡培
廳長　蘇成德

南京特別市政府訓令 社字第　號

令各城鄉區公所

案准

內政部民字第二一一六號咨開

「查市組織暫行條例業奉明令公布在案茲依據條例第七條第八條之規定由本部制定市公民宣誓登記暫行辦法呈奉行政院指令以部令公布施行除分咨並呈報備查外相應檢同市公民宣誓登記暫行辦法一份咨請查照爲荷」

等由准此除分令外合行抄同原件令仰該區長遵照並轉飭所屬一體知照

此令

計抄發市公民宣誓登記暫行辦法一份

中華民國三十年九月　日

市長　蔡培

市公民宣誓登記暫行辦法

社會局長　盛開偉

第一條　本辦法依據市組織暫行條例第七條第八條制定之

第二條　凡具有市組織暫行條例第七條資格經宣誓登記後即爲市公民

第三條　凡有左列情事之一者不得參加市公民宣誓

一、褫奪公權者

二、禁治產者

三、有精神病者

四、吸用鴉片或其他代用品者

第四條　宣誓分左列二種

一、定期宣誓　由區公所於每年定期調查資格召集舉行

二、臨時宣誓　由人民隨時向區公所請求調查資格召集舉行前項臨時宣誓區公所廝得視人數多寡擇期舉行但人民因必要情形須速宣誓時應依其請求行之

第五條　宣誓典禮在區公所或坊公所舉行以區長或坊長爲主席

第六條　誓詞應製爲兩聯式(附式一)先由人民赴區公所報到於備查及誓詞兩聯親自簽名區公所即製給誓詞一聯使於定期宣誓時繳還誓詞以憑宣誓不能簽名之人民得依民法第三條第二項或第三項辦理(附註)

第七條　宣誓時由市政府派員監誓其儀式如左

一、全體肅立
二、唱國歌
三、向國旗及　國父遺像行三鞠躬禮
四、主席恭讀　國父遺囑全體循聲朗讀
五、人民均舉右手自行唱名宣讀誓詞
六、主席訓辭
七、監誓人訓辭
八、禮成
不能讀誓之人民得由主席領讀

第八條　人民舉行宣誓後區公所應置公民名冊（附式二）登記爲市公民

第九條　區公所應造具公民冊二份一份留存備查一份連同誓詞呈報市政府備案依本規則第三條當時宣誓之誓詞及公民名冊照前項程序辦理

第十條　區公所於市公民登記後發覺其與市組織暫行條例第七條規定之資格不符及有本暫行辦法第三條所列各款情事之一者得依法呈請市政府取銷其公民資格卽將其登記除名並公布之

第十一條　市公民登記後在本市區域內無論遷至何區均應報經區公所通知遷住地之區公所（附式三）爲轉移之登記（附式四）前項移轉登記均有公民權

第十二條　市公民死亡時區公所應將其登記註銷

第十三條　區公所應將市公民變動情形按月呈報市政府備案

第十四條　本辦法自公布日施行

第十五條　民國十九年九月二十五日本部公布之市公民宣誓登記規則應即廢止

附註：民法第三條第二項第三項原文

如有用印章代簽名者其蓋章與簽名生同等之效力

如以指印十字或其他符號代簽名者在文件上經二人簽名證明生同等效力

南京特別市政府訓令社字第　號

令一二三四五區公所

本府現為調劑民食起見特向蕪湖定購皖米運京發售茲訂定辦法十條暫指定城區各區公所代售並定於本月三日起施行除分令外合行檢發辦法暨發米繳款五聯單式樣令仰該區長遵照辦法妥慎辦理具報

此令

附發售皖米辦法（見法規欄）暨發米繳款五聯單式樣各一份

中華民國三十年九月　日

市長蔡培

社會局長　盛開偉

南京特別市政府訓令　財字第　號

令各所屬機關

案准

財政部賦字第四四〇號公函開

查各機關應繳第二類公務人員薪給報酬所得稅款凡上月份未經清繳應暫緩發本月份經常費一案前經分別函令各機關查照辦理在案現查各機關應繳所得稅款多已陸續解繳所有三十年上半年度各月份稅款其間尚有未經清繳者除分別函令催繳外相應函達查照希卽將未繳各月份所得稅迅速清繳以重庫款並希轉飭所屬一體查照辦理

等由准此除分令外合行令仰該遵照辦理

此令

中華民國三十年九月　日

市長　蔡培

南京特別市政府訓令　農字第　號

令城鄉各區公所

查本市第二期荒山造林事宜業經令飭本府技士童琪等會同各區公所迅速調查辦理在案茲據該員等呈稱所有本市城鄉各區荒山均已調查完畢現按照墾殖計劃規定特派農林專員葛鴻琛親往各區荒山所在地點詳細查勘對於環境氣候土壤地勢加以鑑定呈候核辦除分令外合行令仰該區長知照並飭屬知照

此令

中華民國三十年九月　日

市長　蔡培

南京特別市政府訓令

財字第　號

令各鄉區公所

案查本市各鄉區田地前因隱漏甚夥迭經一再令飭各鄉區公所轉飭查擠又以補報無多復經明定取締辦法限期一個月補登逾限如再不登即予停止嗣後設被發覺即將該田地以無主論收由公家代管招佃收租提成發給告發人以示獎勵均經分令及布告各在案茲查期限早逾誠恐各區隱漏田地仍復不少現值編造三十年度征册之期斷難再任仍前隱匿影響賦稅除分令外合再令仰遵照先今各令迅即轉飭各鄉鎮長努力查擠遇有前項隱漏田地應即開明畝數報登完納賦稅仍一面查照前令取締辦法呈請執行以為始終隱匿不遵功令者戒毋再玩誤切切此令

南京特別市政府訓令衞字第　號

令傳染病院

案准

振務委員會首都兒童教養院公函內開

「略以本院所收孤兒類皆貧苦體質羸弱自經收容教養以來體重似已增加近以時屆夏秋之交時疫流行有少數兒童染及痢疾等症雖經多方診治略見成效然為預防傳染起見擬將病者送入傳染病院藉以隔離並請傳知該院倘遇本院病童送入時予以免費收容」

等由准此除函復照辦外合行令仰該院遇有首都兒童教養院送院傳染病童應予免費收容為要

此令

市長　蔡培

中華民國三十年九月　日

南京特別市政府訓令工字第　號

令首都清潔隊

市長　蔡培

中華民國三十年九月　日

查各道路旁之洩水邊溝常被垃圾壅塞以致每逢雨後路面積水不能暢流合行令仰該隊長轉飭各清潔伕一體遵照嗣後掃除各道路垃圾時凡遇有上項情事應即隨時將溝蓋上垃圾掃清並將泉眼挖通勿任淤塞切切

此令

中華民國三十年九月　日

市長　蔡培

南京特別市政府布告 財字第　號

案查本府援例征收外運蛋類稅一案業經擬訂暫行規則呈奉行政院行字第四八二二號指令略開案經飭據財政部議復准予照辦等因並准財政部咨同前由到府自應遵照辦理除委營業專稅局長李熙曾兼任蛋類稅稽征所所長即日成立稽征所定於本月十五日啓征并分行外合行抄粘本市征收外運蛋類稅暫行規則布告週知仰爾商民人等一體遵章繳稅是爲至要切切

此布

計粘附南京特別市政府征收外運蛋類稅暫行規則（見法規欄）

中華民國三十年九月　日

南京特別市政府布告　財字第　號

查本市征收車捐章程尙係前督辦市政公署所訂定較之事變前低減不少現在市面繁榮汽車用途日廣自應酌予調整以昭平允茲經將征收章程參照事變前舊章予以修正擬自本年十月一日冬季起施行經呈奉

行政院令准備案並准財政部咨復應照備案各等因奉准此自應遵照辦理除將原訂車捐章程同日郎行廢止並分行外合行抄粘修正征收車捐章程布告周知仰各車主等一體遵照納捐毋違切切

此布

計抄粘修正征收車捐章程一份（見法規欄）

中華民國三十九月　日

市長蔡培

財政局長蹇先驄

南京特別市政府布告　社字第　號

查本市抑平物價暫行辦法業經公布施行在案玆依據前項辦法先就日常食用必需物品廿六種送經南京特別市物價評議委員會評定限價凡各商人售賣後列各項物品在九月份內不准超過評定之限價倘有超過限額或有暗盤操縱者一經查實或被告發獲有確證定卽依照罰則從嚴懲罰惟自動在限價以下售賣者則屬商人希望營業發展當然在所不禁至未經評定限價之物品仍須依照抑平物價暫定辦法所定標準售賣不得任意高抬合將評定九月份日常食用物品限價公告週知此佈

附粘九月份日食品限價表

中華民國三十年九月　日

市長　蔡培

九月份日食品限價表

品名	單位	限價（元）	限價（角）	限價（分）
豬肉	每斤	壹	陸	零
豬油	每斤	貳	貳	零
水牛肉	每斤	壹	貳	零
黃牛肉	每斤	壹	肆	零
青魚	每斤	壹	陸	零
鯽魚	每斤	貳	貳	零
白魚	每斤	壹	伍	零
鰱魚	每斤	零	玖	零
鯉魚	每斤	壹	叁	零
鱔魚	每斤	壹	伍	零
青蝦	每斤	貳	零	零
公雞	每斤	壹	捌	零

母雞	每斤	貳	零	零
雞蛋	每個	零	壹	肆
鴨蛋	每個	零	壹	玖
韭菜	每斤	零	壹	肆
酸菜	每斤	零	叁	零
青菜	每斤	零	壹	零
黃豆芽	每斤	零	貳	零
菉豆芽	每斤	零	壹	伍
毛豆	每斤	零	叁	伍
扁豆	每斤	零	貳	零
大椒	每斤	零	肆	零
洋山芋	每斤	零	叁	貳
芋頭	每斤	零	叁	貳
豆腐	每塊	零	壹	零

南京特別市政府
警衛師司令部 布告 工字第　　號

案查本市政府前爲保存舊有城磚以固城防起見業經呈奉軍事委員會重行訂定南京特別市城磚保管辦法十一條頒布施行並指定本警衛師爲保管機關在案除飭工務局切實遵照辦理並派員嚴密查察取締外合行抄附原辦法一份會銜布告仰本市民衆一體週知

此布

計抄附南京特別市城磚保管辦法一份（見法規欄）

中華民國三十年九月　日

市長　蔡培
師長　鄭大章

法規

南京特別市政府發售平價皖米辦法

一、本府為調劑民食抑平米價起見特向蕪湖定購皖米運京平價發售

二、平價米暫定官價每石國幣五十元

三、凡屬市民均可自由購買

四、發售地點暫指定城區各區公所（連下關在內）由各該區長負責辦理之

五、售米處承辦員役應就各該管區公所原有員役中調用純係義務不得開支經費但斛手等（斛手每處祇准雇用一人）必需費用每石准支二角

六、發售時間自九月三日起每日上午八時至下午四時止

七、各售米處應先一日向本府社會局領取發米通知持往倉庫取米眼同過磅出倉以後設有短少概歸售米處負責賠繳且絕對不准有虧耗折蝕等情事至於逐日所收米款應將上日收款次日解交南京市銀行核收不得拖欠積壓前項發米通知及繳款憑證另定之

八、盛米蔴袋務須隨時繳還原領倉庫倘有短少應由各售米處賠繳每只作價國幣拾元

九、各售米處由本府派員前往監視隨時報府查核

十、本辦法即日施行如有未盡事宜得隨時修正之

修正南京特別市政府財政局徵收車捐章程

三十年九月十日行政院核准備案同年十月一日施行

第一條　凡在本市區內行駛車輛均應遵照本章程之規定繳納車捐

第二條　凡各種車輛經工務局檢驗登記編定號數發給行車執照及號牌後應依照左列各款領取各種照據方准行駛

一、繳車捐費領車捐收據

二、繳車捐證費領捐證

三、繳磁牌費領牌照

第三條　各種車輛名稱及捐率規定如左

一、自用客汽車每輛每季捐洋二十八元八角

二、營業客汽車每輛每季捐洋三十六元

三、自用小汽車每輛每季捐洋二十一元六角

四、營業小汽車每輛每季捐洋二十八元八角

五、自用公共客汽車每輛每季捐洋四十五元

六、營業公共客汽車每輛每季捐洋九十元

七、自用運貨汽車每輛每季捐洋九十六元

八、營業運貨汽車

(甲)載重在二噸以上者每輛每季捐洋一百二十元

(乙)載重滿二噸或二噸以下者每輛每季捐洋一百元

九、自用機力脚踏車每輛每季捐洋九元六角
十、營業機力脚踏車每輛每季捐洋十二元
十一、自用自行車每輛每季捐洋八角
十二、營業自行車每輛每季捐洋一元二角
十三、三輪脚踏車每輛每季捐洋一元五角
十四、小獨輪車每輛每季捐洋一元二角
十五、雙輪車每輛每季捐洋一元二角
十六、水車每輛每季捐洋二元五角
十七、自用馬車每輛每月捐洋三元
十八、營業馬車每輛每月捐洋五元
十九、自用人力車每輛每月捐洋二元四角
二十、營業人力車每輛每月捐洋二元八角
二一、甲等板車每輛每月捐洋三元六角
二二、乙等板車每輛每月捐洋三元
二三、騾車每輛每月捐洋三元六角
二四、貨廂車每輛每月捐洋一元八角

第四條　凡屬季捐車輛應以每季第一個月爲繳納之期月捐車輛應以每月一日至十五日爲繳納之期如逾期自行繳納者除照

章徵捐外並按捐率加徵百分之五滯納金如逾期仍不繳納者一經查獲除照章徵收車捐及滯納金外並處以捐率一倍以上兩倍下之罰金

第五條　凡各種車輛於報捐時其季捐車輛雖不滿一季者應作一季計算月捐車輛雖不滿一月者應作一月計算

第六條　各種車輛於報捐時應發給車捐證並收捐證費二角

第七條　車捐證分季捐證月捐證兩種於每年春季首月換發一次仍應繳納捐證費

第八條　各種車輛（人力車除外）於每季或每月繳捐時每輛隨發磁牌一塊其徵費規定如左

一、各種汽車
機器脚踏車　季捐磁牌費八角

二、其他各種季捐車輛季捐磁牌費六角

三、各種月捐車輛月捐磁牌費五角

第九條　各車行及車主違背本章程之規定而行駛車輛者處以照捐率兩倍以上五倍以下之罰金

第十條　車輛停止駛用時應即將捐照等繳銷如逾繳捐期仍不繳還者除由工務局照章辦理外並須補繳欠捐

第十一條　凡捐牌等如遺失時應即呈請補發但須照第六第八條加倍繳費外並須照所納車捐百分之五繳費

第十二條　本章程如有未盡事宜得隨時呈請修正之

第十三條　本章程自呈奉　核准之日施行

南京特別市政府徵收外運蛋類稅暫行規則

第一條　本市徵收蛋類稅一切辦法悉依本規則行之

第二條　凡在本市經營蛋類裝運出境者應依照本規則之規定繳納蛋類稅

第三條　凡在本市境內銷售零星蛋類並非裝運出境者一律免予徵稅

第四條　本市蛋類稅率從量徵收每一簍（每簍約計裝蛋八百個左右連簍八十市斤為標準）徵稅銀二元

第五條　本市外運蛋類稅由本府財政局設所徵收之並得在所轄境內水陸衝要地點酌設查驗所辦理查驗補徵事宜

第六條　蛋類稅納稅後掣給納稅證交商執運

第七條　前條納稅證為三聯式第一聯繳財政局查核第二聯繳商執運第三聯存徵收機關備查由財政局編號印發

第八條　凡裝運出境之蛋類應由商人據實申報照章納稅如有隱匿偷漏以多報少以及塗改稅證一證兩用等情事除責令照章補稅外按其情節輕重處以應納稅額一倍以上五倍以下之罰金隨時塡給收據

第九條　本規則如有未盡事宜得隨時修正之

第十條　本規則自公布之日施行

南京特別市城磚保管辦法

第一條　本辦法為鞏固南京城防及保存舊有城磚訂定之

前項城磚指舊時建築南京城牆用磚而言

第二條　本市區內之機關或人民如存有前項城磚者應將數目地點報由工務局呈報南京特別市政府轉知警衛師備案

前項報告單式另定之

第三條　凡公私建築前曾使用城磚者如遇傾倒或拆卸重建時不得自行挪用應按第二條規定辦法辦理之

第四條　已據報請登記之城磚由南京特別市政府估價收買並通知警衛師備案

前項收買辦法另定之

第五條　前項城磚除儲作修繕城牆外不得移作他項建築之用

第六條　因修理城牆而搬運城磚時應由南京特別市政府發給搬運證註明用途並通知警衛師備案

前項搬運證另定之

第七條　除有意圖破壞城防應依其他法令處理外凡積存城磚而不報請登記者得按情節之輕重處以一元以上一千元以下之罰金

前項罰金無力繳納時易科監禁以一元以上三元以下折抵一日但監禁期限至多不得逾六個月

第八條　私自使用城磚或私行買賣者處六個月以上三年以下有期徒刑

第九條　明知為城磚仍代他人用以建築或搬運代窩藏者以從犯論

第十條　違反本辦法第七條第八條及第九條者應解送警衛師訊辦

第十一條　本辦法自公布之日施行

本辦法公布後以前之南京市城磚保管及使用辦法廢止之

南京特別市物價評議委員會規程

第一條　本市為抑平物價安定民生起見特組設「南京特別市物價評議委員會」(以下簡稱本會)議定限價暨其他關於抑平物價事宜

第二條　本會設委員十一人如左

評議抑平限價物品暫以市民日常食用必需者為範圍

一、南京特別市市長
二、首都警察廳廳長
三、南京特別市黨部推定執行委員一人
四、南京特別市社會局局長
五、南京特別市財政局局長
六、南京特別市衛生局局長
七、南京特別市社會運動指導委員會主任委員或副主任委員
八、首都警察廳第二科科長
九、首都警察廳第三科科長
十、南京特別市社會局第二科科長
十一、南京特別市商會整理委員會主任委員

前項委員中以　市長爲主任委員警察廳長爲副主任委員

第三條　本會設書記長一人以社會局局長兼充之秉承主任委員依照本會議决案辦理本會一切事務

第四條　本會設書記幹事若干人由書記長就社會局暨第二條所列各機關中遴選適宜之職員陳請主任委員指派兼充之

書記幹事聽受書記長支配工作仍支原薪不另給資但遇有須用車膳等費之必要時得由書記長陳明主任委員核實支給

第五條　本市日常必需物品售價由南京特別市政府責成衛生局菜場管理所幷由市社運會市商整會督飭各該業同業公會於每月二十五日以前調查造冊送經社會局派員複查後製表送候本會核議

第六條　本市日常必需物品經本會評定限價後由南京特別市政府公告之

第七條　營業商販爲求物品之傾銷儘可在本會評定限價之下減價售賣

第八條　商販如有超過評定限價者一經查出或被告發證據確鑿者即予懲罰其罰則另定之

第九條　本會每月在市政府開常會一次其日期由主任委員訂定之必要時並得召集臨時會議

第十條　本會會議如正副主任委員另有要公不能出席時得由出席各委員互推一人爲臨時主席

第十一條　本規程如有未盡事宜得於會議時隨時提請修正之

第十二條　本規程自公布日施行

南京特別市政府 首都警察廳 會訂違反抑平物價暫行辦法罰則

第一條　本府廳爲使南京市商人切實遵行「南京特別市抑平物價暫行辦法」（以下簡稱平價辦法）特會訂本罰則以憑執行

第二條　本市日常必需物品經物價評議委員會評定限價由市政府公告後商販必須遵守倘有超過限價出售者除將其超過之部份追繳外並援用違警罰法處罰之情重者並得取銷其營業許可證

第三條　凡物品之未經評定限價數目者商人應遵照抑平物價暫行辦法第三條第四條所定之標準自行標價出售倘售價超過抑平物價暫行辦法所定之標準者除將其超過之部份追繳外並照一倍至五倍處罰之情節較重者並得取銷其營業許可證

第四條　商人有違反「平價辦法」情事者民衆得向本府廳暨所屬之主管局所告發之但必須出面確切負責如用書面告發時須有鋪保

第五條　告發之事實如係虛構或挾嫌誣告意圖陷害者處告發人十元以上一百元以下之罰金其所具鋪保處罰亦同

第六條　罰金暨超過限價之追繳俱由本警察廳執行之

第七條　依本罰則第二條第三條所處之罰金除以三成充賞外餘作辦理關於抑平物價及其他地方公益事務之用

第八條　超過限價追繳之款項應發還原購買人領回如無人領回時依照第六條辦理

第九條　本府廳每月徵收罰金及追繳款項之收支詳明列表交付物價評議委員會審查後公告之

第十條　本罰則自公布日施行

公牘

南京特別市政府咨 地字第　號

案查本市土地工作旬報表業經咨送至八月份中旬在卷茲造具八月份下旬旬報表乙份相應

備文咨送卽祈

詧照爲荷

此咨

內政部

計咨送本市土地工作八月份下旬旬報表乙份

市長　蔡培

中華民國三十年九月　日

南京特別市政府公函 工字第　號

案查前准

貴廳政二字第一九八五號公函略以據西區警察局報稱評事街及漢中路東段莫愁路南段昇州路

西段各幹路均已損壞轉請飭局勘修見復等由准此當經飭交工務局查勘修理去後茲據復稱漢中路現已開始修理昇路州及莫愁路等處本月內亦可着手興修等情相應函復即希

查照為荷

此致

首都警察廳

市長　蔡培

中華民國三十年九月　日

南京特別市政府公函　財字第　號

案查本府援例征收外運蛋類稅一案業經擬訂暫行規則呈奉

行政院令准試辦並經本府派員設立蛋類稅稽徵所定於本月十五日啓徵在案除呈報並布告分行外相應抄同修正本市徵收外運蛋類稅暫行規則函請

查照並煩轉飭所屬隨時協助為荷

此致

首都警察廳廳長蘇

南京特別市政府辦理土地登記工作八月份下旬旬報表

中華民國三十年

事項 件數 日	接收登記申請書	土地所有權登記	房屋登記	更正登記	塗銷登記	移轉登記	分割登記	共有權登記	住所變更登記	繕寫査驗證	發給査驗證	備註
21		1				1					1	
22		4			1	3					5	
23						3						
星期 24												
25		2			2	3				1	7	
26		1				2				1	2	
27												
28						2					4	
29		2				1					1	
30												
總計件數		10件			3件	15件				2件	20件	

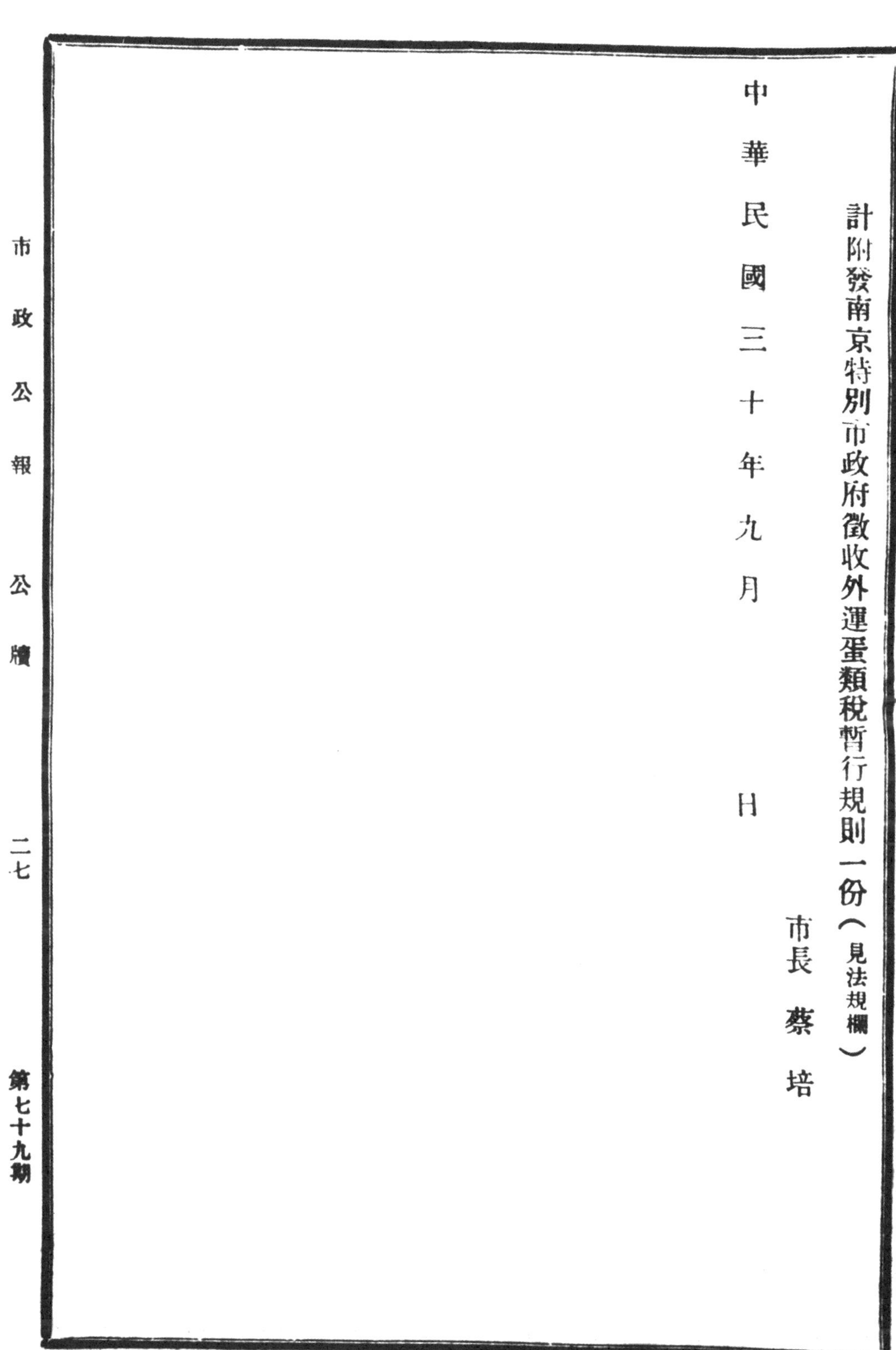

計附發南京特別市政府徵收外運蛋類稅暫行規則一份（見法規欄）

市長 蔡培

中華民國三十年九月 日

市政公報暫定價目表

期限	價目	郵費
零售	每冊三角	本市半分 外埠一分
半年	十二冊 三元五角	本市六分 外埠一角二分
全年	二十四冊 七元	本市一角二分 外埠二角四分

市政公報廣告刊例

頁數	價目
一頁	每期十一元
半頁	每期六元
四分之一頁	每期三元

刊登廣告在四號以上者每期按照七折計算連續十號以上者每期按照六折計算長期另議

出版日期 本公報暫定每月二次

編輯者 南京特別市政府祕書處

發行者 南京特別市政府祕書處 地址：復興路中段

印刷者 南京紹新印刷所 即天青街四〇四號

中華郵政登記認爲第一類新聞紙類

中華民國三十年九月三十日

市政公報

第八十期

南京特別市政府秘書處印行

目錄

命令

法規

公牘

統計

南京特別市政府公布令 教字第　號

茲制定南京特別市市立中小學清寒優秀學生奬學金規程暨清寒優秀學生奬學金審查委員會組織規程公布之

此令

計附市立中小學清寒優秀學生奬學金規程暨清寒優秀學生奬學金審查委員會組織規程各一份（見法規欄）

中華民國三十年九月　日

市長 蔡培

教育局長 楊正宇

南京特別市政府委令 祕字第　號

令方詹榮光灝
陳良知
尉遲琨

茲委該員爲本市第三區區長
第四區區長
上新河
安德門

此令

中華民國三十年九月　日

市長蔡培

南京特別市政府訓令 財字第　號

令各處局
附屬機關

查本府爲劃一支撥經費業經規定經臨費撥發日期及支付手續暫行辦法令飭遵辦在案嗣後各機關凡動支事業費務須遵照辦法第三條所開先行呈奉核准後再予簽發概不得藉口款已墊支補請撥發歸墊至臨時費一項尤應恪遵辦理仰卽遵照毋違

此令

中華民國三十年九月　日　市長蔡培

南京特別市政府訓令　祕字第　號

令各局處　區公所　市銀行

案准

行政院祕書處函開

准汽油管理委員會函開：『案查前奉　國民政府主席條諭內開：「汽油管理委員會以經濟委員會總務處長張文超為主任委員等因奉此遵即暫假試院路華林館內為會址（電話二二二七四）即日開始辦公除呈報并分函外相應函達即希查照并轉飭（京內）所屬各機關一體遵照等由准此除分函外相應函達即希查照并飭所屬知照』

等由准此除分令外合行令仰該知照

此令

中華民國三十年九月　日

市長蔡培

南京特別市政府訓令 工字第　號

令所屬各機關

案查前准首都防空演習辦事處函送臨時會議議決第二案關於修復舊有防空壕暨將地點及容納人數破壞狀況限期報處并經令飭切實遵照辦理具報在案茲查本案亟待彙轉合再令仰該迅將調查情形限文到三日內詳細具復毋延

此令

中華民國三十年九月　日

市長蔡培

南京特別市政府訓令 宣字第　號

令城鄉各區公所

案查宣傳部和運歌詠促進團等分赴蘇浙皖三省及京滬兩市作大規模歌詠寫畫等活動及指

導報社事宜請飭屬予以協助一案前於八月十六日以宣字第七二七一號訓令飭遵在案茲准該團九月十四日函開：「敝團為激發民衆熱情喚起愛國家愛東亞之情緒暨闡揚和平反共建國國策起見於本月十三日起至九月二十七日止在京促進和運歌詠工作除分函外相應函達即希查照並祈俯賜協力俾利工作進行」等由並附在京工作日程表一份准此除函復照辦暨分令外合行抄發該表令仰該區公所遵照屆時協助為要

此令

附發和運歌詠促進團南京工作日程表乙份（略）

中華民國三十年九月　日

市長蔡培

南京特別市政府訓令 宣字第　號

令城鄉各區公所

頃據中國合作社南京支社負責人蔡典五李安端等來府聲稱：「茲為推行合作事業訂於本月二十日起至二十六日止分往城鄉各區宣傳請求轉飭各區公所予以協助」

等語事關首都合作運動自當照辦除分令外合行令仰該區公所遵照於該社合作宣傳人員到達時（見表）妥爲協助並轉飭該區宣傳員帮同宣傳爲要

此令

中國民國三十年九月　日

市長蔡培

附宣傳日程表

二十日	上午一區	下午二區
二十二日	上午三區	下午四區
二十三日	上午燕子磯區	下午五區
二十四日	孝陵衛區	
二十五日	安德門區	
二十六日	上新河區	

南京特別市政府訓令社字第　號

南京特別市社會運動指導委員會
令南京市商會整理委員會
衞生局菜場管理所主任孫遠猷

查抑平物價一案關於本年九月份日常食用必需品業由本府送經

南京特別市物價評議委員會評定限價公布在案所有十月份物價之評議自應先事調查最近售價情形以備參考除分令外合行令仰該會遵照轉飭各同業公會迅將本市市民日常食用必需品之價格詳細調查造冊報由該會於本月二十五日以前逕送本府社會局以憑提會評議為要

主任遵照迅將各菜場葷素菜現售價格詳細調查限本月廿五日以前造冊逕送本府社會局查核以憑提會評議為要

此令

中華民國三十年九月　日

市長　蔡培
社會局長　盛開偉

南京特別市政府訓令 社字第　號

令第一、二、三、四、五區公所

案准

行政院糧食管理委員會管字第五八九七號公函開

「案查本會配給各地洋米發售價格前經分別訂定函請貴市政府查照在案茲因各地新穀登場米價趨落迭據本會各區分辦事處呈請酌減洋米售價本會爲減輕人民負担穩定各地米價并兼顧商民存貨血本起見本經察酌情形分別改訂除飭各區分辦事處遵照實施暨呈報

行政院并分函外相應抄附改訂各地洋米售價表函請查照」

等由并附改訂配給各地洋米售價表到府准此除函請　首都警察廳查照并轉飭所屬各警察局知照外合行抄發原附件令仰該區即便知照并轉飭所屬各坊保甲長一體知照爲要

此令

計抄發糧管會改訂配給各地洋米售價表一份（略）

中華民國三十年九月　日

市長蔡培

南京特別市政府訓令 社字第　號

令上新河 安德門 孝陵衛 燕子磯 區公所

社會局案呈准實業部農林司函開

「查事變以後首都附近各農村時有獸疫發生若任其猖獗滋蔓勢必影響人類健康茲由本部令派徐技正劍虹馳赴京市郊外各農村實地調查獸疫情形以憑計劃防治除分函外相應函請查照予以便利爲荷」

等由准此除分行外合行令仰該區遵照俟該員到達時應飭所屬予以便利爲要

此令

中華民國三十年九月　日

市長　蔡培

社會局長　盛開偉

南京特別市政府布告　工字第　號

茲重行修訂南京特別市政府處理違章車輛罰則又南京特別市車輛檢驗登記領用牌照收費簡則又南京特別市工務局查扣違章車輛簡則公布之

此布

南京特別市政府處理違章車輛罰則（工務局印有單行本）

南京特別市工務局查扣違章車輛簡則（見法規欄）

修正南京特別市車輛檢驗登記領用牌照收費簡則（見法規欄）

中華民國三十年九月　日

市長蔡培

工務局局長謝學瀛

南京特別市政府布告　社字第　號

茲依照本市抑平物價暫行辦法之規定續將日常必需食品二十九種送經南京特別市物價評議委員會第二次評定限價定于十月一日起實行凡各商人售賣後列各項物品不得超過評定限價其有故違或暗盤操縱者一經查實或被告發獲有確證定卽依照罰則從嚴懲罰惟自動在限價以下售賣者則屬商人希望營業發展當然在所不禁至未經評定限價之物品仍須依照抑平物價暫定辦法所定之標準售賣不得任意高抬合將第二次評定第二次日常食用物品限價佈告週知此佈

南京特別市日常食用品第二次評定限價表

十月一日起實行

品名	單位	限價 元	角	分
豬肉	每斤	貳	零	零
豬油	每斤	貳	肆	零
水牛肉	每斤	壹	陸	零
黃牛肉	每斤	壹	捌	零
青魚	每斤	壹	陸	零
鯽魚	每斤	貳	貳	零
白魚	每斤	壹	伍	零
鰱魚	每斤	壹	零	零
鯉魚	每斤	壹	伍	零
鱅魚	每斤	壹	伍	零
青蝦	每斤	貳	貳	零
公雞	每斤	壹	陸	零
母雞	每斤	壹	捌	零

雞蛋	每個	零	壹伍
鴨蛋	每個	零	貳零
韭菜	每斤	零	壹肆
酸菜	每斤	零	叁零
青菜	每斤	零	壹零
黃豆芽	每斤	零	壹伍
菉豆芽	每斤	零	壹伍
毛豆	每斤	零	貳伍
扁豆	每斤	零	貳零
大椒	每斤	零	叁陸
洋山芋	每斤	零	肆零
芋頭	每斤	零	叁零
豆腐	每塊	零	壹零
苞米	每石	叁陸	伍零
黃豆	每石	陸貳	零零
菉豆	每石	肆捌	捌零

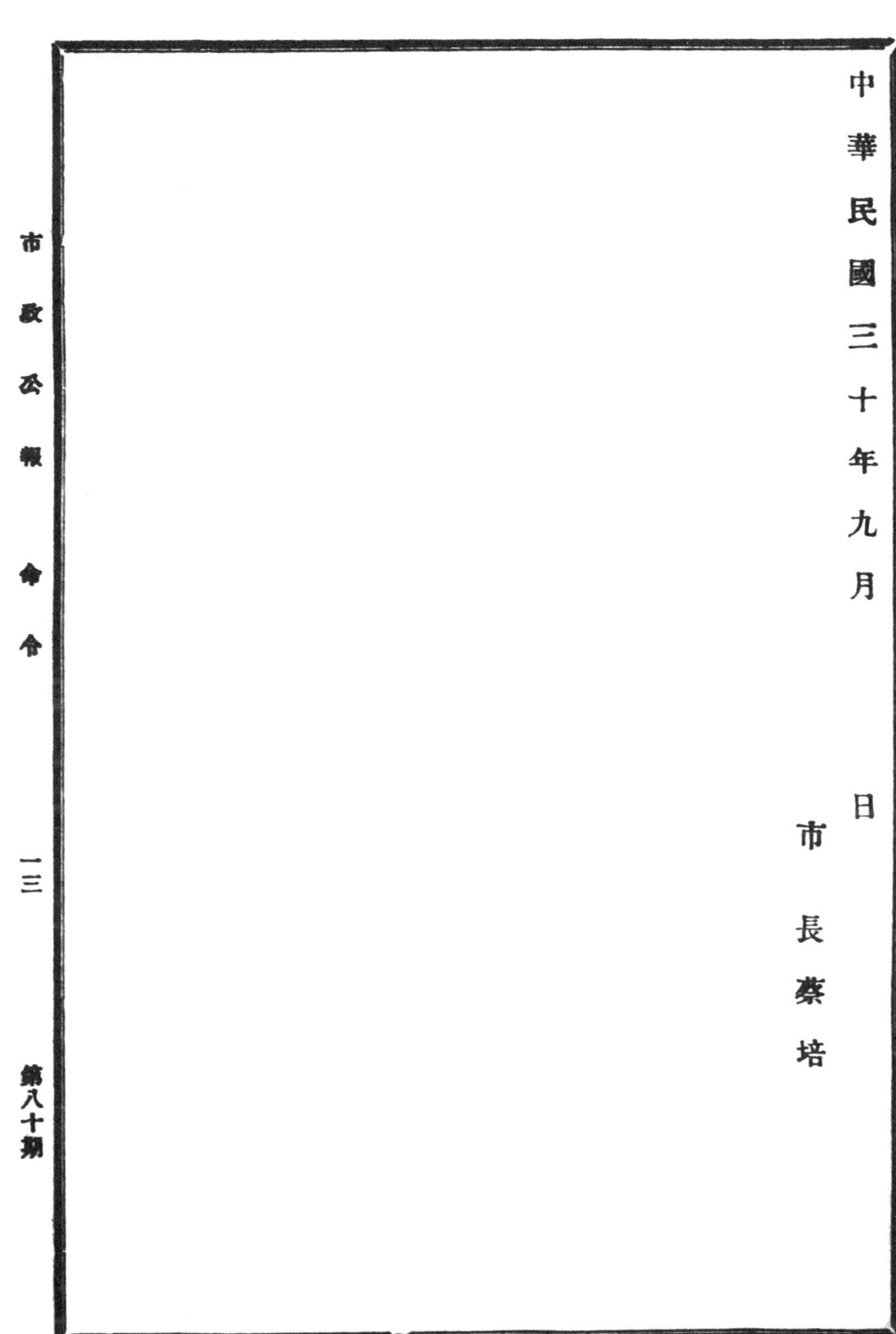

中華民國三十年九月　日

市長蔡培

法規

修正南京特別市車輛檢驗登記領用牌照收費簡則

第一條 凡在本市區內行駛之各種車輛除部隊軍用另有規定外均須依照本簡則之規定先將車輛開至工務局車輛登記所申請檢驗檢驗合格即予登記發給行車執照以憑收執如係營業車輛應呈驗行業執照

第二條 各種車輛登記領照後應隨向財政局車捐處繳納車捐領得車捐牌照後再向車輛登記所領用搪磁號牌方可通行

第三條 各種車輛之名稱及其登記費執照費搪磁號牌費分別規訂如左

名稱 費別	登記費	執照費	號牌費
(一)自用客汽車	六・〇〇	〇・五〇	十二・〇〇
(二)營業客汽車	七・二〇	〇・五〇	十二・〇〇
(三)自用貨汽車	七・二〇	〇・五〇	十二・〇〇
(四)營業貨汽車	九・〇〇	〇・五〇	十二・〇〇
(五)自用公共客汽車	七・二〇	〇・五〇	十二・〇〇
(六)營業公共客汽車	九・〇〇	〇・五〇	十二・〇〇
(七)自用機力脚踏車	四・〇〇	〇・五〇	五〇・〇〇

(八)馬車	三・〇〇	〇・二〇	〇・六〇
(九)騾車	二・四〇	〇・二〇	〇・六〇
(十)自用自行車	〇・六〇	〇・二〇	〇・六〇
(十一)營業自行車	〇・九〇	〇・二〇	〇・六〇
(十二)三輪脚踏車	一・二〇	〇・二〇	〇・六〇
(十三)自用人力車	一・五〇	〇・二〇	〇・六〇
(十四)營業人力車	一・八〇	〇・二〇	〇・六〇
(十五)甲等板車	二・四〇	〇・二〇	〇・六〇
(十六)乙等板車	二・一〇	〇・二〇	〇・六〇
(十七)貨箱車	一・八〇	〇・二〇	〇・六〇
(十八)水車	〇・九〇	〇・二〇	〇・六〇
(十九)雙輪小車	〇・八〇	〇・二〇	〇・六〇
(二十)獨輪手車	〇・八〇	〇・二〇	〇・六〇

第四條　車輛牌照調換時車主仍應照章繳納牌照費其調換時期由工務局另訂之

第五條　各機關公用車輛均照自用車輛同樣檢驗照納登記行車執照及號牌等費

第六條　凡車輛既經登記行駛應依照車輛之類別按月（季）將行車執照送呈車輛登記所審驗經審驗後方得至車捐處繳納車捐其經二個月（一季）（按月（季）審驗者）未辦審驗手續車輛登記所得追還其原領行車執照及號牌並注銷之

(一)按季審驗執照之車輛

1.各種汽車　2.機力脚踏車　3.雙獨輪小車　4.三輪脚踏車　5.水木車　6.自行車

(二)按月審驗執照之車輛

1,馬車　2,騾車　3,甲乙等板車　4,貨箱車　5,營業自用人力車

第七條　各種車輛如有停駛者車主應填具申請書將所領之號牌繳還車輛登記所申請停駛由車輛登記所通知車捐處停收車捐停駛時間在四個月以內者得憑行車執照申請繼續行駛如逾限申請者應照新車重行檢驗並照納登記執照及領用號牌等費

第八條　凡車輛既經停駛在停駛准許期限內仍須繼續行駛時車主應填具申請書檢同原領行車執照申請發還原繳號牌並由車輛登記所通知車捐處繼續徵收車捐申請時應納手續費分別規定如左

(一)各種汽車	二·〇〇
(二)機力脚踏車	一·〇〇
(三)馬車	〇·五〇
(四)騾車	〇·五〇
(五)甲乙等板車	〇·五〇
(六)貨箱車	〇·四〇
(七)營業自用人力車	〇·四〇

(八)雙／獨輪小車　○・三○

(九)三輪脚踏車　○・三○

(十)水車　○・三○

(十一)營業／自用自行車　○・三○

第九條　凡車輛之產權如遇移轉時新舊車主應向車輛登記所領塡過戶申請書經審查屬實方得辦理過戶手續照納過戶費及行車執照費並通知車捐處改換戶主過戶費規定如左

(一)各種自用汽車　三・○○

(二)各種營業客／貨汽車　三・五○／三・○○

(三)機力脚踏車　一・○○

(四)馬車　二・○○

(五)騾車　一・○○

(六)甲／乙等板車　一・五○

(七)貨箱車　一・二○

(八)營業人力車　一・二○

(九)自用人力車　一・○○

(十)雙獨輪小車　○・五○
(十一)水車　○・六○
(十二)三輪脚踏車　○・八○
(十三)營業自行車　○・五○
(十四)自用自行車　○・四○

第十條　行車執照如有破損或遺失時應即報明車輛登記所申請補發照納行車執照費破損者即憑舊照換發新照遺失者須填送申請書覓具殷實舖保方得補發

第十一條　搪磁號牌如有損破或遺失時應即報明車輛登記所並填送補牌申請書照納照牌等費補換新號牌至舊號碼即由登記所註銷之如係破損而有舊牌繳還者得免具舖保如係遺失者應覓具殷實舖保藉資證明

第十二條　凡自用車輛改為營業車輛或營業車輛改為自用車輛應將原領之行車執照及號牌繳銷並依照新車輛登記辦法辦理檢驗登記領用牌照等手續

第十三條　本簡則如有未盡事宜得隨時修正之

第十四條　本簡則自南京特別市政府公佈之日施行

南京特別市工務局查扣違章車輛簡則

第一條　本簡則依據南京特別市政府處理違章車輛罰則第八條之規定訂定之

第二條　凡在本市區內行駛之各種車輛有違犯陸上交通管理規則經本局車輛登記所查扣者其處理手續悉依本簡則辦理之

第三條　凡經查扣之違章車輛應查照處理違章車輛罰則內條文分別情節輕重處罰之如查係觸犯違警罰法應由車輛登記所移送就近警局或分駐所處理之

第四條　凡違章車輛一經查扣車主應即隨同檢查員到所繳納應科罰金並查照違犯各則分別補正手續如車主對於違章情形尚有疑義致不能立時解決者應領取扣車對號牌於五日內到所辦理如係獸力車輛車主應將牲畜帶回車輛登記所不負飼養之責

第五條　凡被扣之車輛經車輛登記所判定罰金後五日內不照繳納者自第六日起除罰金照科外另收保管費以每二十四小時計算之（不足二十四小時亦照二十四小時計算）其費率如后

運貨汽車	每二十四小時收保管費伍角
乘客汽車	每二十四小時收保管費叁角
機力脚踏車	每二十四小時收保管費貳角
獸力車	每二十四小時收保管費叁角
其他人力車輛及自行車等	每二十四小時收保管費貳角

第六條　查扣之車輛如逾一個月車主仍未來所照繳罰金並領回扣車者車輛登記所即呈請本局將所扣之車輛變價以抵償應科罰金及保管費用如有餘款發還原主

第七條　本簡則如有未盡事宜得隨時呈請修正之

第八條　本簡則自呈奉　市長核准後施行之

南京特別市市立小學清寒優秀學生獎學金規程

第一條　本市爲鼓勵家境清寒品學兼優之學生升學起見凡市立中小學校均設獎學金額若干名

第二條　獎學金學額支配如左

甲，中學　每兩級設膳宿生一名每五級設通學生一名

乙，小學　按各校環境優劣分甲乙丙三等甲等每兩級設獎學金學生一名乙等每級設獎學金一名丙等每級設獎學金學生兩名

第三條　凡市立中小學校學生家境確係清寒經區公所或機關證明而學業體育操行成績均在八十分以上無力升學者得向肄業學校申請之

第四條　各校保送獎學金學生應於每學期開學一個月內依照本規程第二條之規定召集校務會議擇優選拔並繕就名冊連同該生之申請書保證書成績單一併送呈　市政府清寒優秀學生獎學金審查委員會核定之

第五條　凡核定享受獎學金學生得向　市政府領受下列津貼

甲，中學膳宿生每名每學期津貼一百元

乙，中學通學生每名每學期津貼五拾元

丙，小學每名每學期津貼十五元

第六條　凡核定之獎學金學生下學期如資格無變更時得向原肄業學校繼續申請

第七條 合於本規程第三條規定之資格而有左列情事之一者經清寒優秀學生獎學金審查委員會調查屬實後得隨時取消其資格

甲、已受他項補助者

乙、飾詞虛報家境清寒者

丙、行爲不檢思想不純正者

丁、月考不及格者

第八條 清寒優秀學生獎學金審查委員會由市政府派員組織之

第九條 本規則呈准 市長後公佈施行

清寒優秀學生獎學金審查委員會組織規程

第一條 本委員會依市立中小學校清寒優秀學生獎學金規程第八條之規定由市政府派員組織之

第二條 本委員會設委員五人至七人由各委員互推一人爲常務委員主持會務

第三條 凡市立中小學校清寒優秀學生得獎學金者須經本委員會核定

第四條 本委員會之決議案呈請 市政府執行

第五條 本委員會於每年二月九月各舉行常會一次審核各市立中小學校保送之清寒優秀獎學金學生遇必要時得由常務委員召集臨時會議

第六條　本委員會委員均爲無給職不另支薪或津貼

第七條　本規程經　市政府核准施行

公牘

呈行政院文

查本年實施第三屆首都防空演習業將設處籌備情形檢同防空聯合辦事處組織規則及經費概算書先後呈報在案本處自九月五日成立開始辦公卽經督率各組負責布置將應行遵守各點製成標語等項分令各區公所轉飭保甲長挨戶指導一面明白布告使一般民衆人人有防空常識爲有備無患之謀計自十二至十四日在第一第二第五各區內施行局部假演習十五十六十七等日實施防空演習卽於十七日竣事并將辦事處停止辦公在實施演習期間各職員尙能努力服務全市各商民及行人車輛亦能安守秩序燈火管制尤能恪守現在對於防空事宜雖未完全結束亦可告一段落至設備防空壕一節已分函各機關及令飭各區公所速將舊有公私防空壕之壕數地點可容人數破壞狀況修服時應用工料約數報處以便由職府轉飭工務局復勘估計如認爲有新築之必要亦須詳細查復一俟復到再行統盤籌畫呈請

核示所有辦理防空實施演習情形理合耑文呈報仰祈

鑒察再此次辦理防空演習在友邦方面係由防衛司令部酒井司令官主持該部對於本屆防空演習

鈞鑒合併聲明謹呈

行政院院長汪

附呈防衛司令部南京防空演習講評及防空演習辦事處職員一覽表各一份（表略）

南京特別市市長　蔡培

中華民國三十年九月　日

南京防空演習講評

（譯文）

余認爲此次中日各軍隊官廳民衆均能以一致協力堅固團結之熱忱從事防空演習而得以十二分完成所期望之目的

尤以官廳民衆均能充分理解防空之意義而在指揮之系統及防衛司令官統制之下均能一絲不亂而得以有强力及連繫之活動實甚良好

其中南京警防團及中國防空演習聯合辦事處之計劃及其行動有俾於南京防空陣容得以飛躍進步之處實力甚鉅其成績概爲良好也

本屆防空演習之時雖値敵方策動陰謀之期各部隊機關均自行嚴重戒備由於南京憲兵隊作中心

之中日憲警不眠不休之絕大努力雖於黑暗中未有與敵方稍能擾亂之漏隙其努力實爲甚大於玆以敬致滿腔之謝忱

雖然如此而防空之强化於現代戰爭中固極其複雜其變幻之極實不可測亦不可稍有苟安之意應適應最近之世界局勢

都市防空之組織與施設切實訓練以期獲得極大之進步對於警戒管制確切之實行及燈火管制各重要設施等項有待於今後研究及訓練之處尙多也

余甚望均能以此次之演習而獲得之寶貴經驗及教訓今後努力於實現南京防空之鉄壁陣容至關於詳細情形由參謀長將其所見陳述之

最後對於本屆演習期間不幸因公負傷之犧牲者由衷心敬致哀悼之忱

南京防衛司令部　酒井直次

南京特別市政府咨　地字第　號

案查本市土地工作旬報表業經咨送至八月份下旬在卷玆經造具九月份上旬旬報表一份相應備文咨送即希

詧照爲荷

此咨

內政部

計咨送本市土地工作九月份上旬旬報表一份

中華民國三十年九月　日　市長蔡培

南京特別市政府咨　地字第　號

案查本市土地工作旬報表業經咨送至九月份上旬在卷茲經造具九月份中旬旬報表一份相應備文咨送卽希

詧照爲荷

此咨

內政部

計咨送本市土地工作九月份中旬旬報表一份

中華民國三十年九月　日

市長蔡培

南京特別市政府辦理土地登記工作九月份上旬旬報表

中華民國三十年

事項 件數 日	接收登記申請書	土地所有權登記	房屋登記	更正登記	塗銷登記	移轉登記	分割登記	共有權登記	住所變更登記	繕寫查驗證	發給查驗證	備註
1												
2		7				7						
3		8				5				1		
4						1					4	
5		1								2	1	
6		5				8					4	
星期 7												
8						3					3	
9		4				1						
10		5				4						
總計件數		30件				29件				3件	12件	

南京特別市政府辦理土地登記工作九月份中旬旬報表

中華民國三十年

事項 件數 日	接收登記申請書	土地所有權登記	房屋登記	更正登記	塗銷登記	移轉登記	分割登記	共有權登記	住所變更登記	繕寫查驗證	發給查驗證	備註
11		3			1	1					1	
12		3			1	4					1	
13						2					2	
星期 14												
15		3				3					1	
16		2				3						
17						3						
18					2	2					2	
19		3				2					5	
20		2				2						
總計件數		16件			4件	22件					12件	

南京特別市政府咨 衞字第　號

案查醫藥人員請領部證業將第二十三批登記醫師隨祖蔭等九人檢同證件咨請

貴部審查在案茲續據醫師王克倫等十三人呈具證件申請領證前來經核與管理條修尙屬相符相應繕具名册乙份檢同各該證件計拾叁宗領換證書印花等費柒拾貳元伍角咨請

貴部查核辦理見復爲荷

此咨

內政部

附第二十四批請領部證名册乙份證件十三宗證費柒拾貳元伍角（略）

市長 蔡培

中華民國三十年九月　日

南京特別市政府公函 社字第　號

案准

行政院粮食管理委員會管字第五八九七號公函開

「案查本會配給各地洋米發售價格前經分別訂定函請貴市政府查照在案茲因各地新穀登場米價趨落迭據本會各區分辦事處呈請酌減洋米售價本會爲減輕人民負担穩定各地米價并兼顧商民存貨血本起見經察酌情形分別改訂除飭各區分辦事處遵照實施暨呈報行政院并分函外相應抄附改訂各地洋米售價表函請查照」

等由并附改訂配給各地洋米售價表到府准此除分令城區各區公所知照并轉飭屬各坊保甲長一體知照外相應抄送原附件函請

查照并希轉飭所屬各警察局一體知照爲荷

此致

首都警察廳

附抄送粮管會改訂配給各地洋米售價表一份（略）

市長 蔡培

中華民國三十年九月 日

南京特別市政府公函 財字第 號

案准江蘇郵政管理局第一五二一號函開查關於拆除本局新街口新廈前面及側面之棚攤以

利交通迭承貴府積極辦理殊深感荷乃各相關棚攤（連前鹽業銀行圍牆左邊之棚攤在內）對於拆除一味延宕雖經貴府及首都警察廳一再展期寬限拆讓最後又經西區警察局飭令具結展期三日（聞於本月十四日屆滿）而各該棚攤除一家業已他遷外其餘迄無拆動模樣似此遷延殊屬藐視法令玆因本局卽將全部遷移新廈辦公若再不拆讓對於本局交通及安全方面影響匪淺相應再行備函派由本局郵務視察員談振鐸賚送貴府至希查照惠予從速辦理以利交通而策安全是所至荷等由准此查此案前准江蘇郵政管理局函同前情曾經函請

貴廳轉飭西區警察局派警協助勒遷在案該廈現已完成郵局卽將全部遷入辦公各棚攤拆讓一節若再任其遲延於郵局辦公及交通安全均有影響相應再行函請

查照轉飭西區警察局於本月二十五日以前派警協助强制勒遷以利進行實紉公誼此致

首都警察廳

市長　蔡培

中華民國三十年九月　日

南京特別市政府箋函

逕復者案准

貴局一五二一號函以關於拆讓新街口棚攤一案囑卽轉飭辦理等由准此查此案前准
貴局函同前由到府當卽函請警察廳轉飭西區警察局派警協助勒遷並經函復在案茲准前由除錄
函再請警察廳轉飭西區警察局於本月二十五日以前派警協助强制勒遷外相應函復卽希
查照爲荷此致
江蘇郵政管理局

南京特別市政府啓

南京市戶口統計表

民國三十年九月

秘書處第二科統計股製

區別	戶數	人口數						
		總計	男性			女性		
			合計	成人	兒童	合計	成人	兒童
總計	138983	620861	345093	236307	108786	275768	183315	92453
第一區	27215	125367	69122	49207	19915	56245	38638	17607
第二區	37998	167985	92025	62126	29899	75960	51878	24082
第三區	18372	78091	44342	30850	13492	33749	22722	11027
第四區	10344	45071	25438	17944	7494	19633	13138	6495
第五區	10571	48206	28617	21611	7006	19589	13277	6312
上新河區	12337	54387	29224	20055	9169	25163	16665	8498
燕子磯區	9321	44777	24468	15474	8994	20309	12254	8055
孝陵衞區	4220	19896	10512	5649	4863	9384	5603	3781
安德門區	8605	37081	21345	13391	7954	15736	9140	6596

註：一，本表根據各區公所塡報之戶口月報
二，各外國僑民戶口不在此內

南京市戶口增減比較表

民國三十年九月

秘書處第二科統計股製

區別	戶減增數	人口增減數						
		總計	男姓			女姓		
			合計	成人	兒童	合計	成人	兒童
總計	+366	+2526	+1441	+1005	+436	+1085	+752	+333
第一區	+89	+609	+325	+232	+93	+284	+191	+93
第二區	+80	+559	+282	+181	+101	+277	+187	+90
第三區	+124	+848	+479	+315	+164	+369	+246	+123
第四區	-52	-315	-149	-103	-46	-166	-131	-35
第五區	+69	+413	+217	+254	+43	+116	+84	+32
上新河區	-37	-176	-89	-51	-35	-90	-50	-40
燕子磯區	-33	-175	-89	-57	-32	-86	-2	-84
孝陵衞區	+67	+380	+200	+141	+59	+180	+122	+58
安德門區	+59	+383	+182	+93	+89	+201	+105	+96

註：
一，本表根據各區公所填報之戶口月報
二，各外國僑民戶口不在此內
三，有(十)符號者爲增加有(一)符號者爲減少

市政公報暫定價目表

期限	價目	郵費
零售	每冊三角	本市半分 外埠一分
半年	十二冊 三元五角	本市六分 外埠一角二分
全年	二十四冊 七元	本市一角二分 外埠二角四分

市政公報廣告刊例

頁數	價目
一頁	每期十一元
半頁	每期六元
四分之一頁	每期三元

刊登廣告在四號以上者每期按照七折計算連續十號以上者每期按照六折計算長期另議

出版日期 本公報暫定每月二次

編輯者 南京特別市政府祕書處

發行者 南京特別市政府祕書處

印刷者 南京紹新印刷所 地址：復興路中段 即天青街四〇四號

中華民國三十年十月十五日

第八十一期

市政公報

南京特別市政府秘書處印行

目錄

命令

法規

公牘

命令

南京特別市政府公布令 地字第　號

玆制定南京特別市地政局管理儀器規則公布之
此令

附南京特別市地政局管理儀器規則（見法規欄）

市長　蔡培

中華民國三十年十月　日

南京特別市政府委令 祕字第　號

令社會局科長　黃伯照　梅慰農

玆派該員代理兼本市粮食管理局祕書　此令

此令

中華民國三十年十月　　日

市長　蔡培

南京特別市政府委令　祕字第　　號

令祕書處科長俞璞
糧食管理局祕書黃伯熙
呂潤之

茲派該科長兼／祕書暫兼／員代理本市糧食管理局科長　聽候呈薦

此令

中華民國三十年十月　　日

市長　蔡培

南京特別市政府訓令　祕字第　　號

令各局處第五區公所　南京市銀行

案准

行政院行字第三四四九號訓令內開

「准　國民政府文官處文字第一五一八號公函開『案准汽油管理委員會函開查本會于本月十六日下午三時假國府大禮堂招集本京各機關代表開會討論管理汽油辦法計出席機關四十九單位當經議決統一管理汽油辦法十六條理合肅函檢送草案一份敬祈鑒核轉呈示遵等由准此當經轉陳奉

主席批准予照辦並將前訂首都各機關處理餘存汽油臨時辦法廢止等因除分函京內各機關遵照施行暨函南京特別市政府嚴飭京內汽車業同業公會及五金業同業公會轉知各商號一體遵照外相應檢同統一管理汽油辦法一份函請查照遵辦並飭屬遵辦爲荷』等由附送統一管理汽油辦法一份准此除分令外合行抄發原附辦法一份令仰該市府一體飭屬遵照」等因附抄發統一管理汽油辦法一份奉此查此案前准　國民政府文官處公函文字第一五一八號請查照遵辦等由業經抄發辦法令飭遵辦在案奉令前因除分令外合行令仰該〇遵照

此令

中華民國三十年十月　日

市長　蔡培

南京特別市政府訓令社字第　號

令城鄉各區公所
南京市商會整理委員會

案准

實業部商字第九〇號咨開

「案查本部設局管理茶葉運銷一案前經擬訂茶葉運銷管理規則暨茶商請領營業證採購證及運輸護照申請辦法提奉　行政院第三十二次會議通過由部令公布施行並經咨請貴市政府查照有案茲以物資統制情況變更原有茶葉運銷管理局及絲繭運銷管理局自本年九月三十日止均已一律裁併改組爲特種商品運銷管理局所有前項茶葉運銷管理規則暨茶商請領營業證採購證及運輸護照申請辦法自應停止適用除經部令公布於本年十月一日起廢止並分別呈咨暨令行遵照外相應咨達卽煩查照並轉飭知照」

等由准此查此案前准工商部先後咨送茶葉運銷管理規則等件到府當經轉令知照在案茲准前由除分令外合行令仰該區會卽便轉飭所屬一體知照

此令

中華民國三十年十月　日

市長蔡培
社會局長盛開偉

南京特別市政府訓令 宣字第　號

令市立一中　二中　女中　職中　私立正始中學　冶城中學　鍾英中學　新華中學　安徽中學　新華無線電專門學校

查復興建設演講比賽座談會業於十月二日在本府大禮堂舉行在案除通過之比賽辦法內關於比賽地點一項因國民大會堂設備不全改在香鋪營中日文化協會和平堂舉行外餘均照舊茲特檢發上項辦法及紀錄各一份令仰遵照辦理準時參加為要

此令

附發辦法及紀錄各一份

中華民國三十年十月　日

市長蔡培

復興建設運動演講比賽辦法

一、日期　十月十三日
二、地點　中日文化協會和平堂（香舖營內）
三、主辦　由教育局及宣傳處會同辦理經費在宣傳處事業費項下開支
四、參加者　本市各公私立中學校學生
五、講題　左列各題任選其一
（一）高中組
（1）怎樣推進復興建設運動
（2）如何防止青年思想之左傾
（3）雙十節與中國民族解放運動
（4）理想中的東亞新秩序
（二）初中組
（1）怎樣做一個現代的中學生
（2）我所受抗戰的痛苦
（3）求知與和平
（4）青年的責任

六、組別　分高中初中兩組每校得同時參加兩組惟每組均限一人

七、演講時間　下午二時起高中組每人不得超過七分鐘初中組每人不得超過五分鐘

八、參加手續　於十月十日前將各組參加名單及演講稿繕送宣傳處

九、給獎　除各組前三名均分別頒給精美獎品外其第一名並給團體優勝紀念品其餘參加演說者各贈墨盒一枚毛筆一枝以資紀念

十、錄取名額

各組第一名一人

各組第二人二名

各組第三名三人

十一、評判　由本處聘請宣傳及教育界名人担任之評判標準如下

思想佔50%　國語佔30%　姿態佔20%

復興建設演講比賽座談會紀錄

時間　民國三十年十月二日下午二時

地點　市府大禮堂

出席者　陳存羲（國立模中）　王蔭槐（正始中學）　陳雲龍（市立二中）

鄧彬遊（國立二職）　宋詠蓀（國立師範）　賀文蔚（範模女中）

潘大經（市立一中）　趙　冲（新華無綫電工程學校）　朱　曦（市立女中）

·葉迹之(私立冶城中學)　陳耆俊(教育局)　靳德峻(私立新華中學)

田紹年(市黨部)　華處長(宣傳處)

主　席　華處長

甲、報告事項(略)

乙、討論事項

一、關於比賽日期時間及地點應如何確定案

決定　十月十三日下午二時起在國民大會堂舉行現因該處設備不全改在中日文化協會和平堂舉行

二、演講時間如何規定案

決定　高中組每人不得超過七分鐘初中組每人不得超過五分鐘

三、關於確定演講比賽題目案

決定　就規定四題中任選其一於十日十日前將各組參加名單及演講稿繕送宣傳處審核

四、各組前三名名額及給獎辦法應如何規定案

決定　各組第一名一人第二名二人第三名三人除各組前三名均分別頒給精美獎品外其第一名並給團體優勝紀念品其餘參加演說者各贈墨盒一枚毛筆一枝以資紀念

一、聽講學生人數應如何確定案

決定　以參加比賽代表之某一級全體學生參加之

一、關於評判員之聘定案

決定評判員七人（宣傳界四人教育界三人）由宣傳處會同教育局分別聘請名流担任之評判標準如下

思想佔50%國語30%姿態20%

南京特別市政府訓令 社字第　號

令城區各區公所

查本府現正籌劃辦理積穀自應預覓適當空屋以備分儲除分令外合亟令仰該區長督飭所屬各坊長就本區境內趕速尋覓可以存儲稻穀一萬包以上之空屋一所（寺廟房屋亦可）限於十日內將所覓房屋地址間數繪具略圖呈候核辦事關積穀要政慎勿遲延為要

此令

中華民國三十年十月　日

市長　蔡培

社會局長盛開偉

南京特別市政府訓令 教字第　號

令市立中小學

查本市中小學清寒學生，不乏優秀天資，但因無力深造，以致輟學，英才埋沒，實繁有徒，國本前途，損失甚大，爰特募集專款，予以補助，除組織清寒優秀學生奬學金審查委員會負責審核外，合行檢發此項奬學金規程及學額分配表暨有關附件各一份，令仰該校將附件依式繙印，按規定名額，愼選清寒優秀學生，轉飭據實塡報，呈候審核，以憑給奬，勿延爲要！

此令

附發南京特別市市立中小學清寒優秀學生奬學金規程，奬學金學額分配表，申請奬學金學生姓名及成績清冊式樣，審查表式樣各壹份，「略」

中華民國三十年十月　日

市長　蔡培

南京特別市政府訓令　社字第　號

令各鄉區公所

案准

實業部快郵代電內開

「查本年秋季繭價評議會議決，一、江蘇浙江安徽改良種鮮繭標準價格，甲、繅折四百斤者，市秤每担國幣一百三十六元，（司馬秤每担國幣一百六十三元），乙、繅折四百二十斤者，市秤每担國幣一百二十九元，（司馬秤每担國幣一百五十五元），丙、繅折四百五十斤者，市秤每担國幣一百二十一元，（司馬秤每担國幣一百四十五元），二、繅折在標準以上或以下者，照比例增減之，紀錄在卷，除公布施行並呈報暨分電外，相應電達查照」

等由准此，[illegible]，除分行外，合行令仰該區長即便知照

此令

中華民國三十年十月　日

市長　蔡培

社會局長盛開偉

南京特別市政府訓令　衛字第　號

令衛生試驗所

查化學醬油檢驗事項茲飭衛生局辦理在案茲檢取覺昶天一大衆三醬油廠出品化學醬油每種兩瓶合計六瓶連同化驗物品表一份令仰該所剋日化驗并將檢驗結果詳填證書附同空瓶呈核

爲要

此令

附發化驗物品表乙份醬油六瓶（略）

中華民國三十年十月　日

市長　蔡培

南京特別市政府訓令　財字第　號

令田賦征收處主任沈甲三

查市產內有坐落江甯銅井鎭等處莊田六七百畝原係前救生局之產歷年應征租金均係出財茲爲清查整理急須辦理登記特製定清理暫行辦法并抄發莊田清單令仰該主任遵照迅卽遴派妥員前往辦理登記同時征收本年份春秋租金務於一個月內竣事所有應支調查征收等費卽由該主任編擬概算呈候核辦飭遵

此令

計發清理江甯鎭等處市產莊田暫行辦法（見法規欄）

抄發坐落江甯縣境市產田地清單（略）

中華民國三十年十月　　日

南京特別市政府佈告　財字第　號

市長　蔡培

案查本府爲擴張復興事業預算收支差額甚鉅業經呈奉行政院指令應將市產租金量予增加以裕收入而資抵補等因奉此自應遵照辦理查園林管理處經放本市各區公有農場田地每畝年繳租金下則地僅一元五角現在各項農產價值均較前三年增加十倍有奇民間地產多已自行加租所有農場田地租金應自本年秋季起不分等則每畝各加一元上則每畝每年繳租四元中則三元下則二元五角以昭公允仍分春秋兩季平均繳納本年份秋租定於十一月一日啓征除將經放農場田地租佃暫行辦法修正公布並令行園林管理處遵照外令行抄粘租佃暫行辦法布告農場佃農一體知悉該佃農務各遵照依限繳納領取收據以安生業倘有逾限不繳卽照租佃暫行辦法第八條分別科以滯納罰金或斥令退佃以儆效尤其各凜遵毋違切切

此佈

計抄粘修正南京特別市政府財政局經管農場田地租佃暫行辦法一件（見法規欄）

中華民國三十年九月　　日

南京特別市政府佈告　工字第　號

查本府水上交通管理規程規定凡在本市區江河內航行之各種船舶均應按等給照按照捐率納捐本府爲體恤船商起見對於登記各費迄未有所增加乃據工務局轉據各登記所報告各船戶來所登記每多不遵定章仍照舊日所領執照數目納費意圖取巧殊屬非是現屆冬季檢驗船舶開始各船戶務須遵照規則向該管登記所換領執照按等繳費如有藉詞違抗卽當依照違反水上交通管理規程罰則分別處罰決不寬貸除令知各登記所遵照辦理外合亟出示布告仰各船戶一體知悉

此布

市長蔡培

財政局局長蹇先驄

南京特別市政府佈告　地字第　號

中華民國三十年十月　日

市長蔡培

工務局局長謝學瀛

案查本市五台山及上海路廣州路轉角一帶土地業經本府先後徵收永租與日本大使館及日本總領事館各在案茲准日本駐京總領事普通第十八號函開關於被征收地區內現有農作物請予轉飭農民迅即收穫此後不得再事耕作種植及埋葬放牧等由准此自應照辦除函復外合行佈告仰本市民衆一體遵照毋違此佈

中華民國三十年十月　日

市長蔡培

地政局長胡政

法規

南京特別市政府財政局經管農場田地租佃暫行辦法

三十年十月日修正

第一條　承佃本政府經管農場田地依照本辦法辦理之

第二條　場地以耕作人承租爲原則如原耕作人遠離未歸其所租田地得准其他農民承租

第三條　承租人以自耕農爲限不得將所租之地轉讓他人及頂佃押佃等情事否則立卽解約斥退

第四條　承租場地須具登記申請書俟查明核准後每畝應照規定上中下三則分別繳納租金上則年繳四元中則年繳三元下則年繳二元五角由本政府財政局給予收據一面邀同保人塡具保證書成立租契發給耕作證其申請書保證書耕作證租約格式另訂之

第五條　承租場地每一戶以十畝至二十畝爲限由管理處支配不得任意選擇及要挾

第六條　承租地畝將來無論國家或地方公共使用及其有收回之必要時不問時間之長短得定期收回並豁免最後之一期租金承租人不得異議

第七條　地畝面積以六十方丈爲一畝租金以田地等級優劣定之年分兩期繳納由本政府定期佈告征收倘遇荒歉由承租人先事呈報查明後方准量予減折若係自行荒蕪仍須照繳

第八條　前條應繳租金務須按期清繳逾限科以滯納金

逾限科罰之規定如左

逾限一月科罰應納租金百分之十

逾限二月以上每月科罰應納租金百分之二十

逾限三個月者斥令退佃所欠租金及滯納罰金責由保證人如數賠繳

第九條　租戶一經本政府宣佈退佃耕作證即不生效力並由保人負責追回繳銷

第十條　本辦法自核准之日施行

南京特別市政府清理江寧鎮等處市產莊田暫行辦法

一、市產內前救生局原有江寧鎮，鄭家圩，司家圩，赤岸莊，薛家溝，石塥莊，謝莊村，高井莊，西流，吝家莊，祭祀洲，楊家村，中華門外等處各莊莊田依據本辦法清理之

一、凡承種或佔用各莊莊田者由本府財政局令飭田賦征收處派員督同莊首並邀同所在地區鄉保甲長協助實地查勘勘令現種佃戶分別登記登記時應將佃戶花名年歲籍貫及所種畝分並何時承種逐一塡入登記冊

一、各佃所種莊田如有隱匿不報或扶同舞弊情事由調查員查明開單密報聽候懲處

一、調查登記不收登記費

一、登記時同時將應征三十年份春秋租按照本市繳租暫行規則之規定勘成分租

本年份春租應調查春熟收獲情形訂定之

一、登記手續全部辦竣後由本府照冊通知各佃遵照田地承租規則前來本府補辦訂立租約手續

一、本辦法如有未盡事宜得隨時修改之

南京特別市政府衞生局調劑室服務規則

第一條　調劑室設調劑士一人由　局長遴員派充之

第二條　調劑士由本局第二科監督之並受醫務室主任及醫師之指導掌理調劑及保管藥品事宜

第三條　調劑士須將室內所有麻醉藥毒藥劇藥普通藥品分別裝置粘貼瓶簽註明藥名對于麻醉劇毒藥品務須另置一廚加以鎖鑰以防誤用而免危險

第四條　調劑士在辦公時間內不得無故拒絕配方

第五條　調劑士接受藥方時應注意藥方上年月日病人姓名年齡藥名藥量用法醫師簽名蓋章各項如有可疑之點應詢明開方醫師方得配給藥品

第六條　凡調劑藥品均須按照藥方辦理如藥品未備或缺之時應即商請開方醫師更換不得任意省略或以他藥代替

第七條　調劑士對于有麻醉藥毒藥等項非有醫師處方不得隨意配給

第八條　處方配合後調劑士須簽名蓋章于處方箋上以專責任

第九條　調劑士于藥劑之容器或紙封上須註明病人姓名性別服法次數及年月日以便查攷

第十條　調劑士對于逐日調劑之處方箋須按日整理逐月包封最少保存三年以備查攷如遇交替應即封交接辦之人

第十一條　調劑士于每月領藥前須將擬領藥品材料名目數量塡表呈局核批月終時須將各種銷耗數量暨餘存數量繕造清冊二份報局核查

第十二條　本規則如有未盡事宜得隨時呈請修正之

第十三條　本規則呈奉核准施行

南京特別市政府衛生局材料室服務規則

第一條　本局爲管理暨收發各診所藥品材料設置材料儲藏室（以下簡稱材料室）

第二條　材料室設管理員一人由局長遴員派充之

第三條　材料室管理員應遵守本規則之規定服務

第四條　管理員受本局第二科指揮掌理本局一切藥品材料之出納與保管事宜

第五條　管理員於每月添置藥品材料之前須將應購各品名目及需要數量造冊先行呈核然後送交購置委員會採辦

第六條　管理員于每月領受藥品材料時須先報局派員會同點收

第七條　各附屬機關領藥之時須經局長或主管科之批示遵批發給如遇某品不敷或有更動數量情事仍須呈請核批方得發給

第八條　管理員于藥品發出後每至月底應將上月餘存本月添置發出暨結餘數量造冊呈報查考

第九條　材料室內所有麻醉及毒劇各藥應與他種藥品分別儲藏標明藥名外加鎖鑰以防誤用而免危險

第十條　各種藥品均須按法貯藏倘性味已失或變質者不得發出

第十一條　本規則如有未盡事宜得隨時呈請修正之

第十二條　本規則呈請　市政府備案施行

南京特別市政府修正醫務室診療規則

第一條　本醫室爲便利本府職員診療及指導個人衞生而設

第二條　本醫室醫師由衞生局呈請　市政府指派之

第三條　本醫室暫分左列各科

一、內科

一、外科

一、婦科

一、皮花科

一、眼科

一、耳鼻咽喉科

第四條　凡本府職員至本醫室診病時須先填明診病劵（該劵由本局印就分發各處局備用）

第五條　診病劵須填寫清楚幷須由本科科長蓋章證明方得至本醫室診病

第六條　醫務室應備診療紀錄及處方箋用本國文記一切以備查考

第七條　凡就診者須依次診治但遇重症或急病患者經醫師認可得提前診治之

第八條　本醫室診病時間上午九時至十一時下午二時至四時過時不候

第九條　星期日或其他例假停診

第十條　凡屬本府職員對于治病藥品均由本醫室免費供給但長期注射藥劑及貴重藥品不在此例

第十一條　本規則如有未盡事宜得隨時修正之

第十二條　本規則呈請市政府備案施行

南京特別市地政局管理儀器規則

第一章　總則

第一條　南京特別市地政局(以下簡稱本局)所有儀器管理辦法依本規則辦理之

第二條　本規則所稱之儀器凡測量儀器及繪圖儀器均屬之

第二章　保管

第三條　全部儀器應設管理員一人管理之即在本局第三科指定一人負責兼管

第四條　全部儀器應分類編列號數妥慎庋藏製成冊表以便檢查而資稽考尤應加意保護毋使損失錯亂

第五條　管理員應置簿冊如左

(一)儀器清冊

(二)儀器收發簿

(三)儀器修理簿

(四)儀器領用證

(五)損壞儀器處分簿

（六）月報

第六條　凡金屬物品須不時檢查揩拭免其受潮生銹木製物品須不時搬動防塵穢腐蝕

第七條　各項儀器如有應行修理之處應即開單詳敍理由層轉局長核辦

第八條　作業人員請領儀器時須填具儀器領用證由請領員及管理員雙方蓋章呈由科長核准

第九條　本局購置儀器無多僅敷自用重要儀器概不出借如有各機關須借用時僅普通平板儀尚可應付但須正式公函經局長批准後始能照借在檢發時仍應經檢驗一次詳細登記以明責任

前項借用之件應取具借用機關之借據（借據將還期說明）妥爲保管於歸還儀器時發還

第十條　領用或借用之儀器經過相當時日或逾原定期限未據歸還者應由管理員查催或呈明轉請催還

第十一條　繳還儀器時應逐件點收如查有損壞或缺少情事當即責成承繳者用書面陳明加蓋印章層轉局長核辦

第十二條　每月月終管理員應將儀器動態情形填具月報層轉局長鑒核

第十三條　承領人視業務之性質以定領用儀器之標準如業務係臨時性質者完畢後即隨時繳還其時間較久者俟業務終了繳還惟須妥愼放置

第三章　使用

第十四條　凡使用各項儀器之先均宜詳細檢查消除誤差以免妨害業務精度

第十五條　主任科員應隨時檢查作業人員對於使用各項儀器是否加意愛護及保管是否合法并隨時指示各種保管檢點方法

第十六條　作業時視業務上之便利以安置測站但在傾斜地易於欹側及交通繁密地帶應極力避免外來之不測妨害而致影

響儀器之損壞

第十七條　領用儀器如有遺失損壞應由領用者呈明層轉局長核辦

第十八條　儀器有遺失損壞時應視情形如何令其照價賠償或飭令修理其修理費應歸領用人擔任

第十九條　儀器遺失或損壞應分別由過失發生或因使用日久而發生以定公償或賠償但須書明理由層轉局長核示

第二十條　儀器有遺失損壞時若隱匿不報或以他物潛行補充者一經查覺除依照本規則第十八條第十九條規定辦理外應予層請局長懲罰

保管員如有前項情事時其辦法與上同

第二十一條　如領用儀器作業之際有遺失損壞時除層轉聽候核辦外立卽呈報科長請予補發以便繼續作業免致停頓

第四章　附則

第二十二條　本規則第五條之簿冊及第九條之借據其式樣另定之

第二十三條　本規則如有未盡事宜得隨時修正之

第二十四條　本規則經　市長核准後公布施行

公牘

南京特別市政府咨 衞字第　號

案查醫藥人員請領部證業將第二十四批登記醫師王克倫等十三人檢同證件咨請
貴部審查在案玆續據醫師任吾等十人呈具證件申請領證前來經核與管理條例當屬相符相應繕具名册一份檢同各該證件計十宗領換證書印花等費五十八元咨請
貴部查核辦理見復爲荷

此咨

內政部

附第二十五批請領部證名册一份證件十宗證費五十八元（略）

市長　蔡培

中華民國三十年十月　日

南京特別市政府咨 地字第　號

案查本市土地工作旬報表業經咨送至九月份中旬在卷玆經造具九月份下旬旬報表一份相應備文咨送卽希

訾照爲荷
此咨
內政部

計咨送本市土地工作九月份下旬旬報表一份

市長　蔡培

中華民國三十年十月　日

南京特別市政府咨　地字第　號

案查本市土地工作旬報表業已咨送至九月份下旬在卷茲經造具十月份上旬旬報表一份相應備文咨請

訾照爲荷
此咨
內政部

計咨送本市土地工作十月份上旬旬報表一份

市長　蔡培

中華民國三十年十月　日

南京特別市政府辦理土地登記工作十月份上旬旬報表

中華民國三十年

日 ＼ 事項	接收登記申請書	土地所有權登記	房屋登記	更正登記	塗銷登記	移轉登記	分割登記	共有權登記	住所變更登記	繕寫查驗證	發給查驗證	備註
星期 21												
22		2				1						
23		1				1					2	
24		2				1						
25		3				3					5	
26						3					2	
27		4				6					1	
星期 28												
29		1										
30		1				3					3	
總計件數		14件				18件					13件	

南京特別市政府辦理土地登記工作十月份上旬旬報表

中華民國三十年

日 ＼ 事項 件數	接收登記申請書	土地所有權登記	房屋登記	更正登記	塗銷登記	移轉登記	分割登記	共有權登記	住所變更登記	繕寫查驗證	發給查驗證	備註
1		4				5						
2					2							
3		1										
4												
星期 5												
6		1									1	
7						1				1	1	
8		1			1						2	
9		1				2				1		
雙十節 10												
總計件數		8件			3件	8件				2件	4件	

南京特別市政府公函 工字第　號

案查前准

貴廳政二字第二八三三　三一四七號公函以下浮橋年久失修橋板損壞之處甚多囑轉飭修理等由准此查此案早經飭工務局派員勘估預算準備施工在案茲查修換橋面板工程業已籌備就緒約於本月二十日左右即可完工相應函復

查照爲荷

此致

首都警察廳

中華民國三十年十月　日

市長　蔡培

市政公報　公牘　二八　第八十期

市政公報暫定價目表

期限	價目	郵費
零售	每冊三角	本市半分 外埠一分
半年	十二冊 三元五角	本市六分 外埠一角二分
全年	二十四冊 七元	本市一角二分 外埠二角四分

市政公報廣告刊例

頁數	價目
一頁	每期十一元
半頁	每期六元
四分之一頁	每期三元

刊登廣告在四號以上者每期按照七折計算連續十號以上者每期按照六折計算長期另議

出版日期 本公報暫定每月二次

編輯者 南京特別市政府祕書處

發行者 南京特別市政府祕書處 地址：復興路中段

印刷者 南京紹新印刷所 即天青街四〇四號

中華郵政登記認爲第一類新聞紙類

中華民國三十年十月三十一日

市政公報

第八十二期

南京特別市政府秘書處印行

目錄

命令

法規

公牘

統計

命令

南京特別市政府公布令 地字第　號

茲制定南京特別市地政局整理檔案攷工簡則公布之
此令

附南京特別市地政局整理檔案攷工簡則（見法規欄）

市長 蔡培

中華民國三十年十月　日

南京特別市政府委令 祕字第　號

令楊廣才

茲派該員暫行代理本市安德門區區長
此令

中華民國三十年十月　日

市長 蔡培

南京特別市政府訓令 社字第 號

令 南京特別市商會整理委員會
南京特別市錢業公會
城鄉各區公所

查本市錢莊業上年本已決定以五十三戶爲限嗣因市面日見繁榮迭據各商人呈請登記開設錢莊以利金融等情前來當以新請登記之資本額多較原有錢莊爲鉅於本市商業不無裨益遂將原定限制酌予開放乃陸續呈請登記者紛紛不絕茲查本市錢莊已超出七十戶以上若不速加限制殊不足以穩定金融應自卽日起停止登記除令飭各區公所遵照停止接受申請外合行令仰該會知照並轉飭知照爲要此令

分行……………區遵照剋日停止

中華民國三十年十月 日

市長 蔡培
社會局長 盛開偉

南京特別市政府訓令 財字第 號

令本府附屬各機關

查本市各機關各月份經常費支出計算書據應於次月十日以前編造呈核逾限則下月經費予以停發業經明文規定載入收支款項暫行辦法通令飭遵在案茲查前項書據各機關多未依照規定按月造報殊與章則不合自應澈底整頓以重計政所有各機關十一月以前各月份經常費支出計算書統限於十一月十五日以前編造齊全呈送本府審核以便轉送審計部核銷自十一月份起仍照規定辦法按月造送倘或仍前泄沓惟有按照收支款項辦法辦理除分行外合亟令仰該○恪遵辦理毋得視爲具文是爲至要切切此令

市長 蔡培

中華民國三十年十月 日

南京特別市政府訓令 祕字第 號

令本市糧食管理局

案奉

行政院行字第三五九八號訓令內開

「准文官處文字第一六二一號公函開

『奉 國民政府三十年十月四日令開「任命梅少樵爲南京特別市糧食管理局局長此令」等因除由府另行頒給任命狀外相應錄令函達請煩查照飭知』等由准此合行令仰該市政府

查照飭知」

等因奉此合行錄令轉發仰卽知照

此令

中華民國三十年十月　日

市長　蔡培

南京特別市政府訓令　祕字第　號

令技士童琪
科員黃思銘
陵園警衛隊
園林管理處

查本年陵區山南山北柴草業經本府特准由該區鄉保甲長承辦刈割分令飭知並布告在案茲
派該技士等
本府科員黃思銘技士童琪駐區監督清除山柴事宜關於應留應去野生樹株着各該員鑑定隨時
報候核奪飭遵辦理除分令外合行令仰遵照
知照
此令

中華民國三十年十月　日

市長　蔡培

南京特別市政府訓令 財字第　號

令捐稅征收所所長華昌壽

案據本市汽車行業同業公會呈以本市營業客汽車暨營業運貨汽車奉令限用汽油已與失業相埒請求維持原捐額免予增加萬一不易減免擬請援照人力車馬車例將季捐改爲月捐以便易於繳納呈請鑒核等情前來據此除以三呈均悉察核所陳困難各節尙係實情惟所請將季捐改爲月捐章程甫經修正未便遽予變更姑念在此特殊情形之下暫予變通辦理在本市限用汽油未經解除以前凡營業客汽車營業運貨汽車暫准將每季捐額分三個月勻繳以示體卹其繳捐日期應於每月十日前繳納清楚逾期仍應照章處罰除令行捐稅征收所遵辦外仰卽轉飭各車商遵照尅日繳捐勿再藉延爲要此批等語批示印發外合亟令仰該所長遵照辦理並按月將前項勻繳車捐車輛分別車號車主姓名住址捐額等項詳細造具清册連同月報表呈核一面仍將辦理情形具報備查此令

中華民國三十年十月　日

市長 蔡培

南京特別市政府訓令 衛字第　號

令城鄉各區公所
各中小學校校長

頃准

富永首席聯絡官函稱

「爲積極準備普遍實施佈種牛痘起見經防疫委員會與有關機關長官商定應速編製全市市民及學校團體人名清冊請迅速辦理」

等由准此茲定於本月三十一日下午三時在本府大禮堂開會討論合亟令仰該區校長準時出席萬勿延誤爲要

此令

市長 蔡培

中華民國三十年十月 日

南京特別市政府訓令 衛字第 號

令 妓捐徵收所 娼妓檢療所 第四診療所

查本市娼妓檢驗歷經按期辦理在案惟查各妓女中往往有避不受檢情事茲爲增進工作効率起見特制定娼妓檢療所檢驗實施辦法以資遵循除分別函令外合行檢發實施辦法一份令仰該所遵照辦理爲要此令

附發娼妓檢療實施辦法（見法規欄）

中華民國三十年十月　日　　市長 蔡培

南京市政府訓令 衛字第　號

令衛生試驗所

查酒類檢驗除依照古法製造之花彫高粱五加皮等暫行免予化驗經令飭遵照在案外茲據衛生局檢取和興華生永安三洋酒商製售之白蘭地威士忌葡萄薄荷等酒每種兩瓶共計拾四瓶前來合行檢發原酒暨化驗酒類表乙份令仰該所長剋日化驗并將檢驗結果詳填證書連同空瓶呈核爲要此令

附發化驗酒類表乙紙酒拾四瓶（略）

中華民國三十年十月　日　　市長 蔡培

南京特別市政府指令 財字第　號

令南京特別市社會運動指導委員會

呈一件爲據本市汽車行業同業公會呈請免增捐費轉請鑒核由

呈悉查此案業據該業公會呈請援照人力車馬車例將季捐改爲月捐征收以便易於繳納等情前來節經本府以「三呈均悉察核所陳困難各節尙係實情惟所請將季捐改爲月捐章程甫經修正未便

遽予變更姑念在此特殊情形之下暫予變通辦理在本市限用汽油未經解除以前凡營業客汽車營業運貨汽車暫准將每季捐額分三個月勻繳以示體卹其繳捐日期應於每月十日前繳納清楚逾期仍應照章處罰除令行捐稅征收所遵辦外仰卽轉飭各車商遵照尅日繳捐勿再藉延為要此批一等語批示印發並分令外仰卽轉飭遵照此令

中華民國三十年十月　日

市長　蔡培

南京特別市政府佈告　社字第　號

茲依照本市抑平物價暫行辦法之規定續將日常必需食品三十三種送經南京特別市物價評議委員會第三次常會評定限價定於十一月一日起實行凡各商人售賣後列各項物品不得超過評定限價其有故違或暗盤操縱者一經查實或被告發獲有確證定卽依照罰則從嚴懲罰惟自動在限價以下售賣者則屬商人希望營業發展當然在所不禁至未經評定限價之物品仍須依照抑平物價暫行辦法所定之標準售賣不得任意高抬合將第三次評定日常食用物品限價佈告週知此佈

附限價表

中華民國三十年十月　日

市長　蔡培

南京特別市日常食用品第三次評定限價表

十一月一日起實行

品名	單位	限價 元	角	分	品名	單位	限價 元	角	分
鮮猪	每石	二八○	○	○	青菜	每斤	○	○	八
猪肉	每斤	二	六	○	黃豆芽	每斤	○	二	○
猪油	每斤	三	○	○	菉豆芽	每斤	○	一	八
水牛肉	每斤	一	六	○	毛豆	每斤	○	三	○
黃牛肉	每斤	一	八	○	扁豆	每斤	○	二	○
青魚	每斤	一	六	○	大椒	每斤	○	三	八
鯽魚	每斤	二	二	○	洋山芋	每斤	○	五	○
白魚	每斤	一	五	○	芋頭	每斤	○	三	○
鰱魚	每斤	一	○	○	豆腐	每塊	○	一	○
鯉魚	每斤	一	五	○	千張	每張	○	○	五
鱔魚	每斤	一	五	○	苞菜	每斤	○	三	○
青蝦	每斤	二	二	○	蘿蔔	每斤	○	二	六
公雞	每斤	一	八	○	芹菜	每斤	○	三	○
母雞	每斤	二	○	○	菠菜	每斤	○	三	○

品名	單位		
雞蛋	每個	○	一六
黃芽菜	每斤	○	三○
鴨蛋	每個	○	二○
韭菜	每斤	○	二○
酸菜	每斤	○	三○

附註：所有雜糧苞米黃豆蕓豆等項候調查來源狀況再行評定限價在未評定以前仰各商號仍恪遵抑平物價暫行辦法所定標準售賣如有違反即予照章處罰

南京特別市政府布告 祕字第　號

案據本市燕子磯區長蕭石樓呈稱竊據職區太平鄉鄉長程廣榮呈稱竊因市府招工刈割陵園區山草因工人工作不力刈割數量甚少嗣由楊泰山等承包陵園山北區一帶山草第一段從龍膊子起到劉家橋止承包人楊泰山馬士奎黃長亮樊玉亮等包割九百担第二段從劉家橋起至王家灣止是胡德祺昌元明胡松年石如泉王陳邦等包割八百四十担第三段從王家灣到黃馬止由王立標一人承包六百六十担以上三段綜合刈割山草二千四百擔每担以三元四角計算總計遵繳市府草價大洋八千一百六十元正分三個期限繳清第一期定十月廿八日實繳草價二千七百二十元第二期實繳二千七百二十元定十一月十五日付款第三期定十一月三十日實繳草價二千七百二十元限定三個期限合繳市府草價計共八千一百六十元正按期如數繳清由職負責監督俟山草割清後山北一帶上至山頂下至山麓本年各樹新發嫩枝加以修整芟密養稀以資育茂成林誠恐不肖潛伏山

中偷竊等情理合具文呈請鈞長鑒核伏乞迅轉于市頒發布告曉示民衆禁止私入山林實爲公便謹呈等情據此經查屬實理合具文呈請仰祈鈞長鑒核俯賜准予頒發布告實貼曉諭嚴禁偷割以重林政等情據此除指令照准並令飭陵園警衛隊園林管理處知照外合行布告周知倘有不肖之徒私入偷割自應從嚴查究決不寬貸仰各一體凜遵切切此布

中華民國三十年十月　日

市長　蔡培

南京特別市政府布告　社字第　號

查市公典贖當期限原定以十個月爲滿期茲定於本年十一月一日起改爲八個月滿期期滿得上利換票否則由典變賣但在本年十月底以前當進者仍照舊以十個月滿期除令飭該典遵照辦理外合行布告週知

此布

中華民國三十年十月　日

市長　蔡培

南京特別市政府批　財字第　號

具呈人南京特別市汽車行業同業公會

呈三件
一、續呈爲據情呈請減免增捐由
二、呈報無力維持增捐由
三、呈爲汽油無着行將失業請援人力車馬車例將季捐改爲月捐征收由

三呈均悉察核所陳困難各節尙係實情惟所請將季捐改爲月捐章程甫經修正未便遽予變更姑念在此特殊情形之下暫予變通辦理在本市限用汽油未經解除以前凡營業客汽車營業運貨汽車暫准將每季捐額分三個月勻繳以示體卹其繳捐日期應於每月十日前繳納淸楚逾期仍應照章處罰除令行捐稅征收所遵辦外仰卽轉飭各車商遵照剋日繳捐勿再藉延爲要此批

市長　蔡培

中華民國三十年十月　日

法規

南京特別市地政局整理檔案考工簡則

一、本局爲清理舊存案卷保持整齊起見特釐定整理檔案考工簡則

一、檔案股職員每日整理案卷由該股主任科員負責考核按旬呈報主管科

一、主管科應將整理案卷情形於月終彙報 局長核閱按照各員整理成績分別獎懲

一、凡整理案卷必須將本案自開始辦理之日起至終了之日止依次編訂如有顚倒須重行整理由主任科員負責覆核如與他卷有關聯者應加簽註明

一、凡整理舊卷不得有片紙之遺漏設有散失處須另紙記明一面細心尋檢能於別卷發現再行補入凡發見遺漏案卷經補入卷宗者經主任科員報告主管科應作多整一卷計數

一、各職員整理案卷除調卷歸卷工作外每員每月以一百卷爲準則多整一卷津貼五角少整一卷扣薪五角卽以扣薪之款移作津貼之用

一、除星期例假外如遇有放假日期每日每員得於準則內少計四卷

一、本簡則呈奉 市長核准施行

南京特別市政府娼妓檢療檢驗實施辦法

一、凡在本市報捐營業之妓女除依現行娼妓取締規則及檢驗娼妓規則辦理外均照本辦法之規定辦理之

二、凡在本市營業之妓女每週須投所受檢一次由娼檢所規定日期後塡就通知單交妓捐徵收所分別通知（通知單式樣另定之）

三、凡向妓捐徵收所報捐者該所於審查年齡來歷後須送交娼妓檢療所免費檢驗經檢驗確係健康卽行塡給證明單再由妓捐征收所發給執照幷由該管警察局報告警廳發給檢驗證倘該妓有性病或其他傳染性疾病時應令其治療痊愈後再准其報捐給照營業

四、本市衛生局及各該管警察局妓捐征收所得隨時派員檢查各妓院娼妓是否遵章受檢幷查閱其檢驗證

五、本辦法對於歌舞女健康檢查亦得適用之

六、凡經辦娼妓檢驗人員不得有營私瀆職之行爲違者按情節輕重依法辦理之

七、本辦法如有未盡事宜得隨時呈准修改之

八、本辦法自呈奉市政府核准之日施行

公牘

呈行政院文

案奉

鈞院行字第二六六八號指令內開：

「代電悉，經飭據財政部核復節稱：「遵查南京市政府自本年一月一日起，將經徵捐稅之二成串水，併入正稅並改爲土地整理附捐各節，事屬變更稅率及新增捐稅均非經過法定程序，不生效力似未便遽予照准。至此項串水二成辦法既於一月一日取消，所有因廢止串水不敷之款，應由南京市政府儘量撙節，以期收支適合，或另籌辦法，以資抵補，」等情，據此除指令准如所議辦理外，合行令仰該市府遵照此令」

等因，奉此，竊查本府自三十年一月一日起將所有經征捐稅串水二成，一律併入正稅計算，原爲劃一征收起見，業經分別布告令行在案，惟以地政局經收各項稅費，所有應征稅額，均經遵照

國民政府公布之土地法規定征收，在未經修改法規以前，不能任意增加，自不得不籌一變通補救辦法，就原有二成串水，改作土地整理費用，實際上絲毫未曾加增人民負担　且與普通

增加捐稅，性質不同，況本市土地行政正在積極推進，如新市場新住宅區之擴展附郭區土地之測量，以及舉辦鄉區土地登記等事項，在在需款辦理，際茲市庫竭蹶，本府一切開支，雖經力求撙節，尙且時感不敷，倘再減少收入，則所有應辦事業，勢將難以爲繼，一再思維，唯有瀝懇

鈞座，俯念本市土地行政之急待進展，准將應征二成申水，改爲土地整理費用，俾維預算，奉令前因理合將地政局因格於土地法之規定，未能將二成申水併入正稅征收情形，備文呈復，仰祈

鑒賜核准，實爲公便。

謹呈

行政院院長汪

南京特別市市長　蔡　培

中　華　民　國　三　十　年　十　月　　日

南京特別市政府咨　衞字第　　號

案查醫藥人員請領部證已將第二十五批登記醫師任吾等十人檢同證件咨請

貴部審查在案茲續據醫師江寄塵等九人呈送證件申請領證又據申請有案之醫師陳肯堂遵照

貴部衛二字第六七號咨補具醫師證書照片壹件前來應相檢同各該證件暨領換證書印花等費咨

請

貴部查核辦理見復爲荷此咨

內政部

附第二十六批請領部證名冊一份證件九宗證費五十七元暨陳肯堂補繳醫師證書照片乙件(略)

中華民國三十年十月　日　　市長　蔡培

南京特別市政府咨　地字第　號

案查本市土地工作旬報表業已咨送至十月份上旬在卷茲經造具十月份中旬旬報表乙份相應備文咨請

詧照爲荷

此咨

內政部

計咨送本市土地工作十月份中旬旬報表乙份

市長　蔡培

中華民國三十年十月　日

南京特別市政府咨　社字第　號

案准

貴部幣字第九七零號咨附送錢莊銀號調查表一份囑即依式填送如有取締錢莊業單行法規希併飭查彙報等由准此查錢莊銀號在本市營業者除大成銀號一家係由

貴部核准登記外其錢莊六十五家均經本府核准給證准咨前由相應抄錄本市錢莊銀號調查表并檢送南京特別市錢業取締暫行規則各一份咨請

查照爲荷

此咨

財政部

附送南京特別市錢業取締暫行規則一份

南京特別市錢莊銀號調查表一份（略）

市長　蔡培

中華民國三十年十月　日

南京特別市政府咨　教字第　號

南京特別市政府辦理土地登記工作十月份中旬旬報表

中華民國三十年

事項 件數 日	接收登記申請書	土地所有權登記	房屋登記	更正登記	塗銷登記	移轉登記	分割登記	共有權登記	住所變更登記	繕寫查驗證	發給查驗證	備註
11		3				6					2	
星期 12												
13						2				1	2	
14						1					1	
15		4				5					1	
16						5				1		
17		2				2					2	
18		3			1	4						
星期 19												
20		9				3					3	
總計件數		21件			1件	28件				2件	10件	

案准

貴部工字第六八號咨略開：「度量衡檢定員養成所業已開始籌備，按照該所考送學員簡章規定，由各省市政府保送學員，送局測驗入所肄業，相應咨請查照，並希見復。」等由；准此，當經依照簡章，選錄孫占霖，魏端，何志忠，陳仲夫、高繼超等五名，除分函全國度量衡局測驗，並通知該員等前往外，相應咨復，即希

查照為荷

此咨

實業部

市長　蔡培

中華民國三十年十月　日

南京特別市政府咨　祕字第　號

案准

貴會祕字第三九號咨內開

「查各省市社會運動指導委員會遵令改組前經本會檢同暫行組織條例咨達在案茲以各該會業均先後改組成立依照組織條例之規定自應改隸于各省市政府而仍受本會之

指導監督所有貴市所屬之社會運動指導委員會卽請貴市政府予以接收除分別咨令外相
應咨達查照」
等由自應照辦本府對於本市所屬之社會運動指導委員會茲定于本月二十日予以接收除令知外
相應咨復卽希
查照爲荷
此咨
社會運動指導委員會

市長 蔡培

中華民國三十年十月 日

南京特別市政府咨 祕字第 號

案奉
行政院行字第三七〇三號訓令略以
「據糧食管理委員會呈請將江甯句容江浦六合高淳溧水等六縣糧食行政等事宜暫
行劃歸南京市糧食管理局代爲兼管以資便利等情應予照准但仍受江蘇省糧食管理局節
制仰卽查照飭遵」
等因自應遵辦查本市呈奉 行政院令准購辦積穀以濟民食現正着手籌辦在本府代管期間所有

該六縣糧政事宜暫由本府負責辦理應請
貴政府分行各該縣政府遵照除飭知本市糧食管理局遵照外相應咨達卽希
查照辦理幷盼見復爲荷
此咨
江蘇省政府

市長 蔡培

中華民國三十年十月　日

南京特別市政府公函 財字第　號

查發給軍人卹金案件本府以前項章則事變後散失無存每遇
貴廳咨轉辦理各案苦無依據未能處理爲特函請
貴廳將有關上項各種現行章則以及附屬表件各檢
賜予一份俾資查考爲荷此致
軍事委員會第二廳

市長 蔡培

中華民國三十年十月　日

南京特別市政府公函　工字第　號

案准

貴廳政二字第三一零七號公函爲調整新街口廣場四週交通秩序便於指揮管理起見經指定各項車輛停放場所均須分別設置標識木牌抄同木牌式樣函請查照轉行工務局製發各項車輛停車場木牌以便轉飭分別設置并希見復等由准經令飭工務局遵辦去後茲據報稱遵經派員查勘並與警察廳主管人員及該管警察局接洽除公共汽車停車場擬另案辦理外所有新街口廣場四週計須設置人力車停車場三處馬車停車場一處汽車停車場一處共須豎立停車場標識木牌五塊上項應製木牌業經招商比價承製在未製成以前擬請轉函警察廳先行轉知該管警局按照附呈草圖所列各項車輛停車場所辦理以維交通一俟上項木牌製就再行派員會同豎置是否有當繪具草圖呈請鑒核前來相應檢附調整新街口交通草圖一份函請查照辦理爲荷

此致

首都警察廳

附調整新街口交通草圖一份（略）

市長　蔡培

中華民國三十年十月　日

南京特別市政府公函　衛字第　號

查本市娼妓檢療歷經按期辦理在案惟查各妓女中往往有避不受檢情事茲爲增進工作効率起見特制定娼妓檢療所檢驗實施辦法以資遵循除分令外相應檢送實施辦法四份函請查照並轉飭各該區警察局協助辦理以重公共衛生爲荷

此致

首都警察廳

附發娼妓檢療實施辦法　份（見法規欄）

市長　蔡培

中華民國三十年十月　日

南京特別市政府公函　地字第　號

案查本市五台山上海路廣州路轉角一帶土地本府業經奉令徵收永租與日本領事館爲建築神社之用所有該處墳墓並經通告及通知各業戶於十月二十三日起至十月二十九日止遷葬完畢在案所有無主墳墓照章由本府代爲遷葬前已勘定漢西門外鳳凰西街迤西一帶及水西門外大士茶亭兩處公地爲遷葬處所查本府前次徵收五台山一帶土地關於遷移墳墓事宜曾荷

貴廳轉飭派警協助至深紉感此次仍請賜予轉飭各該管警局酌派長警到場協助以維秩序再本府爲便利遷葬起見經製就遷柩證一種發給各該墳主收執除函請日本領事館通知各城門憲警外茲

檢送遷柩證式樣十份即希
查照分令各局轉飭各城門崗警准予放行至紉公誼
此致
首都警察廳
附遷柩證式樣十份（略）

中華民國三十年十月　日

市長　蔡培

南京特別市戶口統計表

民國三十年十月

秘書處第二科統計股製

區別	戶數	人口數						
		總計	男性			女性		
			合計	成人	兒童	合計	成人	兒童
總計	140273	625914	347954	238526	109428	277960	184997	92963
第一區	27288	126086	69524	49498	20026	56562	38869	17693
第二區	38055	168332	92192	62215	29977	76140	21971	24169
第三區	18438	78474	44558	31002	13556	33916	22833	11083
第四區	10383	45266	25543	18043	7500	19723	13211	6512
第五區	10667	48637	28916	21844	7072	19721	13386	6335
上新河區	12366	54550	29307	20099	9208	25243	16709	8534
燕子磯區	10262	47658	26087	16807	9280	21571	13300	8271
孝陵衛區	4205	19821	10474	5620	4854	9347	5576	3771
安德門區	8609	37090	21353	13398	7955	15731	9142	6589

註：一、本表根據各區公所填報之戶口月報

二、各外國僑民戶口不在此內

南京特別市戶口增減比較表

民國三十年十月

秘書處第二科統計股製

區別	戶減增數	人口增減數						
		總計	男性			女性		
			合計	成人	兒童	合計	成人	兒童
總計	+1290	+5054	+2861	+2219	+642	+2193	+1682	+511
第一區	+73	+719	+402	+291	+111	+317	+231	+86
第二區	+57	+347	+167	+89	+78	+180	+93	+87
第三區	+66	+383	+216	+152	+64	+167	+111	+56
第四區	+39	+195	+105	+99	+6	+90	+73	+17
第五區	+96	+431	+299	+233	+66	+132	+109	+23
上新河區	+29	+164	+83	+44	+39	+81	+44	+37
燕子磯區	+941	+2881	+1619	+1333	+286	+1262	+1046	+216
孝陵衛區	−15	−75	−38	−29	−9	−37	−27	−10
安德門區	+4	+9	+8	+7	+1	+1	+2	−1

註：一、本表根據各區公所填報之戶口月報
二、各外國僑民戶口不在此內
三、有(+)符號者為增加有(−)符號者為減少

市政公報暫定價目表

期限	價目	郵費
零售	每冊三角	本市半分 外埠一分
半年	十二冊 三元五角	本市六分 外埠一角二分
全年	二十四冊 七元	本市一角二分 外埠二角四分

市政公報廣告刊例

頁數	價目
一頁	每期十一元
半頁	每期六元
四分之一頁	每期三元

刊登廣告在四號以上者每期按照七折計算連續十號以上者每期按照六折計算長期另議

出版日期　本公報暫定每月二次

編輯者　南京特別市政府祕書處

發行者　南京特別市政府祕書處

印刷者　南京紹新印刷所　地址：復興路中段 即天青街四〇四號

中華郵政登記認爲第一類新聞紙類

中華民國三十年十一月十五日

市政公報

第八十三期

南京特別市政府秘書處印行

目錄

命令

法規

公牘

命令

南京特別市政府委令　祕字第　號

令朱壽春

茲委該員爲本府外事祕書此令

中華民國三十年十一月　日

市長　蔡培

南京特別市政府委令　祕字第　號

令糧食管理局主任科員李子嚴

茲派該主任暫行兼代本市糧食管理局第三科科長此令

中華民國三十年十一月　日

市長　蔡培

南京特別市政府委令　祕字第　號

令陳壽名

茲派該員代理本府宣傳處祕書聽候呈薦此令

市長　蔡培

中華民國三十年十一月　日

南京特別市政府訓令　財字第　號

令本府各局處附屬機關

案奉

行政院行字第三八四〇號訓令內開

「現奉　國民政府第二〇〇號訓令開『查通行稅暫行條例現經制定明令公布應即通飭施行除分令外合行抄發該條例令仰該院知照幷轉飭所屬一體知照』等因計抄發通行稅暫行條例一份奉此除分令外合行抄發條例令仰該市府飭屬知照此令」

等因計抄發通行稅暫行條例一份奉此除分令外合行抄發該條例令仰該〇知照幷飭屬一體知照此令

計抄發通行稅暫行條例一份

中華民國三十年十一月　日

市長 蔡培

通行稅暫行條例

三十年十一月五日公布

第一條　凡飛機火車電車公共汽車長途汽車及船舶之乘客依照本條例之規定徵收通行稅

前項通行稅之詳細辦法另定之

第二條　通行稅按照票價最高徵收百分之十

第三條　凡軍警部隊奉命移動者得免徵通行稅

第四條　通行稅得由財政部委託經營各該項運輸業者於乘客購票時附帶徵收之

第五條　本條例施行細則由財政部擬訂呈請行政院核定之

第六條　本條例自公布之日施行

南京特別市政府訓令　財字第　號

令本府所屬各機關

案奉

行政院行字第三八四九號訓令開：

「現奉　國民政府第一八八號訓令開『查棉紗統稅條例現經制定明令公佈應即通飭施行除分令外合行抄發該條例及附表令仰該院知照幷轉飭所屬一體知照』等因計抄發棉紗統稅條例暨棉紗統稅稅率表棉布統稅稅額表及棉毯稅額表各一份奉此除分行外合行抄發奉頒條例及附表令仰該市府飭屬一體知照此令」

等因計抄發棉紗統稅條例暨棉紗統稅稅率表棉布統稅稅額表及棉毯稅額表各一份奉此除分行外合行抄發該條例及附表令仰該○知照

此令

計抄發棉紗統稅條例暨棉紗統稅稅率表棉布統稅稅額表及棉毯稅額表各一份(略)

中華民國三十年十一月　日　　市長　蔡培

南京特別市政府訓令　宣字第　號

令　祕書處　市社運會
　　宣傳處　教育局

案准

宣傳部函導字第一八三號公開函：

「案查中央宣傳會議第七次會議關於中日締約週年紀念行事分配表第二項首都民衆紀念大會及民衆遊行決議：「由社會運動指導委員會東亞聯盟中國總會南京市黨部南京市政府聯合辦理」等由紀錄在卷除分函外相應檢同議決案函請查照辦理」

等由並附議決案一件准此茲訂於本月十三日下午三時在本府大禮堂舉行籌備會議除分令外合行令仰該○遵照屆時派員出席討論爲要：

此令

中華民國三十年十一月　日

市長　蔡培

南京特別市政府訓令　社字第　號

令城鄉各區公所

案准

實業部鑛字第二〇一號咨開：

「查私採各鑛久干例禁鑛業法第一百零八條第一百十一條所載凡違法私自採鑛者處三年以下之有期徒刑或三千元以下之罰金幷沒收其所採之鑛產物如已出售或自用時應追繳其相當代價法令綦嚴不容忽視事變以來各省鑛商凡奉公守法者均據來部呈請設定鑛權或呈請驗照補照但仍有並未依法呈准遽行私自開採者若不嚴格取締必將相率效尤爭端紛起殊失本部保障鑛權之意旨應請貴府飭屬嚴密訪查倘有上項違法私採情事希卽轉咨過部當予懲處以申法紀除分別咨令外相應咨請查照辦理至紉公誼」

等由；准此除分行外合行令仰該區長卽便遵照辦理爲要

此令

中華民國三十年十一月　日

市長蔡培
社會局局長盛開偉

南京特別市政府訓令

社字第　號

令城鄉各區公所

案准

江蘇省政府祕一字第五七〇號咨開：

「案查上年本省爲確保地方治安曾舉辦冬防聯防經訂定本省省會及各縣冬防綱要暨各縣聯防暫行辦法飭由民政廳警務處督飭各縣切實遵辦並荷貴府飭屬協助在案現值冬防期屆亟應繼續實施以安閭閻惟以常熟太倉江陰三縣已暫行劃爲清鄉地區而泰縣泰興高郵三縣業已設治應同時施行爰將前訂各縣聯防暫行辦法第二條及第五條予以修訂除令行民政廳警務處督飭各縣遵照辦理並分別呈咨外相應抄附本省冬防綱要暨修正各縣聯防辦法各一份咨請貴市政府察照並飭屬隨時聯絡」

等由附江蘇省省會及各縣辦理冬防綱要暨修正江蘇省各縣聯防暫行辦法各一份到府自應照辦除分令外合行抄發原附件令仰該區遵照與江蘇省句容江寧溧水三縣聯防區隨時聯絡以固冬防

為要
此令
計抄發江蘇省省會及各縣辦理冬防綱要一份（略）
修正江蘇省各縣聯防暫行辦法一份（略）

中華民國三十年十一月　日

市長　蔡培

南京特別市政府訓令　社字第　號

令城鄉各區公所

案准
實業部商字第二〇〇號咨開：
「案奉　行政院行字第三四七七號訓令內開『案查本院第七十九次會議討論事項第六案院長交議據實業部梅部長呈送特種商品輸出運銷管理暫行規則草案請先賜核准等情經飭據本院參事廳法制局會同審查尙無不合已指令照准請追認案決議通過等由紀錄在卷復查上項規則第五條第二三四三項及第九條中段連同應繳手續費句暨同條第二項前項手續費規定為國幣十元俱於此次院議時予以刪除合行抄發上項通過之暫行規則

令仰該部遵照辦理並繕具上項修正規則呈院備查爲要此令』等因計附發特種商品輸出運銷管理暫行規則一份到部奉此查本部裁併絲繭運銷管理局及茶葉運銷管理局改組爲特種商品運銷管理局廢止茶葉運銷管理規則一案前經分別呈令暨咨請貴市政府查照所有特種商品輸出運銷管理暫行規則亦經本部擬訂就緒呈請　行政院核示各在案茲奉前因除將前項管理規則並根據規則第四條制定特種商品輸出上海地域境界圖於本年十一月一日公布施行經分別呈咨暨令行特種商品運銷管理局遵照辦理外相應檢附特種商品輸出運銷管理暫行規則特種商品輸出上海地域境界圖特種商品運銷護照及外銷憑照樣張各三份咨請查照即煩轉飭所屬隨時協助並布告商民一體周知至紉公誼」

等由並附送特種商品輸出運銷管理暫行規則等件到府准此除布告並分行外合行抄發原附件令仰該區長遵照隨時協助爲要

此令

附抄發特種商品輸出運銷管理暫行規則一份（略）

特種商品運銷護照樣張各一份（略）
特種商品外銷憑照樣張各一份（略）

特種商品輸出上海地域境界圖一份（略）

中華民國三十年十一月　日

市長　蔡培
社會局長　盛開偉

南京特別市政府訓令 粮字第　　號

令城鄉各區區公所

查京畿各縣本年秋收尙稱豐稔當茲新穀登場之際本市商民自動存儲米穀原所不禁惟民間積穀數量政府有明瞭之必要爰於上次糧食管理會議案內決議調查辦法在案合再令仰該區長遵照督飭各坊保甲長於文到十日內切實查明該區轄境內無論米商市民或其他團體凡存儲米穀在五十石以上者均應分別詳記物主地點及數量由區彙列一表依限呈報以憑統計

此令

中華民國三十年十一月　日

市長　蔡培

南京特別市政府訓令 衞字第　　號

令城鄉各區公所

查本市本屆秋季舉行種痘爲求施行普及起見決定先從編造名册入手藉臻周密曾於十月三十一日召集會議關於編造市民名册各項辦法早經議決紀錄在卷茲查是項調查表格業已全部印製就緒除分令外合亟檢發表格〇份令仰該區長遵照督飭所屬漏夜趕造限本月十五日以前一律

齊全送府以憑施種萬勿延誤是爲至要切切

此令

計發市民調查表〇份（略）

中華民國三十年十一月　日

市長　蔡培

南京特別市政府令訓

糧字第　號

令南京特別市米糧業同業公會

查本府糧食管理局成立伊始關於糧食行政各項法規亟須訂定俾資遵守玆經制定米商請領採辦證申請暫行辦法製發食米採辦證暫行辦法製發食米採辦證施行細則各一種除公布並咨糧食管理委員會備查外合行抄發該辦法兩份細則一份令仰遵照並轉飭各米商一體遵照

此令

計抄發　南京特別市糧食管理局米商請領採辦證申請暫行辦法一份（見法規欄）

南京特別市糧食管理局製發食米採辦證暫行辦法一份（見法規欄）

南京特別市糧食管理局製發食米採辦證施行細則一份（見法規欄）

中華民國三十年十一月　日

市長 蔡培

南京特別市政府布告 財字第　號

案查本市各鄉區田畝本年春秋二季收獲均告豐稔所有三十年度田賦自應照額全徵以裕市庫茲定於十一月二十日爲三十年度田賦第一二期（卽上下忙）併徵之期除在舊王府五十八號財政局田賦徵收處設櫃啓徵并飭警散發通知單及分別咨令外合亟印粘納賦須知佈告本市花業各戶一體知悉仰各遵照限期持單攜款親赴該處投櫃淸完製照安業毋稍違延致干傳追切切

此佈

業戶納賦須知（見法規欄）

中華民國三十年十一月　日

市長 蔡培

財政局長 蹇先驄

南京特別市政府布告 粮字第　號

查邇來京市米價在茲新穀登場到貨湧旺之時市盤反日見高漲顯係不法商人有意操縱壟斷居奇亟應嚴予取締以維民食自卽日起各米商號應將售米價格插籤標明以憑查核如有任意高抬價格及暗盤漁利情事一經查實定予嚴懲不稍寬貸除飭粮食管理局派員密查外合行佈告仰各米

商號一體遵照毋違切切此佈

中華民國三十年十一月　日

市長　蔡培

南京特別市政府布告　工字第　號

查本府工務局徵收各種船舶登記費規則施行日久所定收費額數按照現在實際情形早有修正之必要惟爲體恤船戶起見迄今尙未實行茲查各項物價日趨騰貴費用亦因而激增對於船隻登記不得不酌加成數藉資挹注合行粘同改訂各級船隻登記費額表出示布告仰各船戶一體知悉自布告之日起按照新訂額數收費其各凜遵毋違切切此布

附改訂徵收船舶登記費額表一份

中華民國三十年十一月　日

市長　蔡培

工務局局長謝學瀛

南京特別市工務局船舶登記所徵收船舶登記費額表

等級	噸數	現徵費額	改訂費額
一等	二百噸 二千擔	二四元 〇〇	三六元 〇〇
二等	一百五十噸 一千五百担以上	一九 二〇	二九 〇〇
三等	一百噸以上 一千担以上	一四 四〇	二一 〇〇
四等	八十噸以上 八百担以上	九 六〇	一五 〇〇
五等	七十噸以上 七百担以上	七 三二	一一 〇〇
六等	六十噸以上 六百担以上	六 七二	一〇 〇〇
七等	四十五噸以上 四百五十担以上	五 五二	八 〇〇
八等	三十噸以上 三百担以上	四 三二	六 五〇
九等	十五噸以上 一百五十担以上	三 一二	四 五〇

十等	十噸以上	一百担以上	一	九二	三	〇〇
十一等	五噸以上	五十担以上	一	四四	二	〇〇
十二等	五噸以下	五十担以下		九六	一	五〇

法規

南京特別市征收田賦業戶納賦須知

一、各業戶應納賦稅分一二兩期完納（即上下忙）每期按照應納正稅原額清完

二、各業戶按期完納賦稅時應照稅額加征百分之五手續費（即征收費）

三、自開征日起滿兩個月後完納者應照納稅原額加征百分之十滯納金

四、自開征日起滿四個月後完納者應照納稅原額加征百分之二十滯納金

五、各業戶應納賦稅自開征日起逾四個月後仍未完納者除科收上項滯納金外得斟酌情形隨時拘案押追

六、各業戶應納賦稅確係災歉經報請查勘屬實者得照核定成數扣除幷加蓋紅戳於征册單照上標明災歉若干成字樣以示區別而杜浮收

七、各業戶應征賦稅須攜帶通知（即由單）赴財政局征收處完納掣照安業

八、本通知單概不取費繳納田賦時必須攜帶此單

九、本通知單如有錯誤限接到後十日內聲請更正

十、本通知單如有遺失得覓具妥保來財政局征收處證明繳納

南京特別市糧食管理局米商請領採辦證申請暫行辦法

第一條　本市米商申請發給糧食採辦證應依照本辦法之規定辦理

第二條　凡加入本市米業同業公會並經本局登記之米商於江甯高淳溧水句容六合江浦等六縣運銷食米時得依據本辦法經由米業同業公會申請頒發食米採辦證

第三條　米商申請發給食米採辦證應按照規定之申請書詳細填具一式三紙並繳納手續費每百石二元連同採辦人二寸半身像片四張送由當地米業同業公會轉呈本局審核頒發

第四條　食米採辦證得斟酌實際情形（採辦地點不同而時間又不容分期採辦等）准予同時申請兩張以上但至多不得超過五張

第五條　申請採辦數量每張規定一百石至五百石

第六條　食米採辦證以使用一次爲限有效期間以三星期爲限限期屆滿即應由原領證米商呈局註銷

第七條　採辦申請書所填之採辦地點必須將縣名或鄉鎮名稱填註

第八條　食米採辦證遺失時應即登報聲明作廢同時依照本辦法第四條規定得呈請本局補發

第九條　本辦法如有未盡事宜得隨時呈請修改之

第十條　本辦法呈請　市長核准公佈施行並咨請糧食管理委員會備案

南京特別市糧食管理局製發食米採辦證暫行辦法

第一條　本市米商對於食米採辦證之核發補發註銷應依照本辦法之規定辦理

第二條　食米採辦證經奉糧食管理委員會發交本局核明製發並按旬彙報糧食管理委員會查核

第三條　製發採辦證應依照米商請領採辦證申請暫行辦法第二條規定手續辦理

第四條　食米採辦證由米業公會轉請本局核准後製發之

第五條　製發食米採辦證其採辦地點應由本局察酌地方盈虛情形臨時指定通知米業公會轉令各米商知照

第六條　食米採辦證填註數量每張一次規定一百石至五百石

第七條　米商請領採辦證為求便利起見在同一採辦地點得分請數張但至多不得超過五張

第八條　食米採辦證遺失申請補發時應依照米商請領採辦證申請辦法補行申請手續並應註明遺失情形否則不予補發

第九條　米商領用食米採辦證應將前領舊證遵限繳銷後始得續領如不遵限繳銷即行停發並依下列辦法處置之(一)警告(二)罰款(三)吊銷營業執照

第十條　米商如有採辦之米私運他處或中途轉賣及不正常行為時一經發覺除嚴懲外並將採辦證吊銷不准再行申請頒發

第十一條　米商申請書由米業公會轉呈本局核准後由郵局將通知寄與原領米商即由該米商攜帶私章連同本局通知來局領取採辦證

第十二條　經本局核准發給採辦證之數量每五天由局通知米業公會查照

第十三條　本辦法如有未盡事宜得隨時呈請修正之

第十四條　本辦法呈請市　長核准公布施行並咨糧食管理委員會備案

南京特別市糧食管理局製發食米採辦證施行細則

第一條　本局製發食米採辦證之手續概依本細則處理之

第二條　本局收到米業同業公會轉呈米商申請書及手續費請領食米採辦證時查核人員依照製發食米採辦證辦法第三條之規定詳加審核由查核人員負責蓋章送主管長官復核加章再行填證製發

第三條　本局審核申請書時應依照製發食米採辦證第五條之規定注意採辦地點及第六條之規定注意數量之限制第九條

之規定注意前領證照是否遵限繳銷如未繳銷卽核議處置辦法簽請　市長核辦

第四條　塡寫採辦證分證照報查存根三聯由粮食管理委員會印發騎縫及證照聯之年月日蓋用粮食管理委員會印並由製發機關副署（暫時規定加用銜戳）

第五條　採辦證依式塡齊後由經辦人員分別蓋章負責不得遺漏或增註項目

第六條　製發食米採辦證應登入登記簿按旬塡具截發採辦證報告表連同報查及申請書呈報　市府咨請粮食管理委員會查核並每五天將核發採辦證之數量通知米業公會査照

第七條　米商繳銷食米採辦證後應在截發食米採辦證登記簿內註明繳銷月日並塡具繳銷報告表連同繳銷舊證呈送市府咨請粮食管理委員會註銷

第八條　本細則如有未盡事宜得隨時修正之

第九條　本細則呈請　市長核准公布施行並咨粮食管理委員會備案

公牘

南京特別市政府咨 地字第　號

案查本市土地工作旬報表業經送至十月份中旬在卷茲造具十月份下旬土地工作旬報表一份相應備文咨送卽希

察照爲荷

此咨

內政部

計咨送本市土地工作十月份下旬旬報表一份

市長 蔡培

中華民國三十年十一月　日

南京特別市政府咨 地字第　號

案查本市土地工作旬報表業經送至十月份下旬在卷茲造具十一月份上旬土地工作旬報表一份相應備文咨送卽祈

查照爲荷

此咨

內政部

計咨送本市土地工作十一月份上旬旬報表一份

市長　蔡　培

中華民國三十年十一月　日

南京特別市政府咨　衛字第　號

案查醫藥人員請領部證已將第二十六批登記醫師江寄塵等九人檢同證件咨請

貴部審查在案茲據藥劑生許緒琴等三人呈具證件申請領證前來相應繕具名單一份檢同各該證件計三宗請領證書印花等費二十一元咨請

貴部查核辦理見復爲荷

此咨

內政部

附第二十七批請領部證名單一份證件三宗證費二十一元正（略）

市長　蔡　培

南京特別市政府辦理土地登記工作十月份下旬旬報表

中華民國三十年

事項 件數 日	接收登記申請書	土地所有權登記	房屋登記	更正登記	塗銷登記	移轉登記	分割登記	共有權登記	住所變更登記	繕寫查驗證	發給查驗證	備註
21		1			1	4					2	
22		7			2	2					2	
23		4				6				1		
24		3			3	3					9	
25		7									1	
星期 26												
27		5			1	2					2	
28		1				1					1	
29		6			1	2						
30		5										
31		6			1	7					3	
總計件數		45件			9件	27件				1件	20件	

南京特別市政府辦理土地登記工作十一月份上旬旬報表

中華民國三十年

事項／件數／日	接收登記申請書	土地所有權登記	房屋登記	更正登記	塗銷登記	移轉登記	分割登記	共有權登記	住所變更登記	繕寫查驗證	發給查驗證	備註
1		2				1					2	
星期 2												
3		3				5					2	
4		4				4					2	
5		4			1							
6		8				7				1		
7		5				2						
8		15									10	
星期 9												
10		4				3						
總計件數		45件			1件	21件				1件	16件	

中華民國三十年十一月　日

南京特別市政府咨　宣字第　號

案准

貴部三十年十月二十八日咨導字第二零七號咨送

國父誕辰宣傳計劃囑查照辦理並飭屬遵辦等由准此當卽依照計劃「行事」一項函請南京特別市黨部並召集本市宣傳處市社運會等機關於本月一日在本府舉行　國父誕辰首都各界民衆紀念大會籌備會議議決事項七條除照決議案通知各機關查照辦理並飭本市宣傳處屆期張貼標語印發

國父事略放映幻燈畫片廣播　國父遺教外相應抄同上項會議紀錄咨請

查照爲荷

此咨

宣傳部

附抄送會議紀錄一份

市長　蔡培

中華民國三十年十一月　日

國父誕辰首都各界民衆紀念大會籌備會議紀錄

時　間　十一月一日上午十時

地　點　南京特別市政府會議室

出席人　韓培民（市黨部）

　　　　吳顯仁（市社運分會）

　　　　張心蒲（市政府）

　　　　俞　樸（市政府）

　　　　華允琦（市宣傳處）

主　席　蔡　培　張心蒲代　　紀錄唐獻廷

開事如儀

甲、討論事項

一、確定大會名稱案

決議：定名「國父誕辰首都各界民衆紀念大會」

二、確定大會地點及舉行時間案

決議：地點在中山北路南京特別市政府大禮堂

時間規定十一月十二日上午九點

三、規定大會參加機關及人數案

決議：參加機關及人數規定如下

（一）市政府市黨部全體職員

（二）首都警察廳憲兵司令部及首都地方法院各派代表五人

（三）各城區公所各派代表三人至五人

（四）商整會教育會農會工整會各同業公會地方公會青年團青年協會各派代表三人至五人

四、推定主席團案

決議：推市政府蔡市長市黨部王主任委員商整會教育會工整會農會為主席團

五、學校紀念儀式應如何舉行案

決議：由市政府通令市立各校各在本校分別舉行

六、規定大會儀式案

決議：規定大會儀式如下：

（一）開會奏樂

（二）全體肅立

（三）主席團就位

（四）唱國歌

（五）向黨國旗及　國父遺像行最敬禮（三鞠躬）

（六）主席恭讀　國父遺囑

（七）靜默

（八）主席報告

（九）講述　國父遺教

（十）禮成奏樂

七、關於佈置會場案

決議：由市政府祕書處負責辦理

南京特別市政府咨　糧字第　號

據糧食管理局呈以關於糧食行政各項法規亟須訂定俾資遵守茲經擬定南京特別市糧食管理局米商請領採辦證申請暫行辦法製發食米採辦證暫行辦法製發食米採辦證施行細則各一種呈請核示等情據經查核尙無不合應准照辦除公布施行並令行米業公會轉飭遵辦外相應檢附該辦法兩份細則一份咨請

貴會備查此咨

糧食管理委員會

抄附南京特別市糧食管理局米商請領採辦證申請暫行辦法一份（見法規欄）

南京特別市糧食管理局製發食米採辦證暫行辦法一份（見法規欄）

南京特別市糧食管理局製發食米採辦證施行細則一份（見法規欄）

中華民國三十年十一月　日

市長　蔡培

南京特別市政府公函

宣字第　號

案准

宣傳部函導字第一八三號公函開：

「案查中央宣傳會議第七次會議關於中日締約週年紀念行事分配表第二項首都民衆紀念大會及民衆遊行決議：「由社會運動指導委員會東亞聯盟中國總會南京市黨部南京市政府聯合辦理」等由紀錄在卷除分函外相應檢同議決案函請查照辦理

等由並附議決案一件准此茲訂於本月十三日下午三時在本府大禮堂舉行籌備會議除分函外相應函請

查照派員出席討論爲荷此致

社會運動指導委員會

東亞聯盟中國總會

南京特別市黨部

市長　蔡培

中華民國三十年十一月　日

南京特別市政府公函 教字第　號

案據市民王李氏等（住琥珀巷七十號）呈控劉林記木器店（住建康路五三五號）串通遊民孫小根喜（住琥珀巷十六號）强佔琥珀巷七十號覽園官產拆房賣料一案，查該產原係李家驥業戶已於民國二十四年由前社會局備價徵收，作爲建築中正街簡易小學校舍之用，並經公告登記在案，茲經復查確屬市產，除令飭財政局公告收回並與現有住戶王李氏等十八家分別訂立租賃契約外，關於劉林記串通遊民拆房賣料情事相應函請

貴廳查明究辦，以重學產：並希

見復爲荷！

此致

首都警察廳

市長　蔡培

中華民國三十年十一月　日

南京特別市政府公函 農字第　號

案據農林專員葛鴻琛簽稱本市各路兩旁行道原植樹木不特調和氣候作行人之庇陰抑且點

綴風景增都市之美化近查中山北路國府路附近德士古汽油棧之旁有法國梧桐一棵被無知市民砍伐取薪影響所及對於整個市容關係甚鉅擬請轉函首都警察廳轉令各區警局暨值班警士切實保護等情前來查本市行道所植樹木已有悠久之歷史豈容無知市民任意砍伐有礙觀瞻據呈前情相應函請

查照轉令各區警局隨時保護並希

見覆爲荷此致

首都警察廳

市長 蔡培

中華民國三十年十一月　日

市政公報暫定價目表

期限	價目	郵費
零售	每冊三角	本市半分 外埠一分
半年	十二冊 三元五角	本市六分 外埠一角二分
全年	二十四冊 七元	本市一角二分 外埠二角四分

市政公報廣告刊例

頁數	價目
一頁	每期十一元
半頁	每期六元
四分之一頁	每期三元

刊登廣告在四號以上者每期按照七折計算連續十號以上者每期按照六折計算長期另議

出版日期　本公報暫定每月二次

編輯者　南京特別市政府祕書處

發行者　南京特別市政府祕書處

印刷者　南京紹新印刷所　地址：復興路中段　即天青街四〇四號

中華民國三十年十二月十五日

市政公報

第八十四五期

南京特別市政府祕書處印行

中華郵政登記認爲第一類新聞紙類

目錄

命令

法規

公牘

統計

附錄

命令

南京特別市政府公布令 糧字第 號

茲制定南京特別市糧食管理局管理糧食暫行辦法南京特別市糧食管理局米糧存儲登記及移動暫行辦法公布之此令

計附開 南京特別市糧食管理局米糧存儲登記及移動暫行辦法（見法規欄）
南京特別市糧食管理局管理糧食暫行辦法

中華民國三十年十一月 日

市長 蔡培

南京特別市政府公布令 社字第 號

茲制定南京市公典招商標賣滿貨投標規則公布之此令

附南京市公典招商標賣滿貨投標規則（見法規欄）

中華民國三十年十二月 日

市長 蔡培

南京特別市政府訓令 社字第 號

令本府所屬各機關

案查本市日常必需食用物品限價一案業經照章辦理在案茲復將日常食用物品三十一種送

經南京特別市物價評議委員會第四次常會分別評定限價送請本府布告前來除布告並分別函令外合亟檢發布告限價表〇份令仰遵照辦理並轉飭所屬一體遵照

此令

計附發佈告限價表〇份（略）

中華民國三十年十二月　日　　市長　蔡培

南京特別市政府訓令　宣字第　號

令各局

案查宣傳部函請指定宣傳專責人員擔負中外記者之連絡及新聞資料之提供重要新聞之證實一案業經本府指定宣傳處長華允琦爲宣傳專責人員並於本年十月一日以祕字第八六二三號訓令轉飭該局如有新聞資料之提供及重要新聞之證實應隨時送由宣傳處分交各新聞記者轉各報館發表各在案茲復准宣傳部民國三十年十二月十六日函導字第二一二號公函開

「查本部於本年十一月一日召集各院部會宣傳專責人員舉行第一次談話會議關於各院部會與中央電訊社之聯絡一項「各院部會遞送中央社之新聞稿件須加蓋機關圖章以明責任圖章由宣傳部製發以資整齊一律」經决議通過等由記錄在卷查上項圖章業經本部製就相應檢同貴府發表新聞圖章一顆備函送達即希查收並將啓用日期連同章模二份一併見復」

等由附送發表新聞圖章一顆准此除將上項圖章令發宣傳處遵照啓用並分令外合行令仰該局遵照

此令

中華民國三十年十二月　日

南京特別市政府訓令　糧字第　號

令財政局等
城鄉各區公所

市長　蔡培

案奉

行政院行字第四零五三號訓令內開：

「本年六月十六日據糧食管理委員會管字第三七五五號呈稱竊查本會本年各區分辦事處長主任第一次會議據皖南區辦事處及松太分辦事處提議查各地設卡徵收米捐阻礙米商合法運銷影響民食至鉅應請設法制止藉資保護而暢來源請公決案經決議呈請行政院訂定懲處辦法嚴令各省市政府轉飭各征收機關禁止徵收等語記錄在卷查本會前以安徽省裕溪運漕等處地方稅局擅徵公米捐稅經咨商財政部嚴令制止並奉鈞院行字第一八三三號令知已飭皖省政府尅期查禁各在案現查各地關於此類捐稅仍多未能遵令停止對於本會糧食運銷管理及徵集公米調劑民食各事宜妨礙滋多理合備文呈請鈞院鑒核續准再予嚴令各省市政府轉飭所屬各征收機關凡持有本會採辦證或搬運護照採運食米不得徵收捐稅及稍涉留難并祈訂定懲處辦法頒布施行俾輕人民負擔而利糧食行政等情據此當經飭據糧食管理委員會擬訂「懲治米穀徵捐暫行辦法」六條呈核前來業經審核修正以院令公布施行除通飭分咨外合行抄發「懲治米穀徵捐暫行辦法」一份令仰該府飭屬一體遵照此令」

等因抖抄發懲治米穀徵捐暫行辦法一份奉此除分行外合行抄發辦法令仰該〇遵照并飭屬一體遵照此令

計抄發懲治米穀徵捐暫行辦法〇份（略）

中華民國三十年十二月　日

市長　蔡培

南京特別市政府訓令 祕字第　號

令市社會運動指導委員會

案奉

行政院行字第三九四九號訓令內開

「准文官處文字第一九一六號函開『奉國民政府三十年十一月十五日令開「兼行政院院長汪兆銘呈據南京特別市市長蔡培呈請任命杜一鳴沈愚朱覺影張其溱爲南京特別市社會運動指導委員會科長沈心撫郭明廉爲南京特別市社會運動指導委員會專員葛士良朱漪金嘯東葛鶴才趙文鶴爲南京特別市社會運動指導委員會農工福利委員會副主任應照准此令」等因除由府另行頒給任命狀外相應錄令函達請煩查照飭知』等由准此合行令仰該市政府查照飭知」

等因奉此合行令仰知照並分別飭知

此令

中華民國三十年十一月　日

市長　蔡培

南京特別市政府訓令 社字第　號

令城鄉各區公所

案准

首都警察廳政一字第三五二六號函開

「查本年冬防卽屆本廳爲維護治安起見經擬訂冬防計劃大綱草案召集所屬舉行冬防會議詳細討論通過并決定本屆冬防期間自十二月一日起至明年三月一日止必要時得延長之在案除呈報內政部備查并分別函令外相應檢附冬防計劃大綱一份備函奉達卽希查照並轉飭所屬一體隨時協助」

等由並附冬防計劃大綱一份到府准此除函復並分行外合行抄發附件令仰該區長遵照並轉飭所屬一體遵照隨時協助爲要此令

計抄發首都警察廳三十年冬防計劃大綱〇份

中華民國三十年十一月　日

市長　蔡培

首都警察廳三十年冬防計劃大綱

一、本廳所屬各局隊應遵照本大綱所訂各條，按照各該局轄境實際需要情形，計擬冬防計劃，呈廳核准施行。

一、冬防實施日期，循例自十二月一日起至翌年三月一日止，必要時得延長之。

一、在冬防期內本廳內外各部屬員警等除婚喪及重病外一概不准請假，各局隊退勤休息警士，非特別派遣，一律不准外出，並逐日由勤務督察處派員前往各局隊切實考察。

一、各局在冬防期內，應於重要路口，設置武裝盤查哨，檢查夜間往來形跡可疑之人，其地點應輪流更換不得固定，使宵小竊盜，無從規避，並將境內盤查哨地點人數，事先列表密報督察處，以便派員查察，盤查哨應互相聯絡，遇事可收協助之效，各局警力不敷調遣，由警察隊酌量加撥補充。

一、城區彼局與此局鄰界會哨地點及時間，由督察處商同有關各局規定，但地點人數，不必固定，須斟酌實際情形更動之，各郊局之會哨，由各該關係局會商呈准施行。

一、各局於夜間應另備武裝加班警察，以準備臨時發生事故調遣之用，其人數由各局自定之。

一、保安警察隊在冬防期內，應組織武裝複哨，及武裝巡查隊，分班於衝要道路値勤，並巡查城內各處以補各局警力之不足。

一、保安警察隊武裝複哨，通常每二人一組，應於每日上午六時起至下午十二時止派往衝要道路值勤，武裝巡查隊，通常每組五人，應於每晚六時出發，先到各局簽到後巡查本京繁盛街市，十時以後，梭巡偏僻街巷，至翌晨六時爲止，在巡查時，必須經過各局界內盤查哨及會哨地點以資聯絡。

一、各局長警夜間應傍屋舍緩步巡行，注意人家門戶開閉，及室內特異聲息暨宵小容易出入之處所。

一、在冬防期內，東南郊及下關警察局保安隊，應各派隊警一班或兩班，專司警備之責，西郊北郊，均屬匪徒往來必由之道應各派保安警察一中隊，扼要駐守。

一、偵緝隊將所有偵緝員警，酌量分駐各局組成偵探網，不分晝夜，巡查市內各處，並由督察處規定簽到簿，分置各局，以備偵緝及巡查經過時簽名蓋章，其偵緝暨分駐辦法，由偵緝隊擬議呈核施行。

一、保安警察暨城區下關各局於每晚六時至十一時止，加派武裝警察分二人一組，於各馬路商店處所往返梭巡，以防盜竊，各郊局應於夜間在各衝要路口加派複哨，以維治安。

一、在冬防期內各局隊應與友邦有關各機關及首都軍警聯合辦事處隨時聯絡，以期互通消息，而免隔閡，並與首都軍警聯合辦事處接洽，加緊軍警聯合稽查工作。

一、各局界內發生匪警時，應立即將匪徒數裝備發生事態移動方向電報第四科轉請友邦憲警協助兜捕，一面電報督察處隨時通電各局出動協緝并派處內值勤人員率武裝警乘警備車或三輪卡馳往出事地點捕捉。

一、冬防期內各局應派警逐日會同保甲長加緊抽查戶口，特別注意人口之增減暨特種戶口之動態，并詳細查對聯環保，抽查時應切實注意下列各項並編列標記，以爲偵查之參考。

(一)戶內常有閒人雜居或往來者

(二)行跡詭密或職業身份不相當者

(三)暴貧暴富家有異狀者

(四)棚戶船戶雜居及來歷不明行跡可疑者

(五)染有不良嗜好不事生產及散兵游勇者

(六)素行不端遊蕩無業鄰里有不良評論者

一、各局界內旅棧宿店應由各局切實誥誡棧主，或經理人，凡旅客無保，一概不准留宿，違則嚴予處罰，如有形跡可疑，或攜帶槍枝旅客，應隨時報告就近局所。

一、燕子磯江面三叉河沿江一帶，暨兩郊所屬夾江下關惠民河等均由水巡隊於夜間，分班派輪往返加緊梭巡，其梭巡時間，應先通知有關各局，俾收聯絡之效。

一、各局應通知境內船隻，於夜間集中指定地點，不得散泊各處，以防莠民利用盜竊沿河住戶，至翌晨始准開動，但城外各處船隻於晚間由外江開入較遲，應扼要設盤查哨，隨時盤查以免匪徒匿跡。

一、冬防期內消防隊值班員警，應整裝待發，接到火警報告時，應立卽出救，至遲不得逾三分鐘，一面電報督察處派員到場監護，同時該管局長立卽率警前往警備，如火警在機關或軍營附近，並卽派保安隊馳往協助警戒（餘照本廳火警救護規則辦理）

一、各義勇救火會在冬防期內，應由消防隊長或隊附，隨時前往查察指導聯絡一氣，以期協助出救。

一、冬防期間各局轄境之偏僻街巷，應會同當地區公所，儘量籌設公益路燈，以期安全，至電燈一節，本廳迭經商請華中水電公司儘先裝設，惟在未經裝設以前，此項公益路燈絕對不能撤除，前項公益路燈，已令各局會同區公所辦理

一、冬防期內本京各商店，娛樂場所及售吸所，應於夜間十一時以前，停止營業幷挨戶通知小心門戶，不得半開半掩，郊外限定九時以前關閉。

一、本京售吸所到處林立，倘有逾時尚未停止營業，巡邏警應特別注意查察，取締，以免不良份子所利用。

一、冬防期內，各局應督察界內各地段保甲長挨戶勸諭市民置備警笛手電筒及銅鑼等器，遇有盜匪，卽鳴笛敲鑼喚醒鄰人注意，羣起捕捉，同時馳往附近局所報告。

一、派駐各城關車站輪船碼頭稽查員等，應由督察處督飭認眞詳細檢查幷將查護案件，隨時直接解廳處理，以期迅速。

南京特別市政府訓令 社字第　號

令城鄉各區公所

查本市邇來發生火災每多草棚貧民本係缺衣乏食又復失所棲止時際嚴寒風雪交迫自應亟謀救濟以恤災黎乃查各該區對於轄境火災並不立時查勘具報甚至遷延多日已經友邦人士聞知給賫救助猶未據以報告似此膜視災害殊屬有虧職守爲此通令申儆嗣後凡發生火災卽由本管坊保甲長於火熄後三小時以內將被災情形及受災人民生活狀況不論應否救濟務須詳細報由區公

所立時轉報本府或面陳社會局以憑核辦除分令外合亟令仰該區長遵照並轉飭所屬一體遵照倘再玩忽定干未便切切此令

中華民國三十年十二月　日

市長　蔡培

南京特別市政府訓令　祕字第　號

令代理第一區區長李尚淸

查本市糧食管理局現已遷在本府辦公原有房屋應卽由該公所遷入使用其區公所房屋留充糧食管理局籌備公糶處之用除令飭糧食管理局遵照外合行令仰該區長卽便遵照辦理具復此令

中華民國三十年十一月　日

市長　蔡培

南京特別市政府訓令　社字第　號

令第二區公所

查本市中華西門第二九號老隆盛米號私將大宗食米售與日商運往開封一案業據糧食管理局派員查明屬實似此故違禁令妨礙民食殊屬不合應卽將該米號營業許可證予以弔銷以示儆儆除批示該米號遵照並分行米糧業同業公會知照外合亟令仰該區長遵照尅速派員前往老隆盛米號將原領本府府字第一五六八號營業許可證一紙弔回呈繳以憑核銷勿延此令

中華民國三十年十一月　日

市長　蔡培

南京特別市政府訓令 財字第　號

令牲畜屠宰稅徵收所

查本市牲畜屠宰兩稅向為市庫正項收入邇來肉價高漲較前增加數倍揆之從價征稅之例原訂稅率實屬過於低微本府財政困難原有稅收不得不酌予調整藉資挹注茲將牲畜屠宰兩稅按照現行稅率分別酌予增加其宰剝檢驗等費暫仍其舊統自本年十二月一日起實行所有該所比額自應按照原定數目隨之增加以重稅政除布告周知外合行抄發牲畜屠宰兩稅改訂稅率表暨增加比額表令仰該所遵照按表分別辦理並自本年十二月份起按照新訂比額如數繳解稅款仍將遵辦情形具報為要此令

計抄發牲畜屠宰稅改訂稅率表暨增加比額表各一份

市長　蔡培

中華民國三十年十一月　日

牲畜屠宰稅增加比額表

月份	原比	增加	現比	註明
一月份	三萬八千元	一萬九千元	五萬七千元	按原比增加五成
二月份	三萬六千元	一萬八千元	五萬四千元	
三月份	三萬三千元	一萬六千五百元	四萬九千五百元	
四月份	二萬三千元	一萬一千五百元	三萬四千五百元	
五月份	二萬三千元	一萬一千五百元	三萬四千五百元	
六月份	二萬三千元	一萬一千五百元	三萬四千五百元	
七月份	二萬三千元	一萬一千五百元	三萬四千五百元	
八月份	二萬二千元	一萬一千元	三萬三千元	

九月份	二萬九千元	一萬四千五百元	四萬三千五百元
十月份	三萬元	一萬五千元	四萬五千元
十一月份	三萬五千元	一萬七千五百元	五萬二千五百元
十二月份	三萬五千元	一萬七千五百元	五萬二千五百元
共計	三十五萬元	十七萬五千元	五十二萬五千元

南京特別市政府佈告　社字第　號

茲依照本市抑平物價暫行辦法之規定續將日常必需食品三十一種送經南京特別市物價評議委員會第四次常會評定限價定於十二月一日起實行凡各商人售賣後列各項物品不得超過評定限價其有故違或暗盤操縱者一經查實或被告發獲有確證定卽依照罰則從嚴懲罰惟自動在限價以下售賣者則屬商人希望營業發展當然在所不禁至未經評定限價之物品仍須依照抑平物價暫行辦法所定之標準售賣不得任意高抬合將第四次評定日常食用物品限價佈告週知

此佈

計附限價表一份

南京特別市日常食用品第四次評定限價表　十二月一日起實行

品名	單位	限價 元	角	分
鮮猪	每担	二八〇	〇	〇
猪肉	每斤	二	六	〇
猪油	每斤	三	六	〇
韮菜	每斤		四	〇
酸菜	每斤		三	〇
青菜	每斤		一	〇

水牛肉	每斤	一	六〇
黃牛肉	每斤	一	八〇
青魚	每斤	一	八〇
鯽魚	每斤	三	〇〇
白魚	每斤	二	〇〇
鰱魚	每斤	一	二〇
鯉魚	每斤	一	六〇
鱔魚	每斤	一	六〇
青蝦	每斤	二	六〇
公鷄	每斤	一	八〇
母鷄	每斤	二	〇〇
鷄蛋	每個		二五
鴨蛋	每個		三〇
黃豆芽	每斤		二五
綠豆芽	每斤		二二
大椒	每斤		四〇
洋山芋	每斤		六〇
芋頭	每斤		三〇
豆腐	每塊		一〇
千張	每張		〇五
苞菜	每斤		三五
羅蔔	每斤		二五
芹菜	每斤		三〇
菠菜	每斤		四〇
黃芽菜	每斤		四〇

中華民國三十年十二月　日

市長　蔡培

南京特別市政府佈告　財字第　號

查本市牲畜屠宰兩稅向爲市庫正項收入邇來肉價高漲較前增加數倍按之從價征稅之例原

訂稅率實屬過於低微本府財政困難原有稅收不得不酌予調整藉資挹注茲將牲畜屠宰兩稅按照現行稅率分別酌予增加其宰剩檢驗等費暫仍其舊統自本年十二月一日起實行除令飭牲畜屠宰稅征收所遵照辦理外合行附刊新訂稅率表出示布告仰牲畜屠宰商人等一體周知須知此項加稅以物價作比例表面雖是增加實際並不爲多務各遵照表列稅率分別繳納毋得稍有玩違切切此佈

附牲畜屠宰稅改訂稅率表

牲畜稅改訂稅率表

畜別	原訂稅率	增加稅率	現訂稅率	備考
牛	三元一角二分	二元四角八分	五元六角	
猪	一元五角六分	一元二角四分	二元八角	
子猪	三角二分	二角八分	六角	
羊	九角四分	七角六分	一元七角	
騾馬	二元三角四分	一元八角六分	四元二角	
驢	一元八角八分	一元五角二分	三元四角	
鷄鴨鵝	三分	五分	八分	

屠宰稅改訂稅率表

畜別	原訂稅率	增加稅率	現訂稅率	備考
牛	二元三角四分	九角六分	三元三角	附檢剩費一元八角
猪	八角三分三厘	三角六分七厘	一元二角	
羊	六角二分四厘	二角七分六厘	九角	
騾馬	一元五角六分	四角四分	二元	
驢	九角三分六厘	三角六分四厘	一元三角	

檢驗費（仍照原訂稅率）

畜別	原訂稅率	畜別	原訂稅率	畜別	原訂稅率
牛	一元二角	驢	六角	羊	二角四分
猪	三角六分	馬	一元二角		

中華民國三十年十一月口

市長 蔡培
財政局局長 蹇先驄

南京特別市政府布告 工字第 號

查本府工務局徵收各種船舶登記費規則施行日久所定收費額數按照現在實際情形早有修正之必要惟爲體恤船戶起見迄今尚未實行茲查各項物價日趨騰貴費用亦因而繳增對於船隻登記不得不酌加成數藉資挹注合行粘同改訂各級船隻登記費額表出示佈告仰各船戶一體知悉自佈告之日起按照新訂額數收費其各凜遵毋違切切此布

附改訂徵收船舶登記費額表乙份

中華民國三十年十一月口

市長 蔡培
工務局局長 謝學瀛

南京特別市工務局船舶登記所徵收船舶登記費額表

等級	噸數	現繳費額
一等	二百噸 二千担	三六 〇〇
二等	一百五十噸 一千五百擔以上	二九 〇〇

三等	一百噸以上 一千担以上	二一	〇〇	
四等	八十噸以上 八百担以上	一五	〇〇	
五等	七十噸以上 七百担以上	一一	〇〇	
六等	六十噸以上 六十担以上	一〇	一〇	
七等	四十噸以上 四十担以上	八	〇〇	
八等	三十噸以上 三百担以上	六	五〇	
九等	十五噸以上 一百五十担以上	四	五〇	
十等	十噸以上 一百担以上	三	〇〇	
十一等	五噸以上 五十担以上	二	〇〇	
十二等	五噸以下 三十担以下	一	五〇	

南京特別市政府布告 工字第　號

查本府辦理船舶登記發給牌照從前本係按季換發牌上并註有春夏秋冬字樣以資識別而便檢查事變以後從權改爲每年一次現爲嚴密管理水上交通起見亟應恢復舊制改爲按季換發牌照茲定於三十一年度一月一日起所有船舶牌照悉照上項規定辦理以船舶之大小分爲甲乙兩等凡十噸以上之船舶爲甲等應繳納牌照費三元五角十噸以下之船舶爲乙等應繳納牌照費二元五角不得逾期漏報除令由工務局轉飭各登記所遵照辦理并登報通告外合行出示布告仰各船戶一體凛遵毋違切切此布

中華民國三十年十二月　日

市長蔡培
工務局局長 謝學瀛

南京特別市政府布告 地字第　號

查本市第五區中山北路以南張家圩及揚子江東側九甲圩一帶土地前經友邦總司令部使用所有青苗拆遷各費業由總司令部發給完畢至應發之地價補償金現經委托本府地政局代發除分別通知外合行佈告仰各業戶卽日攜帶所有權圖狀及其他有關證件暨名章親詣地政局聽候驗明核發萬勿違延自誤切切此佈

中華民國三十年十一月　日

市長蔡培
地政局局長 胡政

南京特別市政府布告 地字第　號

案查本府地政局經收各項稅費之土地移轉土地登記書狀測丈等費原有二成申水前經改作土地整理費附帶征收並呈報在案本月十五日奉行政院行字第五六六二號指令飭於文到之日卽行停征遵於本月十七日起將附加二成土地整理費一項停止征收除呈復外合行佈告周知此佈

中華民國三十年十一月　日

市長蔡培

地政局局長　胡政

南京特別市政府通告　衞字第　號

查國民政府管理醫藥從業人員條例早經內政部修正呈准　行政院公佈施行並由內政部咨送本府飭屬依照手續辦理迭經本府先後佈告暨令知各區公所各醫學團體公會遵照並函知首都警察廳協助辦理各在案乃時經年除各該從業人員遵奉換領證書者固多而延宕觀望者亦不乏其人似此藐視法令殊屬非是茲再登報通告仰本市醫藥各從業人員等不論已否領有前衞生署暨維新政府證書均應按照規定手續限二星期內換領新證倘再玩延卽行勒令停業決不寬貸特此通告

中華民國三十年十一月　日

市長　蔡培

衞生局長　衞錫良

法規

南京特別市糧食管理局管理糧食暫行辦法

第一條　於本市糧食一切事項均依照本辦法之規定管理之

第二條　本市糧商不論經營販運或零躉批發居間買賣及設機礱碾等項業務均須加入本市米糧業同業公會受本局之指揮監督

第三條　本市糧商向市外採辦食糧應先由米糧業同業公會轉送本局核發採辦證其辦法另定之

第四條　本市糧商倉儲之設備及防患等項事務均應由本局隨時派員指導設計

第五條　本局適應時勢需要得隨時呈請市政府規定食米發售之最高及最低價格必要時並得規定適當價格收買糧商囤積之食米以資調節

第六條　糧商購進米糧時應先申報本局領取登記證以備查攷移動時應申請核發移動許可證其式樣另定之

第七條　糧商購進食米如有隱匿不報或少報一經查出即將不報或少報部份悉數充公

第八條　本局應隨時派員抽查各行棧存米及進出數量以資查攷

第九條　凡無證私運食米一經發覺除將私運米糧悉數充公外並得比照充公全部米糧價格科以二倍以下之罰金

第十條　如有囤積居奇操縱暗盤及發售攙雜情事一經查明屬實得將該米商所有之米半數充公

第十一條　本辦法如有未盡事宜得隨時修正之

第十二條　本辦法呈奉市政府核准後公布施行並由府咨行糧食管理委員會備查

南京特別市糧食管理局米糧存儲登記及移動暫行辦法

第一條　本辦法依照本局管理糧食暫行條例第六條規定訂定之

第二條　本市米商及囤戶購存米糧均應報經本局登記移動時亦應申請本局核准許可

第三條　本局爲商人報請登記及申請移動便利起見在城中及中華門外下關等處所在地區公所或米業公會辦事處指派專員辦理塡發米糧登記證及移動許可證事宜

第四條 購進米糧應於當日塡具米糧登記申請書就近報請本局委員登記給證但門市零售熟米得免予報請登記

第五條 米商或囤戶領到登記證應隨卽攜同妥粘新進之米倉上以備查驗

第六條 凡屬存糧如果查有隱匿或抗不報請登記者由本局將所有之米半數沒收

第七條 領有登記證而不粘貼米倉上者照前條減半處罰

第八條 粘貼米倉之登記證非經申請本局核准後領有米糧移動許可證不得隨便撕揭

第九條 米商申請發給米糧移動許可證應按照規定之書式詳細塡明就近送交本局委員轉請核定塡發如轉售過戶或移置處所應同時申請登記

第十條 登記米糧如未經依照本辦法第八條規定辦理而私自移動者應處以登記米糧照現値市價二倍以下之罰金

第十一條 本局爲調節食糧起見對於商人申請移動存糧得察酌情形予以限制

第十二條 本局對於本辦法第六條及第七條第十條之舉發人得酌給沒收米價及罰金百分之十以內之奬勵金

第十三條 米糧進出城闗應持有本局移動許可證始准通行

第十四條 本局派員調查到京載米舟車數量及卸貨行棧列表報查如果核與報請登記數目不符務須查明匿報商人處罰之

第十五條 本局塡發米糧登記證及米糧移動許可證槪不收費

第十六條 本局調查員及塡證員如查有與商人勾結違犯本辦法規定情事依法併懲之

第十七條 本辦法如有未盡事宜得隨時修正之

第十八條 本辦法呈奉 市政府核准施行並由市政府咨請糧食管理委員會備案

南京特別市政府管理宰猪作衛生規則

第一條 本規則所稱之宰猪作係指以宰猪爲營業而設之湯鍋凡在本市公共猪隻屠宰場未設立以前開設宰猪作均應遵守本規則之規定

第二條 凡在本市區內開設之宰猪作須聲請屠宰場轉呈本府註册核發許可證未經領得許可證者不准營業

第三條 宰猪作聲請註册給證時應行呈報左列各款

一、作主姓名住址籍貫

二、作之名稱及所在地

三、工人數目
四、每日宰猪數目
五、作內設備
六、設立年月日

第四條　宰猪作許可證須掛於作內便衆閱覽之處

第五條　宰猪作因故歇業或轉讓他人營業時應呈報屠宰場並繳執照

第六條　宰猪作不得設立於人煙稠密或靠近可供給飲料之河流及公共水井之處

第七條　宰猪作遷移時須將擬遷地點呈請派員查勘是否適宜必要時得令其遷至同區其他湯鍋附近以期檢驗集中

第八條　宰猪作應於作內設置洋灰地面及滲水坑並應使用自來水

第九條　宰猪作不得私宰病猪死猪

第十條　宰猪作須置備套筒宰猪時應將套筒拉入猪嘴以避哀號之聲

第十一條　宰猪去毛須用機件打氣

第十二條　宰猪作晒晾猪毛應在作內

第十三條　盛猪糞之器具須嚴密加蓋並應每日出清

第十四條　凡患癆病痲瘋花柳及疥癬等之傳染病者不得在內操作

第十五條　宰猪應保持清潔衛生稽查員得隨時檢查糾正之

第十六條　違反本規則之規定者按其情節之重輕分別予以罰鍰或停業處分

第十七條　本規則自公佈之日施行

南京市公典招商標賣滿貨投標規則

一、本規則依據市公典董事會之議決案訂定之

二、本公典滿貨出售辦法以投標行之投標手續及責任悉照本規則辦理

三、投標日期預登民國日報廣告兩天投標者以本市社會局登記之估衣莊爲限但本市登記之估衣莊投標價額如均不及格時得另招外埠估衣莊投標

四、本公典每期出售滿貨規定字號叁個不論多寡全部衣貨總標以所投之最高價格爲得標得標後另立承購合同契約嗣後按月五日之後十日之前分別照印所訂字號印清如數退還承購保證金

五、每期三個字號滿貨之最低標準價格應由本公典預估經董監會審定之

六、投標人須先來典請領取閱滿貨帳簿證一紙憑證取閱滿貨帳簿以明滿貨之花色及滿本若干如有二人以上同時到典看帳先後以證單號碼爲次序看畢原證繳還本典換領標單

七、標單應由投標人以毛筆楷書塡明姓名莊號地址及標數（標數應寫）並加蓋該莊牌號圖章曁負責人私章嚴密固封繳付押標金現鈔國幣壹萬元取得收據後將標函親投入匭本日投入當日下午二時開匭並請南京特別市政府派員會同本公典常務董事監察監視當衆開標公布設有發現未經繳納押標金之標函作爲無效（投標地點由市政府定之）

八、投標人依照本規則五六兩條之程序將標函投匭後不得聲請作廢

九、投標人所繳押標金不得標者於開標之日憑原收據如數發還原鈔已得標者於訂立合同時繳還收據該款作爲承購保證金其數目載入合同

十、得標人應於開標次日邀同保證人（此項保證人須先徵得本公典常務董事及監察之同意）至本公典訂立合同並應於三日內將全部價款向市銀行繳清方得取貨

十一、得標人除繳標價外並無另加其他費用

十二、本規則經市公典董監會核議修正呈請南京特別市政府核定施行

十三、本規則如有未盡事宜得隨時會議修正之

公牘

南京特別市政府咨 地字第　號

案查本市土地工作旬報表業經送至十一月份上旬在卷茲造具十一月份中旬土地工作旬報表一份相應備文咨送即祈察照爲荷

此咨

內政部

計咨送本市土地工作十一月份中旬旬報表一份

市長 蔡培

中華民國三十年十一月　日

南京特別市政府咨　地字第　號

案查本市土地工作旬報表業經送至十一月份中旬在卷茲造具十一月份下旬土地工作旬報表一份相應備文咨送卽祈

察照爲荷

此咨

內政部

計咨送本市土地工作十一月份下旬旬報表一份

市長　蔡培

中華民國三十年十二月　日

南京特別市政府辦理土地登記工作十一月份中旬旬報表

中華民國三十年

事項 件數 日	接收登記聲請書	土地所有權登記	房屋登記	更正登記	塗銷登記	移轉登記	分割登記	共有權登記	住所變更登記	繕寫查驗證	發給查驗證	備註
11		5				5					1	
放假 12												
13		9				4				1	4	
14		3				10					5	
15		5				1						
星期 16												
17		5			2	2					3	
18		2			5	4				1	17	
19		5				1				1		
20											3	
總計件數		34件			7件	32件				3件	33件	

南京特別市政府辦理土地記登工作十一月份下旬旬報表

中華民國三十年

事項 件數 日	接收登記聲請書	土地所有權登記	房屋登記	更正登記	塗銷登記	移轉登記	分割登記	共有權登記	住所變更登記	繕寫查驗證	發給查驗證	備註
21		1									1	
22		2			1	6					3	
星期 23												
24		1				3					7	
25		5				6				2	1	
26		1				3					3	
27		1			3	2					3	
28					1	5					4	
29						3					3	
星期 30												
總計件數		11件			5件	28件				2件	25件	

南京特別市政府咨 地字第　號

案查本市土地工作旬報表業經送至十一月份上旬在卷茲造具十二月份上旬土地工作旬報表一份相應備文咨送卽祈

察照爲荷

此咨

內政部

計咨送本市土地工作十二月份上旬旬報表一份

市長　蔡培

中華民國三十年十二月　日

南京特別市政府辦理土地登記工作十二月份上旬旬報表

中華民國三十年

事項／件數／日	接收登記聲請書	土地所有權登記	房屋登記	更正登記	塗銷登記	移轉登記	分割登記	共有權登記	住所變更登記	繕寫查驗證	發給查驗證	備註
放假 1												
2		5			4	12					11	
3		5				1				1		
4		3			1	4					6	
5						4					2	
6		2				2					1	
星期 7												
8		3				2					1	
9						5					4	
10		1			1	1					2	
總計件數		19件			6件	31件				1件	24件	

南京特別市政府公函 工字第　　號

案准

貴廳政二字第三一〇七號公函略以調整新街口四週廣場交通秩序起見指定各項車輛停放場所函請製發標誌木牌以便設置等由准經飭工務局派員會勘各該停車場所繪具草圖復請查照在案茲以馬車停車牌一塊人力停車牌三塊業已製就相應函請

查照派員會同將該項木牌分別豎立以維交通至紉公誼

此致

首都警察廳

市長　蔡培

中華民國三十年十一月　日

南京特別市政府公函 社字第　　號

案查本市日常必須食用物品限價一案節經照章辦理在案茲復將日常食用物品三十一種送經南京特別市物價評議委員會第四次常會分別評定限價送請本府佈告前來除布告並分別函令外相應檢附布告限價表九十份函請

查照希卽轉飭所屬各局所擇要張貼並飭崗警隨時注意查察嚴勵執行爲荷

此致

首都警察廳

市長　蔡培

中華民國三十年十二月　日

南京特別市政府咨　衛字　號

案查醫藥人員請領部證業將第二十七批登記藥劑生許緒琴等三人檢同證件咨請
貴部審查在案茲續據醫師黃企華等十一人具呈證件申請領證前來相應繕具名單一份檢同各該
證件計十一宗換領證書印花等費陸拾陸元咨請
貴部查照辦理見復爲荷此咨
內政部

附第二十八批請領部證名册一份證件十一宗證費陸拾陸元（略）

市長　蔡培

中華民國三十年十一月　日

南京特別市政府公函　社字第　號

案准
貴廳政一字第三五二六號公函略以本屆冬防期間決定自十二月一日起至明年三月一日止并擬
訂冬防計劃大綱草案囑即轉飭所屬一體隨時協助等由并附冬防計劃大綱一份到府准此除照錄
附件通令城鄉各區公所飭屬一體遵照隨時協助外相應函復即希
查照爲荷此致
首都警察廳

市長　蔡培

中華民國三十年十一月　日

統計

南京特別市戶口表

民國三十年十一月

秘書處第二科統計股製

區別	戶數	人口數						
		總計	男性			女性		
			合計	成人	兒童	合計	成人	兒童
總計	140549	627506	348839	239157	109682	278667	185446	93221
第一區	27358	126634	69833	49736	20097	56801	39042	17759
第二區	38236	169274	92669	62494	30175	76605	52242	24363
第三區	18316	77912	44261	30822	13439	33651	22665	10986
第四區	10420	45375	25600	18100	7500	19775	13242	6533
第五區	10747	49132	29229	22073	7156	19903	13512	6391
上新河區	12353	54479	29271	20079	9192	25208	16689	8519
燕子磯區	10257	47650	26087	16806	9281	21563	13295	8268
孝陵衛區	4211	19855	10492	5629	4863	9363	5587	3776
安德門區	8651	37195	21397	13418	7979	15798	9172	6626

註：一、本表根據各區公所塡報之戶口月報

二、各外國僑民戶口不在此內

南京特別市戶口增減比較表

民國三十年十一月

祕書處第二科統計股製

區別	戶減增數	人口增減數						
		總計	男性			女性		
			合計	成人	兒童	合計	成人	兒童
總計	+276	+1592	+886	+631	+255	+706	+449	+257
第一區	+ 70	+ 548	+309	+238	+ 71	+239	+173	+ 66
第二區	+181	+ 942	+477	+279	+198	+465	+271	+194
第三區	—122	— 562	—297	+180	—117	—265	—168	— 97
第四區	+ 37	+ 109	+ 57	+ 57	——	+ 52	+ 31	+ 21
第五區	+ 80	+ 495	+313	+229	+ 84	+182	+126	+ 56
上新河區	— 13	— 71	— 35	— 20	— 15	— 36	— 20	— 16
燕子磯區	— 5	— 8	——	— 1	+ 1	— 8	— 5	— 3
孝陵衛區	+ 6	+ 34	+ 18	+ 9	+ 9	+ 16	+ 11	+ 5
安德門區	+ 42	+ 105	+ 44	+ 20	+ 24	+ 61	+ 30	+ 31

註：一、本表根據各區公所填報之戶口月報

二、各外國僑民戶口不在此內

三、有（+）符號者爲增加（—）符號者爲減少

附錄

[illegible]京特別市衛生局改訂各種證照收費數目表

	訂收費數	新訂增加數	新收數	備考
[illegible]	證費二元 印花二元	證費二元 印花二元	證費四元 印花四元	
[illegible]	證費甲、五元乙、三元丙、一元 印花甲、二元乙、一元丙、五角	證費甲、五元乙、三元丙、一元 印花甲、二元乙、一元丙、五角	證費甲、十元乙、六元丙、二元 印花甲、四元乙、二元丙、一元	
[illegible]店	證費 甲、三元乙、二元丙、一元	證費 甲、三元乙、二元丙、一元	證費 甲、六元乙、四元丙、二元	
浴[illegible]室	證費 甲、八元乙、六元丙、四元丁、二元	證費 甲、八元乙、六元丙、四元丁、二元	證費 甲、十六元乙、十二元丙、八元丁、四元	
殯儀館	證費 甲、十元乙、八元丙、五元	證費 甲、十元乙、八元丙、五元	證費 甲、二十元乙、十六元丙、十元	
牛乳業	證費 甲、八元乙、五元丙、三元	證費 甲、八元乙、五元丙、三元	證費 甲、十六元乙、十元丙、六元	
清涼飲料	證費 甲、三元乙、二元丙、一元	證費 甲、三元乙、二元丙、一元	證費 甲、六元乙、四元丙、二元	
菜飯館	證費 甲、十元乙、六元丙、三元丁、一元	證費 甲、十元乙、六元丙、三元丁、一元	證費 甲、二十元乙、十二元丙、六元丁、二元	
茶館	證費 甲、三元乙、二元丙、一元	證費 甲、三元乙、二元丙、一元	證費 甲、六元乙、四元丙、二元	
旅館	證費 甲、十元乙、八元丙、三元丁、一元	證費 甲、十元乙、八元丙、三元丁、一元	證費 甲、二十元乙、十六元丙、六元丁、二元	
泡水業	證費 五角	證費 五角	證費 一元	
食品店	證費 甲、六元乙、四元丙、二元丁、一元	證費 甲、六元乙、四元丙、二元丁、一元	證費 甲、十二元乙、八元丙、四元丁、二元	

娛樂場	證費　甲、五元　乙、三元　丙、一元	證費　甲、五元　乙、三元　丙、一元	證費　甲、十元　乙、六元　丙、二元	
肉業	證費　甲、三元　乙、一元	證費　甲、三元　乙、一元	證費　甲、六元　乙、二元	
醫院	照費五元　印花二元	照費五元　印花二元	照費十元　印花四元	
診所	照費二元　印花二元	照費二元　印花二元	照費四元　印花四元	
施診所	照費二元　印花二元	照費二元　印花二元	照費四元　印花四元	
開業醫師	照費二元　印花二元	照費二元　印花二元	照費四元　印花四元	
藥師	照費二元　印花二元	照費二元　印花二元	照費四元　印花四元	
助產士	照費一元　印花一元	照費一元　印花一元	照費二元　印花二元	
[illegible]士	照費一元　印花一元	照費一元　印花一元	照費二元　印花二元	
[illegible]證	照費二元　印花二元	照費二元　印花二元	照費四元　印花四元	
[illegible]	照費一元　印花一元	照費一元　印花一元	照費二元　印花二元	
[illegible]	照費二元　印花二元	照費二元　印花二元	照費四元　印花四元	
[illegible]	[illegible]費　印花二元	照費二元　印花二元	照費四元　印花四元	

[illegible]
上新[illegible]
燕子磯
孝陵衛
安德門

註：一、本[illegible]
二、行[illegible]
三、[illegible]

市政公報暫定價目表

期限	價目	郵費
零售	每册三角	本市一分 外埠二分
半年	十二册 三元五角	本市一角二分 外埠二角四分
全年	二十四册 七元	本市二角四分 外埠四角八分

市政公報廣告刊例

頁數	價目
一頁	每期十一元
半頁	每期六元
四分之一頁	每期三元

刊登廣告在四號以上者每期按照七折計算連續十號以上者每期按照六折計算長期另議

出版日期 本公報暫定每月二次

編輯者 南京特別市政府祕書處

發行者 南京特別市政府祕書處

印刷者 南京新中印刷公司

地址：南京朱雀路邀貴井十四號

電話：二三一三七號

存留

中華民國三十一年一月十五日

市政公報

八十六七期

南京特別市政府祕書處印行

目錄

命令

法規

公牘

統計

命令

南京特別市政府訓令　字第　號

令各處局區

案奉

行政院行字第五一七〇號令開

「案照祕密文件貴能祕密封拆與保管而不在乎祕不錄由來文如無案由累積日多殊難稽核整理前據本院祕書處簽呈內外行文整頓改善辦法第一條聲明各機關此後與本院行文彼此關於密件務於文面摘錄案由俾憑核辦而便歸卷萬勿缺漏業經本院於本年十一月二十一日以第三九二四號通飭各機關一體照辦在案茲查各機關近日密呈文件間有不遵通令文面仍不摘錄案由者顯係該機關主管及承辦員貪圖簡便率不經意此等行文陋習若不銳意革除殊於辦公大有妨礙應再重申前令通飭各機關長官責成該主管及承辦員嗣後認眞注意遵辦如再抗違本院定當查取該主管及承辦員各職名予以處分以爲玩視通令者戒合行令仰該市府遵照辦理仍將遵辦情形具復察核」

等因奉此除遵辦具復並分令外合行令仰該〇遵照辦理

此令

中華民國三十年十二月　日

市長　蔡培

南京特別市政府訓令　字第　號

令各處局區

案奉

行政院行字第五一三〇號訓令內開

「查近日汽油來源稀少以後中外高級官吏出入本京時各機關長官免除迎送期汽油藉以節省如有迎送之必要時每機關指定代表一人爲限除分令外合行令仰該市府飭屬一體遵照」

等因奉此自應遵辦除分行外合行令仰該〇飭屬一體遵照

此令

中華民國三十年十二月　日

市長　蔡培

南京特別市政府訓令　社字第　號

令城鄉各區公所

社會局案呈以

實業部商字第四一五號訓令內開：

「案奉　行政院行字第五一六七號訓令開『現奉　國民政府第二三三號訓令開據本府文官處簽呈稱准中央執行委員會祕書廳祕函字第八〇九號公函內開案奉中央執行委員會第四次全體會議決議案內開中央直屬區黨部提請轉陳國民政府明令頒佈緊急懲治奸商條例禁止私抬物價而維民生案經政治組提出審查意見交中央常會函國民政府參考并經大

會決議照審查意見通過等因奉此相應檢送提案原文一份函達貴處至希查照轉陳等由理合簽請鑒核等情到府合行抄發原附提案一件令仰該院查照等因計抄發原提案一件除呈復外合行抄發原提案一件令仰該部查照參考』等因計抄發原提案一件奉此查原提案所請各點除計口支配物資一節已由本部另案辦理外至關於奸商抬高物價有干例禁自應由各地主管官署嚴加取締以維人民生計奉令前因合行抄發原提案一件令仰該局遵照隨時注意查禁爲要此令」

等因附抄發原提案一件准此除分行外合行抄發原提案一件令仰該區長遵照隨時注意查禁爲要此令

附抄發原提案一件

中華民國三十年十二月　日

市長　蔡培

抄原附提案

案由：請轉陳　國民政府明令頒佈緊急懲治奸商條例禁止私抬物價而維民生案

理由：竊查商人營業雖在謀利但於商品交易之間獲取合理之佣金則可而蓄意壟斷非法攫取意外財利原應厲禁茲物資來源稀少戰後民心稍趨安定之時一般無識商人乃竟囤貨居奇壟斷市場抬高物價朝夕數變使無力小民窒於絕地地方當局雖時有抑平物價懲戒奸商之議豈但未見實效於萬一且有變本加厲其風日熾之勢長此以往民何以堪爲此提請轉陳

國民政府一方面疏通物資來源切實調查計口支配一方面明令頒佈緊急懲治奸商條例嚴禁囤貨居奇私抬物價以維民生

建議者　中央直屬區黨部

南京特別市政府訓令　字第　號

令各處局會

案奉

行政院行字第五二七二號訓令開：

「奉　國民政府第二五七號訓令開『查現任公務員甄別審查期間截止本年年底屆滿自三十一年一月一日起所有各機關公務員之任用程序應一律依照公務員任用法及該法施行細則辦理除分令外合行令仰該院卽便遵照并轉飭所屬一體遵照辦理此令』等因奉此除分令外合行令仰該市府遵照辦理并飭屬一體遵辦」

等因奉此自應遵辦除分令外合行令仰該○遵照辦理並飭屬一體遵辦

此令

中華民國三十一年一月　日　　市長　蔡培

南京特別市政府訓令　財字第　號

令　本府各局處　各區公所　各捐稅機關　市商會整理委員會

案奉

行政院行字第五二○六號訓令內開

「現奉　國民政府第二四四號訓令開查糖類臨時特稅暫行條例暨化粧品類臨時特稅暫行條例均經制定明令公布並定自三十一年一月一日起施行應卽通行飭知除分令外合行抄發該暫行條例一份令仰該院知照并轉飭所屬一體知照等因計抄發糖類臨時特稅暫行條

例暨化粧品類臨時特稅暫行條例各一份奉此除將該項條例列登公報不再抄發並分行外合行令仰該府飭屬一體知照此令」

等因奉此合行令仰該○知照此令

中華民國三十一年一月　日

市長　蔡培

南京特別市政府佈告　社字第　號

查時屆冬令天氣逐漸嚴寒一般貧民在平時生活卽感困難時屆隆冬歲暮雨雪交加勢必更形艱苦本府爲謀實惠窮黎起見特援照典業向來免利放贖慣例訂定冬寒貧民贖取棉衣免利辦法六條其實施期間自三十一年一月十七日起至二月十四日止（卽農歷辛巳年十二月初一日起至除夕）除飭市公典及本國民營商典一體遵照辦理外合亟佈告周知此佈

附抄辦法（見法規欄）

中華民國三十年十二月　日

市長　蔡培

南京特別市政府布告　財字第　號

案據本市營業稅征收處呈以本市營業稅征收章程暨所征稅率事變以後初以商業未復常態與營業稅法所規定者減低甚多現在物價高漲奚止百倍擬請依照二十三年事變前章程辦理呈請核示等情據此查所陳各節尚無不合應准照辦茲經將二十三年征收章程參酌現時情形卽以修正

其稅率仍照二十三年原訂稅率表辦理並定於三十一年一月一日起施行除指令暨分行外合行抄附修正本市營業稅征收章程暨二十三年原訂稅率表布告全市商民一體周知仰各遵照繳納毋違切切此布

計抄附修正本市營業稅征收章程暨稅率表各乙份（見法規欄）

中華民國三十年十二月　日

市長　蔡培

南京特別市政府布告　衛字第　號

案據糞便處置所主任趙栢青呈稱：「本所已遵於十二月十五日起正式開辦辦公地點已遷至水西門生姜巷三九九號惟本所開創伊始一切工作亟待進行爲免除商民誤會及便於工作起見擬請布告週知」等情據此查清除糞便爲衛生要政惟市民往往有當街隨處任意傾倒糞便情事汚穢觸目非特有礙公共衛生且爲傳染病疫媒介危險堪虞除函首都警察廳並令各區公所隨時予以協助外合行布告市民一體週知此後對於糞便不得任意傾倒致干究辦特此布告

中華民國三十年十二月　日

市長　蔡培

南京特別市政府布告　工字第　號

爲布告事查本府前訂各種車輛登記暨領用牌照收費標準現以各物騰貴製價步漲都不適合亟應重行釐訂酌量增加藉資挹注茲特粘附重訂車輛登記暨領用牌照收費表出示布告並定於三十一年一月一日起實行徵收仰各車主一體遵照此佈

抄貼重訂南京特別市車輛登記牌照表

中華民國三十年十二月　日

市長　蔡培

重訂南京特別市車輛登記牌照費表

三十一年一月公佈施行

名稱＼費別	登記費	執照費	號牌費	備註
自用客汽車	七 五〇	一 〇〇	三六 〇〇	
營業客汽車	八 五〇	一 〇〇	三六 〇〇	
自用貨汽車	八 五〇	一 〇〇	三六 〇〇	
營業貨汽車	一〇 五〇	一 〇〇	三六 〇〇	
自用公共汽車	八 五〇	一 〇〇	三六 〇〇	
營業公共汽車	一〇 五〇	一 〇〇	三六 〇〇	
自用機力脚踏車	五 〇〇	一 〇〇	一五 〇〇	
公共馬車	六 五〇	五〇	一〇 〇〇	
自用馬車	四 〇〇	五〇	三 〇〇	
營業馬車	四 五〇	五〇	三 〇〇	
騾車	三 五〇	五〇	二 五〇	
自用三輪人力車	三 〇〇	五〇	二 五〇	

營業三輪人力車	三	五〇		五〇	二	五〇
自用人力車	二	二〇		五〇	二	〇〇
營業人力車	二	五〇		五〇	二	〇〇
三輪自行車	一	五〇		五〇	二	〇〇
自用自行車	一	〇〇		五〇	二	〇〇
營業自行車	一	五〇		五〇	二	〇〇
甲等板車	三	五〇		五〇	二	五〇
乙等板車	三	〇〇		五〇	二	五〇
貨箱車	二	五〇		五〇	二	〇〇
雙輪小車	一	二〇		五〇	二	〇〇
獨輪小車	一	二〇		五〇	二	〇〇
水車	一	二〇		五〇	二	〇〇

南京特別市政府佈告　工字第　號

查本府工務局徵收廣告捐及公用自來水租費等項前以事變甫平爲體恤商民起見所訂捐率均極輕微近以事業日繁市庫支絀不得不酌予增加以資挹注合行粘同新訂廣告捐率自來水站租金及代售自來水月費數目表出示布告仰各商民暨水站承租人水爐業代售人等一體知悉自民國三十一年一月一日起按照新訂數目納費其各凛遵勿違切切

此布（附改訂廣告捐率數目表水站租金表代售自來水月費表各乙份）

中華民國三十年十二月　日

市長　蔡培

改增加廣告捐率數目表

名稱	原訂數目	改訂數目	備考
取締廣告及徵捐暫行簡則第八條免捐廣告每千張繳納手續費	一元二角	二元二角	
同上免捐廣告不滿千張者繳納	六角	一元一角	
第十條第一款公共廣告牌	每月每尺一角二分	二角二分	
第十條第二款公共廣告亭	每月每方尺一角八分	三角三分	
第十四條第一款手提肩荷背負者	每人每日捐洋一角四分四厘	三角	
第十四條第二款攜帶樂器者	每人每日繳捐六角	一元一角	
第十四條第三款汽車遊行	每輛每日繳捐二元四角	四元三角	
第十四條第四款馬車遊行	每輛每日繳捐一元二角	二元二角	
第十七條特種廣告	官基每平方市尺每月一角八分	三角三分	
同上	私人基地每月一角二分	二角二分	
第二十一條第一款紙質廣告	一市尺半以內者每十張繳捐三分六厘	七分	
第二十一條第二款	三市尺以內者每十張繳捐六分	一角一分	

名稱	原訂數目	改訂數目	備考
第二十一條第三款	六市尺以內者每十張繳捐一角二分	二角二分	
第二十一條第四款	十二市尺以內者每十張繳捐一角四分四厘	三角	
第二十二條木板裝成臨時廣告	每一方尺繳捐一角二分	二角二分	
第二十三條電影廣告	面積十市尺以內者每月繳捐三元	五元四角	
同上	十市尺以外每加一方尺加收捐款三角	五角四分	

改增加水站租金數目表

名稱	原訂數目	改訂數目	備考
各水站租金	二元	四元	
同上	三元	六元	

改代售自來水月費數目表

名稱	原訂價目	改訂數目	備考
水爐代售自來水月費	每月二元	每月三元	

法規

南京特別市公典商典冬寒貧民贖取衣被免利辦法（三十年十二月）

第一條 凡向本市公典及本國商人質典贖取棉衣被絮合於本辦法第二條所列之條件者除收回當本外利息保管費等概予免收

第二條 贖取棉衣被免收利息保管費者須備具左列之條件

（一）原當價未超過四元者

（二）贖取之物須是棉衣棉褲、被、褥、絮胎、爲貧民禦寒所必不可缺者

（三）贖取之期限於三十一年一月十七日（即農曆辛巳年十二月初一日）起至二月十四日（即農曆除夕）止不在此期內贖取者不得要求免利

第三條 典當司櫃人對於免利贖取之件須負責審察如確已備具第二條所列條件者應在當票上簽名加蓋「貧寒免利」戳記經過包房時管包者亦應在當票上簽名或蓋章並在簿册內於該號下加蓋「貧寒免利」戳記以便查考而明責任仍由經理隨時對簿查核

第四條 本市公典每日須將已免利贖取之當票交由常駐監察人對簿覆核倘發現有不合第二條之條件者如係經手人初次錯誤應予訓誡如第二次再誤或雖初次而確係故意徇情者應即責令管包及司櫃者連帶賠繳利息保管費以補公典之損失

上項貧寒免利贖取期滿後應由正副經理將贖取件數及豁免利息保管費數目詳細列表報告董監事會查核

本條之規定商辦質典亦得仿照辦理

第五條 倘司櫃人已在當票上加蓋「貧寒免利」戳記仍向贖取人私索利息或保管費者一經查出或被人舉發輕則由典解雇重則由本市社會局查明送請法院以詐欺取財訴究

第六條 本辦法由南京特別市政府公布施行

南京特別市政府財政局營業稅徵收章程

三十年十二月

第一條　本章程根據二十年　國府公布之營業稅法暨二十三年六月整理營業稅辦法及本市二十二年二月營業稅征收章程修正本並參酌現實情形訂定之

第二條　凡中外商民在本市區域內以營業爲目的之各種營業除法令別有規定外均應遵照本章程之規定繳納營業稅

第三條　營業稅之徵收由本府財政局設立營業稅徵收處辦理之

第四條　凡在本市營業者無論新開舊設均須開具左列一至四項呈報營業稅徵收處依照五至八項核定後發給營業稅調查證

一、營業種類商店名稱及其所在地
二、營業人姓名籍貫住址
三、營業資本額
四、全年營業總收入估計額
五、課稅標準及稅率
六、每年應納稅額
七、每月平均應納稅款數
八、開張　年　月　日

前項營業調查證由財政局製就印發營業稅徵收處加章轉發每年換發一次不取證費其營業額資本額每一商店只塡一種幷應照章粘貼印花稅懸掛於易見之處以便調查

第五條　左列各種營業免納營業稅

一、凡依資本額課稅其資本不滿五百元者
二、凡依營業總收入額課稅全年收入不滿一千元者
三、凡已向中央繳納出廠稅之工廠或繳納收益稅之股份有限公司組織之銀行
四、國家營業或市營業
五、不以營利爲目的之營業

六、中央以法令指定免稅之營業

第六條　營業人如有歇業或頂盤遷移及改組加記等情事應立即呈報營業稅徵收處換領新營業調查證

第七條　營業稅調查證如有遺失或損壞時應即呈報補領或換領新證

第八條　營業人須置備賬簿記載左列各事項

一、買入貨物及原料數

二、賣出貨物數

三、銀錢收付逐日流水細數

四、月結總數

五、年結總數

前項帳簿得由財政局規定格式製發之

第九條　本市徵收營業稅率按照營業總收入額或營業資本額另以稅率表規定之并不得徵收附加稅如由中央以法令指定減稅之各業應仍照減定稅率徵收

前項稅率表即照民國二十三年十二月修正本辦法

第十條　凡章程附表未經列舉之營業合於徵收營業稅之性質者由財政局酌擬應徵稅率呈請市政府核轉財政部備案

第十一條　以營業額或資本額為課稅標準之營業應將全年營業收入估計數或資本數按照稅率決定全年應徵稅額總數按十二個月勻攤徵收但短期營業得就其營業時間一次徵收其新開店舖或工廠之營業稅自開始營業之月份起算

前項營業收入估計數以營業者上年份全年營業收入總數為標準其新設之營業則根據最初三個月內實際營業狀況比例核計

第十二條　營業稅額經按照前條核定稅額後應由營業人於每月照額繳納由營業稅徵收處掣給納稅收據

第十三條　營業者應納營業稅額經決定後除法令另有規定外在一年內不得減輕或加重

第十四條　按資本額徵稅之營業其公積金等應併入資本額計算

第十五條　凡一商店或工廠而兼有數種營業其稅率輕重不一者稅率之計算應依其營業之主要部份決定之

第十六條　物品販賣業有關於整賣批發并無門售零賣者得按營業稅率折半徵收但整賣而兼零售者仍須各別計算徵收

第十七條　製造業將其製造品在其製造場所發售者無論整賣零賣均祇徵製造業之營業稅但離開其製造場所另行設所發

售者無論與原製造廠是否同一廠主同一牌號均照徵販賣業之營業稅

第十八條　無一定之製造廠所或未使用一定之職工祇發原料工資製造物品以販賣者應照物品販賣業課稅不徵收製造業之營業稅凡發售物品之本店自設製造廠所已照物品販賣業納稅者不再徵收製造業之營業稅

第十九條　各種營業在本市區域內不論總店總廠及分店分廠其營業稅均應分別計算徵收

第二十條　凡領證納稅之店舖或工廠於停止營業時應即呈報營業稅徵收處其有欠繳稅款者并應照數清繳如延不呈報仍追繳未報時應納之稅款并加收罰金應納稅款十分之一

第二十一條　營業人如違反本章程第四，六兩條之規定隱匿不報或以多報少及應換證而不報換者除分別責令補稅換證外并處以所漏稅額一倍至三倍之罰金

前項罰金以五成解庫五成留處備作分獎出力職員之用其收據亦為三聯式由財政局印發并由營業稅徵收處加印蓋章一聯交被罰人收執一聯存處備查一聯呈局審核

第二十二條　營業人不遵照本章程第十二條之規定按期繳納稅款者逾限一月以上加收應納稅款十分之一之滯納罰金逾限二月以上加收十分之二逾限三月以上加收十分之三並得停止其營業

第二十三條　營業稅徵收處對於第四條營業人呈報之第三款第四款認為不確實時得設營業稅評議委員會評定之

第二十四條　營業稅徵收處於必要時得隨時檢查營業者帳簿文書貨物等件但非經營業稅徵收處正式公文吊取者不得攜出店外檢查其無簿據或藉詞推諉匿不呈報或呈驗不實者除照章處罰外得按其實際狀況依照二十三條設評議委員會評定之

第二十五條　經徵營業稅款應每季公告一次每年編製徵信錄公布之并呈報財政局查核

第二十六條　官商合辦之營業仍應照徵營業稅

第二十七條　本章程如有未盡事宜得隨時呈請修正之

第二十八條　本章程呈奉　行政院核准并咨財政部備案後公布施行

南京市徵收營業稅稅率表

民國二十三年十二月修正本

徵稅標準	類別	業名	稅率
按營業類	第一類　物品販賣業	養蜂業　油漆業　成衣業　修理業　裝池業　畜牧業	千分之二
		糧食業　柴炭煤業　棉花業　絲繭業　草織品業　蔴織品業　鐵器業　傘席業　梳篦業　紙業　扇業　鞋帽襪業　麵飯館業　麵粉業　豆腐茶乾業　雜貨業　棕蔴漢貨業　喜元米貨業　錢米業　油鹽業　醬園業	千分之二
		估衣業　竹木業　紗棉業　茶葉業　燭皂業　油漆業　南北貨業　山貨地業　磚瓦石砂業　竹木棕籐柳器業　蛋業　雞鴨業　零剪業　壽材業　硝皮貨品物業　石灰業	千分之四
		水菓業　國藥業　魚鯗醃臘業　炒貨業　搪磁業　顏料業　銅錫器業　陶磁料器業	千分之五
		水門汀業　汽水冰食業　糖菓罐頭茶食業　糖業　氈毯業　電料業　五金業　玻璃業　鏡架業　火腿業　銅鐵業　行軍床業　牛奶業　拍賣業　亭彩業　橡皮業　琺藍業　樂器業　綢緞業（暫按千分之二徵收）	千分之六
		參燕業　喜幛業　繡貨業　鐘表眼鏡業　首飾珠寶業　西式傢具紫檀紅木業　化裝美術品業　留聲機器業　花邊業　呢絨業　皮貨業　皮革業　古玩業　玩具業　賽銀器皿業　花樹業　娛樂品業　茶點業	千分之十
		洋廣貨業　香燭紙炮業　紙糊冥器業　錫箔業　肥田粉業　西樂業　軍西服業　汽車包車自由車業	千分之十
	第四類	運送業　交通業　轉運業	千分之二
		洗染業	千分之二
		包作業　營造業	千分之五
		介紹代理業　廣告業	千分之五
		電汽業	千分之八
	第五類	理髮業	千分之五
		中西音樂業	千分之六
		租賃物品業	千分之八
		中西餐館業　咖啡館業　茶館業	千分之十
		娛樂場業　彈子房業　戲園業　電影院業	千分之十
		照相鑲牙業　旅館業	千分之十
		浴堂業	千分之六
	第六類	保險業	千分之六
		證券業	千分之十

按資本類		
第二類	製造業	
	製亘業　裝訂業　製扇業　造紙業　造艙業　蔴織廠業　製掃帚業　碾米業　搾油業	千分之五
	銅鐵鉛錫物品業　翻砂業　製藥業　製蓆傘業　製茶業　製燈業　製腸業　電鍍拋銅噴銀器業　熬油業　製鏡業　製鏡架業　冶金業　製錫箔業　材廠業	千分之十
	造船業　製蛋黃白業　機器業　製糖業　製造顏料業　製造油漆業　造冰業　製造糖菓食品罐頭業　製蓄電池業　造熱水瓶業　製造頭髮鬃毛骨角物品業　製造鈕扣牙廠業　製皮革業　製鋼鐵床行軍床業　硝皮毛骨坊業　絲織廠業　製罐業　製搪磁料器業　印花廠業　玻璃廠業　製石棉業　製車輛業	千分之十五
	橡皮物品廠業　製照相材料業　製調味品業　攝製電影業　製造汽水業　製金銀器業　製化裝及美術品業	千分之二十
第三類	印刷出版業　文具教育用品業　書店書局業	千分之四
第六類	錢莊金銀號信托業	千分之十
	當典業	千分之四

南京特別市糧食管理局管理米糧業同業公會暫行辦法

三十年十二月

第一條　本局對於本市米糧業同業公會之管理適用本辦法之規定

第二條　米糧業同業公會（以後簡稱公會）除受法定行政機關之監督外兼受本局之指揮監督

第三條　凡米商均應加入米糧業同業公會方得經營食米運銷業務

第四條　公會如有違背法令及本條例時本局得呈請　市政府令飭社運分會解散並改組之

第五條　公會應將所屬會員之資金數目開設年月信用狀況運銷能力及經營者之品性狀態等詳細查明造册報告本局存查（册式附後）

第六條　公會應將各該地米市來源狀況存貨數量市面情形及關係米業各消息每週製造報告表呈送本局備查

第七條　公會負責人有傳達本局公布之各種條例辦法於所屬各會員並報告所屬會員有無違背糧食管理條例情事之責任

第八條　公會對於有關本京糧食管理運銷事宜得向本局作合理之建議

第九條　公會有受本局指示聯合會員向指定地區收買產米之義務

第十條　本條例如有未盡事宜得隨時呈請修正之

第十一條　本條例呈奉南京特別市政府核准並咨請糧食管理委員會備案後公佈施行

南京特別市米糧業同業公會會員名册樣式

行號	經理姓名	股東姓名	資本金額	運銷能力	營業狀況	有無堆棧地點及容量	開設年月及地點	備考
				活動金	近兩月平均門售每日若干			

南京特別市工務局管理三輪人力車暫行規則

三十一年一月

第一條　凡在本市區內行駛之三輪人力車悉依本規則之規定管理之

第二條　凡在本市區內行駛之自用或營業三輪人力車均須先將車輛開至本局車輛登記所聲請檢驗檢驗合格即予登記

發給行車執照以憑收執並應隨向財政局車捐處繳納車捐憑車捐牌領用搪磁號牌方可通行

第三條　三輪人力車申請登記領用牌照時應繳納下列各費

一、登記費　自用　三、〇〇
　　　　　　營業　三、五〇

二、執照費　〇、五〇

三、號牌費　二、五〇

第四條　三輪人力車既經登記其停駛復業過戶及補領牌照各手續悉依南京特別市車輛登記檢驗領用牌照收費簡則第四七九十二六八十一各條款辦理之應繳納復業過戶各費規定如左

一、復業手續費　一、〇〇

二、過戶費　二、〇〇

第五條　凡三輪人力車有違犯第二條之規定者應按左列各款分別處罰

一、未經登記者處三元至十元之罰金

二、不按期受檢驗者處二元至五元之罰金

三、無行車執照者處一元至五元之罰金

四、無號牌者處二元至六元之罰金

五、無捐牌者處一元至五元之罰金

第六條　凡三輪人力車違犯第四條之規定者應按左列各款分別處罰

一、停駛後未經呈報復業者處一元至三元之罰金

二、所有權移轉而未申請過戶者處一元至四元之罰金

第七條　號牌行車執照及車身所打鋼印應愼重保護如有損毀及糢糊不辨等情應按第四條之規定分別申請補領或補打違者得依左列各款分別處罰

一、號牌遺失而不申請補領者處二元至八元之罰金

二、號牌字跡糢糊而不申請換發者處二元至五元之罰金

三、行車執照遺失而不申請補領者處一元至三元之罰金

四、行車執照字跡模糊而不申請換發者處半元至二元之罰金
五、鋼印模糊而不申請補打者處二元至五元之罰金
六、偽造號牌行車執照及鋼印者除處二元至十元之罰金外並送司法機關究辦
七、號牌及行車執照應與車身鋼印號碼相同違者處一元至五元之罰金
八、號牌裝釘之位置不遵規定者處半元至二元之罰金

第八條 三輪人力車行駛時應注意左列各款違者處二元至十元之罰金

一、車輛行駛時應靠近道路之左側行駛愈慢應距左側愈近
二、行車時應注意各種交通標誌並服從交通崗警之指揮
三、車輛行駛於交叉路口轉灣時須用手勢表示行進方向如向左轉時左臂平伸向左指向右轉時右臂平伸向右指
四、車輛行駛於橋樑上下坡或交叉路或分支路口或狹窄街道或繁盛處所或警戒區域內時均應絕對徐行必要時並應停止行駛
五、凡後行車輛非必要時不得超越前車如超越時應俟前方之車輛向左避讓始可向右側行進至適當之距離並須復入原道路行駛
六、車輛行駛時不得於車外攀人附物
七、不准二人共乘一車但兒童不在此限
八、車輛於日落後及黎明前行駛或遇大霧時一律燃點燈火

第九條 三輪人力車停放時應注意左列各款違者處一元至五元之罰金

一、車輛應停放於指定之停車場所或適當地點
二、車輛停放應順序排列不得錯雜紊亂
三、寬度不及十公尺之窄狹道路不得相對停放
四、車輛停放應距離人行道側沿十分之一公尺以內距交叉路口轉角或橋樑五公尺以外距救火機關或消防龍頭地處三公尺以外
五、空車不得在道路上徘徊

六、車輛停放後駕駛人不得無故擅離

第十條　三輪人力車裝置應依照左列各款之規定違者處一元至五元之罰金

一、車輪應用膠皮氣胎
二、車上應安置手鈴其鈴號應與人力車及自行車有所區別
三、後輪必須裝置車閘閘柄須裝置於前把上以期停止靈敏
四、車上應備有變速裝置
五、車身車輪鋼板應時求堅固
六、護輪板車篷車墊應力求整潔完備
七、各部機械螺絲不得鬆動殘缺
八、車上應安置車燈三盞計前方一盞車旁左右各一盞車旁兩燈後面必須裝置紅色玻璃
九、前後輪軸間距離爲一、八公尺車身後部長度爲一、二公尺車軸之半徑爲〇、三五公尺以內爲限
十、脚踏板應設於車身之兩側寬度爲〇、一八公尺長度爲〇、三四公尺以距地〇、三二公尺爲限
十一、車身坐箱之寬度爲〇、四五公尺以距地〇、八〇公尺以內爲限

第十一條　三輪人力車駕駛人應先向本局申請登記經考試合格領有駕駛執照方准執業違者處五元至十元之罰金

第十二條　駕駛人應將駕駛執照隨身攜帶以備查驗違者處一元至五元之罰金

第十三條　駕駛執照不得借用或冒名頂替違者除將執照註銷另按第十一條之規定補行登記考驗外並處五元至十元之罰金

第十四條　駕駛執照如有遺失應於三日內覓具妥保申請補給違者處二元至五元之罰金

第十五條　駕駛人之執照不得私自僞造違者除處十元至二十元之罰金外並送司法機關究辦

第十六條　駕駛人應具左列之條件方得申請登記考驗並隨繳登記費一元執照費一元及二寸半身照片兩張

一、駕駛人以男性爲限
二、年在二十歲以上五十歲以下身體强壯四肢健全耳目敏捷而無神經病者
三、駕駛技能純熟明瞭市內地理及交通上一切規律者
四、在本市區內有固定之住址者

第十七條　本規則如有未盡事宜得隨時修正之

第十八條　本規則自　市長核准施行之

公牘

呈行政院文

案奉

鈞院行字第三八八八號訓令內開

「現據八卦洲佃農代表關瓊階等呈爲物價高漲貧農受累縷呈苦衷伏乞鑒核賜予令飭市府暨八卦洲洲產整理處暫緩加征租課俾資生息等情據此合行抄發原呈乙件令仰該市府查照核辦飭遵具報此令」

等因附抄發原呈一件奉此正遵辦間另據該佃農代表關瓊階等並八卦洲洲產整理處轉呈前情自應併案核辦查本府前以三十年度上半年收入概算不敷當經呈奉

鈞院令飭遵辦市產加租以資抵補關於該洲地租部份斟酌現時市況照原額加倍征收定爲年租四元以昭公允卽經令行該洲整理處遵辦佈告實行並呈請

鈞院暨咨請財政部備案各在案茲據該佃農等所稱各節事關本府加租通案原未便遽予變更惟時値百物飛漲生活增高爲體卹農艱起見擬酌量核減按照原額每畝暫加五成原額二元暫加一元爲三元仍分春秋兩季各繳一元五角卽自三十年份秋租起實行以示體卹除分別批飭並佈告週知暨令行該洲整理處遵照辦理外理合備文呈復仰祈

鑒核俯賜備案謹呈

行政院院長汪

南京特別市市長 蔡培

中華民國三十一年一月 日

南京特別市政府咨　字第　號

案據市民柳澄江聲請許可喪失中華民國國籍並附照片兩張手續費十二元及印花費二元前來核與國籍法第十條第一項第一款之規定相符並經飭據第五區公所查明該民並無國籍法第十二條所列各款情事之一除將手續費照章留存十分之四外相應抄附原聲請書檢同照片兩張手續費七元二角印花費二元一併咨請

查照辦理爲荷此咨

內政部

附聲請書抄件一紙照片兩張手續費七元二角印花費二元

市長　蔡培

中華民國三十年十二月　日

南京特別市政府咨　字第　號

案查本市土地工作旬報表業經送至十二月份上旬在卷茲經造具十二月中旬土地工作旬報表一份相應備文咨送即祈

詧照爲荷

此咨

內政部

計咨送本市土地工作十二月份中旬旬報表一份

市長　蔡培

中華民國三十年十二月　日

南京特別市政府辦理土地登記工作十二月份中旬旬報表

中華民國三十年

事項 件數 日	接收登記聲請書	土地所有權登記	房屋登記	更正登記	塗銷登記	移轉登記	分割登記	共有權登記	住所變更登記	繕寫查驗證	發給查驗證	備註
11		2				2					1	
12		1			1	5					3	
13		1				5				1	1	
星期 14												
15		1			1	2					2	
16		4			5	4					7	
17					1	4					1	
18		1			1	7					4	
19		1				2					1	
20		1				2						
總計件數		12件			9件	33件				1件	20件	

南京特別市政府咨　字第　號

案查本市土地工作旬報表業經送至十二月份中旬在卷茲經造具十二月下旬旬報表一份相應備文咨送卽祈
詧照爲荷
此咨
內政部
計咨送本市土地工作十二月份下旬旬報表一份

市長　蔡培

中華民國三十一年一月　日

南京特別市政府辦理土地登記工作十二月份下旬旬報表

中華民國三十年

事項／件數／日	接收登記聲請書	土地所有權登記	房屋登記	更正登記	塗銷登記	移轉登記	分割登記	共有權登記	住所變更登記	繕寫查驗證	發給查驗證	備註
星期 21												
22		1			1	7						
23		2				4						
24		4			1	1					5	
25						1						
26		3			1	1					1	
27		1			3	2					8	
星期 28												
29		2				4					2	
30		3				3						
		1									6	
總計件數		17件			6件	23件					22件	

南京特別市政府咨　糧字第　號

案據本府糧食管理局簽呈略稱

「案奉糧食管理委員會訓令奉准改定商人採運稻穀採辦證手續費二石折合食米一石收費其數量限額照原規定食米最高額倍計等因奉此查本局前奉核准公布之採辦證暫行辦法三種規定數目不符自應另案修正呈核擬自本月下旬起遵照會令辦法辦理除另令米業公會轉飭各米商知照外理合報請鑒核備案轉咨」

等情據此相應咨請

查照爲荷

此咨

糧食管理委員會

中華民國三十年十二月　日

市長　蔡培

南京特別市政府咨　糧字第　號

案據糧食管理局擬訂管理米糧業同業公會暫行辦法呈請核示前來除修正公布施行相應檢同該項辦法咨請

貴會查照備案

此咨

糧食管理委員會

附南京特別市糧食管理局管理米糧業同業公會暫行辦法一份（見法規欄）

中華民國三十年十二月　日　　市長 蔡培

南京特別市政府公函　字第　號

案准

貴總領事普通第二六號函開以京市太平路戶部街遭罹火災各戶承荷捐助救濟金日金拾伍元陸拾錢合國幣伍拾陸元壹角陸分業已照收具見

慈善為懷同深銘感除將前項捐款分別轉發外相應函復申謝即希

察照為荷此致

南京日本總領事

中華民國三十年十二月　日　　市長 蔡培

南京特別市政府公函　社字第　號

查本府籌辦冬振庇寒所業已擇定瞻園路義興巷內首都地方法院看守分所空屋（即前江蘇菸酒稅局舊址）為所址約可收容五百人以辦理三個月為限茲定本月七日起成立開始收容除令飭各區公所調查境內確屬赤貧市民逕送收容外此後沿街乞討之流民應請

貴廳迅即轉飭所屬各局所隨即詢明姓氏年齡籍貫住址以及來歷開列清單派警逕送該庇寒所收養以資救濟相應函請

查照辦理為荷此致

首都警察廳

中華民國三十一年一月　日　　市長 蔡培

南京特別市政府公函 工字第　號

案查前據利濟中國等車商以汽油限制影響交通創製三輪人力車以應需要先後呈請給照營業幷呈送樣車前來當經轉飭工務局檢驗尚屬適用批示暫准試辦各在案茲爲謀交通安全管理完善起見特訂管理三輪人力車暫行規則除公布施行並分令遵照辦理外相應檢送管理三輪人力車暫行規則函請

查照希卽轉飭所屬一體知照爲荷此致

首都警察廳

計檢送南京特別市工務局管理三輪人力車暫行規則（見法規欄）

中華民國三十一年一月　日　市長　蔡培

南京特別市政府公函 工字第　號

案准

貴署南警保九二五〇 九二五一號函以據吉原房夫呈請准予公共馬車往後行駛及增闢新路線相應檢同申請書函達查照示復以憑辦理等由准此查本市公共汽車行駛路線縮短車輛亦復減少爲便利交通計該項公共馬車增闢新路線自屬需要應予照准相應函復卽請

查照轉飭該商行遵照辦理爲荷

此致

南京日本領事館警察署

中華民國三十一年一月　日　市長　蔡培

統計

南京特別市戶口統計表

民國三十年十二月

祕書處第二科統計股製

區別	戶數	人口數						
		總計	男性			女性		
			合計	成人	兒童	合計	成人	兒童
總計	141024	629380	349832	239732	110100	279548	185979	93569
第一區	27417	127297	70195	50023	20172	57102	39280	17822
第二區	38493	170161	93115	62745	30370	77046	52502	24544
第三區	18197	77412	43994	30630	13364	33418	22501	10917
第四區	10497	45610	25728	18187	7541	19882	13313	6569
第五區	10854	49583	29474	22228	7246	20109	13652	6457
上新河區	12442	54669	29376	20130	9246	25293	16734	8559
燕子磯區	10227	47487	26005	16724	9281	21482	13217	8559
孝陵衛區	4212	19858	10498	5622	4876	9360	5581	3779
安德門區	8685	37303	21447	13443	8004	15856	9199	6657

註：一、本表根據各區公所塡報之戶口月報
二、各外國僑民戶口不在此內

南京特別市戶口增減比較表

民國三十年十二月

祕書處第二科統計股製

區別	戶減增數	人口增減數						
		總計	男性			女性		
			合計	成人	兒童	合計	成人	兒童
總計	+475	+1874	+993	+575	+418	+811	+533	+348
第一區	+59	+663	+362	+287	+75	+301	+238	+63
第二區	+257	+887	+446	+251	+195	+411	+260	+181
第三區	—119	—500	—267	—192	—75	—233	—164	—69
第四區	+77	+235	+128	+87	+41	+107	+71	+36
第五區	+107	+451	+245	+155	+90	+206	+140	+66
上新河區	+89	+190	+105	+51	+54	+85	+45	+40
燕子磯區	—30	—163	—82	—82	——	—81	—78	—3
孝陵衛區	+1	+3	+6	—7	+13	—3	—6	+8
安德門區	+34	+108	+50	+25	+25	+58	+27	+31

註：一、本表根據各區填報之戶口月報
二、各外國僑民戶口不在此內
三、有(＋)符號者爲增加(—)符號者爲減少

市政公報暫定價目表

期限	價目	郵費
零售	每冊三角	本市一分 外埠二分
半年	十二冊 三元五角	本市一角二分 外埠二角四分
全年	二十四冊 七元	本市二角四分 外埠四角八分

市政公報廣告刊例

頁數	價目
一頁	每期十一元
半頁	每期六元
四分之一頁	每期三元

刊登廣告在四號以上者每期按照七折計算連續十號以上者每期按照六折計算長期另議

出版日期 本公報暫定每月二次

編輯者 南京特別市政府祕書處

發行者 南京特別市政府祕書處

印刷者 南京新中印刷公司 地址：南京朱雀路邀貴井十四號 電話：二三一三七號

中華民國三十一年一月三十一日
第八十八期

市政公報

南京特別市政府秘書處印行

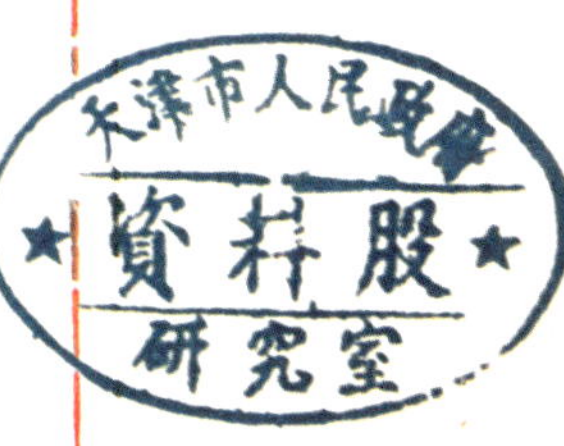

目錄

汪主席

周市長

命令

行政院訓令　行字第　號

令南京特別市政府

准

文官處文字第六號公函開：

「奉　國民政府三十一年一月二日令開：『南京特別市市長蔡培另有任用，蔡培應免本職。此令。』特任周學昌爲南京特別市市長。此令』等因；除由府另行頒給任命狀外，相應錄令函達，請煩查照飭知」

等由；准此：合行令仰該市政府遵照轉知！

此令

中華民國三十一年一月　日

院長　汪兆銘

行政院訓令　行字第　號

令南京特別市政府

准

文官處文字第一二〇號公函開：

「奉　國民政府三十一年一月二十四日令開『南京特別市政府祕書長張心蒲呈請辭職張心蒲准免本職此令任命陸善熾爲南京特別市政府祕書長此令等因除由府另行頒給任命狀外相應錄令函達請煩查照飭知」

等由准此合行令仰該市政府查照飭知

此令

中華民國三十一年一月　日

院長　汪兆銘

南京特別市政府委令　祕字第　號

令茹沛然

茲派該員爲本府祕書處第一科科長除另候呈薦外此令

中華民國三十一年一月　日

市長　周學昌

南京特別市政府委令　祕字第　號

令淩榮春

茲派該員爲本府祕書另候呈薦此令

中華民國三十一年一月　日

市長　周學昌

南京特別市政府委令　祕字第　號

令顔心畬

茲派該員爲本府祕書除另候呈薦外此令

中華民國三十一年一月　日　　市長　周學昌

南京特別市政府委令　祕字第　號

令周偉侯

茲派該員爲本府社會局祕書除另候呈薦外此令

中華民國三十一年一月　日　　市長　周學昌

南京特別市政府委令　祕字第　號

令余濟民

茲派該員爲本府財政局祕書除另候呈薦外此令

中華民國三十一年一月　日　　市長　周學昌

南京特別市政府委令　祕字第　號

令李峻悳　劉登瀛　吳鴻淦

茲派該員爲本府財政局第一二三科科長除另候呈薦外此令

中華民國三十一年一月 日

南京特別市政府委令 祕字第 號

令工務局技正查委平

茲調該技正為本府工務局第二科科長此令

市長 周學昌

中華民國三十一年一月 日

南京特別市政府委令 祕字第 號

令蘇榮軒

茲派該員為本府參事除呈簡外此令

市長 周學昌

中華民國三十一年一月 日

南京特別市政府公布令 府社字第 號

茲制定南京特別市獎勵手工業辦法公布之此令

附南京特別市獎勵手工業辦法（見法規欄）

市長 周學昌

中華民國三十一年一月 日

南京特別市政府佈告　府社字第　號

茲依照本市抑平物價暫行辦法之規定續將日常必需食品二十八種送經南京特別市物價評議委員會第六次常會評定限價即於三十一年一月二十五日起實行凡各商人售賣後列各項物品不得超過評定限價其有故違或暗盤操縱者一經查實或被告發獲有確證定即依照罰則從嚴懲罰惟自動在限價以下售賣者則屬商人希望營業發展當然在所不禁至未經評定限價之物品仍須依照抑平物價暫行辦法所定之標準售賣不得任意高抬合將第六次評定日常食用物品限價佈告週知

此佈

計附限價表一份

中華民國三十一年一月　日

市長　周學昌

南京特別市日常食用品第六次評定限價表

三十一年一月二十五日實行

品名	單位	限價 元	限價 角分
鮮豬	每担	三六〇	〇〇
豬肉	每斤	三	四〇
豬油	每斤	四	〇〇
水牛肉	每斤	二	二〇
黃牛肉	每斤	二	四〇
青魚	每斤	二	二〇
鯽魚	每斤	三	四〇
白魚	每斤	二	二〇
鰱魚	每斤	一	五〇
鯉魚	每斤	一	八〇
青蝦	每斤	三	〇〇
公雞	每斤	二	四〇
母雞	每斤	二	八〇
雞蛋	每個		三五
鴨蛋	每個		三五
青菜	每斤		二四
黃豆芽	每斤		三五
綠豆芽	每斤		三五
雪裏紅	每斤		五〇
藕	每斤		二六
豆腐	每塊		一〇
千張	每張		〇五
苞菜	每斤		五〇
蘿蔔	每斤		二五
芹菜	每斤		三五
菠菜	每斤		七〇
黃芽菜	每斤		五〇
冬筍	每斤	三	〇〇

南京特別市政府佈告 社字第　號

查近來豬隻行盤價目飛漲以致肉店門市售價亦日見增高茲經本市物價評議委員會斟酌實際情形評定豬隻售價每担不得超過三百六十元鮮肉每斤不得超過三元四角除由本府公布施行一面積極疏通豬隻來源以期抑平售價外合行佈告仰各豬商恪遵限價發售倘敢故違定即嚴行罰辦不貸切切

此佈

中華民國三十一年一月　日

市長　周學昌

社會局長　盛開偉

南京特別市政府訓令 字第　號

令財政局局長譚友仲

案准

行政院祕書處行字第二六四八號公函內開：

「案查本院第九十四次會議任免事項第十一案南京特別市政府周市長呈本府財政局局長蹇先驄另候任用擬請免職遺缺並擬請任命譚友仲充任案決議通過等由紀錄在卷除蹇先驄一員由院呈請國民政府明令免職外其譚友仲一員卽希依照修正公務員任用法第二條及第七條之規定備具證明文件呈送來院以便轉呈　國民政府核辦爲荷」

等由准此合行令仰該局長遵照備具證明文件呈送來府以便轉呈核辦此令

中華民國三十一年一月　日

市長　周學昌

南京特別市政府訓令　社字第　號

令本府各局處、城鄉各區公所、市商整會

查接管卷內奉

行政院行字第五三九六號訓令開

「現奉　國民政府第三號訓令開『查商會法現經修正明令公布應即通飭施行除分令外合行抄發該修正商會法令仰知照并轉飭所屬一體知照』等因計抄發商會法一份奉此除該項商會法業經刊登公報不再抄發暨分行外合行令仰該府飭屬一體知照」

等因奉此除分行外合行令仰該局處區會飭屬一體知照

此令

中華民國三十一年一月　日

市長　周學昌

社會局長　盛開偉

南京特別市政府訓令　社字第　號

令第一二三四五區公所

案准　振務委員會振字第一一號公函內開「案查本屆首都冬振業經本會派員澈查計第一區極貧七千九百三十六戶大小口三萬二千零八十三口第二區極貧一萬二千二百零一戶大小口四萬八千六百零六口第三區極貧五千一百二十六戶大小口二萬一千三百十八口第四區極貧二千八百五十八戶大小口一萬二千二百零三口第五區極貧二千九百七十三戶大小口一萬二千六百六十五口合計極貧三萬一千零九十四戶大小口十二萬六千八百七十五口應得本屆冬振並經按照規定辦法逐戶製就振票除交各區公所轉發各坊保甲實發貧民收受外相應函請查照轉飭遵照辦理」等由准此除分令外合行令仰該區公所遵照辦理并轉飭所屬坊保甲長一體遵照辦理爲要此令

中華民國三十一年一月　日

市長　周學昌

社會局長　盛開偉

南京特別市政府訓令　府財字第　號

令本府各局處

查接管卷內准

財政部賦一字第四號咨開

「案查通行稅暫行條例暨同條例詳細辦法及施行細則業經迭奉　行政院轉奉　國民政府公布核准施行並經本部定於本年十二月一日起開征火車乘客通行稅三十一年一月一

日起開征船舶乘客通行稅分別委託華中鐵道股份有限公司暨中華輪船股份有限公司內河輪船股份有限公司於售票時按照稅率代爲征收各在案除呈咨函令並布告外相應檢同前項通行稅暫行條例暨同條例詳細辦法及施行細則各五份咨請查照幷飭屬一體知照」等由附通行稅暫行條例暨同條例詳細辦法及施行細則各五份准此除將前項附件抄登公報不另抄發外合亟令仰知照並飭所屬一體知照

此令

中華民國三十一年一月　日

市長　周學昌

通行稅暫行條例

三十年十一月五日公布

第一條　凡飛機火車電車公共汽車長途汽車及船舶之乘客依照本條例之規定徵收通行稅前項通行稅之詳細辦法另定之

第二條　通行稅按照票價最高徵收百分之十

第三條　凡軍警部隊奉命移動者得免徵通行稅

第四條　通行稅得由財政部委託經營各該項運輸業者於乘客購票時附帶徵收之

第五條　本條例施行細則由財政部擬訂呈請行政院核定之

第六條　本條例自公布之日施行

通行稅暫行條例詳細辦法

三十年十一月二十五日行政院第八十七次會議通過
三十年十二月三日國民政府第五百九十五號指令「准予備案」

第一條　本辦法依照通行稅暫行條例第一條第二項之規定制定之

第二條　通行稅暫行條例第一條第一項所列舉之飛機火車電車公共汽車長途汽車及船舶係指售票供客乘用者而言

第三條　火車電車公共汽車長途汽車及船舶之乘客應課之稅率分級如左

一、頭等及二等乘客按其票價徵百分之十

二、三等乘客按其票價徵百分之五
三、四等乘客免稅

第四條 凡不分等級售票之車輛船舶所有乘客按照本條第二款之稅率課稅

第五條 飛機乘客應課之稅率另行規定但不得超過百分之十

第六條 凡購用聯運票往返票長期票團體票之乘客按其票面總價額依本辦法第三條之規定課稅

第七條 普通快車及特別快車之乘客除依本辦法第三條之規定辦理外其加價部份不分等級一律按照百分之十課稅

第八條 短距離乘客其票價不滿一角者免予徵稅

第九條 通行稅暫行條例第三條所規定之軍警部隊須持有證明文件方准免稅

第十條 通行稅應與票價同時繳納

第十一條 乘客越級或越站補票時應補納不足之稅款

第十二條 受財政部委託代徵通行稅之經營運輸業者（以下簡稱經營運輸業者）應於收到乘客稅款後在票面上加蓋「通行稅收訖」字樣之印戳關於經營運輸業者代徵通行稅之管理稽核及處罰於通行稅暫行條例施行細則內規定之

第十三條 經營運輸業者對於違反本辦法第九條及第十條規定之乘客不得售票

第十四條 通行稅暫行條例第一條所規定之各項通行稅其開徵日期由財政部以部令分別規定之

本辦法自呈准之日施行

通行稅暫行條例施行細則

三十年十一月二十九日 行政院核准施行
三十年十二月三日 國民政府第五百九十五號指令「准予備案」

第一條 本細則依照通行稅暫行條例第五條之規定制定之

第二條 受財政部委託代徵通行稅之經營運輸業者（以下簡稱經營運輸業者）除應遵守通行稅暫行條例及同條例詳細辦法各條之規定外其收解稅款及報告手續依照本細則之規定辦理

第三條 經營運輸業者應將左列各項呈報財政部備查

一、名稱及營業所設立之地點
二、運輸業之種類

三、路線（或航線）圖（包括起點終點及沿線各站或碼頭）
四、票價等級之區分
五、載客價目表
六、各月份之乘客統計表

本條第一款至第五款如有變更時應隨時呈報財政部

第四條　經營運輸業者委託旅行業代售車票船票或航空票時應將雙方規定之代售辦法呈報財政部備查前項代售辦法廢止時亦應呈報財政部

第五條　各項通行稅應徵稅額由財政部依照規定稅率分別製表交由經營運輸業者辦理之

第六條　經營運輸業者應於原用帳册內添列「代徵通行稅」一欄受經營運輸業者委託之旅行業於出售車票船票航空票時亦應按照前項之規定辦理

第七條　經營運輸業者應將代徵稅款按旬列表（格式一）呈報財政部查核

第八條　經營運輸業者應於每月月底將上月分代徵稅款繳解中央儲備銀行國庫局

第九條　經營運輸業者向中央儲備銀行國庫局解款時應塡具繳款書（格式二）連同現款一併送交國庫局

第十條　中央儲備銀行國庫局收到解款核與繳款書所列數目相符即塡具四聯收款書（格式三）除留存根一聯外其餘收據報告報查三聯交經營運輸業者收執

第十一條　經營運輸業者收到收款收據報告報查三聯後除留收據一聯存查——外以報告報查二聯隨同代征通行稅月報表（格式四）送請財政部查核

第十二條　財政部對於經營運輸業者得照其代徵稅款總額給予百分之二手續費經營運輸業者得於每月繳解時將應得之手續費扣除之但須於月報表內詳細註明

第十三條　財政部得隨時派員檢查經營運輸業者之帳册查核報告表塡載之數目有無隱匿或虛僞情事

第十四條　經營運輸業者之帳册及報告表中如有隱匿或虛僞情事因而漏稅者除徵收其應納稅額外並處以漏稅額十倍以上三十倍以下之罪金

第十五條　本細則自呈准之日施行

南京特別市政府訓令　字第　號

令各區區長

案查本市鄉區不動產買賣應塡具聲請書檢齊成交契約及上首原有各種契據聲請買賣如無上契附執者須具商鄰保證並補繳契稅歷經辦理在案玆因迭據買賣各業戶聲稱以原有契據現在泰半因事變遺失無法繳驗請求通融辦理等情本府爲體念民艱起見對於鄉區不動產買賣如出賣人確無上契附執者須由買受人事先查明該產來歷確係實在准予出具甘結出賣人免予補稅具保用示體恤嗣後凡有買賣俱應投稅過戶如有私自隱匿不報一經查明定予照章處罰除刊附甘結式樣佈告週知外合行令仰該區長轉飭遵照爲要此令

中華民國三十一年一月口日

市長　周學昌

地政局長　胡政

法規

南京特別市獎勵手工業辦法

三十一年一月

第一條　茲為救濟本市一般失業工人幷獎勵生產起見特訂定本辦法

第二條　本辦法所稱手工業為左列各種

一、棉織品（如織布織毛巾織襪等類）
二、絲織品（如織綢織錦等類）
三、草織品（如地蓆涼鞋等類）
四、木製品
五、竹製品
六、籐製品
七、手工漂染印花
八、手工玻璃製品
九、其他簡便易製之普通日用物品

第三條　凡舉辦前項手工業者除依照定章申請登記外並應連同營業計劃暨經費概算書各繕兩份一併送請市政府查核

第四條　凡舉辦手工業者如資本不敷時得由市銀行依據銀行放款章程酌量借貸從輕取息但須先將具體計劃及設備暨技師之經歷詳細呈報市政府審核

第五條　凡舉辦手工業者如存積製品過多資金不能周轉時得呈請市政府向市銀行輕利抵押

第六條　關於手工業製品之保存及運輸由本市政府予以倉庫及搬運之便利

第七條　製造之物品如能獨出心裁特別改良者經市政府審查認可後得咨請實業部依照小工業及手工藝獎勵規則獎勵之

第八條　本辦法如有未盡事宜得隨時由市政府修改之

第九條　本辦法由南京特別市政府呈報行政院核准後公布施行

公牘

南京特別市政府呈 府財字第　號

竊查接管卷內奉

鈞院行字第五三七七號訓令內開

「現據律師顧裕尙呈爲條陳三事敬請鑒核採納施行等情據此當批函呈閱悉全面和平尙未實現各省秩序未能盡復常軌無可諱言地方文武偶或藉詞籌補政費私抽捐稅情弊雖經本院隨時查禁仍難保其必無關於嚴禁貪汚政府現正籌設特別法庭辦理據呈請禁軍隊勒捐裁各處私卡禁賦外苛捐各節不爲無見仰候咨會軍事淸鄉各委員會幷通飭各部會各省市政府各就主管範圍嚴密詳查分別禁革整頓辦理具報此批除印發暨分別咨行外合行抄發原函呈令仰該市府遵照批開事理飭屬隨時查察分別禁革整頓辦理具報此令」

等因計抄發顧裕尙函呈一件奉此自應遵照除照抄奉發抄件飭屬隨時查察分別禁革整頓幷將辦理情形具報外理合具文呈復仰祈

鑒核謹呈

行政院院長汪

南京特別市市長　周學昌

中華民國三十一年一月　日

南京特別市政府呈 府財字第　　號

查接管卷內蔡前市長以三十一年度收支不敷甚鉅除開辦臨時建設特捐約可月征九萬餘元外每月尚短十二萬元當經呈請
鈞院并咨財政部按月增撥行政補助費十二萬元用以抵補在案旋奉
鈞院行字第六〇八三號指令內開「呈悉據稱市庫支絀請自三十一年一月份起按月添撥補助費一十二萬元能否照撥仰候令飭財政部審議具復再行核辦飭遵」等因奉此查本市收入原極短絀最近復以實行員工薪餉加成不敷更鉅而所恃以彌補不足之臨時建設特捐雖經於本月六日開征嗣以蔡前市長調任即於八日暫告停頓除中華門等四處外其餘各征收分所業經裁撤市長到任以後自當加以考察努力整頓惟該項特捐原經列為本市收入大宗經此停頓市庫收入自受重大影響其他各項捐稅為數寥寥無濟於事為特呈請
鈞長鑒賜迅予核准轉飭財政部自本年一月份起按月增撥補助費十二萬元以資彌補實為公便
謹呈
行政院院長　汪

南京特別市市長　周學昌

中華民國三十一年一月　日

南京特別市政府咨 字第　　號

案奉
行政院行字第五三六二號訓令內開：

「准　文官處文字第六號公函開：『奉　國民政府三十一年一月二日令開：「南京特別市市長蔡培另有任用蔡培應免本職此令特任周學昌為南京特別市市長此令」等因除由府另行頒給任命狀外相應錄令函達請煩查照飭知』等由准此合行令仰該市政府遵照轉知」

等因：奉此，遵於本月十六日到府接印視事，除呈報並分行外，相應咨達即希

查照為荷

此咨

各部會

市長　周學昌

南京特別市政府咨　字第　號

中華民國三十一年一月　日

案據本府教育局呈略稱：

「竊奉令自三十年度起每學期應照原有教育經費自行增籌百分之五至二十作為擴充教育經費之用一案查三十年度第一學期行將終了擬自第二學期起援照事變前成例開始徵收學費對於免費學額規定為百分之五十尚有環境特殊者如鄉區學校及簡易學校均予全數免收學費以顧及貧寒子弟得有入學機會預計每學期可徵收市立中小學學費達八萬肆千餘元核與增籌教育經費成數可達百分之十五以上并為充實市立學校設備起見附帶徵收建設費以資減輕市庫負担理合檢同徵收學建費辦法等三種呈請核准施行」

等情據此察核所擬各項辦法尚屬可行應准照辦以利市教推進除令飭各市立中小學一體遵照辦

理外相應檢送該局原擬辦法三種咨請
貴部查照備案爲荷
此咨
教育部
附送市立中小學徵收學費辦法暨免繳學費暫行規則以及徵收建費暫行辦法各一份（略）
市長　周學昌
中華民國三十一年一月日

南京特別市政府咨　宣字第　號

查本月十日本府舉行大東亞戰爭宣傳座談會業經檢同會議紀錄函請
查照在案茲查上項座談會討論事項第二案第二項對學校之宣傳決定「（A）由教育部將關於大東亞戰爭之宣傳編成教材通令全國各學校採用（B）關於上項教材之資料請宣傳部報道部供給」等語紀錄在卷查日軍佔領新加坡爲期在邇上項教材資料亟待轉送彙編除分函報道部外相應咨請
查照將上項宣傳教材資料賜交本府以後彙送教部編配爲荷！
此咨
宣傳部
市長　周學昌
中華民國三十一年一月日

南京特別市政府咨 府糧字第　號

查本府爲統籌調節本市民食起見對於本市米糧之進出自應調查數量以憑統計除各門關輪埠到米及各米商進出米糧飭由糧食管理局逐日派員調查具報外所有貴會本市各倉庫每日進出米量亦需明瞭相應咨請查照轉飭本市各倉庫將進出米量逐日列表送交本府糧食管理局以憑彙辦此咨

糧食管理委員會

市長　周學昌

中華民國三十一年一月　日

南京特別市政府咨 字第　號

案查接管卷內本市土地工作旬報表業經送至民國三十年十二月份下旬止在卷玆查三十一年一月份上旬及中旬（十五日止）蔡前市長任內正值辦理移交以致未克將土地登記等案件列表咨送玆由十六日起造具一月份中旬土地工作旬報表乙份相應咨送卽希

詧照爲荷

此咨

內政部

計送本市土地工作一月份中旬旬報表乙份

市長　周學昌

中華民國三十一年一月　日

南京特別市政府咨　字第　號

案查本市土地工作旬報表業經送至本年一月份中旬止在卷茲造具一月份下旬前項工作旬報表一份相應咨送即希
查照爲荷
此咨
內政部
計咨送本市土地工作一月份下旬旬報表一份

市長　周學昌

中華民國三十一年一月　日

南京特別市政府辦理土地登記工作一月份中旬旬報表

中華民國三十一年

日 \ 件數 \ 事項	接收登記聲請書	土地所有權登記	房屋登記	更正登記	塗銷登記	移轉登記	分割登記	共有權登記	住所變更登記	繕寫查驗證	發給查驗證	備註
星期 11												
12												
13										1		
14												
15												
16												
17						4				5		
星期 18												
19		5			3	6					14	
20						3					2	
總計件數		5件			3件	13件				5件	16件	

南京特別市政府辦理土地登記工作一月份下旬旬報表

中華民國三十一年

事項 件數 日	接收登記聲請書	土地所有權登記	房屋登記	更正登記	塗銷登記	移轉登記	分割登記	共有權登記	住所變更登記	繕寫查驗證	發給查驗證	備註
21					1	5					4	
22						3					5	
23						6					7	
24						3					14	
星期 25												
26					1	14					36	
27						5					17	
28						1				1	21	
29						5					22	
30						2				1	17	
31						3					3	
總計件數					2件	47件				2件	146件	

南京特別市政府公函

社字第　號

案查本市日常必需食用物品之限價節經照章辦理在案茲復將日常食用物品二十八種送經南京特別市物價評議委員會第六次常會分別評定限價送請本府佈告前來除佈告並分別函令外相應檢附佈告限價表九十份函請

查照希卽轉飭所屬各局所擇要張貼並飭崗警隨時注意查察嚴厲執行爲荷

此致

首都警察廳

計附佈告九十份

市長　周學昌

中華民國三十一年一月　日

統　計

南京特別市戶口統計表

民國三十一年一月

秘書處第二科統計股製

區別	戶數	人口數						
		總計	男性			女性		
			合計	成人	兒童	合計	成人	兒童
總計	142099	633066	374015	240969	133046	259051	164843	94208
第一區	27729	128752	70970	50557	20413	57782	39760	18022
第二區	38776	170156	115743	62988	52755	55313	30574	24739
第三區	18242	77581	44091	30639	13402	33490	22544	10946
第四區	10632	45973	25935	18337	7598	20038	13410	6628
第五區	11017	50231	29842	22472	5770	20389	13843	6546
上新河區	12592	54990	29550	20220	9330	25440	16815	8625
燕子磯區	10182	47210	25887	16625	9262	21323	13092	8231
孝陵衛區	4208	19849	10492	5608	4884	9357	5572	3785
安德門區	8721	37424	21505	13473	8032	15919	9233	6686

註：一、本表根據各區公所填報之戶口月報
　　二、各外國僑民戶口不在此內

南京特別市戶口增減比較表

民國三十一年一月

秘書處第二科統計股製

區別	戶減增數	人口增減數						
		總計	男性			女性		
			合計	成人	兒童	合計	成人	兒童
總計	+1075	+3686	+2002	+1237	+765	+1684	+1045	+639
第一區	+312	+1455	+775	+534	+241	+680	+480	+200
第二區	+283	+895	+447	+243	+204	+448	+253	+195
第三區	+45	+169	+97	+59	+38	+72	+43	+29
第四區	+135	+363	+207	+150	+57	+156	+97	+59
第五區	+163	+648	+368	+244	+124	+280	+191	+89
上新河區	+150	+321	+174	+90	+84	+147	+81	+66
燕子磯區	—45	—277	—118	—99	—19	—159	—125	—34
孝陵衞區	—4	—9	—6	—14	+8	—3	—9	+6
安德門區	+36	+121	+58	+30	+28	+63	+34	+29

註：一、本表根據各區填報之戶口月報

二、各外國僑民戶口不在此內

三、有(+)符號者爲增加(—)符號者爲減少

市政公報暫定價目表

期限	價目	郵費
零售	每冊三角	本市一分 外埠二分
半年	十二冊三元五角	本市一角二分 外埠二角四分
全年	二十四冊七元	本市二角四分 外埠四角八分

市政公報廣告刊例

頁數	價目
一頁	每期十一元
半頁	每期六元
四分之一頁	每期三元

刊登廣告在四號以上者每期按照七折計算連續十號以上者每期按照六折計算長期另議

出版日期 本公報暫定每月二次

編輯者 南京特別市政府祕書處

發行者 南京特別市政府祕書處

印刷者 南京新中印刷公司
地址：南京朱雀路邀貴井十四號
電話：二三一三七號

中華郵政登記認爲第一類新聞紙類

中華民國三十一年二月十五日

市政公報

第八十九期

南京特別市政府祕書處印行

目錄

命令

法規

公牘

命令

南京特別市政府委令 祕字第　號

令馮積芳

茲派該員爲本府宣傳處祕書另候呈薦此令

中華民國三十一年二月　日

市長　周學昌

南京特別市政府委令 祕字第　號

令李慶慈

茲委該員爲本府專員此令

中華民國三十一年二月　日

市長　周學昌

南京特別市政府委令 祕字第　號

令胡頎人
　陳彥博

茲委該員爲本府專員此令

中華民國三十一年二月　日

市長　周學昌

南京特別市政府訓令 祕字第　號

令各局處會區

案奉

行政院行字第五五四二號訓令開：

「現准　軍事委員會令機字第七八號公函開：『查香港九龍地區，現由日本軍政機關管理，凡欲旅行該地區者，無論何國國籍，均應先行徵得日本華南軍事當局許可後，再爲前往，以免違反規定，誤被處分，除通令外相應函達，即希查照。轉飭所屬一體知照！』等由：准此，除分行外，合行令仰該市府飭屬一體知照！」

等因：奉此，除分行外，合行令仰該○飭屬一體知照！此令。

中華民國三十一年二月　日

市長　周學昌

南京特別市政府訓令 祕字第　號

令各區公所

案奉

行政院行字第五六四六號訓令內開：

「現奉　國民政府第三三號訓令開：『據本府文官處簽呈稱：「准中央政治委員會祕書廳中政[illegible]第一六〇七號公函內開：『查三十一年一月二十九日中央政治委員會第八十次會議[illegible]論事項第一案，主席交議：「據行政院呈，據實業部提：爲期擴展農村耕地，增加食糧生產起見，擬訂督勵墾荒暫行條例草案呈核一案。經提交第九十六次院會討論決議，照原提案修正通過，錄案呈請鑒核等情，請公決案」當經決議，「通過送國民政府公布并交立法院備查。」紀錄在卷。相應錄案並抄附行政院原呈及實業部原提案暨督勵墾荒暫行條例，一併函達，至希查照轉陳明令公布，并分令行政，立法兩院知照。』等由：理合簽請鑒核。等情」；到府，自應照辦。除明令公布并分飭施行外，合行抄發督勵墾荒暫行條例一份，令仰該院知照。并轉飭所屬一體知照！』等因：計抄發督勵墾荒暫行條例一份奉此，除分行外，合行抄發該條例一份，令仰該市府飭屬一體知照！」

等因：附發督勵墾荒暫行條例一份，奉此，除分行外合行抄發該條例一份令仰該區知照！此令。

計抄發，督勵墾荒暫行條例一份。

中華民國三十一年二月口

市長　周學昌

南京特別市政府訓令　府社字第　號

令本府所屬各局處

查本府爲檢討各區過去之設施決定應興應革以資推進保甲改善區政起見擬於二月十九日起聯合有關機關召集各區坊鄉鎭長舉行區政會議仰該○屆時到會出席并將關於區政應興應革之處速卽籌畫擬具議案限於開會前三日送交區政會議祕書處編列議事日程付會討論共策進行合亟檢同會議規程及提案辦法令仰該○長遵照并轉飭所屬一體遵照切切此令

附發區政會議規程及提案辦法各一份（見法規欄）

中華民國三十一年二月　日

南京特別市政府訓令

府社字第　號

市長　周學昌

令城鄉各區公所

查本府為檢討各區過去之設施決定應興應革以資推進保甲改善區政起見擬於二月十九日起聯合有關機關召集各區坊鄉鎮長舉行區政會議該區長屆時應率同所屬坊鄉鎮長到會出席所有各區地方情形與過去工作狀況迅即作成報告書連同所提議案統限於開會前三日送交大會祕書處編列議事日程提付大會分別報告討論共策進行合亟檢同區政會議規程及提案辦法令仰該區長遵照并即轉飭所屬坊鄉鎮長一體遵照切切此令

附發區政會議規程及提案辦法各一份（見法規欄）

中華民國三十一年二月　日

市長　周學昌

南京特別市政府訓令

府財字第　號

令本府各處局

查各處局請領各項臨時事業費每於簽請核批時僅敘明擬支數目而對於各該事業費之核定數已支數剩餘數等均無簽註至餘額是否能敷支用無從核批茲特制定事業費統計表一種凡請領事業費各案須一律附具該項統計表一份俾便查核除分行外合行檢發表式一份令仰該處局遵照辦理此令

附發表式一份（略）

中華民國三十一年二月　日　　市長　周學昌

南京特別市政府訓令 府工字第　號

令燕子磯孝陵衛區公所

案查前准水利委員會實業部咨請調查農田水利事項一案迭經令催該區公所限期查填具報以憑彙轉在案茲查該項調查表亟待查明填送未便再事稽延合再令仰該區公所限文到之日趕將前項調查表迅速查填具報以憑彙轉毋再玩延切切此令

中華民國三十一年二月　日　　市長　周學昌

南京特別市政府訓令 字第　號

令所屬各機關

查新國民運動綱要中關於積極厲行節約消費增加生產爲當前急務，蓋事變四年以來，因渝方之拖延抗戰，遂使國家元氣斲喪，經濟物質消耗殆盡，民衆困苦情形與日俱增，而所惜尙有一般人士，當此艱難時代，仍不自悟，猶是奢侈淫佚，任情浪費，而應酬宴會慶弔餽贈之需，尤屬所費不貲，此種不良習尙，自應力予矯正，方符新國民運動「節約消費」「個人對於國家貢獻要多享受要少」之原則，茲特遵照

主席所訂宴會限制辦法，並擬就慶弔餽禮限制辦法，就本府所屬範圍各公務人員通令一體嚴格遵守，藉期移轉流俗，普及社會，除分令外，合行令仰遵照並轉飭所屬一體遵照爲要！

此令

附發宴會限制辦法及慶弔餽禮限制辦法一份（見法規欄）

中華民國三十一年二月　日

市長　周學昌

南京特別市政府布告　府財字第　號

查接管卷內本市爲謀事業之推進及補預算之不足自三十一年一月一日起舉辦臨時建設特捐暫以一年爲期業經呈奉

行政院核准并分別咨令及布告在案惟以啓征未久適值本府改組暫行停頓現在三十一年度工作開始各項事業均待進行預算不敷亟需籌補該項臨時建設特捐爰定於本月八日依照原案繼續征收俾資維持并爲便利征收免除複稅起見擬定補充辦法兩項期於整頓稅收之中仍寓體恤商艱之意而於呈准原案及規定稅率并無變更除分別呈咨令行外合行抄粘臨時建設特捐征收簡章及前項補充辦法出示布告仰各商民人等一體周知此布

計粘附征收簡章及補充辦法（見法規欄）

中華民國三十一年二月　日

市長　周學昌

財政局長　譚友仲

南京特別市政府佈告　府財字第　號

查本府爲謀事業之推進及補預算之不足呈奉

行政院核准舉辦臨時建設特捐業經本市長佈告周知繼續征收在案關於征收簡章第四條內載凡

商人販運下列貨物一律免捐（甲）米穀鹽柴（乙）零星負販者良以米穀鹽柴係爲日用所需零星負販有關貧民生計故特予免捐以示體恤惟各商人對於零星負販免捐意義未盡明瞭致易發生糾紛亟應予以解釋須知零星負販係指小本負販商人攜帶少數零星物品者而言自應照章免捐俾維貧民生計不得稍有留難致涉苛擾但關於販運大宗貨物仍當照章征收亦不得藉詞影射俾杜取巧除令行臨時建設特捐征收處遵照外合行佈告仰本市各業商人一體遵照

此佈

中華民國三十一年二月□日

市長　周學昌

財政局局長　譚友仲

法規

南京特別市區政會議規程

第一條　南京特別市政府為檢討各區過去之設施決定應興應革以資推進保甲改善區政起見特聯合有關機關召集各區坊鄉鎮長舉行區政會議

第二條　本會議由南京特別市市長定期召集之

第三條　本會議以左列各員組織之

一、市長

二、市政府祕書長

三、市政府所屬各局處長及社運會主任委員

四、市政府參事

五、首都警察廳主任祕書及第二科科長

六、市政府所屬各局處會祕書及社會局第三科科長

七、各區區長

八、各坊鄉鎮長

九、其他由市長指定或邀請之人員

第四條　本會議請　內政部長派員到會指導

第五條　本會議得請　內政部保甲推進委員會南京特別市黨部暨其他法團派代表到會共同討論

第六條　本會議討論事件有與各機關相關聯者得隨時請其派員列席

第七條　本會議以市長為主席市政府祕書長社會局長為副主席主席不克出席時得指定副主席一人代理之

第八條　本會議設祕書處辦理本會議之籌備及開會期間各項事務由市長指派職員充任其規則另定之

第九條　本會議討論事項分左列各類

第三條　職員領取職員證及證章後應隨身佩帶鄭重負責保管

第四條　證章如有遺失應由本人即將遺失原因暨所領證章號碼自行登報聲明作廢並於三日內檢同報紙呈報本府備查候示補發其遺失職員證者同

第五條　遺失證章應賠繳證章費二元即交秘書處第一科會計股照收

第六條　遺失證章未依本規則第四條之規定手續辦理因而發生其他事故者按其情節輕重分別懲處

第七條　凡職員去職時應即將原領職員證及證章一併繳還本府秘書處第一科人事股註銷取得收據證明後方得領最後之薪金

第八條　本規則如有未盡事宜得隨時修正之

第九條　本規則自公布日施行

南京特別市取締米糧業違章處罰規則

三十一年三月廿三日公布

第一條　南京特別市各米糧商如有違背法令時除已有法律規定罰則者外悉依本規則由首都警察總監署本市社會局糧食管理局各本其職權依本規則處罰之

第二條　本規則所稱米糧係指秈米糯米秈稻糯稻糙米小麥麵粉苞米及其他經政府指定管理之雜糧

第三條　米糧商必須將定價插立標籤其定價不得超過主管局或評價委員會所評定公佈之限價

第四條　米糧商販進售出及存儲之數量須隨時報告糧管局登記并須報告市社會局倘隱匿不報即認爲私行囤積意圖居奇操縱應照本規則處罰之

第五條　學校工場及其他有多數人共同生活之場所購辦大宗米糧以備自食者應將數量隨時報告糧管局登記倘其購存數量超過兩個月之需要量時并須報告市社會局如隱匿不報即認爲私行囤積妨害民食應照本規則處罰之

米糧之需要量以每人每日食米七合爲標準其食麵粉雜糧者得依此標準比例計算之

第六條　米糧商以外之商鋪及居民倘購存自食米糧超過三十石或二千四百公斤時應即向市糧管局社會局報告如隱匿不報即認爲私行囤積妨礙民食應照本規則處罰之

第七條　米糧商有左列行爲之一處以五十元以上五百元以下之罰金

一、不用法定之量衡器者

二、不插立定價標籤者

第三類　關於戶籍及聯保切結之整頓事項
第四類　關於國民補習教育識字運動等事項
第五類　關於墾植增加生產充足民食事項
第六類　關於振興工商業救濟失業復興地方事項
第七類　關於撫輯流亡勸導回歸及救濟貧窮事項
第八類　關於勵行清潔防疫暨其他公共衛生事項

四、凡會員提案須照後列格式繕寫
一、提議人　（姓名）
二、類　別　（照前條所列範圍）
三、議　題
四、理　由　（應簡明扼要）
五、辦　法　（用列舉方式說明實行時之手續）

五、每議案須各自成篇不得與他議案連為一件

六、凡有臨時提議者仍應依照格式於開議前或暫議中繕送主席或副主席酌量加入議事日程付議

七、議案一律須繕成正副本各一份儘二月十六日以前逕送區政會議秘書處「外封寫明南京特別市政府區政會議秘書處」收

一　宴會限制辦法　遵照　主席訂定

一、凡宴會用中餐十人以上為一席者至多不得過以下數量不及十人者照減六殽（無論為冷葷或熱葷或素菜無論大小碗或大小碟均以六色為限）兩甜菜四飯菜一湯生菓茶
如用西餐至多不得過以下數量(一)湯頭(二)湯(三)(四)魚或肉伴蔬菜(五)甜菜(六)生菓茶

二、凡宴會以聯請為原則例如餞別及歡迎等會各機關聯合或各人聯合為之不惟省費尤可省時

二、慶吊餽禮限制辦法

一、凡公務人員本人或直系親屬遇有婚喪事故應絕對體卹物力一切均須從簡力戒舖張

二、本人結婚或子女婚嫁以參加集團舉行爲宜
三、凡年未及六十歲者不得慶壽
四、親屬冥壽及子女彌月週晬俗例概須免除
五、除婚喪及爲年高之尊親屬做壽外不得濫發請帖
六、禁止由公務機關名義代發請帖及代收禮品
七、婚喪壽席每桌限價不得超過五十元統以十人爲一席或用茶點代替亦可
八、慶弔送禮應恪遵下列規定不得逾限
相當於委任職者不得過兩元
相當於薦任職者不得過四元
相當於簡任職者不得過六元
九、年節不准餽送禮品

南京特別市政府臨時建設特捐徵收簡章 三十一年二月

第一條　本簡章爲謀市政之推進彌補預算之不足提經市政會議議決訂定之
第二條　本簡章係臨時性質暫定一年爲期
第三條　凡商人販運貨物出入本市轉境時除規定免捐者外均應繳納臨時建設特捐
第四條　凡商人販運下列貨物一律免捐
甲　米穀鹽柴　　乙　零星負販者
第五條　臨時建設特捐捐率從價徵收百分之二
第六條　本市臨時建設特捐由本府財政處派員設處徵收並在水陸衝要地點酌設分徵所或查驗所其組織另定之
第七條　商人繳納特捐後卽由經徵機關製給特捐納捐證交商執運
第八條　凡在本市境內出入貨物應由商人核實申報繳納特捐如有隱匿偷漏以多報少以細作粗以及塗改捐證一證兩用證貨不符等情事除責令按率補捐外視其情節輕重處以應納捐額一倍以上五倍以下之罰金
前項罰金應隨時塡給罰金收據

第九條　凡在本市境內販運出入貨物如有抗不遵章繳納特捐者應將貨物全部扣留充公拍賣

第十條　納捐證罰金收據均爲三聯式第一聯交商執運第二聯呈繳財政局覆核第三聯存經徵機關備查

第十一條　前項納捐證罰金收據均由本府財政局製備編號蓋印由經徵機關具領加鈐塡用

第十二條　本簡章如有未盡事宜得隨時呈請修正之

第十三條　本簡章自呈奉核准之日施行

徵收臨時建設特捐補充辦法

一、徵收員收到捐款後除發給納捐證外並於貨物上加蓋槩戳

二、入境之貨物已納特捐領有納捐證者於出境時不再徵收但以前存積之貨物未納特捐者及本京土產物品出境時仍須照徵特捐

中華民國三十一年二月　日

市　長　周學昌

財政局局長　譚友仲

公牘

南京特別市政府呈 字第　號

案准駐南京日本總領事館普通第一號函譯開：

「敬啓者南京日本居留民團爲購買墓地及火葬場用地起見曾在清涼山附近購妥土地一九・八八四九畝業將地租及該地所有墓地遷讓費計爲二千八百四十五元零九分交於鈞府並於民國廿八年十二月七日由鈞府發下收據一紙此次日本居留民團爲購置南京神社社地曾經本領事館呈轉鈞府准予發給同樣永租權等情相應函請查照俯准辦理爲荷」

等由准此查此案曾於民國廿九年一月准日本總領事館函囑征用清涼山附近土地建築墓地及火葬場並附送土地補償金及墳墓遷移費法幣二千八百四十五元零九分到府當經前維新政府南京特別市政府分別通知各業戶具領並將該處墳墓遷移完竣旋准日本總領事館函詢對於用地之權利確保方法復經前南京特別市政府呈請維新政府行政院轉飭內政部核議以致案懸未結伏查外國人依照條約在中國內地不能購置土地即按照國民政府外交部於民國十七年七月十二日公布之內地外國教會租用土地房屋暫行章程規定永租亦僅限於設立教會醫院學校之用此外是否可以永租法無明文規定惟查本府去年辦理日本大使館及總領事館征用五台山一帶土地建築使館及南京神社一案所發永租權狀係經外交部呈奉核准有案茲准前由可否援照日本大使館征收土地建築使領館舍一案發給永租權狀之處未敢擅專理合具文呈請

鑒賜迅予核示祇遵實爲公便

謹呈

行政院院長汪

南京特別市市長　周學昌

中華民國三十一年二月　日

南京特別市政府呈　府社字第　號

竊查本市人口日見增加商業狀況亦漸臻繁盛兼以現在上海疏散人口而本市亦正勸導旅滬市民回歸於是相率來京者益衆人口既增消費必夥此後物資供應能否平衡殊足爲慮且値玆生活高漲之際失業者更所難免似應迅謀興辦簡易工業以期增進生產兼顧救濟爰特擬就「南京特別市奬勵手工業辦法」藉示提倡除咨　實業部查核外是否可行理合檢同原辦法備文呈送仰祈核示祗遵

謹呈

行政院院長汪

附呈南京特別市奬勵手工業辦法一份（略）

南京特別市市長　周學昌

中華民國三十一年二月　日

南京特別市政府呈　府社字第　號

竊查職府爲檢討本市各區過去之設施決定應興應革以資推進保甲改善區政起見擬聯合有關各機關於本年二月二十三日起召集各區坊鄉鎭長舉行區政會議共同討論藉收集思廣益之效業經分飭有關各局處着手籌備並將區政會議規程先行擬訂俾籌備進行得有準繩除關於會議各情形再當隨時呈報外理合先將區政會議規程備文呈報仰祈

鑒核備案實爲公便

謹呈

行政院院長汪

附呈南京特別市區政會議規程一份（見法規欄）

南京特別市市長　周學昌

中華民國三十一年二月　日

南京特別市政府咨　府社字第　號

查本府爲檢討各區過去之設施決定應興應革以資推進保甲改善區政起見擬聯合有關機關召集各區坊鄉鎮長舉行區政會議茲經擬訂區政會議規程送請

查核指導相應咨請

貴部長查照幷盼行知保甲推進委員會共策進行祈即見復爲荷此咨

內政部

計咨送區政會議規程一份（見法規欄）

市長　周學昌

中華民國三十一年二月　日

南京特別市政府咨　府社字第　號

案准

貴部商字第一零六號咨囑將本府辦理工商業登記適用之單行規章簿册等件各檢送一份以備參考等由准此自應照辦相應檢同各項登記證照簿籍書式及規則各一份隨文咨送卽希

察收爲荷此咨

實業部

（附件略）

市長　周學昌

中華民國三十一年二月　日

南京特別市政府咨　字第　號

案據本市下關拆屋災民代表劉潤齋等呈稱爲拆屋災民有案有款環請市長親提恤款查案迅放以救災黎倘有困難仍求咨請外交部協同辦理以盡完善等情據此查接管卷內本案前於上年六月間曾准

貴部建亞字第一九六號咨囑將經過情形詳細查復當經查明以地字第六二五八號咨復詧照請轉商友邦當局迅予釐訂補償辦法見復嗣於同年十二月間又准貴部亞字第七七號公函略以本案業已轉函日本大使館查明核辦尚未准復如貴府已與日方有所接洽希將情形見復等由到府復經以「所有本市第一區飛機場附近及下關等處房屋先後經友邦部隊使用並經前維新政府與興亞院商有補償辦法本府除根據前督辦市政公署成案先後咨請貴部轉爲交涉外對於友邦方面並無何等接洽請詧照辦理見復」等情函復各在案茲續據該民等呈請前來除批示外相應抄附原呈咨請

貴部迅予查案辦理見復爲荷此咨

外交部

附抄原呈一件（略）

市長　周學昌

中華民國三十一年二月　日

南京特別市政府咨　字第　號

案查本市土地工作旬報表業經送至乙月份下旬在卷茲造具二月份上旬前項工作旬報表一份相應咨送即希
查照爲荷
此咨
內政部
計咨送本市土地工作二月份上旬旬報表一份

市長　周學昌

中華民國三十一年二月　日

南京特別市政府辦理土地登記工作二月份上旬旬報表

中華民國三十一年

日＼件數＼事項	接收登記聲請書	土地所有權登記	房屋登記	更正登記	塗銷登記	移轉登記	分割登記	共有權登記	住所變更登記	繕寫查驗證	發給查驗證	備註
星期 1												
2						2				1		
3						6					5	
4						3				1	2	
5											2	
6						2					3	
7						1				1	2	
星期 8												
9					1	4					7	
10					2	2					5	
總計件數					3件	29件				3件	26件	

南京特別市政府咨 宣字第　　號

案查一月十日本府舉行大東亞戰爭座談會討論事項第二案第二項對學校之宣傳決定「（A）由教育部將關於大東亞戰爭之宣傳編成教材通令全國各學校採用（B）關於上項教材之資料請宣傳部報道部供給」等語經檢同會議紀錄函請查明並分函宣傳部報道部請編送教材資料各在案茲准宣傳部報道部先後檢送上項資料到府相應檢附原件咨送
貴部查照酌奪採用爲荷
此咨
教育部

附送教材資料十三件目錄乙件印刷品六十件（略）

市長　周學昌

中華民國三十一年二月　日

南京特別市政府公函 府社字第　　號

案准
貴司令部備字第二三號公函開「本部組織以來對於警備地區之警備業經分別籌劃茲爲明瞭首都人口之統計及區坊保甲之劃分以及區坊保甲長之姓名人數起見擬請貴府飭屬查明希即列表見復」等由准此查本市城鄉保甲長人數多至一萬一千餘人名冊繁夥未能錄送茲特檢同各區區坊鄉鎮長名冊各區保甲編制及戶口數字統計表暨城區各坊所轄街巷名稱表各一份備函送請
查照爲荷此致

首都警備司令部

計函送本市各區坊鄉鎮長名冊一份（略）

本市各區保甲編制及戶口數字統計表一份（略）

本市城區各坊所轄街巷名稱表一份（略）

市長　周學昌

中華民國三十一年二月　日

南京特別市政府公函　府工字第　號

案查關於華中水電公司商請本府代築清涼山道路工程業經呈奉
行政院核准並經通告招標各在案茲據該公司派員來府面稱所有該項工程總費用以日金一萬八千六百五十元爲限並請以日金編製預算以便撥款等語經飭局按照該公司聲請意見編就概算共需日金一萬八千六百五十元內工程費爲日金一萬六千元收買民地及拆遷坟墓費日金二千六百五十元相應檢同概算書一份函請
貴聯絡官轉飭該公司早日如數撥付以便施工又該路之所有權包括土地在內均歸本府所有倘將來該路廢棄不用時經雙方同意所有收買民地費用日金九百九十二元零一分由本府照數償還併希
查照轉達爲荷

此致

富永首席聯絡官

附概算書一份（略）

市長　周學昌

中華民國三十一年二月　日

南京特別市政府公函　字第　號

案查接管卷內准
貴公司華鐵技工午第六號函以本公司擬在南京江邊添築渡江客貨車停車軌道惟工事地帶是否全係路產其間有無民地界限不清應先查勘明白再行動工檢同工事地區圖函請查照予以協助辦理見復等由准此經飭地政局派員會同
貴公司保線區安新政吉君查勘相應檢同圖册送請
查照辦理爲荷此致
華中鐵道股份有限公司
附圖册一份（略）

市長　周學昌

中華民國三十一年二月　日

市政公報暫定價目表

期限	價目	郵費
零售	每冊三角	本市一分 外埠二分
半年	十二冊 三元五角	本市一角二分 外埠二角四分
全年	二十四冊 七元	本市二角四分 外埠四角八分

市政公報廣告刊例

頁數	價目
一頁	每期十一元
半頁	每期六元
四分之一頁	每期三元

刊登廣告在四號以上者每期按照七折計算連續十號以上者每期按照六折計算長期另議

出版日期 本公報暫定每月二次

編輯者 南京特別市政府祕書處

發行者 南京特別市政府祕書處

印刷者 南京新中印刷公司

地址：南京朱雀路遂貴井十四號

電話：二三一三七號

中華郵政登記認爲第一類新聞紙類

中華民國三十一年二月二十八日

市政公報

第九十期

南京特別市政府祕書處印行

目錄

命令

公牘

統計

命令

南京特別市政府委令 祕字第 號

令王敏復

茲派該員爲本府教育局第三科科長另候呈薦此令

中華民國三十一年二月 日

市長 周學昌

南京特別市政府委令 祕字第 號

令趙其丸

茲派該員爲本府參事此令

中華民國三十一年二月 日

市長 周學昌

南京特別市政府委令 祕字第 號

令粮食管理局技正張伯巖

茲調該員爲本府糧食管理局祕書另候呈薦此令

中華民國三十一年二月 日

市長 周學昌

南京特別市政府委令 字第 號

令糧食管理局主任科員張振萬

茲升該員爲本府糧食管理局技正另候呈薦此令

中華民國三十一年二月 日

市長 周學昌

南京特別市政府委令 祕字第 號

令陳萬恭

茲委該員爲本府工務局技正此令

中華民國三十一年二月 日

市長 周學昌

南京特別市政府委令 祕字第 號

令何希韶 宋建中

茲委該員爲本府專員此令

中華民國三十一年二月 日

市長 周學昌

南京特別市政府訓令 府社字第 號

令上新河 安德門 燕子磯 孝陵衛 區公所

案准 實業部農字第一二二八號咨開

「案奉　行政院訓令定於本年三月一日召開地方會議討論地方治安食糧生產物資配給三問題「案本部爲積極籌劃食糧增產起見所有各地農村現狀及今昔比較情形亟待明瞭爰經製定農村狀況調查表式一種除分別咨行外相應檢同前項調查表十份咨請查照飭屬依式查塡並希於本月二十五日以前彙送過部以利進行至紉公誼」等由並附農村狀況調查表到府准此自應照辦除分令外合行檢發原表令仰該區遵照務於文到三日內依式詳細查塡二份遵限呈送來府以憑彙轉毋稍稽延爲要

此令

計發農村狀況調查表二份(略)

中華民國三十一年二月　日　市長　周學昌

南京特別市政府訓令　府社字第　號

令城鄉各區公所

查本市城鄉各處官有民有荒山荒地甚多亟應分別督促墾種以期增加生產茲製定調查表式一種除分令外合亟檢發表式令仰該區長遵照尅速查明凡民有前項荒地限令各原業主於三星期內墾種逾期仍報由本府招墾至官有荒地則報候本府招人墾種統限十日內塡表呈核切勿延誤爲要

此令

附發調查表式一紙(略)

中華民國三十一年二月　日　市長　周學昌

南京特別市政府訓令　府社字第　號

令第五區公所

查本月十八日該區轄境內永甯街地方發生火災業經飭出社會局派員會同該區前往查勘計被火災民十三戶內除劉在仁等三戶開設商舖境況較優毋庸救濟外其倪成坤等十戶均係苦力小販情殊堪憐待賑甚亟茲援照歷次救濟火災成例大口各給振米五升小口各給振米二升五合統計大二十八口小八口應發振米壹石六斗除飭社會局通知第一倉庫照數發給外仰即備具領米及借用蔴袋收據逕向倉庫領取分別發放一面造具名册飭令各該受賑戶主在名册上簽名蓋章或蓋大拇指印俟發放完畢仍將原册呈府備查為要

此令

中華民國三十一年二月　日　市長　周學昌

南京特別市政府訓令　府財字第　號

令臨時建設特捐征收處

案查本府舉辦臨時建設特捐凡屬于本府管轄之區域向城內搬入物資而應本市之消費者及本市之土產物資向外埠搬出銷售者均應一律課稅業經規定棉紗棉布肥皂火柴砂糖煤油重油機械油蠟油煙草等十種物資商請

友邦各高級機關准予協助并按照每月十日二十日及月杪三期逕由各有關機關製作報告表送達本府以便按表征收在案茲准中支砂糖販賣協會南京支部中支石油販賣協議會南京支部暨南京石油販賣同業組合等先後函送各該機關於本年二月份上旬內銷售物品報告表各一份過府除將原表存查并函復外合行抄發各該表令仰該處根據表列數量及價額分向各採辦之華商按率課

稅毋任隱漏切切

此令

計抄發砂販第一二八號報告表一份

石協第五八號報告表一份（略）

石油販賣組合報告表一份

市長　周學昌

中華民國三十一年二月　日

南京特別市政府訓令　府農字第　號

令園林管理處城廂各區公所

案准

實業部農字第八十一號咨開

「案據中央模範林區管理局呈稱「案查本屆林務會議討論事項第二十八案「提倡植桐以利生產案」「經大會決議」「呈部通令提倡」等語記錄在卷查栽培油桐取其桐子榨製桐油用途甚廣且亦爲我國對外貿易之重要產品亟應普遍提倡以增生產歷考本區氣候土質各方面對於桐樹繁殖尚屬相宜除由本局倡導外理合錄案具文呈請仰祈鑒賜轉咨各省市通令提倡勸導人民普遍植桐實爲公便等情據此事關生產建設核尚切要除指令外相應咨請貴府查照飭屬遵辦並見覆至紉公誼」

等由准此除分令外合行令仰遵辦並飭屬一體知照

此令

中華民國三十一年二月　日

市長　周學昌

公牘

南京特別市政府呈

案奉

鈞院行字第五六四八號訓令內開

「現據糧食管理委員會蔡委員長摺呈稱：『竊職奉令接辦糧食管理委員會後經查前任存滬洋米祇十二萬餘包此次因滬市民食恐慌陳市長迭電催索經配給八萬包所存僅四萬包格於特殊情形尙不能搬運來京市庫存又將告罄而最近各處來電紛請配給尤以軍警米糧刻不容緩若在短期內採購鉅額糧食不僅事不可能且費亦難措再四籌思挹注之法惟有將職前在市長任內呈准鈞院所辦市積穀移緩就急以解燃眉查此項積穀係由中央儲備銀行墊款購存約二十萬担左右除經原田特務機關長一再商請該行救濟甯波民食曾以每担作價六十五元分讓爲五萬担外現尙存約十五萬担左右茲爲救急起見已向中央儲備銀行商得同意按甯波分讓價每担酌減一元全部轉讓以資配給至本市民食將來當由職會統籌支配陸續撥濟事關調劑存糧是否可行理合簽請鑒核示遵』等情據此應如所擬辦理除分行遵辦外合行令仰該市府遵照辦理具報：此令」

等因：奉此查接管卷內此項積穀係由蔡前市長與中央儲備銀行商訂息借款項幷訂立合同會同負責購儲業經呈奉

鈞院核准在案惟實支借款若干共購米穀確數若干每石價値若干如何平價銷售除售出尙存若干

未准蔡前市長專案造冊移交職府無從查考奉令前因除函請中央儲備銀行廢止前訂合同外理合據實呈復仰祈

鑒核備案實爲公便

謹呈

行政院院長 汪

南京特別市市長 周學昌

中華民國三十一年二月 日

南京特別市政府呈

竊查本市爲首都重地人口日增所需食米每日約三千餘石每月約九萬餘石在已往所需之米向係仰賴大宗皖米接濟(因本市非產米之區)自二十九年十月糧食實施管理以後皖米不得自由運京致輸入米量因而銳減自上年一月間起由糧食管理委員會每日撥發官米二千石左右交由本市各米商出糶當時民食未致缺乏嗣屆時穀登場本府卽責成糧食管理局鼓勵米商大量採購計先後運入本市之米約達三十萬石復於上年十二月在全國糧食會議時期由本府糧食管理局請由糧食管理委員會自三十一年一月份起到六月份止每月撥發官米五萬石共撥三十萬石連同米商採辦之米合計共六十萬石以每月民食消耗九萬餘石計可敷六個月之用惟糧食管理委員會除上年十一月份撥發官米六千包及各機關合作社團體學校食米四千包外本年以來對於本市並未撥米接濟卽向糧食管理委員會配給之各機關合作社及各團體學校食米亦未撥發致本市米商存米經過兩個月之消耗已在二十萬石以上現在存米日漸減少職接任以來本市民食雖安定如常價格方面亦較任何省市爲低但近因連日陰雨及農曆年關種種原因來源短少致供不應求米價高漲雖欲

抑平亦難收效據報最近四鄉存米數已無多卽糙米售價已達一百二十元同時運京之米每日僅有數百石民食益形缺乏爲目前有效辦法計惟有請糧食管理委員會早爲準備迅予撥發大量官米交由本市出糶以應急需除咨請糧食管理委員會外理合呈請

鈞座鑒核備查實爲公便

謹呈

行政院院長　汪

南京特別市市長　周學昌

中華民國三十一年二月　日

南京特別市政府咨　字第　號

案查本市土地工作旬報表業經送至二月份上旬在卷茲造具二月份中旬前項工作旬報表一份相應咨送卽希

查照爲荷

此咨

內政部

附送本市土地工作二月份中旬旬報表一份

市長　周學昌

中華民國三十一年二月　日

南京特別市政府辦理土地登記工作二月份中旬旬報表

中華民國三十一年

事項 件數 日	接收登記聲請書	土地所有權登記	房屋登記	更正登記	塗銷登記	移轉登記	分割登記	共有權登記	住所變更登記	繕寫査驗證	發給査驗證	備註
11					1	4				1	6	
12						4					2	
13					1	5					4	
14					1						3	
星期 15												
16												
17												
18										1	1	
19					1	1					2	
20					1	5				1	4	
總計件數					5件	17件				3件	22件	

南京特別市政府辦理土地登記工作二月份下旬旬報表

中華民國三十一年

事項 件數 日	接收登記聲請書	土地所有權登記	房屋登記	更正登記	塗銷登記	移轉登記	分割登記	共有權登記	住所變更登記	繕寫查驗證	發給查驗證	備註
21										3		
星期 22												
23						5				1	4	
24						2				3	4	
25						3				1	5	
26						2						
27						4					5	
28						10					3	
總計件數						26件				8件	21件	

南京特別市政府咨 字第　號

案查本市土地工作旬報表業經送至二月份中旬在卷茲造具二月份下旬前項工作旬報表一份相應咨送卽希查照爲荷

此咨

內政部

附送本月土地工作二月份下旬旬報表一份

中華民國三十一年二月　日

市長　周學昌

南京特別市政府公函 府社字第　號

查前准

貴廳函送南京人報登記聲請書等件囑查照辦理一案經已轉咨宣傳部核辦並函復查照在案茲准宣傳部咨復業經審查核定准予登記檢同京報字第五三號登記證一枚請查照轉發收執以資發行幷請飭令該報社依照出版法第十六條之規定將發行人之姓名登記號數發行年月日發行所印刷所之名稱及所在地在該報登載以符法令等由附送南京人報登記證一枚到府准此相應檢同原證函請

查照轉發收執幷請飭令該報社依照出版法第十六條之規定辦理爲荷此致

首都警察廳

附送南京人報登記證一枚

中華民國三十一年二月　日

市長　周學昌

南京特別市政府公函　府財字第　號

案據本市捐稅所所長劉登瀛呈稱：

「竊查本市秩序日趨穩定市面商業逐漸繁榮鋪房租金既因求過於供隨之高漲而應納之鋪房捐尙仍舊貫以致新增與舊有之捐額按之鋪房租價標準極不平衡茲爲調整起見擬再舉行總複查一次其辦法仍採取李前所長熙曾所擬呈奉備案之十條一以租約帳簿爲依歸自己產業加以公允估計決不在捐率以外無端增加人民負担誠恐商民不明真像發生誤會引起糾紛擬請鈞長鑒核俯賜轉行市商會通知各業聽候複查並分別函令首都警察廳暨市轄各區公所轉飭所屬對于本所佩帶證章持有服務證之複查人員執行職務時切實協助以利進行而重捐務茲謹抄錄複查鋪房捐辦法一份是否有當理合備文呈報仰祈鑒核施行指示祇遵

等情幷附呈複查鋪房捐辦法一份據此查該所爲整頓鋪房捐起見所擬複查辦法察核尙屬可行除指令准予照辦外相應函達即希」

查照轉飭所屬對於該所複查人員執行職務時予以協助俾利進行實紉公誼此致

首都警察廳

附抄送複查辦法一份（略）

市長　周學昌

中華民國三十一年二月　日

南京特別市政府公函　府財字第　號

案據本市臨時建設特捐徵收處處長汪兆龍呈稱：

「查職處於二月八日繼續啓徵臨時建設特捐業經呈報在案惟此項特捐事屬創辦本市

商人違章報納者固不乏人而意存觀望延不遵繳者亦所難免且各城門友邦軍憲不明特捐意義誠恐發生誤會茲爲免除隔閡起見對於友邦軍憲除由本處積極聯絡幷闡明本市特捐意義外擬請鈞府商請各該主管機關轉飭城門原駐軍憲予以協助庶可免除誤會而利推行是否有當仰祈鑒核示遵」

等情據此查該項臨時建設特捐於本月二月八日繼續徵收業經擬訂補充辦法兩項函請查照在案茲據該處呈述前情察核尚屬實在相應據情函達卽請查照轉飭各城門原駐軍憲隨時予以協助至紉公誼此致

南京特務機關

首都憲兵司令部

市長　周學昌

中華民國三十一年二月　日

南京特別市政府公函　府工字第　號

案據本府工務局呈稱案查前據查報市民孫繼龍有私將王府園二九號房屋拆賣情事當經本局派技士柳雅南前往查明具報旋據報稱該處房屋共計二進約四十餘間現有孫繼龍者正將第三進房屋開始拆除所拆磚瓦木料尚未運走職已會同王府園警察分駐所勒令停拆等情據此經卽通知孫繼龍來局詢究同時幷函請該管警察分駐所派警制止正辦理間乂據市民曹瑞吉等呈請迅將該處房屋制止拆除前來復經派技士蔣成章前往查勘茲據報稱該處房屋現已全部拆盡經詢據該管警察分駐所巡官錢惠廷聲稱該屋由當地保甲長具呈證明確係賣主所有故未予制止等語查該處房屋早經本局會同該管警察分駐所派警制止幷去函請予嚴禁拆運在案今該屋已全部拆除而該管警察分駐所始終不予禁止究屬是何原因爲明瞭眞相起見擬請轉函首都警察廳飭卽切實查

復等情據此查核尚屬實情相應函請
查照飭即切實查明見復為荷此致
首都警察廳

市長　周學昌

中華民國三十一年二月　日

南京特別市政府公函　第　號

案據本府工務局呈稱：

案查前據市民朱祿卿呈稱為私有曾公祠二之三號房屋被友邦商人金井重春任意拆毀檢呈前土地局所發土地所有權狀及分段圖照片等件請求迅予制止拆卸等情當經派員前往查明該處現正動工拆除所拆木料尚有一部份堆集經詢據日商林工業務所工程師山茂正口面稱該處係恆和倉庫株式會社建築須向遠藤吉六郎接洽方可停工等語本局為辦理慎重起見經函詢地政局該處產權何屬旋准函復確係請求人朱祿卿等所有查該處產權既經查明為朱姓所有且並未與第三者發生買賣關係所請制止拆除一節自屬正當查二月二十七日
南京特務機關長官召開地方復興對策委員會對於增建本京家屋至為關切該恆和倉庫竟無故拆除他人房屋事前又未向本局呈報殊與
南京特務機關長提倡地方復興之善意相違且與南京市建築規則第八條「凡市內公私建築之起造添造改造修理或拆卸均應於事前向工務局請領執照」之規定不合值茲回歸人民日漸增加房屋已感不敷應用此類情事倘不設法制止影響民居至關重要擬請轉函協助飭令該日商恆和倉庫立即停止拆除以維法令而保產權

等情相應據情函達卽請
查照辦理見復爲荷
此致
南京特務機關
市長　周學昌
中華民國三十一年二月　日

南京特別市政府公函　府衛字第　號

案准
貴部總醫第六九號通牒開：
「逕啓者自民國三十一年三月二十六日起至三十一日止於東京召開第十一次日本醫學會總會及舉行東亞醫學會成立典禮茲推薦貴屬南京傳染病院院長黃道三爲中國方面代表出席將由日本醫學會正式函送請帖（招待狀）並由該會豫定對各代表每一人發給旅宿膳費津貼約日金六百元相應函請卽希查照」
等由准此查該員以私人資格被推出席自應照辦除飭該員屆期參加外相應函復卽希
查照爲荷
此致
派遣軍軍醫部部長
市長　周學昌
中華民國三十一年二月二十日

統計

南京特別市戶口統計表

民國三十一年二月

秘書處第二科統計股製

區別	戶數	人口數						
		總計	男性			女性		
			合計	成人	兒童	合計	成人	兒童
總計	142905	635149	352943	241715	111228	282206	187676	94530
第一區	28040	129494	71390	50875	20515	58104	40001	18103
第二區	38892	171555	93809	63128	30681	77746	52898	24848
第三區	18309	77829	44235	30789	13446	33594	22617	10977
第四區	10818	46476	26215	18553	7662	20261	13580	6681
第五區	11048	50345	29891	22492	7399	20454	13883	6571
上新河區	12665	54948	29534	20210	9324	25414	16800	8614
燕子磯區	10163	47060	25797	16553	9244	21263	13046	8217
孝陵衛區	4211	19873	10494	5605	4889	9379	5582	3797
安德門區	8759	37569	21578	13510	8068	15991	9269	6722

註：一、本表根據各區公所填報之戶口月報

二、各外國僑民戶口不在此內

南京特別市戶口增減比較表

民國三十一年二月

秘書處第二科統計股製

區別	戶減增數	人口增減數							
		總計	男性			女性			
			合計	成人	兒童	合計	成人	兒童
總計	+ 806	+2083	+1109	+ 746	+ 363	+ 974	+ 653	+ 322
第一區	+ 311	+ 742	+ 420	+ 318	+ 102	+ 322	+ 241	+ 81
第二區	+ 116	+ 499	+ 247	+ 140	+ 107	+ 252	+ 143	+ 109
第三區	+ 67	+ 248	+ 144	+ 100	+ 44	+ 104	+ 73	+ 31
第四區	+ 183	+ 503	+ 280	+ 216	+ 64	+ 223	+ 170	+ 53
第五區	+ 31	+ 114	+ 49	+ 20	+ 29	+ 65	+ 40	+ 25
上新河區	+ 73	- 42	- 16	- 10	- 6	- 26	- 15	- 11
燕子磯區	- 19	- 150	- 90	- 72	- 18	- 60	- 46	- 14
孝陵衛區	+ 3	+ 24	+ 2	- 3	+ 5	+ 22	+ 10	+ 12
安德門區	+ 38	+ 145	+ 73	+ 37	+ 36	+ 72	+ 36	+ 36

註：一、本表報據各區公所填報之戶口月報
二、各外國僑民戶口不在此內
三、有(十)符號者爲增加，有(一)符號者爲減少

市政公報暫定價目表

期限	價目	郵費
零售	每冊三角	本市一分 外埠二分
半年	十二冊 三元五角	本市一角二分 外埠二角四分
全年	二十四冊 七元	本市二角四分 外埠四角八分

市政公報廣告刊例

頁數	價目
一頁	每期十一元
半頁	每期六元
四分之一頁	每期三元

刊登廣告在四號以上者每期按照七折計算連續十號以上者每期按照六折計算長期另議

出版日期 本公報暫定每月二次

編輯者 南京特別市政府祕書處

發行者 南京特別市政府祕書處

印刷者 南京時代印書館 地址：南京朱雀路邀貴井十八號 電話：二二五九五號

中華民國三十一年三月十五日

市政公報

第九十一期

南京特別市政府祕書處印行

中華郵政登記認爲第一類新聞紙類

目錄

命令

法規

公牘

命令

南京特別市政府委令　祕字第　號

令邵志堯

茲委該員爲南京特別市營業稅征收處處長。此令

中華民國三十一年三月　日

市長　周學昌

南京特別市政府訓令　字第　號

令各處局

查本府前因便於稽核統籌購置起見設置購料委員會編訂組織章程公布施行在案現以前項章程業經重行修正公布並改定名稱爲「購辦委員會」其委員暨各組負責人員亦經重行指定分別令派嗣後各該局處需用一切物品材料仍應照章填具請購單送會審核後再行呈候核定採購除分行外合行令仰遵照此令

附發修正購辦委員會組織章程一份（見法規欄）

中華民國三十一年三月　日

市長　周學昌

南京特別市政府訓令　字第　號

令所屬各機關

案准宣傳部咨導字第六四號咨開「案查中央宣傳會議第十二次會議關於新國民運動萬衆簽誓一案經決議三月十二日國父逝世紀念日上午九時全國開始舉行簽誓由宣傳部咨各中央機關及地方政府並由社運會通飭各民衆團體教育部通飭各學校宣傳部通飭各宣傳機關軍委會辦公廳通飭各軍事機關同時舉行等由紀錄在卷此次簽誓關係國民精神革新之總表現各機關團體應舉行簽誓儀式以昭隆重除分別咨令並將簽誓儀式及議案詳情另交中央社轉發新聞報社刊載外相應咨請查照並轉飭所屬遵照等由並附簽誓冊二百本暨簽誓辦法一份過府准此自應照辦除分令外合行抄發原簽誓辦法一份簽誓冊〇本令仰該〇遵照辦理並轉飭所屬遵照辦理此令

中華民國三十一年三月　日

南京特別市政府訓令　字第　號

市長　周學昌

令各局處區市社運會

案奉

行政院行字第五八一七號訓令內開「奉國民政府第四五號訓令開據本府文官處簽呈稱准中央政治委員會祕書廳中政祕字第一六四二號公函內開查三十一年二月十九日中央政治委員會第八十二次會議討論事項第四案　主席交議擬定每月八日爲保衛東亞紀念是日在報紙及各種集會上宣傳保衛東亞之大義及闡述去歲十二月八日　國民政府聲明之精神各娛樂場所除電影外均停止則親友便飯外各宴會均停止以普及實行同甘共苦之意旨請公決案當經決議通過送　國民政府通飭遵照紀錄在卷相應錄案函達至希查照轉陳通飭遵照等由理合簽請鑒核等情據此自應照轉除分行外合行令仰該院遵照並轉飭所屬一體遵照此令等因奉此自應遵辦除分令外合行令仰該市府飭屬一體遵照」等因奉此自應遵辦復准宣傳部咨導字第六五號咨略同前由准此除

分令外合行併案令仰該會○飭屬一體遵照此令

中華民國三十一年三月日

市長　周學昌

南京特別市政府訓令

府社字第　號

令城鄉各區公所

案准

實業部鑛字第一九一號咨開：

「我國鑛產素稱豐富各地鑛商力謀開發已漸著成效惜以事變關係多致停頓　國府還都以後政府多方鼓勵以謀鑛業進展在各鑛商呈請復業者日益衆多新設各公司亦復不少近聞各鑛區域正值積極開發之際每爲地方不良份子欺迫勒索實屬鑛業前途最大障礙本部有鑒及此亟應嚴加取締以利鑛業進行除分別函令外相應咨請查照轉飭所屬嚴密查究並希見復實紉公誼」

等由准此除咨復並分行外合亟令仰該區長轉飭所屬一體嚴密查究爲要此令

中華民國三十一年三月日

市長　周學昌

社會局長　盛開偉

南京特別市政府訓令

府社字第　號

令各處局

查本屆區政會議議决各案業經大會祕書處整理就緒陳送到府亟應按照議案性質分別次第實施凡事甚單純者應卽由各主管局處令飭遵辦其事甚重要且爲人力財力所可舉辦者列爲甲等

併應從速舉辦除其他案件尙須計畫及統籌辦理者分列乙丙丁等另文飭遵並分行外合亟摘錄上列兩項案由並檢同會議紀錄令仰該處局遵照尅日分別切實辦理具報爲要切切此令

計抄發令辦及甲等案由各一紙會議紀錄一份（略）

中華民國三十一年三月　日

市長　周學昌

南京特別市政府訓令 府財字第　號

令代理臨時建設特捐征收處處長江兆龍

查臨時建設特捐有關本市建設要需必須照章切實稽征俾維預算之不足關係免捐標準業經於臨時建設特捐簡章第四條內明白規定並佈告周知在案惟對於零星負販准予免捐原爲體恤小本商人維持貧民生計起見但販運物品既有種類之不同而物品值價亦有貴賤之區別商人每乘機取巧希圖規避殊足影響稅收亟應規定具體辦法以資有所遵守茲特訂定零星負販免損暫行辦法五項期於體恤商人之中兼顧整頓收入之意合行抄發暫行辦法令仰該處長遵照辦理并轉函商會通知各商人一體遵照爲要

此令

計抄發零星負販免捐辦法一份（見法規欄）

中華民國三十一年三月　日

市長　周學昌

南京特別市政府訓令 財字第　號

令本府各局處及附屬各機關

案准

財政部錢一字第一七號咨開

「案查准運鈔票護照辦法經本部公布施行以來各口岸軍警檢查人員均能切實執行惟對于該辦法第一二兩條條文容有未盡明瞭或至誤解之處迭據各地商民具呈到部特再解釋如次(一)准運鈔票護照辦法第一條節稱凡旅客攜帶國內鈔票入口如超過一千五百元時應依法請領護照者係指由非和平區域入口而言(二)第二條所載凡由內地運輸新舊法幣至上海或往來國內各口如數額超過一萬元應依法請領護照者係指運鈔往來或經過和平區域各指定口岸而言如商民攜款數額未超過一萬元時自應毋庸領照除分別函咨暨分行外相應咨請貴市政府查照幷飭屬一體知照」

等由准此除分令外合行令仰該○知照幷飭屬一體知照

此令

中華民國三十一年三月　日

市長　周學昌

南京特別市政府
首都警察廳
公布令
府社字第　號

茲制定南京特別市取締米糧業違章處罰規則公布之

此令

計附規則一份（見法規欄）

中華民國三十一年三月　日

市長　周學昌
總監　蘇成德

南京特別市政府公布令 字第 號

玆制定南京特別市政府職員報到及簽到簽退規則公布之此令

附規則一份（見法規欄）

中華民國三十一年三月 日

市長 周學昌

南京特別市政府布告 府工字第 號

查本府爲復興市容安定民居起見對於本市建築物倘然確係損壞勢將發生倒塌危險者槪行限制拆除乃最近查有一般木行奸商鑒於邇來建築材料價値高漲往往勾結當地莠民將離京之業主房屋私自拆除變賣甚有貪圖厚利竟將自有房屋拆除者一時拆屋之風盛起殊與市容有礙亟應嚴密查禁科以重罰以儆效尤爰經制定（南京特別市政府限制拆屋暫行則規）業經呈請行政院准予公布施行在案除分別函令外合亟將該項暫行規則佈告週知仰居各民人等一體遵照此佈

計抄附南京特別市政府限制拆屋暫行規則（見法規欄）

中華民國三十一年三月 日

市長 周學昌

工務局局長 朱浩元

南京特別市政府布告 府社字第 號

玆依照本市抑平物價暫行辦法之規定續將日常必需食品二十八種送經南京特別市物價評議委員會第七次常會評定限價定於三月八日起實行凡各商人售賣後列各項

物品不得超過評定限價其有故違或暗盤操縱者一經查實或被告發獲有確證定卽依照罰則從嚴懲罰惟自動在限價以下售賣者則屬商人希望營業發展當然在所不禁至未經評定限價之物品仍須依照抑平物價暫行辦法所定之標準售賣不得任意高抬合將第七次評定日常食用物品限價佈告週知

此佈

計附限價表一份

中華民國三十一年三月　日

市長　周學昌

南京特別市日常食用物品第七次評定限價表

三十一年三月八日起實行

品名	單位	限價 元	限價 角	限價 分
鮮豬	每担	三九五	〇	〇
豬肉	每斤	三	八	〇
豬油	每斤	四	六	〇
水牛肉	每斤	三	四	〇
黃牛肉	每斤	三	八	〇
青魚	每斤	二	四	〇
鯽魚	每斤	四	〇	〇
白魚	每斤	二	〇	〇
鰱魚	每斤	二	〇	〇
鯉魚	每斤	一	八	〇
青蝦	每斤	三	六	〇
公雞	每斤	二	六	〇
母雞	每斤	三	六	〇
雞蛋	每個		三	五

品名	單位	限價 元	限價 角	限價 分
鴨蛋	每個		三	五
青菜	每斤		五	〇
黃芽豆	每斤		五	〇
綠豆芽	每斤		五	〇
雪裏紅	每斤		八	〇
藕	每斤		五	〇
豆腐	每塊		二	〇
千張	每張		一	〇
苞菜	每斤		八	〇
蘿蔔	每斤		六	〇
芹菜	每斤		六	〇
菠菜	每斤		七	〇
黃芽菜	每斤	一	六	〇
冬筍	每斤	二	六	〇

法規

南京特別市政府征收臨時建設特捐關於零星販運免捐暫行辦法

三十一年三月三日公布

一、依照臨時建設特捐征收簡章第四條乙項之規定對於零星負販者准予免捐係爲體恤小本商人維持貧民生計起見凡商人販運零星貨物除米穀鹽柴外出入本市轄境時應暫照物價總計不滿二百元爲免捐標準

一、遇有同一商號商人在同一日間同一地點連續販運同一貨物兩次以上者得將兩次物價合併計算如總數超過二百元應照章收捐例如第一次物價一百五十元登記免捐第二次物價一百五十元應連第一次合併計算共爲三百元於末次續運時合併征收

一、同一商人在同一時間同一地點販運貨物兩種以上者得將兩種物價合併計算如總數超過二百元應照章征收例如甲種物價一百八十元乙種物價一百九十元應合併計算共爲三百七十元照章征收

一、販運物價應以發票單據爲憑如有以多報少希圖規避取巧者得按當時市價估計征收

一、關於統制物品由友商組合整批運入在未繳納特捐以前分別配合於中國商人者應依照本府另案規定辦法向配合華商照章征收

南京特別市政府限制拆屋暫行規則

三十一年三月三日公布

第一條　本暫行規則係依據南京特別市建築規則第一條及第二條之規定訂定之

第二條　凡在本市區內申請拆卸建築物者除遵照本市建築規則外並應遵照本暫行規則之規定辦理

第三條　凡市民自有房屋確已破壞勢將發生危險者得依照本規則向本府工務局申請拆卸

第四條　市民申請拆卸自有房屋須呈驗產權證件經本府工務局調查確實後方予核准

第五條　申請人經本府工務局核准後立具切結領取拆屋許可證持赴該管警察局及區公所分別加蓋戳記

第六條　申請人領到許可證應即尅日動工依限報竣並於拆卸完竣清理場地後將許可證繳還本府工務局予以註銷

第七條　凡未經本府工務局核准私將自有房屋拆卸者處以所拆房料價格百分之三十至五十之罰鍰倘係私拆他人房屋盜賣者查明後解送法院究辦

第八條　各坊保長對於轄境內之私拆房屋事件須隨時嚴加注意如有發生應立即報請當地警察局派警制止並報告工務局核辦倘有隱匿不報情事經查明屬實後以失職論

第九條　凡私拆房屋經各坊保長檢舉者由本府工務局於罰款內提成百分之八為獎勵金如係市民檢舉者提成百分之五為獎勵金

第十條　凡收買私拆房料者處以所買材料價格百分之三十至五十之罰鍰

第十一條　本規則第七條及第十條所指之房屋材料價格倘罰款人以多報少時本府工務局得按照所拆房屋材料數量依市價估值以為罰款標準

第十二條　本規則如有未盡事宜得隨時修改之

第十三條　本規則自公布之日施行

南京特別市政府職員報到及簽到簽退規則

三十一年三月七日公布

第一條　本府新委職員之報到及職員每日簽到簽退依本規則之規定行之

第二條　新委職員報到須攜帶委令到祕書處第一科人事股履行報到手續

第三條　新委職員報到後一星期內塡具職員履歷表及職員保證書送交祕書處第一科人事股查存

第四條　職員簽到簽退在規定時間內行之

第五條　職員簽到簽退須親筆簽名於簽到簿上如發見倩人代簽作曠職論其代簽人並予懲處

第六條　逾簽到時間後簽到即為遲到逾達一小時以上不得再簽

第七條　在簽退時間而不簽退者即為早退但臨時請假或特別事故經長官證明者不在此限

第八條　凡遲到早退合計每滿四次作曠職一天論曠職之處理照請假規則中辦法辦理之

第九條　本規則未盡事宜得隨時修正之

第十條 本規則自公布日施行

南京特別市政府購辦委員會組織章程

三十一年三月七日公布

第一條 本會依據南京特別市政府組織規則第九條之規定組織之

第二條 本會職掌購置及保管所轄各機關需用之物品材料

第三條 本會設主任委員一人副主任委員二人委員五人至七人由 市長遴員派充之

第四條 本會分四組辦事其職掌如左

一、總務組 掌理文書庶務稽查及不屬於其他各組事項

二、調查組 掌理材料之調查及價格之比較事項

三、購置組 掌理材料之採購及檢驗事項

四、保管組 掌理材料之登記保管及分配事項

第五條 本會各組設組長一人承主任委員之命處理各組事務

第六條 本會設會計主任一人承主任委員之命專審核帳單及登記賬目事項

第七條 本會於購置時如需要技術人員得由有關各機關隨時指定之

第八條 本會各組組長及會計主任由 市長就本府職員中調充之

第九條 本會設事務員若干人雇員若干由主任委員遴員呈請市長核准派充之

第十條 本會購置檢驗點收材料時市長得隨時派員監辦

第十一條 本會辦事細則另定之

第十二條 本章程自公布日施行

公牘

南京特別市政府呈 字第 號

案據本府工務局呈稱

「竊查本局為復興市容安定民居起見對於本市完整房屋概行限制拆除故凡屬來局申請發給拆屋許可證者必先派員詳加勘查倘非確係損壞勢將發生危險之房屋均經批飭不予核准惟一般木行奸商鑒於邇來建築材料高漲往往與當地莠民勾結將遠離本京之業主房屋私自拆除變賣亦有貪圖厚利而私將自有房屋拆除者一時此行彼效拆風盛起殊與市容有礙似非嚴密查禁科以重罰不足以資懲戒惟查本局對於民間建築物雖經限制拆除然未定有處罰規則以致對於該項私自拆賣房屋之案件深感無法措置茲為便於處理起見爰經擬具「南京特別市政府限制拆屋暫行規則」一份擬請准予公布施行」

等情前來查核所稱各節尚屬切要所擬限制拆屋規則亦無不合自應准予公布施行除分別函令暨布告外理合檢同「南京特別市政府限制拆屋暫行規則」一份具文呈送仰祈

鑒核備案

謹呈

行政院院長汪

計呈送南京特別市政府限制拆屋暫行規則一份（見法規欄）

南京特別市市長 周學昌

中華民國三十一年三月 日

南京特別市政府呈 財字第　號

查本市田賦向爲經常收入有關市庫要需前於民國二十六年間縣市劃界時由前江寧自治實驗縣將附郭一部份田賦撥歸本市征收未及整理遽遭事變以致原有册籍蕩然無存叠經令飭各鄉區公所調查登記造册啓征而田賦科則仍沿舊例迄未變更額小數微年僅征收二三萬元近來農產物價較前無不高漲倍蓰值此庫款奇絀亟須整頓增收正核辦間適奉

鈞院行字第五六六零號令發浙江省政府傳主席呈擬省政興革意見六項幷抄附部廳審查會議紀錄及簽注意見令仰遵照等因奉此關於田賦增加一案既奉審查議決原則通過由各省斟酌情形專案呈院核定本市與浙省情形相同自應一體遵照辦理當經轉飭本府財政局籌議具復茲據呈稱查田賦爲農業收益稅之一種現時本市田賦稅率仍沿用三等九則制最高一等上則每畝完稅陸角而最低三等下則竟有每畝僅完三分衡以目前農產物品售價高昂此種稅率殊嫌過輕擬請仿照蘇浙皖三省會議加增賦稅辦法先將市境賦稅一律加倍徵收年可增收五萬元但三十年度田賦業已開徵數月所有已完之戶卽係爭先踴躍輸納自應免予追加以示優異各等情前來復查所擬加倍徵收辦法及對於已完之戶免予追加尙屬切實可行既有裨於市庫復無礙於民生除咨請財政部查核並已另文先行呈復外理合專案呈請仰祈

鑒賜核定指令祇遵謹呈

行政院院長　汪

南京特別市市長　周學昌

中華民國三十一年三月　日

南京特別市政府咨 字第 號

案查本市土地工作旬報表業經送至二月份下旬在卷茲造具三月份上旬前項工作旬報表相應咨送卽希

查照爲荷

此咨

內政部

計咨送本市土地工作三月份上旬旬報表一份

市長 周學昌

中華民國三十一年三月 日

南京特別市政府辦理土地登記工作三月份上旬旬報表

中華民國三十一年

事項／件數／日	接收登記聲請書	土地所有權登記	房屋登記	更正登記	塗銷登記	移轉登記	分割登記	共有權登記	住所變更登記	繕寫查驗證	發給查驗證	備註
星期 1												
2						2					2	
3						4					1	
4					1	2						
5						5						
6						4						
7						1					12	
星期 8												
9					1	8				1		
10					1	3					1	
總計件數					3件	29件				1件	16件	

市政公報暫定價目表

期限	價目	郵費
零售	每冊三角	本市一分 外埠二分
半年	十二冊三元五角	本市一角二分 外埠二角四分
全年	二十四冊七元	本市二角四分 外埠四角八分

市政公報廣告刊例

頁數	價目
一頁	每期十一元
半頁	每期六元
四分之一頁	每期三元

刊登廣告在四號以上者每期按照七折計算連續十號以上者每期按照六折計算長期另議

出版日期　本公報暫定每月二次

編輯者　南京特別市政府秘書處

發行者　南京特別市政府秘書處

印刷者　南京時代印書館
地址：南京朱雀路慈貴井十八號
電話：二二五九五號

中華郵政掛號認爲第一類新聞紙類

中華民國三十一年三月三十一日

第九十二期

市政公報

南京特別市政府祕書處印行

目錄

命令

法規

公牘

統計

命令

南京特別市政府委令 字第 號

令俞則民
鄭源深

茲派該員爲本府工務局第一科科長
技正兼代該局秘書此令

中華民國三十一年三月 日

市長 周學昌

南京特別市政府委令 字第 號

令許公定

茲委該員爲本府專員此令

中華民國三十一年三月 日

市長 周學昌

南京特別市政府委令 字第 號

令趙君賢

茲派該員爲本府專員另候呈薦此令

中華民國三十一年三月 日

市長 周學昌

南京特別市政府委令 字第 號

令王志誠

茲委該員爲本府工務局技正此令

中華民國三十一年三月 日

市長 周學昌

南京特別市政府公布令 字第 號

茲修正南京特別市政府職員保證規則公布之此令

附職員保證規則一份（見法規欄）

中華民國三十一年三月 日

市長 周學昌

南京特別市政府公布令 字第 號

茲修正南京特別市政府職員證及證章領用規則公布之此令

附職員證及證章領用規則一份（見法規欄）

中華民國三十一年三月 日

市長 周學昌

南京特別市政府 首都警察廳 公布令 府社字第 號

茲制定南京特別市取締米糧業違章處罰規則公布之此令

南京特別市政府公布令 府工字第　號

茲制定南京特別市工務局徵收船舶登記滯納金暫行辦法公布之此令

計附南京特別市工務局徵收船舶登記滯納金暫行辦法（見法規欄）

中華民國三十一年三月　日

市長　周學昌

南京特別市政府布告 府工字第　號

查本府水上交通管理規程規定每年七月爲遊船檢驗之期本可援照成例辦理惟現據工務局呈稱後湖遊船上年因有特殊情形未曾辦理檢驗夏令轉瞬卽至後湖遊人漸多遊船漫無秩序甚有破舊不堪行駛者亟應照章取締爲整飭市容保障乘客安全起見請予提前辦理檢驗等情據此查夏令將屆遊船檢驗登記事屬必要自應准如所請茲定自四月份起至五月底止檢驗後湖遊船所有等級捐率仍照水上交通管理規程規定辦理並不增加以示體恤除令工務局轉飭船舶登記所遵照外合亟出示布告仰各船戶一體知悉此布

中華民國三十一年三月　日

市長　周學昌

工務局局長　朱浩元

中華民國三十一年三月　日

市長　周學昌

總監　蘇成德

計附規則一份（見法規欄）

南京特別市政府布告 府財字第　號

茲准

財政部馬代電開

「自本月二十三日起所有國地各項稅收一律應以新法幣繳納如以舊券繳納者須按照當地當日市價貼水希轉飭所屬遵辦」

等由准此自應照辦所有本市各項稅收自本月二十三日起一律應以新法幣繳納如以舊券繳納者須按照當日市價貼水除分電外合行佈告仰本市商民一體遵照

此佈

中華民國三十一年三月　日

市長　周學昌

財政局長　譚友仲

南京特別市政府訓令 字第　號

令各局處區（除第四區燕子磯區）

案查本市設立自治實驗區業經區政會議議決照辦紀錄在案茲指定第四區爲城區自治實驗區燕子磯區爲鄉區自治實驗區除分令外合行令仰該〇知照此令

中華民國三十一年三月　日

市長　周學昌

南京特別市政府訓令 字第　號

令各處局會區公所

案奉
行政院行字第五九六九號訓令開
「照得本院對于各屬行文茲有應行改善之事三端條列于後合行通飭令仰該市府遵照辦理并諄諭主管職員特別注意暨轉飭所屬一體遵辦切切此令」
等因奉此自應遵辦除分令外合行將各屬行文應行改善之事三端抄錄于后令仰該○切實遵照辦理並飭屬一體遵辦切切此令

計開

(一)各機關呈報案情關于月份日期務須書明幾月幾日萬勿率書本月本日等字樣致難稽攷而誤事機

(二)凡祕密文件除於外封前後面各蓋密字紅戳外仍須于正文案由之上欄加蓋密字紅戳以期醒目萬勿漏蓋

(三)凡呈文附件如規程概算之類須審度本院有應轉呈轉咨轉行者即備足同樣附件若干份同繳以便存轉免致本院行文索取或重複抄寫之煩

中華民國三十一年三月　日

市長　周學昌

南京特別市政府訓令 府衛字第　號

令各區區長

案據本市區政會議祕書處陳送工務局局長朱浩元提案一件擬請各區轉飭各坊保甲長對於本市下水溝道隨時勸導居民加以保護案經決議照審查報告通過紀錄在卷查本案關係北區排水及市民衛生甚爲重要合行抄發原提案暨審查意見報告大會決議案各件令仰該區長轉飭各坊保

甲長切實遵照辦理具報毋稍延忽切切此令

附抄發區政會議提案一件審查報告暨決議案一件（略）

中華民國三十一年三月　日　市長　周學昌

南京特別市政府訓令 府財字第　號

令本府各局處暨附屬各機關

案准

財政部錢壹字第二四號咨開

「查關於處理指定人資產辦法前奉　行政院第七十次會議決議通過即經本部於上年七月二十九日以部令公布施行嗣以該辦法第一第三兩條條文未盡完備復於上年十月間呈奉　行政院指令核准修正轉報　中央政治委員會備案並由部通行知照各在案至該辦法第四條第三款所稱「財政部特准之件」並未分析訂定似嫌含渾茲為便於處理起見業經本部將該條文第三款「財政部特准之件」加以明白規定範圍六項呈奉　行政院訓令行字第五八四七號內開「案查本院第一〇一次會議討論事項第三案院長交議據財政部周兼部長呈擬具處理指定人資產辦法第四條第三款「財政部特准之件」規定範圍六項請鑒核等情請公決案決議通過並呈報　中央政治委員會備案等由紀錄在卷除呈報備案外合行錄案令仰該部遵照此令」等因奉此除分行外相應抄同處理指定人資產辦法第四條第三款之指定範圍六項一份咨請貴市政府查照並希轉飭知照為荷」

等由附抄送處理指定人資產辦法第四條第三款之指定範圍六項一份准此除分令外合行抄發原

件令仰該○知照並飭屬一體知照此令

計抄發處理指定人資產辦法第四條第三款之指定範圍六項一份

中華民國三十一年三月　日

市長　周學昌

處理指定人資產辦法第四條第三款

財政部特准之件規定範圍如左

一、關於公共事業公司使用費等之支付或收受事項

二、關於房租地租及其他類似之支付或收受事項

三、關於以指定國人爲對方收回放款或提取存款事項

四、關於以指定國人爲對方借用款項或收受存款事項

五、關於以指定國人爲對方接收寄託物之交還事項

六、關於與日本軍所指定之敵產管理人之間之各種行爲事項

法規

南京特別市政府職員保證規則

中華民國卅一年三月廿一日公布

第一條 本府職員均應繳具保證書其繳具辦法依照本規則辦理之

第二條 保證人或商舖須符合下列條件

保證人 一、現任政府職員其職位須高於被保人之階級

二、須在本市有固定之住址者

三、本府職員不得為本府職員之保證人父子兄弟叔姪不得為保證人

商舖 一、須確在當地現時之商會註册及營業可靠之店舖或字號

二、須蓋用店舖或字號之重要圖章並店主或經理簽名蓋章

第三條 管理出納款項及徵收稅款之職員除照前條由保證人具保外須另具本市殷實舖保或個人銀錢担保呈由本府審查核定之

第四條 保證書呈繳後本府須行覆查由保證人或商舖於覆查時加蓋原印圖章於覆查單並簽名證明之

第五條 每一保證人或商舖承保本府職員至多不得過三人

第六條 保證人之職業或住址及商舖地址有變更時均應隨時書面呈明本府

第七條 保證人或商舖退保時須直接用書面呈明本府請求解除保證責任被保人應即另具新保證書

第八條 職員解職時經查明並無經手未完事件及已交清楚後始得發還保證書

第九條 本規則於公布之日起施行如有未盡事宜得隨時修正之

南京特別市政府職員證及證章領用規則

中華民國卅一年三月廿一日公布

第一條 本府職員領用職員證及證章均依本規則行之

第二條 職員證及證章編定號碼登載簿籍由職員親向本府秘書處第一科人事股蓋章領取

第三條　職員領取職員證及證章後應隨身佩帶鄭重負責保管

第四條　證章如有遺失應由本人即將遺失原因暨所領證章號碼自行登報聲明作廢並於三日內檢同報紙呈報本府備查候示補發其遺失職員證者同

第五條　遺失證章應賠繳證章費二元即交祕書處第一科會計股照收

第六條　遺失證章未依本規則第四條之規定手續辦理因而發生其他事故者按其情節輕重分別懲處

第七條　凡職員去職時應即將原領職員證及證章一併繳還本府祕書處第一科人事股註銷取得收據證明後方得領最後之薪金

第八條　本規則如有未盡事宜得隨時修正之

第九條　本規則自公布日施行

南京特別市取締米糧業違章處罰規則（三十一年三月廿三日公布）

第一條　南京特別市各米糧商如有違背法令時除已有法律規定罰則者外悉依本規則由首都警察總監署本市社會局糧食管理局各本其職權依本規則處罰之

第二條　本規則所稱米糧係指秈米糯米秈稻糯稻糙米小麥麵粉苞米及其他經政府指定管理之雜糧

第三條　米糧商必須將定價插立標籤其定價不得超過主管局或評價委員會所評定公佈之限價

第四條　米糧商販進售出及存儲之數量須隨時報告糧管局登記並須報告市社會局倘隱匿不報即認爲私行囤積意圖居奇操縱應照本規則處罰之

第五條　學校工塲及其他有多數人共同生活之塲所購辦大宗米糧以備自食者應將數量隨時報告糧管局登記倘其購存數量超過兩個月之需要量時並須報告市社會局如隱匿不報即認爲私行囤積妨害民食應照本規則處罰之

米糧之需要量以每人每日食米七合爲標準其食麵粉雜糧者得依此標準比例計算之

第六條　米糧商以外之商舖及居民倘購存自食米糧超過三十石或二千四百公斤時應即向市糧管局社會局報告如隱匿不報即認爲私行囤積妨礙民食應照本規則處罰之

第七條　米糧商有左列行爲之一處以五十元以上五百元以下之罰金

一、不用法定之量衡器者

二、不插立定價標籤者

三、米內攙和稗草礱糠其成份未至百分之十者

四、請領採辦證已過限期不繳銷者

五、領售官米糧時不遵照官廳所定辦法及官價出售者

第八條　米糧商曾犯第七條各款處罰有案而再犯者處以一百元以上一千元以下之罰金

第九條　米糧商有左列行爲之一者應依照蘇浙皖食米運銷管理暫行條例第十一條之規定沒收其所有米之半數并吊銷其登記許可證勒令停業

一、違反第四條第五條第六條私囤米糧者

二、暗盤抬價居奇操縱者

三、米內攙和沙石泥水及其他有害衛生之物或攙和稗草礱糠其成分至百分之十以上者

四、將較次之米混充較高之米出售者

第十條　米糧商如有觸犯本規則二條以上或同條二款以上之行爲同時俱發者得合併處罰之

第十一條　被處罰金如抗不繳納或無力繳納者得沒收其同價値之米糧

第十二條　本規則之處罰由首都警察總監署訊究裁決之市社會局糧管局得附具意見但有第八條第九條之情形者總監署應與市社會局糧管局評議後方行裁決

處罰之裁決應在被罰商舖之門首布告周知

第十三條　依本規則處罰案件之罰金由總監署執行之製給特定之收據

沒收米糧充公勒令停業吊銷許可證由市社會局糧管局會同執行之

第十四條　罰金提三成獎給告發人或發覺檢舉之警察公務人員其餘七成商得糧食管理委員會南京特別市政府同意後處分之

第十五條　沒收充公之米糧提獎辦法由南京特別市政府核收後商請糧食管理委員會依照處理米商違章案件罰金提成充獎暫行辦法辦理之

第十六條　本規則由南京特別市政府首都警察總監署公布日施行并由糧食管理委員會備案

南京特別市工務局徵收船舶登記滯納金暫行辦法（三十一年十二月十八日公布）

第一條　凡航行本市區江河內之一切船舶逾期不登記者均依本暫行辦法辦理之

第二條　船舶須按左列規定時間向工務局船舶登記所申請登記
一、載運客貨船每季第一個月
二、遊船每年四月
第三條　未經登記或逾期不來申請登記之船隻私在本市區內航行者除責令補行登記外應依照規定辦法加收滯納罰金
一、載運客貨船
(1)在每季第二個月登記者加收二成滯納金
(2)在每季第三個月登記者加收四成滯納金
(3)全季漏報者加收六成滯納金
二、遊船
在規定檢驗期第二個月檢驗者加收二成滯納金
第四條　違反本暫行辦法之規定者得依照違反水上交通管理規程罰則第十七條之規定辦理之
第五條　本暫行辦法如有未盡事宜得隨時呈請修正之
第六條　本暫行辦法自呈奉　市長核准公布施行

公牘

南京特別市政府呈　府工字第　號

竊查本市各機關公用自用車輛依照規定均須經本府工務局檢驗登記領照行駛前經呈准
行政院
鈞院通令院轄京市各部會自二十九年十月份起遵照辦理并函文官處轉陳辦理各在案茲查各
機關公用自用車輛未經登記領照者時有發現不特對於車輛統計頗有妨礙抑且影響本府稅收爲
特呈請鈞長鑒核准予通令京市各黨政機關（軍政機關除部隊軍用車輛另有規定外一律）遵照辦理以資統一謹呈
軍事委員會委員長汪
行政院院長汪

中華民國三十一年三月　日　南京特別市市長　周學昌

南京特別市政府咨　字第　號

查本市土地工作旬報表業經送至三月份上旬在卷茲造具三月份中旬前項工作旬報表一份
相應咨送即希
查照爲荷
此咨
內政部

計咨送本市土地工作三月份中旬旬報表一份

中華民國三十一年三月　日　南京特別市市長　周學昌

南京特別市政府辦理土地登記工作三月份中旬旬報表

中華民國三十一年

事項 件數 日	接收登記聲請書	土地所有權登記	房屋登記	更正登記	塗銷登記	移轉登記	分割登記	共有權登記	住所變更登記	繕寫查驗證	發給查驗證	備註
11					1	4						
12												
13						7				1		
14					1	6					1	
星期 15												
16					2	7					5	
17						5				1		
18						4					19	
19											2	
20					2	6						
總計件數					6件	39件				2件	27件	

統計

南京特別市戶口統計表

民國三十一年三月份

秘書處第二科統計股製

區別	戶數	人口數						
		總計	男性			女性		
			合計	成人	兒童	合計	成人	兒童
總計	143432	637894	354447	242712	111735	283447	188477	94970
第一區	28088	129816	71630	51060	20570	58185	40038	18147
第二區	39056	173037	94557	63571	30986	78480	53355	25125
第三區	18366	78083	44379	30895	13484	33704	22698	11006
第四區	11014	47058	26526	18821	7705	20532	13799	6733
第五區	11069	50400	29908	22477	7431	20492	13898	6594
上新河區	12685	54912	29517	20200	9317	25395	16787	8608
燕子磯區	10143	46944	25756	16521	9235	21188	12993	8196
孝陵衛區	4211	19905	10511	5613	4898	9394	5595	3799
安德門區	8800	37740	21663	13554	8109	16077	9315	6762

註：一、本表係根據各區公所填報之戶口月報
二、各外國僑民戶口不在此內

南京特別市戶口增減比較表

民國三十一年三月份

總務處第二科統計股製

區別	戶減增數	人口增減數						
		總計	男性			女性		
			合計	成人	兒童	合計	成人	兒童
總計	+ 527	+2745	+1504	+ 997	+ 507	+1241	+ 801	+ 440
第一區	+ 48	+ 321	+ 240	+ 185	+ 55	+ 81	+ 37	+ 44
第二區	+ 164	+1482	+ 748	+ 443	+ 305	+ 734	+ 457	+ 277
第三區	+ 57	+ 254	+ 144	+ 106	+ 38	+ 110	+ 81	+ 29
第四區	+ 196	+ 582	+ 311	+ 268	+ 43	+ 271	+ 219	+ 52
第五區	+ 21	+ 55	+ 17	− 5	+ 32	+ 38	+ 15	+ 23
上新河區	+ 20	− 36	− 17	− 10	− 7	− 19	− 13	− 6
燕子磯區	− 20	− 116	− 41	− 32	− 9	− 75	− 54	− 21
孝陵衛區	——	+ 32	+ 17	+ 8	+ 9	+ 15	+ 13	+ 2
安德門區	+ 41	+ 171	+ 85	+ 44	+ 41	+ 86	+ 46	+ 40

註：一、本表係根據各區公所填報之戶口月報

二、各外國僑民戶口不在此內

三、有(十)符號者爲增加，有(一)符號者爲減少

市政公報暫定價目表

期限	價目	郵費
零售	每冊三角	本市一分 外埠二分
半年	十二冊 三元五角	本市一角二分 外埠二角四分
全年	二十四冊 七元	本市二角四分 外埠四角八分

市政公報廣告刊例

頁數	價目
一頁	每期十一元
半頁	每期六元
四分之一頁	每期三元

刊登廣告在四號以上者每期按照七折計算連續十號以上者每期按照六折計算長期另議

出版日期 本公報暫定每月二次

編輯者 南京特別市政府祕書處

發行者 南京特別市政府祕書處

印刷者 南京時代印書館
地址：南京朱雀路邀貴井十八號
電話：二二五九五號

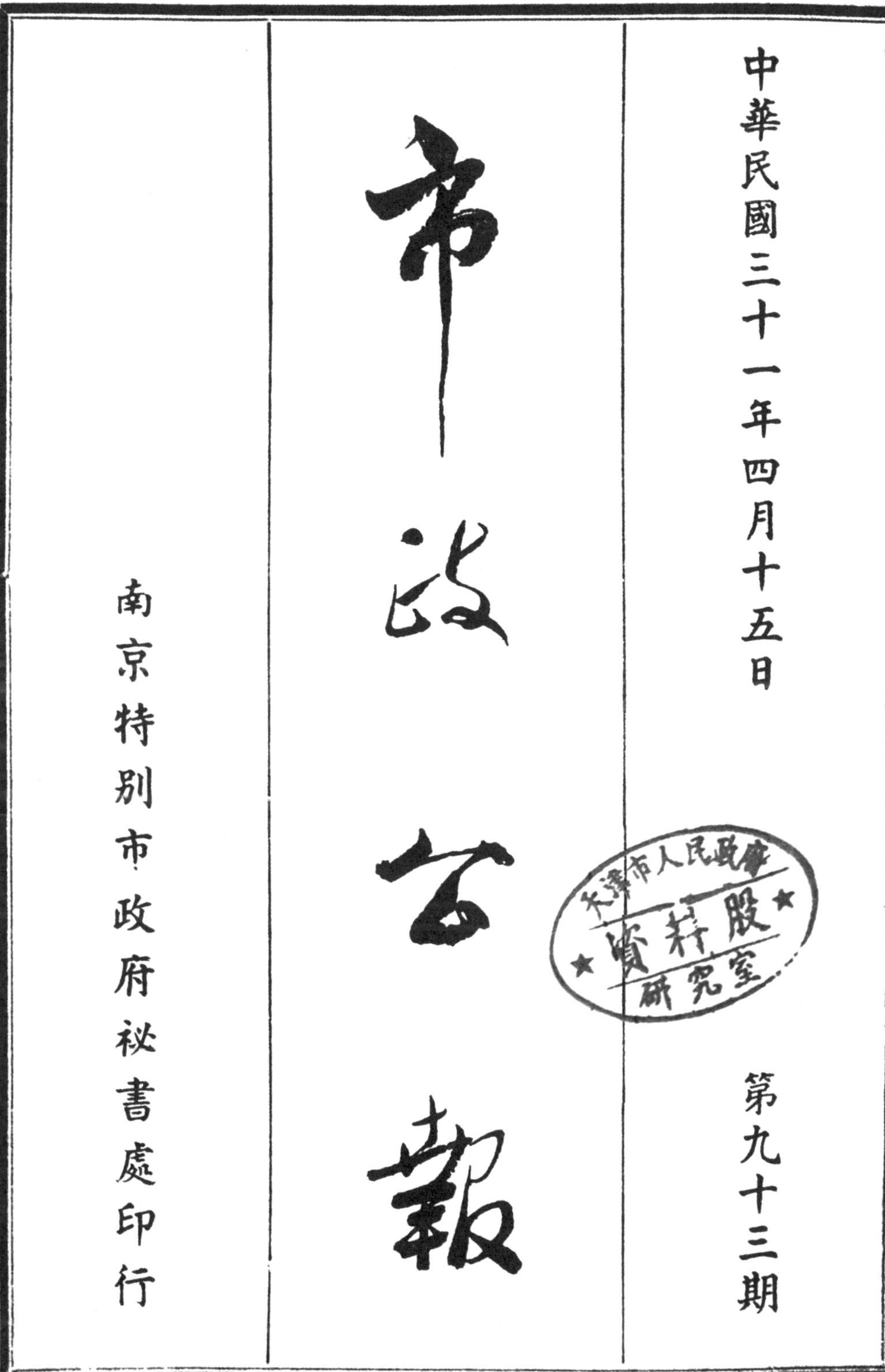

中華民國三十一年四月十五日

第九十三期

市政公報

南京特別市政府秘書處印行

目錄

命令

南京特別市政府委令 祕字第　號

令韓兆鴻

茲委該員代理本府專員此令

中華民國三十一年四月　日

市長　周學昌

南京特別市政府委令 祕字第　號

令參事蘇榮軒

茲派該參事爲本市園林管理處處長此令

中華民國三十一年四月　日

市長　周學昌

南京特別市政府訓令 祕字第　號

令園林管理處處長陳宗虞

茲調該處長爲本市園林指導專員遺缺派本府參事蘇榮軒接充除令委外仰卽知照此令

中華民國三十一年四月　日

市長　周學昌

南京特別市政府訓令 字第 號

令各局處會區

案奉

行政院行字第六一六三號訓令內開

「現據交通部呈稱「查自大東亞戰爭開始以來汽油來源日益減少本京各機關原用汽油行駛之汽車近正逐漸改用木炭或無煙煤行駛惟無煙煤之供給現由日本興亞院統制本部因呈准改裝無煙煤煤氣設備之首都各機關公用車三輛行將完成迭經派員商請日本大使館轉商興亞院量予配給去後茲據報稱現准日本大使館覆稱業經轉商興亞院據稱現在運輸困難對于國府中央各軍政機關及日本大使所屬駐京各機關每月配給數量祇能合共以二百公噸爲限請將我中央陸海軍機關及政務機關每月所需數量開列清單移送來館以便接洽配給等語請鑒核等情前來查此項無煙煤軍政各機關自正需要擬請鈞院分別咨令各機關迅將改裝無煙煤煤氣設備之車輛數及所需無煙煤公噸數開單送交本部以便彙列清單轉送日本大使館接洽配給是否有當理合具文呈請伏乞鑒核示遵」等情據此除指令暨分別咨行外合行令仰該市府遵照彙案迅卽查明開單逕送交通部辦理勿延此令」

等因奉此自應遵辦除分行外合行令仰該○遵照開單具復以憑彙轉此令

中華民國三十一年四月 日

市長 周學昌

南京特別市政府訓令 字第 號

令各局處會區

案奉

行政院行字第六一二二號訓令內開

「現奉　國民政府第八十二號訓令開據本府文官處簽呈稱准中央政治委員會祕書廳中政祕字第一七三號公函開查三十一年三月二十六日中央政治委員會第八十七次會議討論事項第七案　主席交議茲修正國定紀念日表請公決案當經決議通過送　國民政府通飭遵照紀錄在卷相應錄案抄附修正國定紀念日表函達即希查照轉陳通飭遵照等由理合簽請鑒核等情據此自應照辦除分令外合行抄發修正國定紀念日表令仰該院遵照并轉飭所屬一體遵照等因并附發修正國定紀念日表一份奉此除原表已刊登公報應免抄發及分行遵照外合行令仰該市府飭屬一體遵照」

等因奉此自應遵辦除分行外合行令仰該○飭屬一體遵照此令

中華民國三十一年四月　日

市長　周學昌

南京特別市政府訓令　字第　號

令　社會局　糧管局　各區公所

案奉

行政院行字第六○二八號訓令略開據糧食管理委員會呈稱竊查糧食管理暨統制事宜為目前當務之急一切設施查由本會斟酌緩急令飭所屬各局處逐步推行庶可統一事權而免紛歧近以各地方機關對于政府糧食政策多未盡明瞭往往各自為政影響本會管理統制計畫之推行實非淺鮮擬懇通令各省市政府轉飭各地方機關嗣後對于糧食政策應一律商承各該地主管糧政機關協同辦

理等情合行令仰該府查照轉飭所屬一體遵照辦理等因奉此自應遵辦除分行外合行令仰該〇一體遵照辦理此令

中華民國三十一年四月日　市長　周學昌

南京特別市政府訓令　府社字第　號

令城區自治實驗區公所
城鄉各區公所

案准

內政部民字第一〇七號咨開

「案據保甲推進委員會呈稱『竊查職會第二次會議決議案內第八案南京區治安督察專員杜哲庵提請蘇皖兩省民政廳警務處通令各縣政府及縣警察局對於辦理保甲應互相協力一致進行俾收實效案當經決議通過呈部轉咨各省市政府等語紀錄在卷查編查保甲縣政府暨警察機關自應互相協助一致進行始克臻效理合檢同原提案一份備文呈請鑒核准予轉咨各省市政府飭屬一體協助』等情附呈原提案一份據此除分行外相應抄同原提案咨請查照飭屬一體協助爲荷」

等由幷附抄原提案一份准此除分令外合行抄同原附件令仰該區公所遵照幷轉飭所屬一體遵照此令

計抄發原提案一份(略)

中華民國三十一年四月日

市長　周學昌

社會局長　盛開偉

南京特別市政府訓令　府社字第　號

令城區自治實驗區公所
城鄉各區公所

案准

內政部民字第一〇五號咨開

「案據保甲推進委員會呈稱竊查職會第二次會議決議案內第九案南京區治安督察專員杜哲庵提各縣已編查保甲區域應切實注重戶口異動未達到區域應設法推進案當經決議通過紀錄在卷查注重戶口異動係判別良莠之方法已編查保甲區域自應切實辦理至未達到區域自應設法推進使良善得以安居奸宄不能匿跡理合檢同原提案一份備文呈報仰祈鑒核俯賜轉咨各省市政府轉飭遵辦等情附原提案一份據此除分行外相應抄同是項原提案咨請查照飭屬遵辦并希見復為荷」

等由附原提案一份准此除咨復并分令外合行抄同原附件令仰該區遵照并轉飭所屬一體遵照切實辦理切切此令

計抄發原提案一份（略）

中華民國三十一年四月　日

市長　周學昌

社會局長　盛開偉

南京特別市政府訓令　府社字第　號

令城區自治實驗區公所
城鄉各區公所

社會局案呈奉

內政部訓令開

「現奉　行政院行字第五四五七號訓令開現奉　國民政府第八號訓令開據本府文官處簽呈稱准中央政治委員會祕書廳中政祕字第一五五五號公函查三十一年一月八日中央政治委員會第七十七次會議討論事項第七案　主席交議據委員兼社會運動指導委員會委員長周佛海等簽呈爲依據人民團體組織訓練指導監督原則第十四項之規定將人民團體組織方案重行修訂擬具草案呈核等情請公決案當經決議修正通過紀錄在卷除分函外相應錄案抄附原呈及上項修正通過之人民團體組織方案各一份一併函達卽請查照轉陳通飭知照等由理合簽請鑒核等情據此自應照辦除分行外合行抄發原附簽呈及修正人民團體組織方案各一份令仰該院知照并轉飭所屬一體知照等因計抄發原附簽呈及修正人民團體組織方案各一份奉此除原附各件已刊載本院公報不再抄發暨分行外合行令仰該部飭屬一體知照等因奉此除該方案已見　行政院公報并刊登本部公報不再抄發暨分行外合行令仰該局飭屬知照此令」

等因除該方案已見　行政院及內政部公報不再抄發暨分行外合行令仰該區知照并飭屬知照此令

中華民國三十一年四月　日

市長　周學昌

社會局長　盛開偉

南京特別市政府訓令　府社字第　號

令城鄉各區公所
　南京特別市商會

社會局案呈奉

實業部農字第三五五號訓令內開

「案查本部前爲調濟農村金融曾擬訂金融機關辦理農村貸款通則會同財政部提　院審議在案茲奉行政院行字第六〇七二號訓令內開案查本院第一〇四次會議討論事項第五案財政部周兼部長實業部梅部長會提爲調劑農村金融計擬訂金融機關辦理農村貸款通則草案請公決案決議通過交主管機關公布施行等由紀錄在卷除分令外合行錄案令仰該部遵照等因奉此除會同財政部公布施行暨分行外合行令仰該局遵照轉飭所屬一體遵照爲要」等由到府准此除分令外合行令仰該區會遵照此令

中華民國三十一年四月　日

市長　周學昌
社會局長　盛開偉

南京特別市政府訓令　府財字第　號

令本府各處局附屬各機關

案准

財政部錢壹字第一二七號咨開

「查本部前爲穩定金融保障人民資產起見曾擬訂整理貨幣暫行辦法對於在市面流通之各種舊法幣暫准與中央儲備銀行發行之法幣等價行使以期兼顧在案惟查舊法幣之發行漫無限制以致物價暴騰民生益艱茲爲安定金融昭蘇民生起見特規定自本年三月三十一日起將舊法幣與中央儲備銀行發行之法幣等價流通辦法予以廢止並將整理貨幣暫行辦法第三第四第六等條文酌予修改以符事實並以事機迫切緊急處置業經呈奉　中央政治委員會主席批准施行除由部呈請行政院鑒核並分別布告咨令外相應抄同整理貨幣暫行辦法第三

第四第六各條修正文咨請貴市政府查照幷希轉飭知照」等由附整理貨幣暫行辦法第三第四第六各條修正文一份准此除分令外合亟抄發原修正條文令仰該○知照幷飭屬一體知照

此令

計抄發財政部整理貨幣暫行辦法第三第四第六各條修正文一份

整理貨幣暫行辦法第三第四第六各條修正文

第三條　民國二十四年十一月三日頒布之新貨幣法令所規定之各種法幣（以下稱舊法幣）除有特別情形者外暫准流通

第四條　中央儲備銀行得以其發行之法幣收換現在流通之各種舊法幣以促成幣制之統一

第六條　凡人民完糧納稅及其他對於政府之支付一律行使中央儲備銀行發行之法幣但經財政部命令特定者暫准使用舊法幣

本辦法自中華民國三十一年三月三十一日起實施

中華民國三十一年四月　日

市長　周學昌

南京特別市政府訓令　字第　號

令城鄉各區公所

查本府前為徵求市民意見備供市政設施參攷擬在各區設置民衆意見箱一案業經區政會議決議通過紀錄在卷茲特製就該項意見箱十具除於本府門首裝置一具並分行各區遵照辦理外令行檢發該項民衆意見箱一具令仰該區選擇適當地點妥為設置仰卽遵照辦理具報為要

此令

附發民衆意見箱一具

中華民國三十一年四月　日　市長　周學昌

南京特別市政府布告　府衛字第　號

案查菜場攤位租金在民國二十八年各菜場開辦伊始本經規定月征甲等六元乙等四元八角丙等三元六角丁等二元四角旋以體恤商艱依次遞減一等在案現在各項物價增高本府經征各種捐稅業已分別酌量增加所有本市菜場攤位租金暨滯納罰金自本年四月份起依照下列辦法征收茲規定於左

一、各攤位租金照現在繳納租金增加十分之五臨時票改為葷菜二角素菜一角

二、逾限不繳租金按照下列辦法征收滯納罰金

甲、每月租金應儘十五日以前繳納延至下半月者加徵滯納金一成

乙、延至次月內繳納者加徵滯納金二成

丙、延至再次月繳納者加徵滯納金三成

丁、逾期三個月不繳者撤銷其承租權並向保人追繳欠租

以上辦法除飭菜場管理所遵辦外合行布告週知仰各商販一體凜遵毋違切切此佈

中華民國三十一年四月　日　市長　周學昌

首都警察廳　南京特別市政府　佈告　府社字第　號

茲依照本市抑平物價暫行辦法之規定將日常必需食品二十七種送經

南京特別市物價評議委員會第八次常會評定限價概以新法幣爲準定於四月八日起實行凡各商人售賣後列各項食品不得超過評定限價並須標明定價出售其有故違或暗盤操縱者一經查實或被告發獲有確證定卽依照罰則從嚴懲罰惟自動在限價以下售賣者則屬商人希望營業發展當然在所不禁至未經評定限價之物品仍須依照抑平物價暫行辦法所定之標準售賣不得任意高抬合將第八次評定日常食品限價列表佈告週知再此次評定限價旣以中央儲備銀行新法幣爲標準其有以舊法幣購買者准照市貼水併仰遵照切切

此佈

計附限價表一份

中華民國三十一年四月　日

總監　蘇成德
市長　周學昌

南京特別市日常食用物品第八次評定限價表 三十一年四月八日起實行

係用新法幣購買之限價如有用舊法幣購買者須照市貼水

品名	單位	限價 元	角	分
鮮豬	每担	三八五	○	○
豬肉	每斤	三	○	○
豬油	每斤	五	四	○
水牛肉	每斤	二	八	○
黃牛肉	每斤	三	○	○
青魚	每斤	二	四	○
鯽魚	每斤	三	○	○
白魚	每斤	一	七	○
鰱魚	每斤	一	五	○
鯉魚	每斤	一	四	○
刀魚	每斤	二	○	○
青蝦	每斤	二	○	○
公雞	每斤	二	○	○
母雞	每斤	二	八	○

品名	單位	限價 元	角	分
雞蛋	每個		二	○
鴨蛋	每個		二	五
青菜	每斤		一	○
黃豆芽	每斤		三	五
綠豆芽	每斤		三	五
豆腐	每塊		一	五
千張	每張		一	五
莧菜	每斤	一	四	○
菠菜	每斤		一	○
春筍	每斤	一	四	○
茼蒿	每斤		一	五
蘆蒿	每斤		四	五
韭菜	每斤		四	○

南京特別市政府公布令 字第 號

茲修正南京特別市市民遺失圖狀書證收據呈請補給須知公布之此令

附錄修正南京特別市市民遺失圖狀書證收據呈請補發須知（見法規欄）

市長 周學昌

中華民國三十一年四月 日

法規

南京特別市市民囘歸照料所辦法

一、在本市政府社會局內附設南京特別市市民囘歸照料所城鄉各區區公所內各設一分所即稱某區分所例如附設在第一區公所者即名南京特別市市民囘歸照料所第一區分所由各區公所自行懸牌於門首使民衆週知

二、各坊鄉鎮保甲長查有在外未囘之人應報告各區長即去信勸導其囘歸一面報告社會局

三、知有已囘京者即勸令其至區公所登記由何處歸來及原任何項職業等項均須詢明並報告社會局以便統計

四、對於囘歸者之生計及居住等問題均予以指導及助力並可報請社會局核辦尤須迅速爲其領市民證予以便利

五、上述各項應辦事務概即由社會局及區公所原有人員兼辦不得因此另請支款

三十年四月四日公布

修正南京特別市市民遺失圖狀書證收據呈請補發須知

一、凡遺失左列圖狀或書證或收據得呈請南京市政府地政局補給

甲、所有權圖狀

乙、他項權利證明書

丙、前土地局或地政局所發土地所有權登記收據

丁、產業登記查驗證

戊、產業登記收據

己、共有權證

二、凡呈請補給圖狀書證或收據時應備具左列各項文件

甲、切結

1. 呈請人姓名籍貫職業住址

2. 不動產面積及建築物狀況

3.遺失圖狀書證收據區段號數

乙、保證書

1.保證人姓名籍貫職業住址

2.被保人姓名籍貫職業住址

3.保證事項

4.保證人與被保人之關係

5.地產坐落四至及面積

丙、登報聲明

1.遺失所有權圖狀或前地政局土地局所有權登記收據者應登本局指定之報紙半個月連同報紙繳案備查

2.遺失他項權利證明書或共有權證者除須會同出典人債權人或共有人呈請外應登本局指定之報紙七天連同報紙繳案備查

3.遺失查驗證或產業登記收據者應登本局指定之報紙三天連同報紙繳案備查

三、保證書計分鄰保舖保兩種除遺失所有權圖狀或所有權登記收據應同時取據鄰舖兩保外其餘概具舖保

四、切結保證書及登報樣紙均由地政局製發不另取資

五、地政局對於呈請補給事項審查完畢即通知呈請人來局繳費具領但遺失所有權圖狀及他項權利證明書者除取具切結保證暨登報外並依照土地法第一百四十條第二項之規定公告三個月後補給之

六、對於遺失圖狀書證收據各項徵收費用隨時依照土地法及修正南京市土地登記暫行規則之規定分別徵收

公牘

南京特別市政府呈 府社字第　　號

案奉

鈞院行字第六〇九二號訓令略以地方會議第二次會議上海特別市政府陳市長提擬請各省市舉辦囘鄉人事登記救濟失業而安地方案業經議決通過飭即遵照辦理具報等因奉此遵查職府前於本年二月間舉行區政會議業已呈報

鈞院察核備案維時據職府社會局局長盛開偉提以京市民戶近數月雖囘歸不少較之事變前相差尚遠現在上海方面正在積極疏散人口聞旅居者多所顧慮急應設法招致予以便利當即擬具實施原則經大會決議通過旋由職府訂定詳細辦法令飭各區公所一律組織市民囘歸照料所以資照料本京旅外市民之囘歸各在案茲奉前因除督飭所屬切實辦理外理合照繕前項辦法隨文呈報仰祈

鑒賜察核備案實爲公便謹呈

行政院院長 汪

附呈南京特別市市民囘歸照料所辦法一份（見法規欄）

南京特別市市長 周學昌

中華民國三十一年四月　日

南京特別市政府咨 府工字第　　號

案據本府工務局局長朱浩元呈稱奉

貴會水祕字第三三號冬代電略開本月十二日上午九時召開全體委員會議並邀集有關地方長官參加商討仰屆期準時出席如有提案併於開會前三日送達等因奉此除遵照準時出席外茲謹擬具「整治城內秦淮河工程初步計劃綱要」提案一件仰祈鑒核轉請編入本屆會議議程以便提出討論等情相應檢同提案乙件咨請

查照爲荷

此咨

水利委員會

附提案乙件

市長　周學昌

中華民國三十一年四月　日

南京特別市政府咨　字第　號

查本市土地工作旬報表業經送至三月份中旬在卷茲造具三月份下旬前項工作旬報表乙份相應咨送卽希

查照爲荷

此咨

內政部

計咨送本市土地工作三月份下旬旬報表乙份

市長　周學昌

中華民國三十一年四月　日

南京特別市政府咨　府地字第　號

查本市土地工作旬報表業經送至三月份下旬在卷茲造具四月份上旬前項工作旬報表乙份相應咨送即希

查照為荷

此咨

內政部

計咨送本市土地工作四月份上旬旬報表乙份

市長　周學昌

中華民國三十一年四月　日

南京特別市政府辦理土地登記工作三月份下旬旬報表

中華民國三十一年

事項／件數／日	接收登記聲請書	土地所有權登記	房屋登記	更正登記	塗銷登記	移轉登記	分割登記	共有權登記	住所變更登記	繕寫查驗證	發給查驗證	備註
21					1	6					9	
星期 22												
23					2	2					2	
24					1	1				1	2	
25						6						
26						4						
27						5					1	
28						1				4		
星期 29												
放假 30												
31					2	8				1	10	
總計件數					6件	33件				6件	24件	

南京特別市政府辦理土地登記工作四月份上旬旬報表

中華民國三十一年

事項 件數 日	接收登記聲請書	土地所有權登記	房屋登記	更正登記	塗銷登記	移轉登記	分割登記	共有權登記	住所變更登記	繕寫查驗證	發給查驗證	備註
1						5					3	
2						4					4	
3					1	8					3	
4						5					2	
星期 5												
6					1	8					4	
7						7						
8						8					4	
9										1		
10					1	10					1	
總計件數					3件	55件				1件	21件	

南京特別市政府公函　府社字第　號

案准

貴廳政一字第四五八八號公函附送取締米粮業違章處罰規則會印公布令會簽稿各一份囑查照辦理又米糧違章案件罰金收據並囑轉飭照式印製以備應用等由准此除會印公布令張貼週知外所有辦理米糧業違章處罰案件應需罰金收據一項現爲付刊便利計擬請仍由　貴廳就近照式印製備用至所需紙張印刷等費並請在前項罰金餘存七成內動支准函前由相應復請查照辦理爲荷此致

首都警察廳

市長　周學昌

中華民國三十一年四月　日

南京特別市政府公函　府衞字第　號

查本年春季霍亂預防注射事宜業經本府衞生局籌備就緒所有注射實施辦法暨日期分配表等並經擬訂完成計共組織注射班二十八班自四月十一日起至二十日止爲機關學校實施注射自四月二十一日起至五月二十日止爲各區市民普遍注射茲爲求推行便利起見每一注射班擬請派警士一名協助工作相應檢同實施辦法暨分配表各二十份函請查照辦理爲荷此致

首都警察廳

附送實施辦法及日期分配表各二十份

市長　周學昌

中華民國三十一年四月　日

市政公報暫定價目表

期限	價目	郵費
零售	每冊三角	本市一分 外埠二分
半年	十二冊 三元五角	本市一角二分 外埠二角四分
全年	二十四冊 七元	本市二角四分 外埠四角八分

市政公報廣告刊例

頁數	價目
一頁	每期十一元
半頁	每期六元
四分之一頁	每期三元

刊登廣告在四號以上者每期按照七折計算連續十號以上者每期按照六折計算長期另議

出版日期　本公報暫定每月二次

編輯者　南京特別市政府秘書處

發行者　南京特別市政府秘書處

印刷者　南京時代印書館
地址：南京朱雀路邀貴井十八號
電話：二二五九五號

中華郵政掛號認爲第一類新聞紙類

中華民國三十一年四月三十日

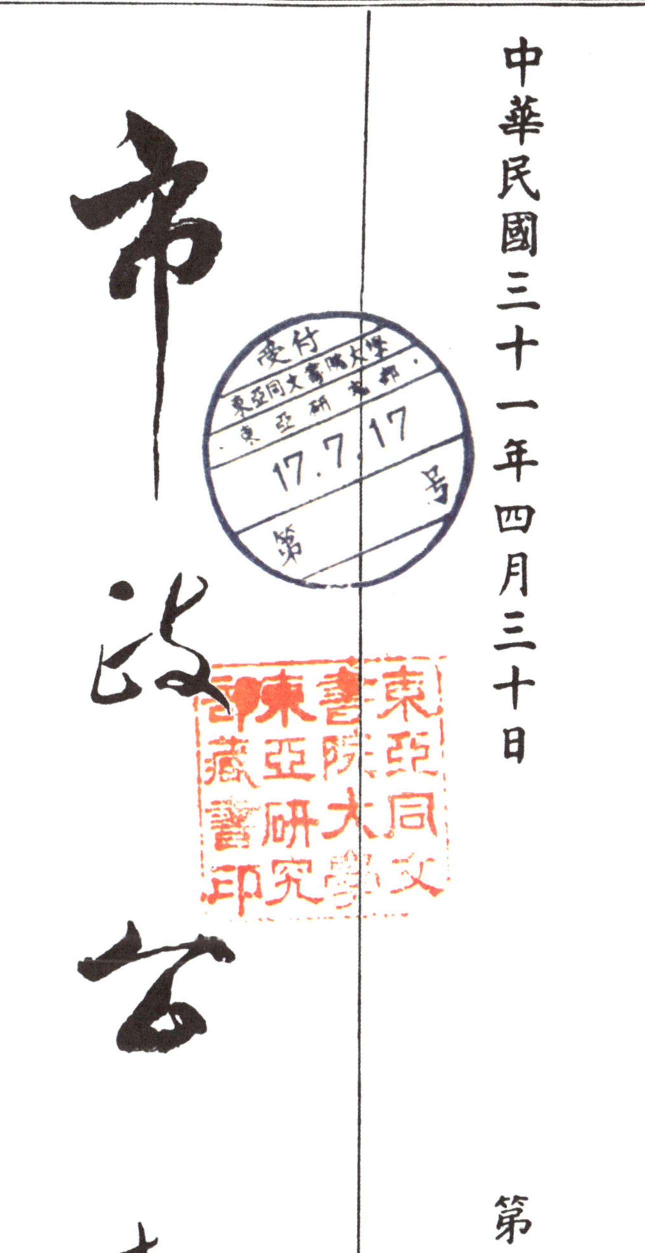

市政公報

第九十四期

南京特別市政府秘書處印行

目錄

命令

法規

公牘

統計

命令

南京特別市政府委令　祕字第　　號

令衛生局主任科員陶嘯伯

茲調該主任代理本府地政局技士此令

中華民國三十一年四月　　日

市長　周學昌

南京特別市政府訓令　祕字第　　號

令衛生局局長衛錫良
　褚通爵

案准

行政院祕書處行字第二九二三號公函內開：

「案查本院第一〇七次會議任免事項第十七案南京特別市政府周市長呈本府衛生局局長衛錫良呈請辭職擬請照准遺缺並擬請任命褚通爵充任案決議通過等由紀錄在卷除衛錫良一員呈請國民政府明令免職外其褚通爵一員即希依照規定辦理相應錄案函請查照分別飭知爲荷」

等由准此除分令外合行令仰該局長/員遵照

此令

中華民國三十一年四月　　日

市長　周學昌

南京特別市政府訓令　字第　號

令衛生局　工務局　社會局　教育局　宣傳處

案查前在首都警備司令部舉行防空委員會首次防空會議議決防毒救護部由本府衛生局担任工作配給部由本府工務局社會局共同担任紀錄在卷關於各該部經費預算依警備司令部意見由各該部按實需要分別核定於第二次會議提出公決等由除分行外合亟令仰該○迅即擬具概算儘於五月二日以前呈送到府以憑彙齊提會爲要此令

市長　周學昌

中華民國三十一年四月　日

南京特別市政府訓令　府社字第　號

令上新河區公所

查四月十二日下午漢中門外北瓦廠街地方發生火災一案業經派員前往查明計被火災民七十六戶大二百十八口小一百三十五口均屬貧民情境極慘並據該區長呈請救濟前來茲經援照歷次救濟火災成例大口各給振米五升小口各給振米二升五合共計需米十四石二斗七升五合該區長應即備具領據及借用蔴袋收據逕向第二區公所在本年平糶餘米項下領取轉發一面造具名冊飭令各該被災戶主於領米時在名冊上簽名蓋章或捺蓋大拇指印發放完畢仍將原冊呈府查考除飭糧食管理局社會局函知第二區公所照發振米並由社會局派員監放外合亟令仰遵照辦理爲要

此令

中華民國三十一年四月　日

市長　周學昌
社會局長　盛開偉

南京特別市政府訓令　府社字第　號

令城鄉各區公所
　市育會

社會局案呈奉　實業部農字第四〇二號訓令內開：

「案查本部前爲發展農村經濟調劑農業金融曾擬訂農村典當暫行通則會同內政部提院審議在案玆奉　行政院行字第六一四〇號訓令內開「案查本院第一〇五次會議討論事項第三案院長交議據內政部陳部長實業部梅部長會提爲發展農村經濟調劑農業金融計謹擬訂農村典當暫行通則草案經飭據本院參事廳審查簽具意見請公決案決議照原提案修正通過交由主管機關公佈施行其當票格式及奬勵與監督辦法應由主管部另擬呈核等由紀錄在卷除令飭內政財政兩部遵照外合行錄案并抄發上項修正通過暫行通則及本院參事廳簽呈意見令仰該部遵照辦理至於當票格式奬勵及監督辦法均應明白規定擬具章則呈候核定飭遵」等因奉此除另擬訂當票格式與奬勵及監督辦法會同內政部呈請核定並將前項通則會令公布暨分行外合亟抄發農村典當暫行通則一份令仰該局遵照轉飭所屬一體遵照」

等由准此除分行外合亟抄發原通則一份令仰該區會遵照

此令

附抄發農村典當暫行通則一份（略）

中華民國三十一年四月　日

市長　周學昌
社會局長　盛開偉

南京特別市政府訓令　府財字第　號

令捐稅徵收所
臨時建設特捐徵收處
營業稅徵收處

案查前奉
行政院行字第五八七八號訓令內開
「奉　國民政府三十一年三月六日第五八號訓令開「查桐油茶葉猪鬃禽毛臨時特稅暫行條例現經制定明令公布并定自三十一年三月十一日起施行應卽通行飭知除分令外合行抄發該條例令仰該院知照并轉飭所屬一體知照此令」等因附發桐油茶葉猪鬃禽毛臨時特稅暫行條例一份奉此除分行外合行抄發前項條例令仰該市府飭屬一體知照此令」
等因並准
財政部稅二字第一七號咨開
「案查本部舉辦桐油茶葉猪鬃禽毛臨時特稅業經訂定暫行條例草案呈送
行政院轉請公布實施在案茲以各省市地方對於上項貨品一時容或征收捐稅爲避免國稅與地方稅發生牴觸並謀兼籌並顧起見定於本月九日在上海外灘六號稅務署邀集有關省市政府開會由該署代表本部會同妥商辦法共策進行除分咨外相應咨達查照事關調整稅政務請指派所屬財政局長或其他負責代表依期到滬參加會議」
等由當經指派財政局第二科科長劉登瀛代表赴滬參加會議在案茲准
財政部稅務署函送財政部與蘇浙皖三省市協商征收桐油茶葉猪鬃禽毛臨時特稅會議紀錄內列決議案兩項(一)各省市之各該類貨物營業專稅自中央之特稅實施開征後卽行停辦中央根據各省市之各該類貨物營業專稅過去實在收入數及三十一年度新預算數折衷確定補助數目以資補

敕(二)中央舉辦之臨時特稅爲對物征收之貨物出產稅其性質與統稅相同營業稅係依據營業稅法以營業類額作課稅之標準自可照常征收等語自應查照辦理除分行外合行令仰該處所長遵照

此令

中華民國三十一年四月　日

市長　周學昌

南京特別市政府布告　府工字第　號

查虹橋河爲本市城北排水要道河身狹窄涵洞淤塞一遇暴雨出水不暢時有泛濫之虞本府有鑒於此現正飭局從事疏濬所有該河兩岸侵佔河道房屋亟應從速拆除以免妨礙河身而利宣洩合行抄附跨越虹橋河侵佔河道房屋調查表一紙仰各戶主卽便遵照於四月二十日以前自動拆讓逾期卽由本府工務局派工代拆將料抵工切切此布

附抄調查表(略)

中華民國三十一年四月　日

市長　周學昌

工務局局長　朱浩元

南京特別市政府布告　府財字第　號

案准

財政部錢一字第三八號咨開

「案查舊鈔與中央儲備銀行發行之法幣其等價流通規定業經呈奉核准於三月三十日由部公布廢止並分別咨令各在案此後納稅匯兌暨一切公私往來自應一律以中央儲備銀行

發行之法幣爲計算單位凡以暫准流通之舊鈔支付者應依照中央儲備銀行掛牌行市折合計算除再由部於四月十六日布告週知并呈請　行政院鑒核暨分行外相應咨請貴市政府查照並希轉飭所屬一體知照爲荷」等由准此查舊鈔與中央儲備銀行發行之法幣等價流通規定業於三月三十日由部公布廢止此後納稅匯兌暨一切公私往來自應一律以中央儲備銀行發行之法幣爲計算單位除分令外合亟布告週知仰商民人等一體遵照

中華民國三十一年四月　日

市長　周學昌

財政局局長　譚友仲

南京特別市政府公布令

府社字第　號

茲制定南京特別市政府獎勵稻麥增收暫行規則公布之此令

計抄附南京特別市政府獎勵稻麥增收暫行規則（見法規欄）

中華民國三十一年四月　日

市長　周學昌

社會局局長　盛開偉

法規

南京特別市自治實驗區區公所組織規程

三十一年四月　日公布

第一條　南京特別市政府為健全保甲組織促進地方自治從事實驗以資推行起見特設原自城區鄉區中各指定一區為自治實驗區

第二條　城區指定第四區為實驗區定名為南京特別市城區自治實驗區鄉區指定燕子磯區為實驗區定名為南京特別市鄉區自治實驗區並各設置區公所

第三條　自治實驗區區公所（以下簡稱區公所）設區長一人薦任承市長之命綜理全區並監督所屬一切事務

第四條　本區公所設置左列三組

（一）第一組掌理會議文書人事會計庶務繙譯及不屬其他各組之事項

（二）第二組掌理公安公益農林土地文化教育徵工募捐救濟衛生及宣傳等事項

（三）第三組掌理戶口工商業之調查登記保甲之編組整理及選舉等事項

第五條　前條各組設組長一人組員助理員各一人至三人均委任秉承區長及主管長官之命辦理各項事務

第六條　本區公所因事務上之需要得設保甲督導員一人並酌用戶籍員或僱員其數額至多不得超過十二人

第七條　本區公所為專門技術事項得呈請　市政府調派技術人員協助辦理

第八條　本區公所經費由市政府直接發放其預算另定之

第九條　本區公所為舉辦地方公益事業得呈請　市政府核准按戶攤派捐款或徵用材料工役

第十條　自治實驗區每月由區長召集區務會議一次每季召集坊（或鄉鎮）保長聯席會議一次討論區務及訂定自治規約事項其會議規則另定之

第十一條　本規程未經規定事項仍依保甲條例及其他有關法令之規定

第十二條　本區公所辦事細則由各該區自行擬訂呈請　市政府核准施行

第十三條　本規程由市政府公佈施行並呈報　行政院備案

南京特別市政府獎勵稻麥增收暫行規則

三十一年四月　日公布

第一條　本市政府爲獎勵各鄉農田增收稻麥充足民食起見特訂定本規則辦理之

第二條　凡本區市內各鄉農戶所種稻麥能選擇優良品種改良種植增收稻麥其每畝產量達到本規則預定之最低限度以上者分別獎勵

第三條　獎勵增收稻子產量標準如左

一、生產面積以一畝（即六十方市丈）爲評量單位

二、所穫產量每畝以達到淨稻在四市石以上每石一百十二斤半計四百五十市斤（即二百二十五公斤）爲最低限度

三、每畝所穫產量在四市石以上滿五石五斗者爲甲等

四、每畝所穫產量在四市石以上滿五石者爲乙等

五、每畝所穫產量在四市石以上滿四石五斗者爲丙等

第四條　獎勵增收麥子產量標準如左

一、生產面積以一畝（即六十方市丈）爲評量單位

二、所穫產量每畝以達到淨麥在市石一石二斗以上大麥計一百二十三市斤即六十一斤半公斤（每石重量一百零二市斤半）小麥計一百八十市斤即九十公斤（每石重量壹百五十市斤）裸麥計一百三十五市斤十兩弱即六十七公斤半（每石重量一百十三市斤）爲最低標準

三、大小麥裸麥每畝所穫產量滿市石二石五斗者爲甲等

四、大小麥裸麥每畝所穫產量滿市石二石者爲乙等

五、大小麥裸麥每畝所穫產量滿市石一石五斗者爲丙等

第五條　獎勵增收稻麥暫分三等如左

一、甲等獎給予一等獎狀或給予價值四十元之農具

二、乙等獎給予二等獎狀或給予價值三十元之農具

三、丙等獎給予三等獎狀或給予價值二十元之農具

第六條　前項獎品由市政府於評定時酌給一種

本市區內各鄉農戶如願得稻麥增收之獎勵者應於播種二星期以前報由該管區公所轉報社會局登記其登記事項如左

一、農戶姓名住址

二、田畝地址面積（附具略圖並須註明自耕農半自耕農或佃農）

三、種籽名稱

第七條　凡登記農戶能繼續得到第五條第一款之獎勵二年以上者除按年給獎外並由市政府給予匾額以資褒揚

第八條　凡登記各農戶須將所種預備獲獎之田於插秧或種麥時豎立標識至收穫之日爲止並於收穫時兩星期前將預定收穫時日報告社會局屆時由社會局會同糧管局及農林專員室派員前往查驗每畝收穫實在產量

登記之農戶如屆收穫時期預計其收穫產量不及本規則所定之最低限度者則不必報請查驗以省手續

第九條　各農戶登記田畝如不止一坵同時獲有兩個獎勵者則按其產量最高之一坵獎勵之

第十條　如有串通蒙混取得獎勵者經查出後除追繳獎品外並連同舞弊人員一併依法懲處

第十一條　凡獲獎勵之農民須將自播種時起以至收穫之日止經過狀況依照左列各款報告該管區公所轉報社會局發表以供研究

一、穫獎地之土質

二、選種方法

三、浸種及日數方法

四、播種日期及方法

五、每方步秧田麥地之播種量

六、秧田麥地之管理方法（除蟲及灌溉排水等）

七、秧田麥地所用肥料之種類及分量

八、插秧距離及每株秧數

九、本田所用肥料種類及分量

十、耕耘除草之回數及時期

十一、可用農具之種類
十二、收穫之時期
十三、防蟲防病之方法

第十二條　本規則如有未盡事宜得隨時修正之

第十三條　本規則自市政府公布之日施行

公牘

南京特別市政府呈 府社字第　　號

竊查職府於三十一年二月舉行區政會議呈奉

鈞院行字第六七六〇號指令准予備查等因茲以區政會議據職府社會局局長盛開偉提擬設立自治實驗區勵行保甲制以樹立區政楷模一案經大會決議通過記錄在卷當卽按照所擬辦法指定原有第四區爲城區自治實驗區燕子磯區爲鄉區自治實驗區並令委職府參事趙其凡兼任城區自治實驗區區長現任燕子磯區區長蕭石樓爲鄉區自治實驗區區長其城區自治實驗區已據報於四月一日就原有第四區公所改組成立至鄉區自治實驗區現正就燕子磯區公所擴充改組中定期於五月一日務將區公所成立具報除督飭各該自治實驗區區長整頓保甲努力推進外理合將組設城鄉自治實驗區緣由并繕具自治實驗區區公所組織規程具文呈報仰祈

鑒核俯賜備案實爲公便謹呈

行政院院長汪

計繕呈自治實驗區區公所組織規程一份(見法規欄)

南京特別市市長　周學昌

中華民國三十一年四月　日

南京特別市政府呈 府財字第　　號

案奉

鈞院行字第六二二六四號訓令內開

「案據該市府呈請擬將京市田賦仿照蘇浙皖三省會議加增賦稅辦法一律加倍徵收一案業經據情令飭財政部審議在案現據財政部呈稱「案奉鈞令並准南京特別市政府咨同前由查本部前准蘇浙皖滬四省市政府會咨擬將田賦調整賦率不得超過原率一倍藉增收入一案當經本部擬具意見呈奉鈞院三十年十一月二十七日行字第五八三一號指令遵即轉咨該四省市政府查照辦理並分咨鄂粵京漢各省市查照各在案現在南京市政府擬請援案將賦稅加倍徵收事同一律自應遵照鈞院上年指令辦理一面詳查每畝正附稅確數送部審核簽註轉呈核辦是否有當理合備文呈復仰祈鈞院鑒核指令祇遵」等情前來應如財政部所議辦理除指令外合行令仰該市府遵照」

等因奉此遵經飭據財政局將本市田賦原科則查明列表呈報前來查本市田賦正稅科則向分三等九則其最高一等二則每畝徵收正稅六角最低三等下則每畝徵收正稅只有三分附稅一項尙未帶徵奉令前因除咨財政部外理合繕表具文呈報仰祈

鑒核施行謹呈

行政院

附呈本市田賦正附稅率表一份

南京特別市市長　周學昌

中華民國三十一年四月　日

南京特別市財政局現時征收田賦正附稅確數及擬調辦法表

等則		原征每畝稅率		現擬調整稅率		備註
		正稅	附稅	正稅	附稅	
一等	上則	六角	暫未附加	一元二角	暫不附加	
	中則	五角七分	仝右	一元一角四分	仝右	
	下則	五角六分	仝右	一元一角二分	仝右	
二等	上則	五角三分	仝右	一元〇六分	仝右	
	中則	四角八分	仝右	九角六分	仝右	
	下則	四角一分	仝右	八角二分	仝右	
三等	上則	二角四分	仝右	四角八分	仝右	
	中則	一角三分	仝右	二角六分	仝右	
	下則	三分	仝右	六分	仝右	
說明	查本市田賦一等上則每畝原征正稅只有六角數極輕微更未附加附稅現時農作物價值較前增加奚止倍蓰每畝田賦最高等則擬祇加六角對於農民負担似未加重合併呈明					

南京特別市政府呈 字第　號

案據本府工務局呈稱

「查本市排水工事除城南部份利用秦淮河導洩外城北部份所有雨水大部流入金川虹橋兩河經過金川閘門排洩入江惟以河身淤塞涵洞狹窄一遇暴雨洩水不及時有泛濫之虞勢非從速疏治不足以利排水前擬利用徵工疏通兩河辦法提經本屆區政會議通過在案現正積極辦理查徵工疏濬辦法僅係改善北區排水治標計劃中之一部份茲爲澈底疏治起見仍須辦理拆除兩岸侵佔河身房屋幷測量全河斷面放寬涵洞開挖土方等以期克竟全功爰經擬具京市北區排水工程初步計劃綱要估計共需工程費用貳拾伍萬元仰懇轉呈撥發專款俾便早日施工」

等情據此查金川虹橋兩河爲城北下水總滙關係北區一帶排水至爲重要尤以新住宅區及鼓樓以北之中山北路等處雨水出路均以虹橋金川河爲歸納因河道淤塞宣洩不暢每于暴雨之後泛濫爲患以致阻礙交通損害路面澈底疏治實屬必要該局所呈治本計劃設計妥善似應准予辦理惟在此市庫支絀之際該項工程費用籌措深感困難茲儘本府財力所及全力籌措亦祇能勉籌半數計拾貳萬伍千元其餘半數擬懇鈞院准予令飭財政部撥款補助以便早日興工是否可行理合檢同計劃綱要一份具文呈請仰祈

鑒核指令祇遵謹呈

行政院院長汪

附呈京市北區排水工程初步計劃綱要一份（略）

南京特別市市長　周學昌

中華民國三十一年四月　日

南京特別市政府咨 府地字第　號

查本市土地工作旬報表業經送至四月份上旬在卷茲造具四月份中旬前項工作旬報表乙份相應咨送卽希查照爲荷

此咨

內政部

計咨送本市土地工作四月份中旬旬報表乙份

市長 周學昌

中華民國三十一年四月　日

南京特別市政府咨 府地字第　號

查本市工作旬報表業經送至四月份中旬在卷茲造具四月份下旬前項工作旬報表乙份相應咨送卽希查照爲荷

此咨

內政部

計咨送本市土地工作四月份下旬旬報表乙份

市長 周學昌

中華民國三十一年四月　日

南京特別市政府辦理土地登記工作四月份中旬旬報表

中華民國三十一年

事項／件數／日	接收登記聲請書	土地所有權登記	房屋登記	更正登記	塗銷登記	移轉登記	分割登記	共有權登記	住所變更登記	繕寫查驗證	發給查驗證	備註
11						5						
星期 12												
13					2	7					5	
14						4					5	
15						6					1	
16					1	4					1	
17						9				1		
18					1	7					8	
星期 19												
20					1	5				1	4	
總計件數					5件	47件				2件	24件	

南京特別市政府辦理土地登記工作四月份下旬旬報表

中華民國三十一年

事項／件數／日	接收登記聲請書	土地所有權登記	房屋登記	更正登記	塗銷登記	移轉登記	分割登記	共有權登記	住所變更登記	繕寫查驗證	發給查驗證	備註
21						2						
22					2	6					2	
23					1	6					1	
24						10				1	1	
25						1						
星期 26												
27						4						
28					1						16	
29						3						
30					1	7					3	
總計件數					5件	39件				1件	23件	

南京特別市政府公函　府社字第　號

查新舊法幣等價流通早經財政部明令廢止在案本府現爲使人民一律遵用新法幣起見業於本月二十八日召集市商會及各業同業公會理事長來府剴切闡明並着即通告各商店一體周知自五月一日起凡商店貨物之定價或往來賬目以及訂立契約均應以新法幣爲計算單位其特有舊法幣使用者按照市價貼水折合新法幣收付如有故違應即從嚴查究紀錄在卷除佈告周知幷通行各屬一體遵照外相應檢同布告一份函請

查照飭屬隨時予以協助仍希　見覆爲荷此致

首都警察總監署

附檢布告一份（略）

市長　周學昌

中華民國三十一年四月　日

統計

南京特別市戶口統計表

民國三十一年四月份

祕書處第二科統計股製

區別	戶數	人口數						
		總計	男性			女性		
			合計	成人	兒童	合計	成人	兒童
總計	143622	639303	355198	243177	112021	284105	188867	95238
第一區	28108	130154	71841	51218	20623	58313	40122	18191
第二區	39118	173776	94913	63790	31123	78863	53606	25257
第三區	18434	78304	44503	30983	13520	33801	22760	11041
城區實驗區	10991	46978	26486	18787	7699	20492	13761	6731
第五區	11101	50524	29971	22504	7467	20553	13925	6628
上新河區	12685	54859	29491	20184	9307	25368	16772	8596
鄉區實驗區	10138	46908	25731	16500	9231	21177	12978	8199
孝陵衛區	4207	19911	10521	5618	4903	9390	5591	3799
安德門區	8840	37889	21741	13593	8148	16148	9352	6796

註：一、本表係根據各區公所塡報之戶口月報
二、各外國僑民戶口不在此內

南京特別市戶口增減比較表

民國三十一年四月份

秘書處第二科統計股製

區別	戶增減數	人口增減數						
		總計	男性			女性		
			合計	成人	兒童	合計	成人	兒童
總計	＋190	＋1409	＋751	＋465	＋286	＋658	＋390	＋268
第一區	＋20	＋339	＋211	＋158	＋53	＋128	＋84	＋44
第二區	＋62	＋739	＋356	＋219	＋137	＋383	＋251	＋132
第三區	＋68	＋221	＋124	＋88	＋36	＋97	＋62	＋35
城區實驗區	－23	－80	－40	－34	－6	－40	－38	－2
第五區	＋32	＋124	＋63	＋27	＋36	＋61	＋27	＋34
上新河區	——	－53	－26	－16	－10	－27	－15	－12
鄉區實驗區	－5	－36	－25	－21	－4	－11	－14	＋3
孝陵衛區	－4	＋6	＋10	＋5	＋5	－4	－4	——
安德門區	＋40	＋149	＋78	＋39	＋39	＋71	＋37	＋34

註：一、本表係根據各區公所填報之戶口月報

二、各外國僑民戶口不在此內

三、有(十)符號者爲增加，有(一)符號者爲減少

市政公報暫定價目表

期限	價目	郵費
零售	每冊三角	本市一分 外埠二分
半年	十二冊 三元五角	本市一角二分 外埠二角四分
全年	二十四冊 七元	本市二角四分 外埠四角八分

市政公報廣告刊例

頁數	價目
一頁	每期十一元
半頁	每期六元
四分之一頁	每期三元

刊登廣告在四號以上者每期按照七折計算連續十號以上者每期按照六折計算長期另議

出版日期 本公報暫定每月二次

編輯者 南京特別市政府祕書處

發行者 南京特別市政府祕書處

印刷者 南京時代印書館

地址：南京朱雀路邀貴井十八號

電話：二二五九五號

中華郵政掛號認爲第一類新聞紙類

中華民國三十一年五月十五日

市政公報

第九十五期

南京特別市政府祕書處印行

目錄

命令

法規

公牘

命令

南京特別市政府委令　字第　號

令黃伯熙

茲派該員代理本府社會局第四科科長另候呈薦此令

中華民國三十一年五月　日

市長　周學昌

南京特別市政府委令　字第　號

令張愚若

茲委該員爲本府專員此令

中華民國三十一年五月　日

市長　周學昌

南京特別市政府訓令　字第　號

令各局處會區公所

案奉

行政院行字第六三八三號訓令內開：

「奉　國民政府三十一年四月十七日第一〇八號訓令開「查公務員登記條例及施行細則現經制定明令公布應即通飭施行除分令外合行抄發該公務員登記條例及施行細則各

一份令仰知照並轉飭所屬一體知照此令」等因計抄發公務員登記條例及公務員登記條例施行細則各一份奉此除前項條例及細則已刊登公報應免抄發及分行外合行令仰該市政府轉飭所屬一體知照」

等因奉此除分行外合行令仰該○轉飭所屬一體知照

此令

中華民國三十一年五月　日

市長　周學昌

南京特別市政府訓令　字第　號

令各局處會區公所

案奉

行政院行字第六三八二號訓令開：

「奉　國民政府三十一年四月十七日第一一〇號訓令開：據本府文官處簽呈稱「准中央政治委員會祕書廳中政祕字第一七六一號公函開「案查前准貴處三十一年二月三日文字第一六九號公函奉交攷試院呈轉據銓敍部呈請修正公務員登記條例及施行細則一案錄諭并抄附原呈暨附件囑轉陳核議一案當經陳奉　主席諭先交法制專門委員會會同銓敍部審議等因遵由本廳分函本會法制專門委員會查照辦理並復請貴處查照在卷茲准該會函送審查意見囑轉陳鑒核到廳復經陳奉　主席提交三十一年四月九日中央政治委員會第八十九次會議討論決議照審查意見通過送　國民政府公布並交立法院備查紀錄在卷相應錄案並抄附法制專門委員會審查意見原函一併函送卽請查照轉陳將各該條例及細則分別制定明令公布並令飭立法院知照暨將原審查意見第三項分令行政院轉飭遵照」等由理合簽請

鑒核等情到府自應照辦除將公務員登記條例及施行細則明令公布並通飭施行外合行抄發原附法制專門委員會原函一件令仰該院依照原審查意見第三項轉飭遵照辦理」此令等因計抄發原附法制專門委員會原函一件奉此除分行外合行抄發原附法制專門委員會原函一件令仰該市政府轉飭所屬一體遵照審查意見第三項辦理此令」等因計抄發法制專門委員會原函一件奉此除分行外合行抄發法制專門委員會原函一件令仰該○飭屬一體遵照此令

計抄發法制專門委員會原函一件

中華民國三十一年五月　日

市長　周學昌

法制專門委員會原函

案准

貴廳三十一年二月二十七日中政秘字第一六六〇號公函略以准國民政府文官處函送奉交考試院轉請修正公務員登記條例及施行細則一案經轉陳奉諭先交法制專門委員會會同銓敍部審議等因錄諭抄同原函及附件各一份囑查照審議見復等由並附抄送原函及附件各一件准此當經本專門委員會會同銓敍部派員於三十一年三月十一日開會將原案提出審查審查結果決定：

一、民國二十三年四月二十三日公布之公務員登記條例早已失效茲爲適應事實需要應重行制定公布

二、銓敍草擬之公務員登記條例及施行細則大致尙妥施行細則毋庸修正登記條例擬予修正各點如左：

甲、爲兼顧事實俾適用上不致發生困難起見第五、六、七各條對於簡任薦任委任職公務員具有聲請登記資格任職年限之規定擬一律各改爲任職滿三個月

乙、第十六條本條例施行期間爲六個月以下必要時得延長一次其期間不得逾六個月之規定似欠彈性擬予刪除將來視事實需要施行期間如須延長可由政府以命令定之

三、俟本條例及施行細則公布後由行政院令各省市政府轉飭所屬公務員凡未經甄審者限期依法辦理登記

准函前由相應將審查情形函復
查照轉陳爲荷此致
中央政治委員會
周祕書長

法制專門委員會主任委員梅思平

三十一年四月一日

南京特別市政府訓令　府財字第　號

令營業稅徵收處
臨時建設特捐徵收處
捐稅徵收所

案奉

行政院行字第六三五二號訓令內開

「現奉　國民政府第一二號訓令開「據本府文官處簽呈稱准中央政治委員會祕書廳中政祕字第一七七四號公函內開查三十一年四月十八日中央政治委員會第九十次會議討論事項第一案　主席交議據行政院呈爲本院第一零七次會議財政部提請創辦捲煙臨時特稅並擬具捲煙臨時特稅暫行條例草案及稅率表呈核一案決議通過自四月十五日起施行錄案呈請鑒核追請等情請公決案當經決議通過追認迄　國民政府通飭遵照幷交立法院備查至施行日期由財政部另以部令定之紀錄在卷相應錄案幷抄附行政院原呈暨原附各件函達至希查照轉陳通飭遵照幷令飭立法院知照等由理合簽請鑒核等情到府自應照辦除分令外合行抄發該條例令仰該院知照幷轉飭所屬一體知照」等因計抄發原附財政部捲煙臨時特稅暫行條例一份奉此除分令外合行抄發該條例令仰該府知照幷轉飭所屬一體知照此令」

等因幷附發原附財政部捲烟臨時特稅暫行條例一份奉此除分令外合行抄發原件令仰該○長知照

此令

計抄發原條例一份（略）

中華民國三十一年五月　日

市長　周學昌

南京特別市政府訓令　府社字第　號

令城鄉各區公所

案准　首都防空委員會防字第一號公函開

「案查本會業於本年三月十日呈奉　軍事委員會准予組織成立在案後經遵照防空計劃先後召集首都軍政各機關團體開會討論一切籌備成立事宜幷經第二次委員會議決議本會於五月五日成立在首都馬台街二十二號設會辦公除分行外相應函達卽希查照」

等由准此除分令外合行令仰該區知照幷飭屬一體知照此令

中華民國三十一年五月　日

市長　周學昌

社會局長　盛開偉

南京特別市政府訓令　府工字第　號

令各區公所

查本市地濱長江區域遼闊每當夏秋之交雨期來臨江潮驟漲水患堪虞故歷年來規定下關揚子江水位達到五、五〇公尺紀錄時爲本市防汛工程開始時期茲值五月亟應先事籌劃經飭工務局製訂防汛調查表一種事關預防水患應即迅速辦理除分令外合行抄發原表令仰該區遵照限於文到三日內按表切實查塡具報以憑複查編製本市防汛總概算勿稍疏忽爲要此令

計附發調查表一份（略）

中華民國三十一年五月　日

市長　周學昌

南京特別市政府佈告　府社字第　號

茲依照本市抑平物價暫行辦法之規定將日常必需食用物品三十八種送經南京特別市物價評議委員會第九次常會評定限價定於五月一日起實行凡各商人售賣表列各項食用物品不得超過限價并須於物品上標明定價出售其有暗盤抬價者一經查實或被告發獲有確證定卽依照罰則從嚴辦理惟自動在限價以下售賣者則屬商人希望營業發展當然在所不禁至未經評定限價之物品准暫照三月份之市價以七七折合新法幣標明價格出售仍須由各同業公會迅行開單呈報以憑審核合將第九次評定日常食用物品限價列表布告一體週知再此次評定限價悉以中央儲備銀行新法幣爲標準其有以舊法幣購買者准照市貼水併仰遵照切切此佈

計附限價表一份

南京特別市日常食用物品第九次評定限價表 三十一年五月一日起實行

係用新法幣購買之限價如有用舊法幣購買者須照市貼水

品名	單位	限價 元	角	分
上等白米	每石	一五〇	〇	〇
次等白米	每石	一四六	〇	〇
下等白米	每石	一一二	〇	〇
煤球	每担	一四	〇	〇
木炭	每担	六二	〇	〇
蘆柴	每担	一〇	七	〇
山柴	每担	一一	五	〇
木柴	每担	一三	八	〇
苞楷	每担	一〇	〇	〇
豆楷	每担	一三	〇	〇
豆油	每斤	五	五	〇
菜油	每斤	五	一	〇
生油	每斤	五	二	〇
青蝦	每斤	三	〇	〇

品名	單位	限價 元	角	分
鯽魚	每斤	三	七	〇
鰱魚	每斤	二	二	〇
黃魚	每斤	二	五	〇
鴨蛋	每個		三	三
青菜	每斤		一	〇
黃豆芽	每斤		三	五
菉豆芽	每斤		三	五
豆腐	每塊		一	五
千張	每張		一	五
大槽油	每斤	五	一	〇
鮮豬	每担	三八五	〇	〇
豬肉	每斤	三	六	〇
豬油	每斤	六	〇	〇
水牛肉	每斤	三	四	〇

公雞	每斤	三	四○	黃牛肉	每斤	三	八○
母雞	每斤	三	八○	春筍	每斤	二	○
雞蛋	每個		二五	茼蒿	每斤		一○
蘆蒿	每斤		四五	菱菜	每斤		五○
韭菜	每斤		三○	蒜苗	每斤		五○

中華民國三十一年五月　日

市長　周學昌

南京特別市政府
首都警察總監署
佈告
府社政字第一一號

查各商店之物價應遵照新規定一律以新法幣為計算單位并不得超過本市府公布之限價其未經評定限價之物品應暫照四月份舊法幣原價以七七折改定新價標明出售業經出示布告并召集市商會暨各同業公會負責人詳明面諭咸已深切了解並經當場一致面稱決定於五月一日起遵行紀錄在案近查各商店仍多陽奉陰違或尚以舊法幣為計算單位或雖改標新法幣定價而並未照舊法幣原價七七折算顯係利用機會抬高物價又恐買者告發往往不開發票實屬玩忽合再剴切布告仰各商人迅速遵照上次佈告確切實行經此一再曉諭之後倘敢再有取巧抬價或拒開發票者即當以違抗功令論除處罰外再勒令停業若干日其情節較重者即調銷其營業執照封閉示儆本市長總監為安定民生起見對於此種毫無誠信之奸商決不能再予寬容其各凜遵切切此佈

中華民國三十一年五月　日

市長　周學昌

南京特別市政府佈告

府財字第　　號

總監　蘇成德

照得漢中路兩旁經前南京市政督辦公署指定爲攤棚營業之區本係適應戰後需要一時權宜之計現在新街口一帶建築已漸復舊觀市面亦日見繁榮而漢中路之交通往來車馬無時或息該處攤販蓆棚林立妨礙滋多茲爲整頓市容便利交通起見所有漢中路各攤棚應即一律遷往建康路前國貨陳列館舊址繼續蓋屋營業除函復警察總監署飭區協助並令知攤販管理所遵照外合行粘附遷移漢中路攤棚辦法一份佈告週知務仰各該棚戶依限拆遷毋稍觀望切切

此佈

中華民國三十一年五月　日

市長　周學昌

局長　譚友仲

局長　朱浩元

遷移漢中路攤棚辦法

一、拆遷攤棚規定爲兩期自新街口至管家橋以東爲第一期自管家橋至莫愁路以東爲第二期現有攤棚第一期限六月十五日以前第二期限六月底以前一律拆清遷往指定地點營業

二、願遷往指定地點繼續營業者應儘五月二十五以前偕同保證人前往攤販管理所登記逾期以放棄承租權論另行招販承租

三、現有攤戶對新攤位有優先承租權但以原有等第爲限

四、新攤位搭蓋瓦或鉛皮屋頂其式樣應遵照府定計劃施工所有平治地面搭棚經費援照成案由承租人自行負担以節公帑
五、舊攤位自五月一日起租金豁免以往欠租限五月三十日以前清繳不得藉延

法規

南京特別市公糴委員會組織規程

第一條　茲為安定首都民食由糧食管理委員會撥發官米交南京特別市政府特設公糴委員會辦理公糴依本規程組織之

第二條　本委員會以左列各員為委員由南京特別市市長聘任之

一、南京特別市政府社會局局長
二、糧食管理委員會事屬區辦事處處長
三、警察總監署代表一人
四、南京特別市黨部代表一人
五、南京特別市社會運動指導委員會主任或副主任委員
六、南京特別市商會理事長
七、南京特別市米糧業同業公會理事長

其他經市長認為有參加本會之必要者得由市長聘任為委員或由本會臨時邀請列席

第三條　本委員會以社會局長為主任委員事屬區辦事處長為副主任委員處理本會日常事務

第四條　本委員會辦理事項如左

一、關於辦理公糴手續章則之訂定事項
二、關於公糴米之請願保管及核發事項
三、關於公糴米價之公告事項
四、關於糴米數量之計算分配事項
五、關於糴米價款之核收及解繳事項
六、關於糴米手續費之核收及解繳事項
七、關於計口授糧之籌備事項

八、關於售賣公糶米之督察及檢舉違章等事項

九、其他關於公糶應行辦理之事項

第五條　本委員會設祕書一人或二人秉承主任副主任委員之命主管會議紀錄綜核各組文稿及特交辦理事項

第六條　本委員會設左列各組每組設組長一人組員若干人依照委員會議之决議承辦左列各事項

一、總務組　承辦本會之文書會計庶務及不屬於配給査核兩組之事項

二、配給組　承辦糶米之分配事項

三、査核組　承辦調査及稽核事項

第七條　本委員會祕書及組長組員由主任委員副主任委員遴選呈請南京市長派定呈報糧食管理委員會備査

第八條　本委員會因事務上之需要得酌用雇員若干人承辦繕寫等項事宜

第九條　本委員會各委員概不支俸薪

第十條　本委員會需用經費應編造概算呈請　市長核定轉咨糧食管理委員會備査

前項經費在公糶手續費項下撥支按月造具支出計算書呈報市政府審核

第十一條　本委員會遇有工作繁重原設各組人員不敷分配時得向南京特別市社會局暨屬區辦事處臨時調用人員所需車膳等費准按日核定支給

第十二條　本委員會由南京特別市政府頒發關防

第十三條　本委員會附設於南京特別市政府

第十四條　本委員會之辦事細則另定之

第十五條　本規程如有未盡事宜得隨時修正之

第十六條　本規程由南京特別市政府公布施行並咨糧食管理委員會備案

公牘

南京特別市政府呈　府社字第　　號

案奉

鈞院三十一年三月二十八日行字第六〇九五號訓令內開

「案查本院地方會議第二次會議討論事項第五十六案江蘇省政府李主席提擬實施計口授粮先從城區開始辦理案第五十七案浙江省政府傅主席提擬請統制豆麥雜糧用輔食米不足以防商營操縱案第五十八案浙江省政府傅主席提擬由各地糧管機關就地籌款協同中央採辦食米雜糧以供配給案第五十九案浙江省政府傅主席提擬請推廣公糶通令各省縣市普遍辦理實行計口授糧安定民生案第六十案糧食管理委員會提擬實施管理雜糧補充民食案第六十一案安徽省政府高主席提疏通運輸使商人自由販運食糧以減少民食恐慌案第六十二案上海特別市政府陳市長提關於缺米地區糧食之配給應如何普及與合理案以上七案先經第三組（物資）合併審議提出意見如左一、雜糧應加以管理詳細辦法由糧食管理委員會擬訂呈送行政院核准施行二、擬請實行計口授糧並先由各省市縣政府詳細調查戶口及充份準備食糧三、如有妥善辦法使不致因競買而致食糧漲價得由地方自行採辦食糧其詳細辦法由糧食管理委員會擬訂呈准　行政院施行當經大會決議照審查意見通過等由紀錄在卷所有上項各原提案前於地方會議開會時曾經分發各該地方出席人員在案可資查考應毋庸再發除令飭糧食管理委員會對於審查意見第一第三兩項迅速妥擬辦法呈候核定通飭施行外合行錄案令仰該市政府依照審查意見第二項切實辦理並將辦理情形具復」

等因奉此遵查本市爲首都重地人口已達六十三萬以上如實行計口授粮每月需要食米數量較多一時恐難舉辦復准粮食管理委員會本年四月一日咨開查本會爲調劑民食起見自本年四月份起每月配給南京市公糶米叁萬石請卽轉飭粮食管理局迅將辦理公糶各項手續積極準備以便發售至各機關合作社團體學校食米本會亦正在統籌支配中相應咨達卽希查照辦理見復爲荷等由到府其時因本市粮食管理正議裁撤而市面米商之米尚能供足應求致未立卽開辦公糶現自五月一日起民食米粮之配給已由社會局接管玆經督飭該局迅速籌辦公糶以免轉瞬青黃不接僅恃米商販售深恐不敷現擬定本府社會局局長及粮食管理委員會寧屬區辦事處處長聯合各有關機關推派代表組織公糶委員會專辦本市公糶事務除咨粮委會備查外奉令前因理合附呈公糶委員會組織規程一份備文呈復仰祈

鑒核備案指令祇遵謹呈

行政院院長汪

附呈公糶委員會組織規程一份(見法規欄)

中華民國三十一年五月　日

市長　周學昌

南京特別市政府咨　府社字第　號

案查本市公糶委員會自經派員積極籌備業經擬定組織規程呈報

行政院并分咨

貴會備查在案惟關於實施公糶各項辦法自應妥爲計劃以利推行經飭擬具實施公糶計劃方案復據提交公糶委員會第一次會議逐項討論詳加修正所有舉辦京市公糶各項辦法以此項計劃方案

爲實施標準相應檢附原方案一份咨請
查照備查并希見復爲荷此咨
粮食管理委員會
附實施公糶計劃方案一份(略)

市長 周學昌

中華民國三十一年五月 日

南京特別市政府咨 府財字第 號

案准
貴部關字第一二七號咨開
「案查本部爲統一關政增裕稅收起見現正籌備恢復金陵關定於本年六月一日開征轉口稅惟查貴市府現在征收之建設特捐與此項轉口稅性質相似在本年六月一日以前擬請貴市府將上項建設特捐從事結束以免重複而卹商困相應咨請查照辦理並希見復爲荷」
等因准此查本市前爲推進地方事業彌補預算不足呈奉 行政院核准舉辦臨時建設特捐自三十一年一月一日起征收暫以一年爲期當經遵辦在案該項特捐既係因時制宜關係自屬重大早經列入預算指定用途本年一月市府因值改組特捐暫時停征二月以後繼續整頓正式征收本市三十一年上半年度概算對於臨時建設特捐一項自二月份起按每月十二萬元計算五個月共六十萬元列作經常收入惟該項特捐經多方調整之結果三月份已超過預算實收十六萬餘元四月份更增至二十一萬餘元預計以後仍可逐步增加近時物價較前大漲本市事業亦較前擴張原有預算又將不敷方冀以特捐收入之增加補助臨時支出之超過現在甫辦數月距原定一年之期爲時尚早倘遽然中途停辦勢必影響整個預算無法維持且恐本市事業亦將受重大之打擊本市係首都所在觀瞻所繫

經費不可一日或缺事業不可一日或停似非妥籌方法不足以策萬全擬請　貴部准予仍照原案繼續征收以三十一年年終爲止或請援照　貴部征收桐油茶葉猪鬃禽毛四種臨時特稅撥補各省市停征營業專稅成案根據本市臨時建設特捐每月平均實收數按月在金陵關稅項下如數撥補以資挹注而維市政准咨前由相應檢同本市臨時建設特捐三四月份月報表各一份咨請查照核辦見復爲荷

此咨

財政部

附送臨時建設特捐徵收處原送本年三四月份捐款月報表一份（略）

市長　周學昌

中華民國三十一年五月　日

南京特別市政府咨　府地字第　號

查本市土地工作表旬報業經送至四月份下旬在卷茲造具五月份上旬前項工作旬報表乙份相應咨送卽希查照爲荷

此咨

內政部

計咨送本市土地工作五月份上旬旬報表乙份

市長　周學昌

中華民國三十一年五月　日

南京特別市政府辦理土地登記工作五月份上旬旬報表

中華民國三十一年

事項 件數 日	接收登記聲請書	土地所有權登記	房屋登記	更正登記	塗銷登記	移轉登記	分割登記	共有權登記	住所變更登記	繕寫查驗證	發給查驗證	備註
1						10						
2					1	6					7	
星期 3												
4					1	3					5	
5						4					1	
6						3					1	
7					1	2					4	
8						3						
9												
星期 10												
總計件數					3件	31件					18件	

南京特別市政府公函 府工字第　號

案查本京地方人士秦墨哂等呈請修理金陵閘以調節秦淮洩水一案前准
貴會水工字第二二九號公函略以所請修理金陵閘、節如需費不多當可酌撥款項加以整理囑即
查照擬具意見見復等由當經函復
貴會請將修理該閘計劃檢送過府俾便共商進行在卷該項計劃
諒貴會現已編製完竣煩請
查照辦理爲荷此致
水利委員會

市長 周學昌

中華民國三十一年五月　日

市政公報暫定價目表

期限價目	郵費
零售每冊三角	本市一分 外埠二分
半年十二冊三元五角	本市一角二分 外埠二角四分
全年二十四冊七元	本市二角四分 外埠四角八分

市政公報廣告刊例

頁數	價目
一頁	每期十一元
半頁	每期六元
四分之一頁	每期三元

刊登廣告在四號以上者每期按照七折計算連續十號以上者每期按照六折計算長期另議

出版日期　本公報暫定每月二次

編輯者　南京特別市政府祕書處

發行者　南京特別市政府祕書處

印刷者　南京時代印書館
地址：南京朱雀路邀貴井十八號
電話：二二五九五號

中華民國三十一年五月三十一日

市政公報

第九十六期

南京特別市政府秘書處印行

中華郵政掛號認爲第一類新聞紙類

目錄

命令

法規

公牘

統計

命令

南京特別市政府令 府祕字第　號

實貼本府大門首

茲制定南京特別市政府購辦委員會招商投標辦法公佈之

此令

附錄南京特別市政府購辦委員會招商投標辦法全文（見法規欄）

中華民國三十一年五月　日

市長　周學昌

南京特別市政府令 府教字第　號

茲制定南京特別市市立各級學校現任職教員撫卹辦法公佈之

此令

計附南京特別市市立各級學校現任職教員撫卹辦法乙份（見法規欄）

中華民國三十一年五月　日

市長　周學昌

教育局長　楊正宇

南京特別市政府公布令 府字第　號

茲制定玄武湖遊船管理規則公佈之

此令

計抄附玄武湖遊船管理規則一份（見法規欄）

中華民國三十一年五月　日

市長　周學昌

南京特別市政府布告 府工字第　號

查本府工務局徵收京市區渡船碼頭業登記執照費規則施行日久所定收費額數早有修改必要惟爲體恤船戶起見迄今尚未實行現查本市區江河內渡船碼頭業多不聲請登記任意設立擺渡船隻殊屬有違定章除飭由工務局轉令該管船舶登記所認真辦理以便考查外合行粘同改訂碼頭擺渡執照費額表出示佈告仰各渡船船戶一體知悉此布

附改訂碼頭擺渡執照費額表一份

中華民國三十一年五月　日

市長　周學昌

工務局局長　朱浩元

南京特別市工務局改訂碼頭擺渡執照費額表

1. 義渡　免費登記（繳執照費二元四角）

2. 民渡　以船隻多少分左列各等

等級	渡船隻數	改訂費額	備註
甲	十隻以上	三十五元	
乙	十隻以下五隻以上	二十五元	
丙	五隻以下	十五元	

南京特別市政府訓令 府社字第　　號

令 城區自治實驗區 第三區 孝陵衛區 安德門區 鄉區自治實驗區 區公所

案准

實業部林字第三九〇號咨開：

「查鑛區造林匪惟增加生產且可備作架欆支柱及運道枕木等重要用途從前各大鑛業公司多有設立苗圃從事造林工作者成效頗著事變以還摧毀殆盡茲本部為提倡造林並發展鑛業林起見業經通飭各鑛商對於鑛區境內現有森林及野生樹妥為保護其有宜林荒山現無林木者亦應負責造林並將造林情形及林相分報本部及地方主管官署備查在案惟事關林政仍應由地方主管官署認真督促期收速效除分咨外相應咨請貴府查照轉飭遵照辦理為荷」

等由准此自應照辦除分令外合行令仰該區遵照轉飭境內有宜林荒山各坊鄉鎮保甲長一體遵照認眞辦理具報各鑛區及其他有宜林荒山各鄉鎮保甲長一體遵照認眞辦理具報為要

此令

中華民國三十一年五月　日

市長 周學昌

社會局長 盛開偉

南京特別市政府佈告 府社字第　　號

案據本市公糴委員會呈稱

「竊職會奉令籌辦公糴事宜業經就緒並於本月十八日舉行第一次委員會議就城市五

區適中地點指定米商三十六家組設公糴售米處承辦糶米事宜決定於五月二十四日各售米處一律準備出糶擬請由府布告市民一體週知並請轉函首都警察總監署及令飭城市五區公所轉飭所屬維持秩序隨時協助」

等情據此除函請　首都警察總監署并分令城市五區公所飭屬隨時協助外合行抄附市民購米須知暨指定公糴售米處清單布告週知此佈

附市民購米須知

指定公糴售米處清單

中華民國三十一年五月　日

市長　周學昌

社會局長　盛開偉

市民購米須知

一、市民購買公糴米須持驗戶籍證或市民證

二、市民購買公糴米須先向售米處索取計數單自行逐項填寫憑單繳款購米

三、市民持驗戶籍證購米者每次每口准購米二升（小口折半）但每戶最多不得超過一斗

四、市民持市民證購米者每次最多不得超過四升

五、每戶每三天准購米一次每月准購米十次由售米處在戶籍證背面加蓋戳記以備查考

六、市民購買公糴米應依照規定價格繳納新法幣

七、購米市民應依照來到先後單行排列依次購米不得爭先恐後擾亂秩序

南京特別市公糴委員會公糴售米處名單

區域	售米處名稱	米商號名稱	開設地址及號數	備註
第一區	第一售米處	晉成	中華東門二七	
	第二售米處	鼎豫	剪子巷六一	

第三售米處　裕成　中華東門　五
第四售米處　通大　公園路　一四
第五售米處　泰隆　長樂路　一八三
第六售米處　張義興　長樂路　三三三
第七售米處　公涖　鈔庫街　八
第八售米處　星記　朱雀路　四九
第九售米處　大興　白下路　三一九
第十售米處　榮泰　科巷　二四
第十一售米處　永餘　洪武路　五一〇
第十二售米處　寶康祥　舊王府　七六
第十三售米處　永豐分銷處　利濟巷　一五

第二區

第十六售米處　大興　小門口　二九
第十七售米處　天華　集慶路　四〇
第十八售米處　源豐　集慶路　一四八
第十九售米處　上孚　顏料坊　九九
第二〇售米處　協記　評事街　一四二
第二一售米處　瑞記同和　復興路　三〇一
第二二售米處　葉永餘　莫愁路　二八
第二三售米處　萬有　石皷路　一三二

第三區

第三〇售米處　豐餘　珠江路　三四二
第三二售米處　慶和　珠江路　七七〇
第三四售米處　順餘　丹鳳街　一〇二

第三五售米處 炘聚興 湖南路 四四

第三六售米處 鉅記餘 三牌樓 二八

第四區

第三八售米處 慶陽 新街口 八

第四〇售米處 錦記 湖北路 一九

第四一售米處 王裕泰 山西路 九七

第五區

第四六售米處 恆豐 熱河路 八五

第四七售米處 姓記 永寧街 七二

第四八售米處 復豐 寶善街 一二四

第四九售米處 同興 柵欄門 四〇

南京特別市政府訓令 府財字第 號

令南京市銀行

查舊法幣日益貶值所有本府庫存之舊法幣計一月份鴉片稅附捐一二、四四八元二月份鴉片稅附捐一〇、四九四元三角二分三月份筵席捐一六、二八三元一角五分三月份娛樂捐一、四三八元二角四月份筵席捐一八、一〇〇元合計五八、七六三元六角七分急應趁早兌換新法幣存儲俾免虧蝕而重公帑合亟令仰該行迅卽遵照辦理具報爲要

此令

中華民國三十一年五月 日

市長 周學昌

南京特別市政府訓令 府教字第 號

令各區公所

案查本市區政會議第三次會議決議案內有「救濟失學兒童」一案，經大會決議「責令各區設立義務半日學校一所至三所，校址與設備，由各區公所負責辦理，其經常費由市府教育局籌撥」紀錄在卷，合亟錄案令仰該區公所，迅即妥覓合用校址，並籌應有設備，以便設立義務半日學校，除分令外，仰即遵照辦理具報候核爲要。

此令

中華民國三十一年五月　日

市長　周學昌

法規

南京特別市政府購辦委員會招商投標辦法

三十一年五月二十七日公布

第一條　本辦法依據南京特別市政府購辦委員會辦事細則第十條規定訂之

第二條　凡南京特別市政府及所屬各機關需用物品材料應招商投標者均依照本辦法行之

第三條　凡招商投標之物品材料應由請購機關先行擬具投標規則送會審查經核定後由會發報公告

第四條　投標人之保證金應由本會負責保管俟開標五日後除將中標人及候補中標人保證金繼續保管外所有未中之投標人憑臨時收據將投標保證金如數發還

第五條　中標人或候補中標人之保證金須俟簽訂合同手續完備後憑臨時收據如數發還之

第六條　凡招商投標廣告費悉由請購機關担負之

第七條　本辦法如有未盡事宜得隨時呈准修正之

第八條　本辦法自公布日施行

南京特別市市立各級學校現任職教員撫卹辦法

三十一年五月十六日公布

第一條　本市各級學校現任職教員(以下簡稱職教員)之撫卹依照本辦法行之

第二條　職教員如有左列情事之一者得領取撫卹金

一、連續在校服務滿三年以上者死亡時

二、連續在校服務滿六年以上者死亡時

三、連續在校服務滿十年以上者死亡時

四、因公暴亡時

五、因公受傷以致死亡時

第三條　凡合於第二條第一款時均給予最後月俸一個月之卹金合於第二條第二第五兩款時給予最後月俸二個月之卹金合於第二條第三第四兩款時給予最後月俸四個月之卹金

第四條　服務年數之計算以連續在一校者爲限但當轉任他校時經教育局調用或經原校校長許可並專案呈准者不在此例

第五條　承領卹金應依死亡者之遺囑爲準無遺囑時由法定繼承人具領之其承領手續應開具履歷事實及請領金額連同死者像片經由服務學校校長呈請教育局派員調查確實後轉呈　市政府核發之

第六條　本辦法自呈奉市政府核准轉咨　教育部備案公佈施行

南京特別市園林管理處玄武湖遊船管理規則

三十一年五月二十日公布

第一條　南京特別市園林管理處(以下簡稱本處)爲便於監督管理玄武湖遊船起見特訂定本規則以資遵守

第二條　凡玄武湖內遊船均受本處監督管理並應依照南京特別市水上交通管理規程向南京特別市工務局船舶登記所聲請登記領取牌照後向本處註册者方能在湖營業

第三條　遊船碼頭就玄武湖範圍以內暫定下列各處

第一碼頭　玄武門外　第二碼頭　公園大橋下南北兩側　第三碼頭　菊圃(卽圖書館前)　第四碼頭　賞荷廳前　第五碼頭　梁洲大樓後面　第六碼頭　翠橋西首荷苑前　第七碼頭　翠洲

第四條　凡湖內遊船有違犯本規則第二條之規定者處十五元以下十元以上之罰金

第五條　凡湖內遊船有不按照第三條規定之碼頭停泊者處一元以上五元以下之罰金

第六條　船戶須一律在船上候客不准沿途兜攬或站在岸上徘徊觀望致紊秩序違者得停止其營業十日至十五日或處以十五元至二十元之罰金

第七條　遊船價目規定如左

(一)船身長度在十五平方公尺以上未滿二十平方公尺能坐十八以上者爲甲等第一小時八元自第二小時起均以四元計算

(二)船身長度在十平方公尺以上未滿十五平方公尺能坐八人至十八人者爲乙等第一小時五元自第二小時起均以三元計算

(三)船身長度在五平方公尺以上未滿十平方公尺能坐四人至七人者爲丙等第一小時四元自第二小時起均以二元計算

(四)船身長度不滿五平方公尺能容納四人之划子第一小時一元五角自第二小時起均以一元計算如租客自行

駕駛者另交保證金五元於用畢時收回

第八條　船戶如有慢客或例外需索酒資及違背前項定價情形者得由遊客將船戶姓名登記牌照號碼抄送本處按其情節較輕者停止其營業十天重大者得撤銷註册不准在湖營業

第九條　船戶倘有竊取湖產或破壞湖面風景情形者除按照第八條處罰辦理外並予以照價賠償

第十條　本規則如有未盡事宜得隨時呈請修正之

第十一條　本規則自呈奉　南京特別市政府核准公布施行

公牘

南京特別市政府呈　府社字第　號

案奉

鈞院行字第六五六二號訓令略以各省市編組保甲暫時援用前豫鄂皖三省勦匪總部頒行之保甲規約樣式等諸條例辦理飭即遵辦具報等因奉此除通令職府各局處暨城鄉各區公所督飭所屬遵照辦理外理合具文呈報仰祈

鑒核俯賜備查謹呈

行政院院長汪

中華民國三十一年五月　日

南京特別市市長　周學昌

南京特別市政府咨　府地字第　號

案查本市土地工作旬報表業經送至五月份上旬在卷茲造具五月份中旬前項工作旬報表乙份相應咨送卽希

查照爲荷

此咨

內政部

計咨送本市土地工作五月份中旬旬報表乙份

中華民國三十一年五月　日

市長　周學昌

南京特別市政府咨 府地字第　號

案查本市土地工作旬報表業經送至五月份中旬在卷茲造具五月份下旬前項工作旬報表乙份相應咨送卽希

查照爲荷

此咨

內政府

計咨送本市土地工作五月份下旬旬報表乙份

市長　周學昌

中華民國三十一年五月　日

南京特別市政府辦理土地登記工作五月份中旬旬報表

中華民國三十一年

日 \ 件數 \ 事項	接收登記聲請書	土地所有權登記	房屋登記	更正登記	塗銷登記	移轉登記	分割登記	共有權登記	住所變更登記	繕寫查驗證	發給查驗證	備註
11					1	7					2	
12						8						
13					1	3					3	
14					1	14					3	
15												
16						19					1	
星期 17												
18						7					1	
19						16						
20						2				1	3	
總計件數					3件	76件				1件	13件	

南京特別市政府辦理土地登記工作五月份下旬旬報表

中華民國三十一年

事項 件數 日	接收登記聲請書	土地所有權登記	房屋登記	更正登記	塗銷登記	移轉登記	分割登記	共有權登記	住所變更登記	繕寫查驗證	發給查驗證	備註
21						2						
22						8					3	
23					1	4					1	
星期 24												
25					1	9					7	
26						6					3	
27						3						
28						8				3		
29						6				3		
30					1	12				2	6	
星期 31												
總計件數					3件	58件				8件	20件	

南京特別市政府咨 第　號

查本市區域地濱揚子江每當夏秋之交江水增漲之時卽須防汛二十九年本市曾編製下關及八卦洲防汛計劃請由

貴會撥款購辦防汛材料幸以連年水位適常欣慶安瀾因之三十年度幷未請撥防汛經費惟是江潮不易預測防汛事項不得不先事籌維爰經飭由工務局擬具三十一年度城鄉各區全部防汛計劃書暨材料數量估計表經費概算表各一份內中各項材料核與二十九年所辦者大致相同其數量除去舊存外尙須增購如附表估計經費共合法幣三十五萬四千四百元相應檢同計劃書表各一份咨請

貴會查照提前撥發俾便如數購備而資預防並希見復爲荷

此咨

水利委員會

附計劃書估計表概算表各一份

市長　周學昌

中華民國三十一年五月　日

南京特別市三十一年度防汛計劃書

三十一年五月十日工務局編製

一、緣起　本市區域遼闊地濱揚子江南起大勝關北迄燕子磯烏龍山江岸綫延長約四十公里而江心洲及八卦洲位居江中四面環水尙未計入每當夏秋大汛之時輒虞水患事變以來雖以水位適常年慶安瀾但天幸難期屢邀回顧民國二十年大水災區之廣流離之衆善後工程之艱巨救濟經費之浩大以及本市被水交通阻梗情形又不禁居安思危而有未雨綢繆之感二十九年本市曾計劃防汛編製「下關及八卦洲部份」需用材料等費概算請由水利委員會撥款一成五購辦防汛材料在案本年過去數月雨量較多夏秋防汛事項尤有先事籌維之必要庶可有備無患

二、時期　防汛時期係以水位漲落爲標準本市防汛照前揚子江水利委員會規定應於水位高達海內水尺五、五〇公尺時開始續漲至七、二五公尺時爲危險時期通常在六七月間水漲卽須設防至九十月間水落方告終止

三、範圍　本市防汛範圍擬分（一）城區（二）下關區（三）上新河區（包括江心洲）（四）燕子磯區（包括八卦洲）四區分述於次：

（一）城區　城區通江河道南有秦淮北有金川在江漲之時須防倒灌而武廟閘半山寺閘銅心管等亦為外水入城之道故大汛時均須堵閉堵閉後如雨水積高無法宣洩又須賴抽水機外排以減低城內河道水位除東水關原有抽水機二架可整理應用外西水關擬組備抽水機五架茲與所有堵閉工程應用之木樁及蔴袋等項材料分別估列於附表中

（二）下關區　查下關江堤高度不足沿江碼頭缺口甚多且鐵路地帶幷無防水圩堤沿惠民河兩岸房屋櫛比以及通河小弄約計五十餘處平時均無防範設備水漲之時一有漫溢便成澤國本期防汛擬充分儲備袋土以便加高堤防堵塞缺口除屆時通知惠民河兩岸居民自行堵塞屋內外漏隙外至低窪之地幷預備抽水機三架以資抽排積水注入河內所有應需各項材料亦併列入附表中

（三）上新河區　查該區濱臨長江所有各鄉圩堤亟待加高培厚以資捍禦曾由該區區公所呈送堤閘修補調查表前來需款甚巨限於經費至今未能興工茲擬酌備木樁蔴袋等項以便臨時搶救之用

（四）燕子磯區　該區防禦水患亦全憑圩堤前經該區公所呈送培修圩堤工程計劃亦以款巨未能興工本屆防汛擬酌備木樁蔴袋等項以供搶險需要。

四、組織　由本局先酌派技術人員分區履勘幷通飭鄉區強化原有護堤委員會加以訓練課以責成至防汛開始時則擬由局組織防汛工程委員會幷依照防汛範圍酌設城區下關區上新河區及燕子磯區防汛辦事處辦事處置主任下分設（一）工程組管理施工及監工等事項（二）事務組管理材料分配及其運輸等事項

五、經費　詳列數量估計表暨經費概算表

（一）　材料費　二六四四〇〇元

（二）　抽水機之整理及租用費　五〇〇〇〇元

（三）　管理及運輸費　四〇〇〇〇元

總計法幣三十五萬四千四百元正

南京特別市政府咨　府衛字第　號

查關於清潔隊管轄問題暨嗣後經費支撥事宜均應有適當之規定以清界限而專責任爰經飭交本府祕書長財政局長衛生局長會同商討擬訂各項調整辦法並經衛生局長擕同是項辦法徵得

貴署主管科長同意除分飭有關各局遵辦外相應檢同各項調整辦法咨請

查照施行爲荷此咨

首都警察總監署

附送清潔事項調整辦法一份修正清潔隊職掌意見一份

市　長　周學昌

中華民國三十一年五月　日

關於清潔事項之調整辦法

一、市政府對於清潔隊之補助費自四月份起按月增撥爲一萬元又財政局帶征之舖戶清潔捐亦一併如數撥交警察總監署至住戶清潔捐仍由警察總監署督飭清潔隊征收

二、清潔隊之行政以後完全劃歸警察總監署管理

三、按清潔隊現有經濟狀況已較寬裕所有添置車輛工具以及增加人伕改善待遇種種需費今後應由警察總監署規劃支配市府不再另行補助

四、現行「南京市清潔隊組織大綱」應即會同商洽酌予修正

五、市府衛生局對於清潔隊之工作仍有稽查監督之權

六、關於清除業務上之設計應由警察總監署與市府衛生局共同規劃決定

七、清潔隊應將所辦清除工作按旬報告市府衛生局備查

修正清潔隊職掌之意見

清潔隊隸屬於警察總監署並承衛生局之指導掌理全市清潔事務其職權如左

一、關於道路之掃除洒水及垃圾之處置事項

二、關於河地之保持清潔事項

三、關於溝渠茱塲柴塲之清潔事項

四、關於無主野犬之補捉事項

五、關於一切有關清潔之設計調查事項

六、關於衛生機關特別請求辦理事項

南京特別市政府公函　府衛字第　號

案准

貴署政四字第一八〇號公函內開

「查時屆夏令疫癘易滋流行對於公共衛生尤應嚴加注意以保市民健康茲擬與貴府聯合舉行夏季清潔運動週業由本署訂定工作計劃一種並定於本月二十四日開始至三十日完畢除分令所屬各局隊切實遵辦外相應檢同是項計劃備函奉達即希查照飭屬予以協助俾利進行至紉公感」

等由幷附送清潔運動週工作計劃一份過府准此查本府近亦鑒於夏令清潔至關重要當經飭據衛生局擬具大掃除實施辦法住戶清潔須知以及清潔檢查證式樣等件前來核尙可行芷擬函請

貴署協同實施茲准前由除飭衛生局分派稽查協同工作外相應檢同上項各件請煩

查照參酌辦法以資增加效率至紉公誼此致

首都警察總監署

附送清潔大掃除實施辦法一份住戶清潔須知及清潔檢查式樣各一紙

市　長　周學昌

中　華　民　國　三　十　一　年　五　月　日

本年春季舉辦清潔大掃除實施辦法

一、工作日期　自五月二十四日起至五月三十日止如在預定限期不及竣工得繼續舉行一週務以澈底整潔爲度

二、工作時間　節約時間上午七時——十二時下午一時——七時

三、工作順序　自第一區起着手辦理依次施行每區限兩天完竣其安德門水西門兩區應俟大掃除工作畢再抽調員夫限三天內打掃盡淨

四、工作員夫　在大掃除期內每一清潔分隊抽調班長二名伕役三十名集中辦理
五、垃圾調查　分令各區公所轉飭各坊保長將所轄境內垃圾堆積地點限期查報
六、督促民衆協助　令坊保長督促居民在大掃除期內各就範圍掃除盡淨
七、垃圾之處置　堆塡池塘或低窪之地在必要時得擇適當場地焚化
八、調查工作　由本局衞生稽查會同各區衞生警分別担任
（一）將各地段清除狀況隨時查報（二）挨戶檢查認爲合格卽與以檢查合格證粘貼門首
九、工作之指揮與分配　由清潔總隊隊長暨各區清潔分隊隊長負全責辦理
十、工作之準備　由警察總監署就住戶清潔捐項下撥款置發箕帚鏟扒等一應清除工具
十一、獎　懲　根據調查報告就成績之最優最劣者酌予獎懲

大掃除期內住戶清潔須知

（一）在大掃除期內各人注意自身清潔
（二）住戶在大掃除期內自將庭院內外室以及廚房廁所等處普遍掃除以整潔爲度
（三）住戶在大掃除期內自掃門前垃圾務使盡淨
（四）住戶在大掃除期內務將一應器具什物以及門窗牆壁洗滌揩拭潔淨
（五）住戶務將臥具用沸水澆洗置日光下曝晒以滅臭蟲而重衞生
（六）上開各條在各該區大掃除開始日各住戶須一律遵辦毋得違延
（七）由本局製備清潔檢查證經檢查人員認爲合格卽與以合格證自行粘貼門首其不合格之住戶經警告兩次仍不遵辦者則以違犯公共衞生論予以處罰
（八）本須知交由區公所分發各坊保長負責挨戶曉喻

統計

南京特別市戶口統計表

民國三十一年五月份

秘書處第二科統計股製

區別	戶數	人口數						
		總計	男性			女性		
			合計	成人	兒童	合計	成人	兒童
總計	141441	633902	351068	240591	110477	282834	188285	94549
第一區	28140	130467	72008	51336	20672	58459	40216	18243
第二區	39118	174507	95265	64011	31254	79242	53845	25397
第三區	18494	78479	44599	31045	13554	33880	22808	11072
城區實驗區	8790	40799	22032	16102	5930	18767	12967	5800
第五區	11071	50338	29833	22396	7437	20505	13885	6620
上新河區	12697	54898	29513	20197	9316	25385	16783	8602
鄉區實驗區	10034	46428	25445	16239	9206	20983	12801	8182
孝陵衛區	4211	19895	10527	5620	4907	9368	5577	3791
安德門區	8886	38901	21846	13645	8201	16245	9403	6842

註：一、本表係根據各區公所填報之戶口月報

二、各外國僑民戶口不在此內

南京特別市戶口增減比較表

民國三十一年五月份

秘書處第二科統計股製

區別	戶減增數	人口增減數						
		總計	男性			女性		
			合計	成人	兒童	合計	成人	兒童
總計	—2181	—5401	—4130	—2586	—1544	—1271	— 582	— 689
第一區	十 32	十 313	十 167	十 118	十 49	十 146	十 94	十 52
第二區	——	十 731	十 352	十 221	十 131	十 379	十 239	十 140
第三區	十 60	十 175	十 96	十 62	十 34	十 79	十 48	十 31
城區實驗區	—2201	—6179	—4454	—2685	—1769	—1725	— 794	— 931
第五區	— 30	— 186	— 138	— 108	— 30	— 48	— 40	— 8
上新河區	十 12	十 39	十 22	十 13	十 9	十 17	十 11	十 6
鄉區實驗區	— 104	— 480	— 286	— 261	— 25	— 194	— 177	— 17
孝陵衞區	十 4	— 16	十 6	十 2	十 4	— 22	— 14	— 8
安德門區	十 46	十 202	十 105	十 52	十 53	十 97	十 51	十 46

註：一、本表係根據各區公所塡報之戶口月報

二、各外國僑民戶口不在此內

三、有(十)符號者爲增加，有(一)符號者爲減少

市政公報暫定價目表

期限	價目	郵費
零售	每冊三角	本市一分 外埠二分
半年	十二冊 三元五角	本市一角二分 外埠二角四分
全年	二十四冊 七元	本市二角四分 外埠四角八分

市政公報廣告刊例

頁數	價目
一頁	每期十一元
半頁	每期六元
四分之一頁	每期三元

刊登廣告在四號以上者每期按照七折計算連續十號以上者每期按照六折計算長期另議

出版日期　本公報暫定每月二次

編輯者　南京特別市政府祕書處

發行者　南京特別市政府祕書處

印刷者　南京時代印書館
地址：南京朱雀路邀貴井十八號
電話：二二五九五號

中華郵政掛號認爲第一類新聞紙類

中華民國三十一年六月十五日

市政公報

第九十七期

南京特別市政府秘書處印行

目錄

命令

法規

公牘

附錄

命令

南京特別市政府委令 祕字第 號

令徐弇邃

茲派該員代理本府專員此令

中華民國三十一年六月 日

市長 周學昌

南京特別市政府公布令 字第 號

茲修正南京特別市地政局辦理委託測量土地簡則及南京特別市地政局辦理土地勘丈收費簡則公布之

此令

計附開 南京特別市地政局辦理委託測量土地簡則 南京特別市地政局辦理土地勘丈收費簡則（見法規欄）

中華民國三十一年六月 日

市長 周學昌

南京特別市政府訓令 府社字第 號

令城鄉各區公所

案准

糧食管理委員會調字第一五九號咨內開

「查本會綜理糧政職司調節茲爲統籌支配明瞭各地需供實際狀況起見特製就各地食糧需供數量調查表一種咨請貴市政府轉飭各地方政府依照表列各欄將本年九月份起至明年八月份止生產消費及有餘或不敷各數量切實估計詳晰塡報各項數字務求正確於本年六月底以前彙送到會以爲本會征購配給數量之參攷除分咨外相應檢附上項表式咨請查照轉飭辦理見復爲荷」

等由附送各地食糧需供數量調查表式一份准此自應照辦合亟檢發調查表式一份令仰該區遵照辦理并限於本月二十日以前查報送府以憑彙轉勿延爲要此令

附發各地食糧需供數量調查表式一份（略）

中華民國三十一年六月　日

市長　周學昌

社會局長　盛開偉

南京特別市政府訓令

府社字第　號

令第一二三五區公所
城區自治實驗

查商人申請公司登記應依照公司法規定程序呈經本府轉咨實業部核准給照方得開始營業法有明定不容紊亂乃近查本市內依照工商業登記規則呈經本府核准之普通商店間有在市招及廣告上擅自改稱公司殊屬不合茲爲整飭各商店牌號名稱以正視聽起見凡非依法呈准之公司而擅用公司名義者應卽嚴加取締除分行外合亟令仰該區派員切實查察如果發見有上項情事立卽限期飭令更正倘再故違准卽由區弔繳其營業許可證呈送來府聽候核辦仍將辦理情形隨時具報爲要此令

中華民國三十一年六月　日

市長　周學昌
社會局長　盛開偉

南京特別市政府訓令　府社字第　號

令市商會

案准

國民政府文官處文字第七九四號公函開

「准中央政治委員會祕書廳本年五月二十八日中政祕字第一八六一號公函開查三十一年五月二十八日中央政治委員會第九十五次會議討論事項第十二案主席交議據行政院呈爲安定物價經飭據祕書處函准實業部召集有關各機關擬具安定物價辦法草案呈核前來轉呈鑒核等情請公決案當經決議修正通過送國民政府通飭遵照記錄在卷相應錄案抄附原呈及修正辦法函請查照轉陳通飭遵照等由除轉陳　國民政府通令飭遵幷由處先行電知各有關省市政府外相應抄同安定物價臨時辦法函達卽希查照辦理爲荷」

等由並附安定物價臨時辦法一份准此自應照辦除辦法第一項本府業經通飭遵照實行並將其餘各項提交本市物價評議委員會辦理外合行抄發原辦法令仰該會遵照幷轉飭各同業公會一體遵照此令

附抄發安定物價臨時辦法一份

中華民國三十一年六月　日

市長　周學昌

平抑首都物價暫行辦法

第一條 安定物價之一般的辦法除中央已有規定外關於平抑首都物價暫依本辦法辦理之

第二條 凡一切商品價格在三十一年五月二十六日以前仍未依照政府命令改用新法幣或陽奉陰違者其物價應以五月二十六日新舊法幣比價爲標準

第三條 凡在五月二十六日以前一切商品業經實行以新法幣七七折合發售者應按照現行中外貨幣比價及行情再行評定以昭公允

第四條 凡囤積商品操縱居奇者應由南京特別市政府及首都警察機關嚴密調查一經查出即按照五月二十六日新舊法幣比率評價勒令出售

第五條 凡私行投機買賣有類似交易所之行爲者一經查出由市政府警察總監署立予封閉將其投機買賣之貨物充公依照第四條後段評價公賣之前項公賣所得價款由市政府保管候呈報 行政院核准撥充公用

第六條 凡公務員兼營商業或與商人勾結匿名經營者應由市政府及首都警察機關嚴密調查一經查出即通知各該機關依法懲辦之

第七條 凡公務員有本辦法第六條上半段之情事者准許人民告發並由市政府會同警察總監署布告週知

第八條 本辦法由 行政院令飭南京特別市政府首都警察總監署切實遵照施行

南京特別市政府訓令 祕字第 號

令各局處會 區公所

案准接待滿洲國答禮使節團委員會五月二十三日函開「查滿洲國所派答禮使節等一行將於六月八日抵京十一日離京我方爲表示隆重起見在答禮使節留京期間各機關學校團體均應懸掛中滿國旗以表歡迎而敦睦誼相應函請查照並煩貴府轉飭所屬一體辦理至紉公誼」等因准此除分行外合行令仰該○遵照辦理此令

中華民國三十一年六月 日

市長 周學昌

南京特別市政府訓令 府社字第　　號

令 南京特別市商會
　 城鄉各區公所

案准實業部商字第四四七號咨開：

「查公司法第五條規定公司非在本店所在地主管官署登記後不得成立又同法第二三一條對於公司登記應行呈報事項凡不遵照辦理者定有罰則是公司之成立必須依法組織並應依法呈請登記惟查事變以來各地組設之公司依法呈請登記者固多其未經核准擅自設立營業者亦屬不少亟應設法整理籍資管理監督至前實業部核准登記公司之卷宗現因事變散佚爲維護商民既得權益及賡續辦理變更登記自應予以重行登記爰就現時情形參酌事實擬定公司補行登記及重行登記暫行辦法俾便爲辦理各該公司申請登記之依據除呈奉 行政院核准備案幷於本年六月一日公布施行曁分別咨函外相應檢同公司補行登記及重行登記暫行辦法二十份公司補行登記及重行登記申請書二十份登記事項表共二十份咨請貴市政府查照轉飭所屬一體知照爲荷」

等由並附送公司補行登記及重行登記暫行辦法等件到府准此除分行外合行檢發原件令仰該區會知照並飭屬一體知照爲要

此令

附發公司補行登記及重行登記暫行辦法登記事項表登記申請書各一份(略)

中華民國三十一年六月　日

市長 周學昌

社會局長 盛開偉

南京特別市政府訓令　府社字第　號

令本市公糶委員會

案查本府前准　糧食管理委員會按月撥米三萬石組織公糶委員會舉辦本市公糶一案業經本府於本年五月十二日擬具公糶委員會組織規程呈報備案在案玆奉　行政院六月五日行字第七九一五號指令內開

「呈件均悉查核擬訂規程第四條第七項曾將籌備計口授糶事項列入是項預定步驟在由辦理公糶而漸進至實行計口授糶自屬可行惟舉辦公糶本屬善政費用應力事撙節人員應力求減少庶款不虛靡而民得實惠詳譯原規程第十條第二項規定該會經費全恃手續費爲來源如辦事人員登庸過多手續費勢必加重是善政轉爲苛政利民適以擾民該市府務須慎重人選除必需人員得由該會遴用外其餘概以調用爲原則以期節減開支俾手續費得以減輕茲將前項規程應行修正各條條文列表隨令附發仰即遵照修正辦理另繕修正本呈報備查再該會公糶米每月三萬石其手續費率如何訂定來呈未據敍明無憑查攷幷應造具該會經費收支數目概算呈繳察核合併飭遵此令」

等因幷附發南京特別市公糶委員會組織規程修正一覽表一紙奉此合行抄發修正組織規程一覽表令仰該會迅卽分別遵辦具報以憑核轉爲要此令

附發修正南京特別市公糶委員會組織規程一覽表一紙

中華民國三十一年六月　日

市長　周學昌

南京特別市公糶委員會組織規程修正一覽表

原條文	修正條文	修正理由
第一條 茲爲安定首都民食由糧食管理委員會撥發官米交南京特別市政府特設公糶委員會辦理公糶依本規程組織之	第一條 南京特別市政府爲安定首都民食兼籌計口授糧起見特設南京特別市公糶委員會其組織依本規程之規定公糶米之發給由糧食管理委員會撥交本委員會辦理之	依原規程第四條第七項之規定應以辦理公糶爲籌備實行計口授糧之初步故修正如上
第二條 本委員會以左列各員爲委員由南京特別市市長聘任之 （一）南京特別市社會局長 （二）糧食管理委員會寧屬區辦事處處長 （三）警察總監署代表一人 （四）南京特別市黨部代表一人 （五）南京特別市社會運動指導委員會主任或副主任委員 （六）南京特別市商會理事長 （七）南京特別市米糧業同業公會理事長 其他經市長認爲有參加本會之必要者得由市長聘任爲委員或由本會臨時邀請列席	第二條 依原文	
第三條 本委員會以社會局長爲主任委員寧屬區辦事處長爲副主任委員	第三條 依原文	
第四條 本委員會辦理事項如左 （一）關於辦理公糶手續章則之訂定事項 （二）關於公糶米之請領保管及核發事項 （三）關於公糶米價之公告事項 （四）關於糶米數量之計算分配事項 （五）關於糶米價款之核收及解繳事項 （六）關於糶米手續費之核收及解繳事項 （七）關於計口授糧之籌備事項	第四條 依原文	

（八）關於售賣公糶米之督察及檢舉違章等事項 （九）其他關於公糶應行辦理之事項		
第五條　本委員會設祕書一人或二人秉承主任或副主任委員之命主管會議紀錄綜核各組文稿及特交辦理事項	第五條　本委員會設祕書一人秉承主任副主任委員之命主管會議紀錄綜核各組文稿及特交辦理事項	辦理公糶事尙簡易祕書一人足以應付故修正如上
第六條　本委員會設左列各組每組設組長一人組員若干人依照委員會議之決議承辦左列各事項 （一）總務組承辦本會之文書會計庶務及不屬於配給查核兩組之事項 （二）配給組承辦糶米之分配事項 （三）查核組承辦調查及稽核事項	第六條　依原文	
第七條　本委員會祕書及組長組員由主任委員副主任委員遴選呈請市長派充幷報糧食管理委員會備查	第七條　本委員會祕書組長均由主任副主任委員遴選呈請市長派充幷報糧食管理委員會備查 第八條（增加）本委員會各組組員由主任副主任委員呈請市長在市政府所屬暨有關各機關調用之不另支薪但得酌給車膳等費	辦理公糶之費用應以撙節爲原則該會經費既以手續費爲來源欲減輕手續費俾首都民衆得其實惠自應極力減少開支其祕書組長人少責重姑定爲有給職至組員人數既多宜調用之應概定爲無給職以省鉅額薪俸之開支故修正如上
第八條　本委員會因事務上之需要得酌用雇員若干人承辦繕寫等項事宜	第九條　依第八條原文	
第九條　本委員會各委員概不支俸薪	第十條　依第九條原文	
第十條　本委員會需用經費應編造概算呈請市長核定轉咨糧食管理委員會備查前項經費在公糶手續費項下撥支按月造具支出計算書呈報市政府審核	第十一條　依第十條原文	

第十一條　本委員會遇有工作繁重原設各組人員不敷分配時得向南京特別市社會局寧屬區辦事處臨時調用人員所需車膳等費准按日核定支給	原第十一條删	組員既未設定額又有增加第八條之規定故原第十一條應删
第十二條　本委員會由南京特別市政府頒發關防	第十二條　依原文	
第十三條　本委員會附設於南京特別市政府	第十三條　依原文	
第十四條　本委員會之辦事細則另定之	第十四條　依原文	
第十五條　本規程如有未盡事宜得隨時修正之	第十五條　依原文	
第十六條　本規程由南京特別市政府公布施行并咨糧食管理委員會備案	第十六條　本規程自公布日施行	原文嫌冗故修正如上

南京特別市政府訓令　府財字第　號

令臨時建設特捐征收處處長江兆龍

案查前准

財政部咨略爲恢復金陵關定于本年六月一日開征轉口稅請將建設特捐結束等因當經酌核咨復在案茲准

財政部關字第一五七號咨復仍請將建設特捐結束等因自應照辦特將本府核定辦法開列於後：

一、財政部於六月一日起恢復金陵關開征轉口稅本市建設特捐處所屬各分征所查驗所應自該日起暫行裁撤

二、二三四五月份組合貨物之建設特捐尚未收齊由建設特捐處酌留少數人員從速辦理該項事

宜

三、建設特捐自開征以來成績尙可所有辦事人員不無微勞足錄茲值結束本府爲體卹各職員計按各該員之月薪及加成額每人發給遣散費兩個月

四、該處服務成績優良之職員由財政局儘先錄用

以上所列各點合行令仰該處遵照依限辦理具報爲要

此令

中華民國三十一年六月日

市長 周學昌

南京特別市政府訓令 府財字第 號

令南京特別市商會

案准

財政部咨略爲恢復金陵關于本年六月一日起開始征轉口稅請將臨時建設特捐結束等因准此查本市臨時建設特捐既准部咨商請結束自應照辦除令飭臨時建設特捐征收處於六月一日將各分征所查驗處所暫行分別裁撤并由該處將二三四五等月份組合配給貨物所應納之特捐趕緊收齊以清手續外合行令仰該會知照並轉飭各同業公會知照

此令

中華民國三十一年六月日

市長 周學昌

南京特別市政府訓令 府財字第　號

令 鄉區實驗區公所 孝陵衛區公所 安德門區公所 上新河區公所

案准

財政部錢壹字第五四號咨開

「查關於修正整理貨幣暫行辦法第三及第六條條文自三十一年六月八日起在蘇浙皖三省及南京上海兩市均不適用一案業經本部另文咨請查照在案茲以整理舊幣方針重經決定特將中央儲備銀行發行之鈔券定爲統一通貨於六月八日起先在蘇浙皖三省及南京上海兩市開始實施其辦法分列五項以資根據復經本部頒發布告分寄各省市張貼街衢俾衆週知除分行外相應檢同布告一百五拾份咨請貴市政府查照並希飭屬遵照」

等由附送布告一百五十份到府准此自應照辦除分令外合亟檢發布告二十份令仰該區公所遵照迅卽張貼衝要街衢俾衆週知爲要

此令

計發布告二十份(略)

中華民國三十一年六月　日

市長　周學昌

南京特別市政府訓令 府財字第　號

令本府各局處 各附屬機關

案准

財政部錢壹字第五五號咨開

「案查本部前爲修正整理貨幣暫行辦法第三第四第六各條條文業經咨請貴市政府查照在案茲以整理舊幣方針重經決定所有上項修正整理貨幣暫行辦法第三條及第六條自三十一年六月八日起在蘇浙皖三省及南京上海兩市槪不適用惟在中央儲備銀行尚未設立分支行或辦事處地方及中央儲備銀行劵未經流通之處其中央中國及交通各銀行之舊幣本部暫時准予收授惟應按照舊幣二對一之比率以中央儲備銀行劵爲計算單位除分咨外相應咨請貴市政府查照轉飭所屬一體遵照爲荷」

等由准此除分行外合亟令仰該○轉飭所屬一體遵照

此令

中華民國三十一年六月　日

市長　周學昌

南京特別市政府訓令　府財字第　號

令本府各局處附屬機關

案奉

行政院行字第六六七七號訓令內開

「現奉　國民政府三十一年五月三十一日第一五○號訓令開「查整理舊法幣條例現經制定明令公佈幷定自三十一年六月一日起施行應即通行飭知除分令外合行抄發該條例令仰該院知照幷轉飭所屬一體知照此令」等因附發整理舊法幣條例一份奉此除分令外合行抄發前項條例令仰該市府知照幷轉飭所屬一體知照此令」

等因附抄發整理舊法幣條例一份奉此除分令外合行抄發原條例令仰該○知照幷轉飭所屬一體

知照
此令
計抄發整理舊法幣條例一份

中華民國三十一年六月　日

市長　周學昌

整理舊法幣條例 民國三十一年五月三十一日公布

第一條　國民政府依本條例之規定整理舊法幣

第二條　整理舊法幣應行收回中央中國及交通銀行所發行之鈔券

第三條　關於收回舊法幣事務由中央儲備銀行辦理之

第四條　收回之舊法幣應由中央儲備銀行按照舊法幣二對一之比率換給該行之鈔劵但得代以同額之公債幷得作爲同額之存款存於該行政府對於中央儲備銀行按照其所換出之鈔劵及因交換所存之存款付與同額之公債

第五條　舊輔幣劵依其額面暫准照中央儲備銀行輔幣劵之半價流通

第六條　凡以舊法幣單位訂立或約定之債權債務應以舊法幣二對一之比率改爲中儲劵單位處理之

第七條　本條例施行後以舊法幣單位訂立契約或約定者一概無效

第八條　本條例施行區域暫定爲蘇浙皖三省及南京上海兩市

第九條　關於收回舊法幣詳細辦法由中央儲備銀行訂定之

第十條　本條例施行日期以明令定之

南京特別市政府訓令 府財字第　號

令本府各局處

案准

中央儲備銀行總行第一一二〇二號函開

「逕啓者本行依據整理舊法幣條例訂定舊法幣收回詳細辦法自六月八日起施行除公

佈外相應檢附前項辦法函達卽希查照爲荷」等由附辦法一份准此除分令外合行抄發前項辦法令仰該○知照

此令

計抄發舊法幣收囘詳細辦法一份

中華民國三十一年六月　日

市長　周學昌

舊法幣收囘詳細辦法

一、應收囘之舊法幣範圍以中央銀行中國銀行交通銀行之鈔劵（伍角以下之輔幣劵除外）爲限但劵面上有上海以外之地名者（天津山東保定青島漢口重慶等）不在收囘之列

二、收囘舊法幣之區域以蘇浙皖三省及南京上海兩市爲限

三、辦理收兌事宜之處所如下：（以下稱辦理收兌行莊）

1. 各地中央儲備銀行
2. 中央儲備銀行在上海南京所設之臨時兌換處
3. 華商銀行
4. 日商銀行
5. 錢莊及銀號

辦理收兌事務之銀行莊號名稱另行公佈之

四、收兌舊法幣之方法如下

1. 非金融機關所有之舊法幣

（甲）舊法幣金額未滿一萬元者

（1.）舊法幣金額未滿一萬元者由收兌行莊按照舊法幣二對一之比率以中央儲備銀行劵收囘之

（2.）前項收兌期間自民國三十一年六月八日起至同月二十一日止以十四日爲限

（3.）收兌行莊收兌上項舊法幣後應在上項規定期間內隨時交付中央儲備銀行由中央儲備銀行按照舊法幣二對一

之比率以中央儲備銀行劵交付之

(乙)舊法幣金額在一萬元以上者

(1.)舊法幣金額在一萬元以上者應將該項金額交付中央儲備銀行或其他指定收兌銀行上項收兌期間自民國三十一年六月八日起至同月二十一日止以十四日爲限

(2.)中央儲備銀行或其他指定收兌銀行應將上項收兌之舊法幣按照二對一之比率作爲中央儲備銀行劵存款該項存款作爲現鈔存款

(3.)指定收兌銀行應將上項收進舊法幣自民國三十一年六月八日起至二十一日止十四日內隨時交付中央儲備銀行

中央儲備銀行將上項收兌之舊法幣按照二對一之比率作爲中央儲備銀行劵存款收進該項存款作爲現鈔存款

2.金融機關所有之舊法幣

(甲)所謂金融機關者不論其名稱如何凡經營存款放款業務之華商銀行錢莊銀號及信託公司皆屬之

(乙)金融機關應將截至民國三十一年六月七日止所有舊法幣庫存塡製詳表在同月十日以前將其所有舊法幣連同庫存詳表交付中央儲備銀行

(丙)上項舊法幣按照二對一之比率兌爲中央儲備銀行劵按其半數付給民國三十一年金融安定公債其餘半數則由中央儲備銀行作爲存款收進但該項存款得由各該金融機關自行決定將其全部或一部作爲劃頭存款

中央儲備銀行對前項劃頭存款付以年息三厘之利息並在三個月以內按照等價轉爲現鈔存款

南京特別市政府布告　字第　號

案查內政部辦理各省市警察機關發給人民居住證一案，業經抄附辦法暨本府市民證停止塡發日期布告週知在案，茲准內政部警午字第四五八號咨：略以各省市辦理居住證，容有遲速之不同，爲便利人民行旅起見，自開始發給人民居住證之日起，以前所領之市縣民證或其他相類之證書，在四個月內，仍可有效，過此卽行作廢，等由；准此，合行布告週知

此布

中華民國三十一年六月　日　　　　市長　周學昌

南京特別市政府佈告　字第　號

案准

內政部祕字第六一號咨

「案查前警政部，以事變以還，各地爲防免莠民混跡，當時曾發給安居證，嗣以該項證式過於簡略，匪類易於混用，爰經先後變更，改由各地縣市政府會同關係機關製發縣市民證，一律粘附本人照片，藉資證明身份，而免混淆，惟是項縣市民證，核發手續完備與否，影響治安，至深且鉅，已往由各地保甲轉展請領，難免有百密一疏，似非亟圖改善，不足以固治安，警察負有直接調查戶口之責，稽核查對，辨別良莠，原爲應盡之職，爲防患未然，免除流弊，及便於稽核計，爰將各地核發市(縣)民證事宜，一律劃歸警察機關辦理，並改訂式樣名爲居住證，連同友邦憲兵司令部「對國民發給證明書之要領」一併呈請核示，嗣以警政部裁撤，合併於本部，當奉行政院訓令，審議具復等因：奉經飭屬詳細審議修正各省市警察機關發給人民居住證及旅行證辦法，並賡續聯絡會商發給手續將經過各情形呈復　行政院核示，旋奉行字第七一七九號指令，准如所議辦理，仰將各省市警察機關發給人民居住證及旅行證辦法，暨證片式樣分別修正以部令公布，咨飭施行，並將修正各件呈院備考此令等因；各在案。茲遵經將該項辦法修正於本月九日公布施行，惟此項居住證之發給，爲防止僞造起見，特分別規定，各種顏色，用資識別，南京白色，江蘇綠色，浙江藍色，上海黃色，安徽紅色，歷經與有關方面商洽，對於發給手續，該證上必須加蓋憲兵隊印，以昭愼重，至捺蓋指紋一節，凡簡任以上官吏，中國國民黨中央執行委員，監察委員，中央黨部與簡任官同等待遇之職員等，及其家屬，（係限直系同居者而言）參閱人民請領居住證及申請書須知第七項）均免捺蓋，薦任以下公務員，須親赴警察局所辦理。現決定南京方面自五月二十日，各省市自六月一日，各縣不得過六月十日，一律開始辦理，除分別呈咨暨函令外，相應檢同發給辦法一份，人民請領居住證及申請書須知一份，一併咨達，即希查照，爲荷」。

又准

首都警察總監署函：略同前由：

各等由；並附各省市警察機關，發給人民居住證辦法一份，人民請領居住證，及申請書須知一份，到府。准此。所有本府經辦之市民證，自應停止塡發。茲限於本月十五日爲停止塡發日期，除分令外。合行抄附原辦法及須知，布告本市人民，一體週知。

此布。

中華民國三十一年六月　日　　市長　周學昌

附發人民居住證辦法及人民請領居住證及申請書須知

各省市警察機關發給人民居住證及旅行證明書辦法

三十一年五月九日由內政部公佈施行

第一條　本辦法爲謀各地人民居住安全旅行便利並確立保甲制度保護良善民衆預防不良份子之潛入以鞏固各地治安起見發給居住證及旅行證明書

第二條　凡年在十二歲以上六十歲以下居民均應請領居住證但目前以男子爲先女子爲後因特別事故而無居住證者發給旅行證明書

第三條　居住證居住證申請書及旅行證明書及旅行證明書申請書均先由內政部將式樣擬製頒發由各省（市）最高警察機關依式印製發給

第四條　居住證及旅行證明書核發機關在首都為首都警察總監署在各特別市為特別市警察局在各省省會為省會警察局在各市縣為市縣警察局所或特設警察局在行政區為行政區警察局

第五條　居民請領居住證應向該管警察局所（或分駐所派出所）領取申請書依式塡就二份附具二寸半身照片三張取具保證人連署（須獨立一戶有確實職業者或保甲長）向該管警察局所（或分駐所派出所）聲請核發

第六條　各警察局所（或分駐所派出所）接到請領居住證申請書後應審查其身份依照規定日期送請核發機關核發

前項規定日期應由核發機關視察當地實際情形定之

第七條　核發機關接到居住證申請書後應即塡寫居住證並編列字號連同原申請書一份發交原轉請局所（或分駐所派出所）發給申請人領取居住證均應親赴局所（或分駐所派出所）於居住證上捺蓋指紋具領不得託人代領

第八條　請領居住證除特殊身份者（如簡任以上官吏或曾任特任官吏等）外均應捺蓋指紋如有其他不得已原因得免用照片僅捺指紋

第九條　核發機關應於居住證粘貼照片騎縫處加蓋硬印並於核發機關名稱下加蓋官章前項硬印及官章由內政部擬製印模頒由各核發機關依照規模自行製發應用

第十條　凡居民未曾領到居住證而欲赴他埠者得請領旅行證明書先向就近警察局所（或分駐所派出所）索取申請書依式塡就二份附具二寸半身照片二張及捺左右食指指紋繳呈審查

第十一條　各警察局所（或分駐所派出所）接到請領旅行證明書申請書後須嚴格審查確係良善人民時方可發給旅行證明書以一份發交原轉請警察局所發給申請人以一份由核發機關保管存查

第十二條　居民申請居住證時應隨繳手續費國幣五角並掣給收據為憑不收其他費用申請旅行證明書概不取費

第十三條　居住證如有遺失應即向最近警察局所或（分駐所派出所）及原機關報告經原發機關調查確係遺失得准予重行補領並通知有關機關宣告作廢

補領居住證手續與初領相同

第十四條　各核發機關應於每月月底將核發居住證及旅行證明書情形造具表册層報內政部備查

第十五條　本辦法所有各項證書表册等式樣另定之

第十六條　凡在未設立警察機關各地區居住證及旅行證明書核發事項得委託地方自治機關彙轉警察機關辦理

第十七條　各核發機關於其境內依照本辦法發給居住證完畢後以前居民所領之市縣民證或其他相聯之證書即行作廢

第十八條　本辦法呈請　行政院核准後公布其施行日期由內政部以部令定之

人民請領居住證及申請書須知

一、凡居在地人民年齡在十二歲以上六十歲以下者均須請領居住證

一、凡請領居住證人民可向就近警察局所領取申請書依式塡寫二份並捺蓋左右手食指指紋附具本人半身照片三張取具保證人連署向該管警察局申請核發

一、請領居住證申請人俟接到該管警察局所發囘所塡之申請書一份後卽送赴該管警察局所具領並須於居住證上捺蓋左右手食指指紋不得託人代領

一、凡公務人員簡任以上者得免捺蓋指紋其家屬同惟去職卽須報告就近該管警察局所換領普通居住證仍須捺蓋指紋家屬亦然餘照一般規定

一、凡曾任特任官吏者無論在職去職均得免捺蓋指紋家屬同之餘照一般規定

一、凡中國國民黨中央執行委員暨監察委員中央黨部與簡任同等待遇之職員等均免捺蓋指紋家屬同之餘照一般規定

一、凡簡任官以上之家屬範圍僅限於直系同居父母妻子

一、居住證申請書之保證人須儘先由保長或甲長保證如當地保甲制度辦理未完善時得由一身份淸白且有確實職業之戶主担保惟須載明居住門牌號數及其所屬保甲

一、凡請領人塡寫居住證旅行證明書申請書時須將其戶主姓名及與戶主之關係（例如戶主本人戶主某某之妻戶主某某之次女等等）亦連帶書明於後

南京特別市政府
首都警察總監署　佈告　字第　號

案照各商店貨物售價應一律以新法幣爲計算單位並不得超過限價節經出示佈告並召集市商會暨各同業公會理事長剴切曉諭傳知各商店一體遵照各在案近以舊法幣暴跌誠恐有不肖商人乘機高抬物價當經本府署會同各有關機關派員組織調查隊實地調查去後茲據報告各商店遵照奉行者固居多數而意圖取巧不明大體之少數商店仍有藉端抬價情事似此藐視功令罔顧民生

殊堪痛恨除將查明高抬物價之各該商店依照違反抑平物價暫行辦法罰則按其情節輕重分別處罰以示懲儆外合行開列各該抬價商店牌號地址及處罰情形布告周知此佈

計開

一、昇州路一五二號漢立興帽廠　停業三天

一、漢中路九號新昌五洋號　停業三天

一、建康路二一六號彩霞室紙號　停業三天

一、漢中路棚戶四四七號永昌祥五洋號　停業三天

一、中央商場大衆商店　停業三天

一、復興路五六號同昌煤球號　停業一天

一、貢院街一三四號光華商店　停業一天

一、建康路一三一號大明商店　停業一天

一、中央商場百貨大王　停業一天

一、昇州路二四二號裕大百貨商店　停業一天

一、中央商場宏業帽店　停業一天

一、中華路三山街口協大祥綢布莊由警監署傳案處罰

一、建康路一一八號周益興火腿莊由警監署傳票處罰

一、貢院街七八號五芳齋由警監署傳案處罰

一、中央商場土產野味由警監署傳案處罰

一、貢院街三七號好好樓由警監署傳案處罰

一、貢院街四三號美麗百貨商店由警監署傳案處罰

中華民國三十一年六月　日

市長　周學昌

總監　蘇成德

法規

南京特別市地政局辦理土地勘丈收費簡則

三十一年六月三日公布

第一條　凡本市土地業戶聲報移轉或建築以及變更登記承領市地劈轉劈推劈典分析等情事除由業戶自行申請勘丈外其經本局認爲該產於須勘丈時統依本簡則辦理之

第二條　聲請勘丈之土地其聲請人應爲該產之所有權人或共有權人並須在聲請書內開明地產坐落四至面積種類狀況及關係人之姓名住址

第三條　本局對於勘丈之土地每畝收測量費二十元壹畝以上每畝遞加十元不足壹畝者以壹畝計

聲請人領取建築圖審字圖時另繳製圖費每幅十元

上項費用統於聲請時繳納不足之數俟辦結後再按碻數核算

第四條　聲請人於接到本局勘丈通知後須依規定時間約同所有權人關係人各攜名章遵期前往實地指界

第五條　聲請人未遵期指界致本局第二次勘丈時應依第三條之規定補繳二次測量費聽候二次勘丈通知但聲請人延期確有事故須先二日來局陳明或書面申敍請改期測勘者不在此例

前項一方面之關係人不能蒞場得由本局測量股通知來局補章

第六條　聲請人於接到本局二次勘丈通知後仍不能遵期前往實地以致無法測勘時卽予中止其已繳測量費概不發還

第七條　聲請勘丈之土地經測量後因改移地位或伸縮面積重行勘丈時其測量費應將移動及增廣之面積加入原面積一併計算其縮小者仍按原面積計算

第八條　土地分析應按受分部分查照第三條之規定分別繳納測量費

第九條　土地有需要計算典受抵押及一部分之地上權面積時應按勘算結果照第三條之規定繳納測量費

第十條　勘丈時如遇界址爭執應按爭執情形測製爭執形勢圖俟調解或依法判決後再行複勘但須繳納二次測量費

第十一條　本簡則如有未盡事宜得隨時呈請修正之

第十二條　本簡則自奉准公布後施行

南京特別市地政局辦理委託測量土地簡則

三十一年六月三日公布

第一條　本簡則於辦理委託測量時適用之

第二條　地政局（以下簡稱本局）於不妨礙經常工作之進行得接受委託測量事項

第三條　委託測量之土地其委託人須開明坐落四至面積種類狀況及其所有人關係人之姓名住址

第四條　委託測量之土地其委託人須在該地周圍之各轉折點豎立標識并按照本簡則第五條之規定預繳測量費俟測竣後再按確數核算

第五條　本局對於委託測量之土地應收測量費規定如左

甲、房基地土地上附有建築物者每畝四十元其土地上未附有建築物者以農地收費標準計算以五畝起算五畝以上每增一畝遞加二十元不足一畝者以一畝計

乙、農地每畝二十元

以十畝起算十畝以上每增一畝遞加十元五十畝以上每增一畝遞加五元百畝以上每增十畝遞加二十元不足一畝以一畝計

丙、山嶺地每畝三十元

以二十畝起算二十畝以上每增一畝遞加十元百畝以上每增十畝遞加五十元二百畝以上每增十畝遞加二十元不足一畝以一畝計

第六條　委託測量土地如需要圖根測量或水準測量時其收費辦法另定之

第七條　委託測量土地辦竣本局除調製藍晒圖二幅送達委託人外如需代爲加印者每幅應收材料費二十元圖幅以縱五十公分橫四十公分爲限逾限照加

第八條　委託測量之土地經測量後因改移地位或伸縮面積重行測量時其測量費應將移動及增廣之面積加入原面積內一併計算其縮小者仍照原面積計算

第九條　委託釘界須經覆測者其收費辦法依照第五條之規定但在委託測量同時辦理得免予收費前項釘界材料由委託人自備

第十條　本簡則如有未盡事宜得呈請市政府修正之

第十一條　本簡則經呈奉市政府核准後公布施行

南京特別市社會運動指導委員會會務會議規則

第一條　本會爲推進社運工作起見，特制定本會議規則。（以下簡稱本會議）

第二條　本會議出席人員如左。
1.主任委員
2.副主任委員
3.秘　書
4.科　長
5.農工福利會主任副主任
6.會計室主任
7.專　員
8.視　察

第三條　本會議由主任委員主席，主任委員因事不能出席時由副主任委員代理之。

第四條　本會議討論事項如左。
1.本會應興應革事項
2.本會工作改進事項
3.本會工作計劃事項
4.其他事項

第五條　本會議每星期舉行一次，必要時得舉行臨時會議

第六條　本會議舉行時各科室報告提案。須於前一日送祕書室編入議程。

第七條　凡關於臨時發生問題不及列入議程之提案，經主任委員之許可得臨時動議。

第八條　本會議議決事項經主任委員核定後，卽分別辦理。

第九條　出席列席人員于會議情形有保持祕密之責。

第十條　本規則自公佈日施行。

公牘

南京特別市政府呈

案准內政部祕字第六一號咨：

一案查前警政部以事變以還，各地爲防免莠民混跡，當時曾發給安居證，嗣以該項證式過於簡略，匪類易於混用，爰經先後變更，改由各地縣市政府會同關係機關製發縣市民證，一律粘附本人照片，藉資證明身份，而免混淆，惟是項縣市民證，核發手續完備與否，影響治安至深且鉅，已往由各地保甲轉輾請領，難免百密一疏，似非亟圖改善不足以固治安，警察負有直接調查戶口之責，稽核查對，辨別良莠，原爲應盡之職，爲防患未然，免除流弊，及便於稽核計，爰擬將各地核發市(縣)民證事宜一律劃歸警察機關辦理，並改訂式樣，名爲居住證，連同友邦憲兵司令部「對國民發給證明書之要領」一併呈請核示，嗣以警政部裁撤、合併於本部當奉

行政院訓令審議具復等因，奉經飭屬詳細審議修正各省市警察機關，發給人民居住證及旅行證辦法，並歷續聯絡會商發給手續將經過各情形呈復

行政院核示，旋奉行字第七一七九號指令，准如所議辦理，仰將各省市警察機關，發給人民居住證及旅行證辦法，暨證片式樣，分別修正，以部令公佈，咨飭施行，並將修正各件呈院備考，此令等因各在案，茲遵經將該項辦法修正於本月九日公佈施行，惟此項居住證之發給，爲防止僞造起見，特分別規定各種顏色，用資識別，南京白色，江蘇綠

色，浙江藍色，上海黃色，安徽紅色，歷經與有關方面洽商，對於發給手續，該證上必須加蓋憲兵隊印，以昭愼重，至捺蓋指紋一節，凡簡任以上官吏中國國民黨中央執行委員，監察委員，中央黨部與簡任官同等待遇之職員等，及其家屬，（系限直系同居者而言參閱人民請領居住證及申請書須知第七項）均免捺蓋，薦任以下公務員，須親赴警察局所辦理，現決定南京方面自五月二十日各省市自六月一日各縣不得過六月十日，一律開始辦理除分別呈咨暨函令外，相應檢同發給辦法一份，人民請領居住證及申請書須知一份，一併咨達卽希查照爲荷」

復准首都警察總監署政三字第二八五號公函內開

「案准內政部祕字第五九號公函內開查關於各省市警察機關發給人民居住證一案，歷經將與有關方面洽商經過情形，呈請核示在案嗣奉行政院指令，准如所議辦理，仰將各省市警察機關發給人民居住證及旅行證辦法，暨證片式樣，分別修正，以部令公布，咨飭施行，並將修正各件呈院備查，等因遵經將修正該項辦法，於本月九日由部公布施行，茲並爲防止僞造證片起見，特分別規定各種顏色，用資識別，南京白色，江蘇綠色，浙江藍色，上海黃色，安徽紅色，至捺蓋指紋一節，凡簡任以上官吏，中國國民黨中央執行委員，監察委員，中央黨部與簡任官同等待遇之職員等，及其家屬（係限直系同居者而言參閱人民請領居住證及申請書須知第七項）均免捺蓋，惟該證上因須經憲兵隊蓋印，以昭愼重，應與當地憲兵隊切實聯絡，所有該項申請書，並得隨時授予檢查現已各項手續均已籌辦妥當。南京方面，決定自五月二十日起開始辦理，所有在京各機關簡任以上官吏之職員與家屬，則由該管警察局所將此項申請書，暨居住證證片分送各機關，依式照塡，附具照片彙齊送交該管警察局所蓋印，再送憲兵隊蓋印，後轉請核發，俾資迅捷，至薦任以下公務員，卽須親赴警察局所辦理，除分別呈咨暨函令外，相應檢同上項發給辦法一份，申請書式樣兩紙，居住證證片式五種，硬印模一紙，人民請領居住證及申請書須知一份，一併函達卽希查照，分別辦理，並飭屬一體遵照，至紉公誼，等由附送各省市警察機關，發給人民居住證及旅行證明書辦法，暨人民請領居住證及申請書須知等件各一份，准此自應照辦，茲本署訂於本年六月一日起，飭由各警察局隊開始辦理，申請手續同月十五日起，本署塡發證片，除分令佈告，並呈報外相應抄錄原件備函奉達卽希查照，並煩轉飭各區坊鄉鎭保甲長知照爲荷。」各等由並附各省市警察機關，發給人民居住證辦法一份，人民請領居住證及申請書須知一份，到府准此，所有本府經辦市民證，自應停止塡發，茲定於本月十五日起爲停止塡發日期，除函復並布告週知外、合將停止日期備文呈報，仰祈鑒核備案

謹呈

行政院院長汪

南京特別市市長 周學昌

中華民國三十一年六月 日

南京特別市政府咨 字第 號

案查本市土地工作旬報表業經送至五月份下旬在卷茲造具六月份上旬前項工作旬報表乙份相應咨送卽希

查照爲荷

此咨

內政部

計咨送本市土地工作六月份上旬旬報表乙份

中華民國三十一年六月 日

市長 周學昌

南京特別市政府辦理土地登記工作六月份上旬旬報表

中華民國三十一年

事項 件數 日	接收登記聲請書	土地所有權登記	房屋登記	更正登記	塗銷登記	移轉登記	分割登記	共有權登記	住所變更登記	繕寫查驗證	發給查驗證	備註
1					1	1					1	
2					2	2					3	
3						3						
4						3					2	
5						4					1	
6						2						
星期 7												
8						6						
9						3					5	
10					1	4					3	
總計件數					4件	28件					15件	

南京特別市政府公函 府社字第　號

查本市各自治區區界與
貴署所轄各警察局界線未能劃一因之行政上每多窒礙而各區局亦未能盡收聯絡合作之效亟應
加以調整爰經面商
貴總監同意組織首都各區劃界委員會辦理各區劃界事宜幷准
貴署派定第一科科長姜庚生祕書姚樹楫吳以鴻日文祕書叢尚滋爲該會委員本府亦經派定社會
局科長蘇源地政局科長張太游衞生局科長莊立等三員爲該會委員除分飭遵照外相應函達
查照請迅卽定期召集開會共商進行幷希
見復爲荷此致
首都警察總監署

市長　周學昌

中華民國三十一年六月　日

南京特別市政府公函 府財字第　號

案准
貴署先後公函略以清潔隊需購置及修理垃圾手車暨各種清潔工具計款三萬餘元又以舉行夏令
清潔運動臨時添置工具計款壹千餘元兩共需款三萬五千餘元編送概算書囑卽撥給臨時費幷將
撥款數目見復等由准此查本府自四月份起對於清潔隊補助費已增爲壹萬元全鋪捐內帶征清潔
捐仍歸本府帶征自五月份起按月照撥業經函請
貴署查照在案關于夏令清潔工作至爲切要本府向極重視茲決定一次撥給該隊臨時費壹萬五千
元俾助添修清潔工具之用准函前由相應函復卽煩

查照飭知具領爲荷此致

首都警察總監署

中華民國三十一年六月　日　市長　周學昌

南京特別市政府公函 工字第　號

查本市柏油路面年經興修而損毀頗仍不獨耗費公帑抑且有礙觀瞻玆爲保養柏油路面起見經飭本府工務局派員與

貴署主管科商定辦法三項核尚切要關於本項辦法內各種設備已飭由工務局辦理就緒相應抄附保養柏油路面限制車輛行駛辦法一份暨繪製限制車輛行駛中山北路簡明草圖及木質標幟圖樣各乙紙一併備函奉達卽希

查照並轉飭所屬一體遵辦爲荷

此致

首都警察總監署

附保養柏油路面限制車輛行駛辦法一份

限制車輛行駛中山北路簡明草圖一紙(略)

木質標幟圖樣一紙(略)

中華民國三十一年六月　日　市長　周學昌

保養柏油路面限制車輛行駛辦法

一、各種車輛除汽車外不得行駛各道路之快車柏油道

二、非汽車類各種載重車輛以及其他鐵輪雜式小車有傷路面者祇准在慢車道及指定之路線行駛

三、有傷路面之各種車輛行駛中山路時須在慢車道行駛或由鐘坊橋經估衣廊魚市街丹鳳街保泰街湖北路薩家灣南祖師庵等處繞道行駛幷於交叉路口豎立木質標幟以便崗警指揮

附錄

國民政府最近公布法令一覽表

法令名稱	國府公布年月日	行政院令知年月日	與本府或所轄有關之條文	本府令知日期或不另行文	原法令刊載何處	備考
修正縣保衛團法	三十一年四月十六日修正公布	三十一年四月三十日令知		不另行文	全文三十一條見三一八號國府公報	奉國府令定本年六月一日起施行（行政院五月十二日令知）
修正警察官吏撫卹條例	三十一年四月二十八日修正公布	三十一年五月七日令知		不另行文	全文二十五條見三二三號國府公報	
司法行政部法官訓練所暫行組織條例	三十一年五月二十日公布	三十一年五月九日令知		不另行文	全文十條見三二五號國府公報	
修正實業部林墾署組織法	三十一年五月八日修正公布	三十一年五月十四日令知		不另行文	全文九條見三二八號國府公報	
修正實業部組織法第四條第七第十六第十七第十八第十九條條文	三十一年五月八日修正公布	三十一年五月十四日令知		不另行文	條文見三二八號國府公報	
修正陸軍禮節條例第二十二第二十三第三十七第五十第五十一第七十一條條文	三十一年五月十五日修正公布	三十一年五月二十三日令知		不另行文	條文見三三一號國府公報	
民國三十一年上海特別市市公債條例	三十一年五月二十一日公布	三十一年五月二十九日令知		不另行文	全文十四條見國府公報第三三二號	
技師技副登記條例	三十一年五月二十一日公布	三十一年五月二十九日令知		不另行文	全文十六條見三三三號國府公報	
煙毒案件適用赦免減刑條例辦法	三十一年六月一日公布	三十一年六月八日令知		不另行文	全文四條見三三八號國府公報	

市政公報暫定價目表

期限	價目	郵費
零售	每冊三角	本市一分 外埠二分
半年	十二冊三元五角	本市一角二分 外埠二角四分
全年	二十四冊七元	本市二角四分 外埠四角八分

市政公報廣告刊例

頁數	價目
一頁	每期十一元
半頁	每期六元
四分之一頁	每期三元

刊登廣告在四號以上者每期按照七折計算連續十號以上者每期按照六折計算長期另議

出版日期　本公報暫定每月二次

編輯者　南京特別市政府祕書處

發行者　南京特別市政府祕書處

印刷者　南京時代印書館

地址：南京朱雀路邀貴井十八號

電話：二二五九五號

中華民國三十一年六月三十日

市政公報

第九十八期

南京特別市政府秘書處印行

目錄

命令

首都警察總監署
南京特別市政府 **公佈令** 府衛字第　號

茲修正徵收住戶清潔捐暫行辦法第三條條文公佈之

徵收住戶清潔捐辦法第三條

原條文規定如左

一、甲等住戶每月繳納五角
二、乙等住戶每月繳納二角
三、丙等住戶每月繳納一角
四、赤貧住戶免予繳納

修正條文規定如左

一、甲等住戶每月繳納一元
二、乙等住戶每月繳納四角
三、丙等住戶每月繳納二角
四、赤貧住戶免予繳納

中華民國三十一年六月　日

總監 鄧祖禹
市長 周學昌

南京特別市政府訓令

府祕字第　號

令各局處會區公所

案奉

行政院行字第六七六七號訓令開：

「據上海特別市政府呈稱案據本府社會局呈稱案查中外商人合資組織股份有限公司關於外籍股東應否向該國領事出具國籍證明書又外籍人民對於我國官廳有所呈請應否一律備具國籍證明書當以法無明文規定且無先例可援經呈實業部解釋在案茲奉實業部商字第四八二號指令內開：呈悉查公司登記規則第四十二條第二項經理人非中華民國人民時應出所在地該國領事出具國籍證明書一節係適用於本店不在我國境內之外國公司擬在我國境內呈請設立第一支店時之法定手續至中外人民合資組織公司之登記手續公司法暨公司登記規則尙無明文規定自可依照常例辦理但主管官署對於呈請人之身份如發生疑義時無論中外人民均可令飭呈繳適當身份證明書類以免頂冒而杜糾紛又關於外籍人民對於我國官廳有所呈請應否一律備具國籍證明書一節事屬全國行政官署收呈辦法仰具呈層轉行政院核示併仰知照此令等因奉此自當遵照關於外籍人民對於我國官廳有所呈請應否一律備具國籍證明書一點理合備文呈請鈞府轉呈行政院核示等情據此關於外國人民對於我國官廳有所呈請應否一律備具國籍證明書一節事屬全國行政官署收呈辦法究應如何辦理之處理合備文轉呈仰祈核示飭遵」等情據此當經指令「呈悉關於外籍人民對於我國官廳有所呈請除法令明文規定及習慣上須具備國籍證明書者外其普通收呈毋庸出具國籍證明書仰卽轉飭遵照並候通令各省市政府飭屬一體遵照此令除印發並分行外合行令仰該府飭屬

一體遵照」

等因奉此除分行外合行令仰該局處會區飭屬一體遵照

此令

中華民國三十一年六月　日

市長　周學昌

南京特別市政府訓令　府祕字第　號

令各局處會區公所

案奉

行政院行字第六七九六號訓令開：

查人民呈遞書狀辦法經於民國二十三年一月以院令公布施行在案還都後該項辦法仍應繼續照辦惟現查人民呈遞書狀多有不照規定手續辦理者當係未盡周知亟應重申前令俾資遵守除分行外特再抄發是項辦法令仰該府遵照轉飭所屬布告周知爲要

等因附發人民呈遞書狀辦法一份奉此自應遵辦除由府布告並分行外合行抄發前項辦法令仰該局處會區遵照辦理

此令

附發人民呈遞書狀辦法一份

中華民國三十一年六月　日

市長　周學昌

人民呈遞書狀辦法

民國二十三年一月國民政府行政院頒布

一、人民或團體向行政官署呈遞書狀除訴願法及其他法令別有規定外應依本辦法辦理

二、具呈人除依照公文程式第四條之規定外應於呈文內註明姓名年齡籍貫職業住址署名蓋章其用團體名義者應蓋用團體戳記並註明其團體所在之地址由代表人署名蓋章並註明年齡籍貫職業住址

三、呈文應詳敍具體事實如有證件應隨呈附繳並應照樣繕具副呈二份隨同投遞及依例貼足印花

四、呈文不依本辦法規定者各官署得不予受理但經遵令補正者不在此限

五、凡經上級官署交辦或其他機關送辦之件如有具呈人其呈文未依定式者得通知依第二項規定辦理

六、各官署受理呈控事件於必要時得先傳具呈人詢問或囑託他機關詢問

七、具呈人呈控事件如經查明確係虛僞或假託他人名義顯有誣告僞造文書或其他犯罪嫌疑者應酌量情形送交法院辦理

八、本辦法自公布日施行

南京特別市政府訓令　府社字第　號

令工務局、社會局、城鄉各區公所、市社運會

案准

內政部民字第二二〇號咨開：

「案據本部保甲推進委員會呈稱案准南京特務機關南特治第七九號函開爲關於官營公司

所傭華人特訂定管理辦法以防不逞份子之侵入并可圖縣政效率之貫澈請轉飭有關各公司工廠負責人員及市縣政府警察各機關妥切實行并希嚴加監督愼重辦理等由附管理辦法一份到會除函南京區治安督察專員轉令各縣政府遵照并函覆外理合繕同是項辦法備文呈請鈞部俯賜轉咨江蘇安徽兩省政府暨南京特別市政府查照辦理等情附抄官營公司所傭華人管理辦法一份據此除分別咨令外相應抄同上項辦法咨請查照并轉飭所屬遵照辦理爲荷」等由并附管理辦法一份到府准此自應照辦除分令外合行抄發原辦法令仰該局區公所會遵照辦理此令

計抄發官營公司所傭華人管理辦法一份

中華民國三十一年六月　日

市長　周學昌

官營公司所傭華人管理辦法

A、(甲)對從業人員施以全體登記制度并各使其攜帶服務地所屬之市民證或縣民證

(乙)關於市(縣)民證之發給及繳還等一切手續概歸公司自行辦理之但須以寄宿於公司宿舍者爲限

(丙)關於從業人員之補免調轉情形每月須月報於市(縣)政府暨警察機關以備察查

(丁)倘有逃亡或擅自離去者務須妥速呈報於市(縣)政府暨警察機關以便迅予偵緝

B、如因大工程等情事而須臨時雇用苦力之際宜將(1)工程名稱(2)地點(3)人數各項呈報於有關之市(縣)政府并警察機關備案同時必須編造花名簿册當地人抑非當地之人更須註釋清楚設此項苦力須有異動時宜速與最近之警察機關密切聯絡俾其嚴重取締妥予監視

C、於共同宿舍時必以工頭充任保甲長實施保甲制度

南京特別市政府訓令　府財字第　號

令捐稅征收處
營業稅征收所

案奉
行政院行字第六七九號訓令內開：
現奉　國民政府第一六五號訓令內開：「查麥粉統稅條例現經制定明令公布應卽通飭施行除分令外合行抄發該條及附表令仰該院知照幷轉飭所屬一體知照等因：計抄發麥粉統稅及麥粉麩皮統稅稅率表各一份奉此除該項條例稅率表刊登公報不再抄發幷分行外合行令仰該府飭屬一體知照」
等因奉此除分行外合行令仰該所處知照
此令

中華民國三十一年六月　日

市長　周學昌

南京特別市政府訓令　府財字第　號

令各局處
各區公所
市銀行

案准
財政部錢一字第二二六號公函開
「查收兌舊幣期限業經屆滿所有禁止使用舊幣辦法暨實施區域及日期亦經本部分別

規定布告施行並另案咨請貴市政府查照在案茲爲切實執行並同時顧全人民利益起見擬請於執行時注意下列兩點（一）目前僅禁止舊幣使用並不禁止持有故持有者不犯法（二）自禁止使用日起兩週內對違犯者僅予警告不必沒收兩週後應即予以沒收以上兩點應請貴市政府轉飭執行人員及警察嚴格遵守以免擾民而重幣政除分函并檢同布告送請　首都警察總監署外相應函請貴市政府查照辦理爲荷」

等由准此除分令外合亟令仰該○知照

此令

中華民國三十一年六月　日

南京特別市政府訓令

府財字第　號

令各局處 各區公所 市銀行

市長　周學昌

案准

財政部錢一字第六十八號咨開：

「查整理舊法幣條例前奉　國民政府明令公布其收回舊幣詳細辦法亦經中央儲備銀行明白訂定布告實施並以民國三十一年六月八日至二十一日爲收兌舊幣期限歷經辦理在案現上項收兌期限業經屆滿所有禁止使用舊幣辦法亟應明白規定分別實施茲特訂定禁止使用舊幣辦法七條並定於民國三十一年六月二十五日起先就南京特別市市區及上海（限於上海舊市區及兩特區）實行禁止使用除呈請　行政院備案並由部布告分行外相應檢同禁止使用舊幣辦法一份咨請貴市政府查照並希轉飭知照爲荷」

等由附禁止使用舊幣辦法一份准此除分令外合亟抄發禁止使用舊幣辦法一份令仰該○知照并

轉飭知照

此令

計抄發禁止使用舊幣辦法一份

禁止使用舊幣辦法

第一條　各種舊幣除中央中國交通各行發行之輔幣券暫准流通外一律禁止使用但經財政部部長特准者不在此限

第二條　凡違反前條之規定者除將其使用之舊幣沒收充公外其情節輕微者援照違警罰法處罰其情節重大者援用妨害新法幣治罪暫行條例懲治之

第三條　沒收充公之舊幣應隨時報解財政部

第四條　沒收舊幣如有不隨時報解或報解不實情事依法懲處

第五條　凡報解沒收之舊幣財政部得按其數量酌提獎金

第六條　禁止實施區域及日期由財政部隨時公佈週知

第七條　本辦法自公布日施行

中華民國三十一年六月　日

市長　周學昌

南京特別市政府布告

府工字第　號

查北區排水疏濬虹橋河金川河工程計劃業經呈奉　行政院核准施工在案茲查該河河身狹窄爲期水流通暢藉免漫溢道路起見亟應濬瀾放寬以資宣洩除侵佔河道上房屋業已布告拆除外所有爲放寬河身兩岸應拆之房屋垣籬等項障礙物復經本府令行工務局分別劃繪拆線派員指示仰拆線以內各業戶即便遵照自布告之日起於一星期內自行拆遷本府按照成例發給津貼以示體恤倘逾期不拆即由工務局僱工代拆以料抵工。

此布

中華民國三十一年六月　日

市長　周學昌

工務局局長　朱浩元

南京特別市政府布告　府工字第　號

查本府水上交通管理規程所訂遊船登記費額近因物價騰貴費用激增致原訂船隻登記及磁牌費不得不酌量加成徵收藉資挹注茲將各級遊船登記費率重新規訂粘同改訂費額表出示佈告仰各船戶一體知悉。

此佈

抄附改訂遊船登記費額表一份

中華民國三十一年六月　日

市長　周學昌

工務局局長　朱浩元

南京特別市工務局徵收秦淮河遊船登記牌照費額表

等級	船身長度	前徵登記費額	現在改訂費額	磁牌費
一等	二十五平方公尺	八元四角	十二元	十元
二等	二十平方公尺	七元二角	十元	八元

三等	十五平方公尺以上	六元	八元	六元
四等	十平方公尺以上	四元八角	六元	四元

法規

南京特別市工務局防汛實施辦法

一、本年度（三十一年）防汛實施時暫不設工程委員會即由工務局第二科秉承局長並會同第三科主持辦理

二、防汛實施時酌量分設城區下關區上新河區及燕子磯區防汛辦事處每區設主任一人技術員一至二人於防汛開始前即予派定城區及下關區主任由局長指派工務局技術人員兼任上新河區及燕子磯區主任請　市政府派各該區區長兼任其餘四區技術人員均由局長指派工務局技術人員兼充有關友邦軍事之區域另請友邦軍隊幫同辦理

三、各區主任應於奉派後即親自履勘本區內應設防各地點確估計需用材料人工數量幷詳附說明　報局備查

四、各區所需材料由局核發

五、防汛開始後就工務局路工隊中挑選二十五人組成防汛隊視事實需要分配於城區及下關區聽從主任及技術員之指揮擔任搶護工作

六、鄉區所需人工應由區長兼主任隨時視需要徵集之其工作勤奮者事後得酌請獎勵

七、各區所需少數特殊工人得呈准局長臨時僱用

八、各區主任並負本區用料及用款報銷之責

九、城區主任應隨時注意西水關及其他各閘洞應堵閉之時期幷東水關應抽水之時期

十、下關區主任應隨時與友邦駐軍取得聯絡並注意通知惠民河兩岸居民堵塞屋內外漏隙之時期

十一、鄉區兩主任應偕同局派技術員將本區堤工按鄉鎮範圍分為若干段派定鄉長或鎮長兼任防汛段長保長兼任防汛隊長並責成段長輪派巡視員一人至二人於防汛開始後常駐工次日夜梭巡如發現有危險地段應立即鳴鑼報警俾得徵集當地民衆由隊長督率搶護倘險工巨大並應由鄰段協助搶護

十二、防汛開始後各區主任技術員及防汛隊均得酌給津貼巡視員得酌貼燈油費事後幷得酌請獎勵

十三、各區原有之護堤委員會應由區長兼防汛主任強化之

十四、各區主任於防汛開始後應將天氣水勢及防護情形等項逐日列表塡報

十五、本辦法如遇有改正事項得由工務局隨時呈請修正之

十六、本辦法自呈准南京市特別市政府核准施行

公牘

南京特別市政府咨　字第　號

案准

貴部地字第九四號咨開案查民政會議決議之整理全國地形圖籍一案前經本部於三十年三月二十一日分咨各省市政府轉飭所屬搜集整理其關於戶口資源兩項幷應詳爲記載一併檢送在案惟查是項地形圖籍迄未准咨送過部除分咨外相應咨請查照飭屬辦理並希迅予檢送以備查考等由准此查本市所有之一萬分一首都城市實測圖二萬分一首都幹路系統圖三萬分一首都城市圖共計三種已於二十九年一月咨送在案茲准前由相應再檢上項地圖各一份復請察收爲荷此咨

內政部

附一二三萬分一首都城市圖各一份（略）

中華民國三十一年六月　日

市長　周學昌

南京特別市政府咨　府工字第　號

案據本府工務局呈稱：

「查本年度防汛經費業奉　水利委員會准撥三萬元並經遵照補助之數編具添購材料等費概算書會經咨送在案茲爲迅速籌辦起見謹擬就防汛實施辦法十六條擬請核准施行」等情據此查核所擬辦法尙無不合除准予照辦外相應檢同實施辦法一份咨請

貴會查照爲荷

此咨

水利委員會

附防汛實施辦法一份（見法規欄）

市長　周學昌

中華民國三十一年六月　日

南京特別市政府咨　字第　號

案查本市土地工作旬報表業經送至六月份上旬在卷茲造具六月份中旬前項工作旬報表一份相應咨送卽希

查照爲荷

此咨

內政部

計咨送本市土地工作六月份中旬旬報表一份

市長　周學昌

中華民國三十一年六月　日

南京特別市政府辦理土地登記工作六月份中旬旬報表

中 華 民 國 三 十 一 年

日 \ 事項 件數	接收登記聲請書	土地所有權登記	房屋登記	更正登記	塗銷登記	移轉登記	分割登記	共有權登記	住所變更登記	繕寫查驗證	發給查驗證	備註
11					3	9				1	11	
12						5					1	
13					1	2					2	
星期 14												
15					2	4					8	
16						3						
17						1						
18						1					1	
19						1						
20					1	3						
總計件數					7件	29件				1件	23件	

南京特別市政府公函　府社字第　號

案奉

行政院行字第六七五五號訓令內開：

「案查關於安定物價一案前經飭據本院祕書處致函實業部召集有關各機關會同擬訂「安定物價臨時辦法草案」五項轉復前來當經呈奉　中央政治委員會會議修正通過并奉國民政府頒行暨通令遵照各在案嗣據本院參事廳廳長鄒敬芳簽呈擬具「平抑首都物價暫行辦法」又經令飭實業部召集有關各機關會同審查現據實業部呈復稱案奉鈞令抄發平抑首都物價暫行辦法飭即召集有關各員會同審查悉心擬議尅日具復核辦等因奉此遵於六月六日上午召集全國經濟委員會陳祕書長糧食管理委員會顧委員長南京特別市周市長財政部陳常務次長鈞院參事廳鄒廳長來部會同審議衡量事實增加嚴禁投機買賣條文期得縝密執行當將原辦法修正一致同意理合繕具修正平抑首都物價暫行辦法草案呈請鑒核施行等情計附呈修正平抑首都物價暫行辦法草案一份前來當經指令呈件均悉准如所議辦理仰候分令南京特別市政府及首都警察總監署切實遵照施行此令除印發并分行首都警察總監署遵照外合行抄發該項辦法令仰該市府切實遵照施行仍將遵辦情形具報」

等因附發修正平抑首都物價暫行辦法一份奉此自應遵辦除分行並呈復外相應抄附原辦法並備具會銜布告簽稿函請

查照判行會印希即將副稿掣存正稿及布告會印擲還以便飭屬張貼爲荷此致

首都警察總監署

計附平抑首都物價暫行辦法一份

會銜布告(略)

正副會稿各一件

市長 周學昌

中華民國三十一年六月　日

抄平抑首都物價暫行辦法

第一條　安定物價之一般的辦法除中央已有規定外關於平抑首都物價暫依本辦法辦理之

第二條　凡一切商品價格在三十一年五月二十六日以前仍未依照政府命令改用新法幣或陽奉陰違者其物價應以五月二十六日新舊法幣比價爲標準

第三條　凡在五月二十六日以前一切商品業經實行以新法幣七七折合發售者應按照現行中外貨幣比價及行情再行評定以昭公允

第四條　凡囤積商品操縱居奇者應由南京特別市政府及首都警察機關嚴密調查一經查出即按照五月二十六日新舊法幣比率評價勒令出售

第五條　凡私行投機買賣有類似交易所之行爲者一經查出由市政府警察總監署立予封閉將其投機買賣之貨物充公依照第四條後段評價公賣之

前項公賣所得價款由市政府保管候呈報　行政院核准後撥充公用

第六條　凡公務員兼營商業或與商人勾結匿名經營者應由市政府及首都警察機關嚴密調查一經查出即通知各該機關依法懲辦之

第七條　凡公務員有本辦法第六條上半段之情事者准許人民告發並由市政府會同警察總監署布告週知

第八條　本辦法由　行政院令飭南京特別市政府首都警察總監署切實遵照施行

統計

南京特別市戶口統計表

民國三十一年六月份

秘書處第二科統計股製

區別	戶數	人口數						
		總計	男性			女性		
			合計	成人	兒童	合計	成人	兒童
總計	141564	635010	351622	240920	110702	283838	188627	94761
第一區	28171	130747	72176	51443	20733	58571	40289	18282
第二區	39230	175237	95623	64223	31400	79614	54071	25543
第三區	18520	78600	44664	31093	13571	33936	22845	11091
城區實驗區	8876	41202	22249	16260	5989	18953	13105	5848
第五區	10912	49749	29481	22145	7336	20268	13718	6550
上新河區	12686	54820	29475	20175	9300	25345	16766	8579
鄉區實驗區	10029	46440	25461	16265	9205	20979	12798	8181
孝陵衞區	4212	19921	10545	5628	4917	9376	5579	3797
安德門區	8928	38294	21948	13697	8251	16346	9456	6890

註：一、本表係根據各區公所塡報之戶口月報
二、各外國僑民戶口不在此內

南京特別市戶口增減比較表

民國三十一年六月份

秘書處第二科統計股製

區別	戶減增數	人口增減數						
		總計	男性			女性		
			合計	成人	兒童	合計	成人	兒童
總計	+123	+1108	+554	+329	+225	+554	+342	+212
第一區	+31	+280	+168	+107	+61	+112	+73	+39
第二區	+112	+730	+358	+212	+146	+372	+226	+146
第三區	+26	+121	+65	+48	+17	+56	+37	+19
城區實驗區	+86	+403	+217	+158	+59	+186	+138	+48
第五區	−159	−589	−352	−251	−101	−237	−167	−70
上新河區	−11	−78	−38	−22	−16	−40	−17	−23
鄉區實驗區	−5	+12	+16	+17	−1	−4	−3	−1
孝陵衛區	+1	+26	+18	+8	+10	+8	+2	+6
安德門區	+42	+203	+102	+52	+50	+101	+53	+48

註：一、本表係根據各區公所塡報之戶口月報

二、各外國僑民戶口不在此內

三、有(+)符號者爲增加，有(−)符號者爲減少

市政公報暫定價目表

期限	價目	郵費
零售	每冊三角	本市一分 外埠二分
半年	十二冊 三元五角	本市一角二分 外埠二角四分
全年	二十四冊 七元	本市二角四分 外埠四角八分

市政公報廣告刊例

頁數	價目
一頁	每期十一元
半頁	每期六元
四分之一頁	每期三元

刊登廣告在四號以上者每期按照七折計算連續十號以上者每期按照六折計算長期另議

出版日期 本公報暫定每月二次

編輯者 南京特別市政府祕書處

發行者 南京特別市政府祕書處

印刷者 南京時代印書館 地址：南京朱雀路邀貴井十八號 電話：二二五九五號

中華民國三十一年七月十五日

市政公報

第九十九期

南京特別市政府祕書處印行

目錄

命令

法規

公牘

命令

南京特別市政府委令　府祕字第　號

令葉一舟

茲派該員代理本府社會局祕書另候呈荐此令

中華民國三十一年七月　日

市長　周學昌

南京特別市政府委令　府祕字第　號

令劉頌聲

茲派該員代理本府社會局第一科科長此令

中華民國三十一年七月　日

市長　周學昌

南京特別市政府委令　府祕字第　號

令黃伯熙　梅慰農

茲派該員爲本府專員此令

中華民國三十一年七月　日

市長　周學昌

南京特別市政府委令　府祕字第　號

令宗伯超

茲派該員爲本府專員此令

中華民國三十一年七月　日

市長　周學昌

南京特別市政府訓令

令祕書處科長劉頌聲

該科長已另有職務應免本職遺缺令調專員程翔接充仰卽知照此令

中華民國三十一年七月　日

市長　周學昌

南京特別市政府訓令　府祕字第　號

令財政局主任科員夏道生

案據財政局科長吳鴻淦呈請辭職業經照准所遺第三科科長職務派該主任代理仰卽遵照此令

中華民國三十一年七月　日

市長　周學昌

南京特別市政府訓令　府祕字第　號

令社會局第二科科長蘇源
茲調該科長接充該局第三科科長職務遺缺令調專員蒯君甫代理仰即知照此令
市長 周學昌
中華民國三十一年七月 日

南京特別市政府訓令 府祕字第 號

令專員蒯君甫
茲調該員代理本府社會局第二科科長另候呈薦此令
市長 周學昌
中華民國三十一年七月 日

南京特別市政府訓令 府財字第 號

令社會局祕書葉一舟
查社會局第四科科長黃伯熙呈請辭職業已照准所遺科長職務派該祕書兼任仰即遵照此令
市長 周學昌
中華民國三十一年七月 日

南京特別市政府訓令 府祕字第 號

令專員程翔
茲調該員代理本府祕書處第二科科長另候呈荐此令

南京特別市政府訓令

府祕字第　號

令各局處會區公所

案准

首都防空委員會公防字第三號函開：

「案據兼首都警防團團長蘇成德呈略稱「竊查本團前奉鈞會製發之首都警報及警報解除記號表一種所定警報記號經核與友邦規定之警報記號略有不同似應參照防衛司令部警報記號加以修正理合抄附修正警報記號一份呈請鈞會鑒核示遵」等情附擬修正警報記號表一紙據此查該團所呈各節尚屬可行除指復並分行外相應檢同修正之記號表一紙隨函附送即希查照」

等由；附修正警報記號表一紙准此除分行外合行抄發前項記號表一紙令仰該局處會區飭屬一體知照

此令

附發警報及警報解除記號表一紙

中華民國三十一年七月　日

市長　周學昌

中華民國三十一年七月　日

市長　周學昌

修正警報及警報解除記號表

區別／種類	記號			管制種類
	電笛	警鐘	電燈開閉	
警戒警報	一聲三十秒	二下一打連接三次	十秒一次	警戒管制
空襲警報	二十秒一聲連接四聲	亂打	二秒五次	空襲管制
空襲警報解除	一聲三十秒	二下一打連接三次	十秒一次	警戒管制
警戒警報解除	一聲二十秒	三秒一下連接五次	二秒二次	恢復平常

南京特別市政府訓令 府祕字第　號

令各處局會

案准

銓敍部函午字第三〇八號公函開：

「本年六月十七日奉考試院院總訓字第一七九號訓令內開：『案查前據該部呈請爲嗣後公務員任用關於敍俸或晉級以及停職免職或辭職者均須分別給令以資證明請核示轉呈一案業經轉呈核示並指令各在案茲奉　國民政府六月十一日第三三九號指令內開「呈悉准如所擬辦理仰卽轉飭由部分函各機關知照」等因奉此合行令仰該部遵照此令』等因；奉此，查此案前經本部呈請轉呈核示在案，茲奉前因，除分函外，相應照抄原呈函請查照並轉飭所屬知照爲荷」

等由，附抄原呈乙件准此，自應照辦除分行外合行抄發原呈令仰該處局會知照！

此令。

附原呈乙件

中華民國三十一年七月　日　市長　周學昌

呈　考試院文

查中央及地方各機關公務員委派及晉級時多未頒發俸給令或晉級令；又停職免職及自行辭職時，亦間有未發給停職免職令及准辭指令者，自公務員任用法施行後，各機關擬任人員，均須送部審查其資格及俸給，各公務員多無俸給及免職證件可資附送，本部審查其俸給及資歷卽無從參攷與根據；且辦理撫卹案件，核算在職年月，尤感困難。擬請
鈞院轉呈　國府通令京內外各機關自奉　府令之日起公務員任用時須頒發俸給令；晉級時須頒發晉級令，並函本部登記；停職免職及自行辭職時，亦須分別給令。其擬任人員送審時，須將過去任職免職俸給晉級各令一律附送，以便審核。卽公務員或遺族請卹時，亦須檢附任職免職令及最終在職俸給令或晉級令，用資證明。所擬是否有當，理合具文呈請
鑒核俯賜轉請核示祇遵！

謹呈

考試院院長江

銓敘部長趙毓松

南京特別市政府訓令　府財字第　號

令南京特別市商會

案查前據本市柴行業同業公會理事長張達炎呈爲新添江海關請求轉咨該稅務處豁免或減

輕轉口稅以卹商艱等情一案當經據情轉咨
財政部查照核辦逕飭遵照并批示知照各在案。茲准
財政部關字第二三〇號咨開：
「案准貴市政府財字第三五號咨以據本市柴行業同業公會呈爲新添江海關請求轉咨該稅務處豁免或減輕轉口稅一案囑爲查照核辦逕飭遵照等由准此查此案前據該同業公會理事長張達炎逕呈到部當以轉口稅稅率歷來載在海關稅則柴每百公斤僅征國幣一角來呈所稱每百元征收七元五角係指木材而言江海關方面對於轉口稅早已實行征收金陵關現經恢復作爲江海關分關一切稅收均照向章辦理並無征收手續費軍票一元五角情事所請豁免或減輕稅率一節應毋庸議經即批示知照在案准咨前由相應咨復即希查照飭知爲荷！」
等由准此合行令仰該會知照并轉飭知照
此令

中華民國三十一年七月　日　　市長　周學昌

南京特別市政府訓令　府社字第　號

令　第三區公所
　　孝陵衛區公所
　　安德門區公所
　　鄉區自治實驗區公所

案准
實業部第四八七號咨開
「案查本部前爲督勵墾荒對於各省市荒山荒地特製就調查表咨請貴市政府查照轉飭所屬各區應於本年七月底以前逐項詳查塡報彙轉本部並於呈送本部三十一年四月份工作

報告案內列報
行政院鑒核在案茲奉
行政院行字第八〇四五號指令計開指示各點「關於調查各省市荒山荒地一案係屬墾荒重要工作値此勵行墾殖時期辦理既屬急需調查不厭求詳應卽咨催各省市轉飭各縣區迅速查明依限具報」等因奉此自應遵辦除分行外相應咨請查照卽希轉飭所屬各區務速詳實查明依限具報彙轉過部以重墾政至紉公誼」
等由查此案前准　實業部咨送到府當經於本年五月七日檢發原表以府社字第二九六號訓令分飭各區查塡在案茲准前由除分行外合亟令仰該區長遵照迅將前項調查表依式查塡務於七月二十日以前送府以憑彙轉勿延爲要

此令

中華民國三十一年七月　日

市長　周學昌
社會局長　盛開偉
地政局長　胡政

南京特別市政府訓令　字第　號

令各區公所

案查本府區政會議議決：「本市各區，應設立義務學校一所至三所」，業經錄案令飭遵照在案。茲訂定市立義務學校暫行規程，市立義務學校設備最低標準，市立義務學校教學科目及每週授課時數表，市立義務學校籌備須知各一種，除分令外，合行檢發該項規程等各一份，令仰該區長遵照。

此令。

附發市立義務學校暫行規程，市立義務學校設備最低標準，市立義務教學科目及每週授課時數表，市立義務學校籌備須知，各一份（見法規欄）

中華民國三十一年七月　日

市長　周學昌

南京特別市政府公布令　府衛字第　號

茲制定本市衛生委員會組織規程公佈之

此令

計抄附南京特別市衛生委員會組織規程一份（見法規欄）

中華民國三十一年七月　日

市長　周學昌

南京特別市政府布告　府社字第　號

查本府為防止米糧私運及取締囤積居奇起見對於米稻兩項業經規定米糧存儲登記及移動暫行辦法公佈施行在案現值新麥登場之際間有奸商收買囤積意圖運往他埠高價出售實於京市民食前途莫大影響茲特將小麥一項亦按照米稻之登記及移動辦法於七月八日起一併實行凡存儲小麥在十石以上者必須遵章申請登記如需出售或製麵粉時移動小麥十石以上亦須申請經核准後方得移動如不遵章登記或擅自移動一經查實即按照本府會同首都警察總監署頒布之南京特別市取締米糧業違章處罰規則分別懲處決不寬貸除分函及令飭米糧業公會轉飭遵照外合亟

佈告週知仰本市粮食商人一體遵照爲要切切

此佈

中華民國三十一年七月　日

市長　周學昌

南京特別市政府布告

府農字第　號

爲佈告事

照得十年樹木百年樹人培植森林洵非易事本市府于今年三月十二日爲紀念　國父提倡造林特在淸涼山北波羅山地址植樹一萬餘株建造和平林並在廣州路一帶栽植行道樹八百餘株本府爲認真保護起見曾函請首都警察總監署及城鄉自治實驗區公所飭屬隨時查察保護在案近查和平林忽發現側柏樹頭被人割竊非但有礙觀瞻且屬摧殘林木以此項栽植不久之樹苗亟應力加保護豈可任意摧殘似此藐無法紀之徒本府除函請首都警察總監署迅予查究從嚴處置外爲此佈告嗣後凡我市民對於該項林木必須加意保護並應隨時相互監督如再有不法之徒傷害林木任何人均可檢舉一經調查屬實定當嚴予懲處決不寬貸合行佈告週知切切特此佈告

中華民國三十一年七月　日

市長　周學昌

法規

南京特別市衛生委員會組織規程 七月十二日公佈

第一條　本市為發展衛生事業冀收合作效能起見特組織「南京特別市衛生委員會」

第二條　本會設當然委員聘任委員專門委員各若干人組織之

第三條　本會以市長祕書長及本府各局處長為當然委員並延請首都警察總監內政部衛生司司長中央醫院院長市黨部社運會地方公會之主任委員為本會聘任委員另聘醫藥衛生專家若干人為專門委員

第四條　本會以市長為主席並以首都警察總監內政部衛生司司長中央醫院院長市衛生局局長及專門委員二人為常務委員

第五條　本會每三個月開會一次並每月舉行常務會議一次均由主席召集之遇必要時得召集臨時會議主席不能出席時得委託常務委員一人代理之

第六條　本會決議事項移送市衛生局分別緩急執行之並將實施狀況報告於下屆大會

第七條　本會於前列規定之委員外必要時得延請其他專家及有關係之人員列席會議

第八條　本會委員均為名譽職除當然委員外其他委員任期均為一年期滿得繼續延聘

第九條　本會設祕書一人幹事若干人掌紀錄編輯文書及其他事務

前項職員均為無給職由市衛生局長遴派職員兼任

第十條　本會議事細則另定之

第十一條　本規程如有未盡事宜得由委員會議通過呈請　市長修正之

第十二條　本規程自公布之日施行

南京市新舊法幣交流兌換處暫行規程

一、中央儲備銀行為便利一般農民及小商賣販起見特會同南京特別市政府及首都警察總監署於南京市區交通衝要地點置新舊法幣交流兌換處

二、兌換處職員由中央儲備銀行委派之並由南京特別市政府及首都警察總監署斟派員警協助之

三、凡農民及商販攜帶舊幣入境時須向兌換處兌成新幣

四、凡農民及商販出境時如有攜帶舊幣之必要在得持新幣向兌換處申敍理由提出證明請求兌換舊幣

五、兌換處兌換新舊法幣應按照二對一之規定辦理不得索取手續費違者依法懲辦

六、本規程自公布日施行

設置地點暫定如下　（一）中華門　（二）水西門　（三）中山門　（四）通濟門　（五）下關車站　（六）下關渡口

市立義務學校暫行規程

一、南京特別市政府為救濟失學兒童起見設立義務學校

二、義務學校依設立先後冠以第一第二等字樣以資識別如南京市立第一義務學校

三、義務學校設校長一人綜理校務但不滿四學級之學校其校長職務由級任教員一人兼任之

四學級以上之義務學校校長須兼課三百六十分鐘至五百四十分鐘

四、義務學校每學級設級任教員一人每四學級設科任教員一人二學級以上不滿四學級者得酌設科任教員一人

五、義務學校不設事務員

四學級以上之義務學校得指定教員一人兼理事務月給津貼二十元

六、義務學校校長不滿四學級者暫支月薪一百元四學級以上每學級增月薪五元級任教員暫支月薪八十元科任教員暫支月薪七十元

七、義務學校職教員除本規程規定事項外準用市立小學職教員任用待遇及服務規則初小部份之規定辦理

八、義務學校校工人數工資暨義務學校辦公費準用市立小學經費概算標準完小部份之規定辦理

九、義務學校修業期限暫定二年修業期滿經考核成績及格給予修業證書並得轉入市立小學相當年級肄業

十、義務學校不收費用並供給書籍但課業用品由學生自備

十一、義務學校以實施半日二部制為原則但得酌斟實際情形兼採全日制及半日制

十二、義務學校校舍及設備由區公所負責

十三、義務學校經費由教育局發給之

十四、義務學校教學科目及每週授課時數另訂之

十五、本規程得隨時修改之

十六、本規程自公佈之日起施行

市立義務學校設備最低標準

一、每學級（或半日二部制二班）至少須有教室一大間其容量以五十八爲準

二、每校須有辦公室應接室及傳達室各一間或半間

三、每教室須有大黑板一塊或小黑板兩塊

四、每教室須有可供五十八應用之課桌椅

五、每校須有掛鐘或檯鐘一只搖鈴一個

六、每校須有校旗一面校牌一牌（式樣尺寸與市立小學同）

七、每校須有　國父遺像一幀國旗兩面

八、每校須有風琴一架或其他代用國樂一種

九、每校須有痰盂字簏粉板擦鷄毛帚茶壺杯等用品

十、每校須有概況表點名簿等應用表簿

市立義務學校教學科目及每週授課時數表

科目	每週授課時數	
	半日二部制	全日制
公民	六〇分鐘	六〇分鐘
國語	三六〇分鐘	四二〇分鐘
算術	一五〇分鐘	一五〇分鐘
常識	九〇分鐘	一五〇分鐘

唱遊	六〇分鐘	一八〇分鐘
工作		一五〇分鐘
合計	七二〇分鐘	一一一〇分鐘

市立義務學校籌備須知

一、義務學校籌備事項除市立義務學校暫行規程所規定外概照本籌備須知辦理

二、義務學校校舍以利用官產為原則如須租賃民房其租金由區公所負担

三、義務學校設備以足敷應用並由區公所供給為原則
區公所於必要時得向學生或其他機關借用課桌椅等物品

四、區公所租用義務學校校舍及購置校具教具均由各區公所辦公費項下撙節開支不得有勸募攤派或其他迹近聚斂情事

五、區公所將校舍校具籌妥後繪具校舍平面圖連同校具清册一併備文呈候查核

六、義務學校經核准開辦後由本府委任校長到校辦理招生事宜

七、義務學校設備最低標準另訂之

八、區公所如無適當校舍及設備得借用原有市立小學其一切辦法另訂之

公牘

南京特別市政府呈 府財字第　號

案查關於農民代表趙海如等呈請興築八卦洲北三步墾埂堤一案前經本府據情呈請鈞院鑒核令飭振務委員會迅撥振款俾便積極興工並咨請振委會查核辦理各在案嗣奉鈞院行字第六一五六號及六二八一號訓令暨行字第七四三一號指令飭南京特別市政府會同水利委員會刻日查勘明確并會同振務委員會糧食管理委員會悉心擬議具復以憑核辦飭遵並飭即遵照前令迅速會同妥議舉辦具報各等因奉此自應遵照辦理當以案關墾民生計且時機迫促爲力求敏捷暨便於洽商起見經由本府訂於四月二十三日分別函請水利委員會振務委員會粮食管理委員會在本府大禮堂開會集議共策進行當經議決先由市政府會同水利會前往該洲實地查勘明確後再行核議嗣於五月四日函准水利會特派技士陶齊憲會同本府工務財政兩局派員前往履勘業經會查完畢復於五月十二日舉行第二次會議當由水利會出席代表報告查勘情形認爲前項築埂工事在農民方面誠屬需要至就洲堤情形而言此後不再擴展當屬無礙水利並由列席農民代表趙海如說明呈請築埂原因並痛陳農民艱苦情形務求准予以工代振迅撥振款俾得早日完工等語會議結果除埂工部份業經會查明確外關於築埂用費本應由市府設法自籌惟因市庫異常支絀平時經常費用尙且不易維持實無餘款足資挹注而築埂問題已屬刻不容緩該代表等所陳以工代振辦法應否准如所請事關動支振款自應呈請鈞院俯賜核定俾便遵循經擬敍呈稿函請水利會振委會粮管會會核再行繕呈鈞院鑒核當准振務委員會函復略以查該項工程所需之款在水利委員會原呈文內既經敍明係奉

院核定由京市府籌款舉辦之案所有會呈稿內關於築埂用費一節原文內稱「以工代振辦法應否准如所請事關動支振款本振務委員會未敢擅專」等語似與院令應如水利委員會所議辦理之意義未符應請查酌修正以符原案爲荷等由准此覆查前項築埂工程首在經費茲振委會既不同意以工代振辦法而本府亦無餘力自籌補助是本案暫時實在無所進行祇有俟本年秋深水退後再行設法籌謀興築奉令前因理合將會勘北三步壘築埂工程暨辦理情形具文呈復仰祈

鈞長鑒核實爲公便

謹呈

行政院院長汪

南京特別市市長　周學昌

中華民國三十一年七月　日

南京特別市政府摺呈

謹摺呈者案奉

鈞院令開爲首都濱臨長江防汎工作至關重要仰會同召集首都警察總監署及江蘇安徽兩省建設廳妥速籌商擬議辦法呈復以憑核辦飭遵等因先後奉此遵於七月三日會同邀請首都警察總監署首都警備司令部等中日有關機關暨江蘇安徽兩省建設廳派遣代表在市政府大禮堂舉行首都防汎第一次會議當經議決先由水利委員會南京市政府擬具計劃概算呈請行政院核示等語紀錄在卷嗣由本府飭令工務局剋速派員分區查勘着手計劃除下關沿江一帶軍事區域爲工作便利計業與友邦防衛司令部洽商合作辦理外其餘各處概由工務局主持辦理計自挹江門至車站係屬交通要道應沿惠民河東岸趕培土堤所有城東西水關及通江各閘洞一律堵塞以資捍禦至燕子磯及上

河兩鄉區已飭由各該區區長兼各該區防汛辦事處主任呈報防汛需要材料數目前來合計上項工料管理等費需款二二八二六九、六五元本會覆核所擬計劃要點在城區以排除積水爲主下關沿惠民河一帶修築防水土堤至上新河及燕子磯兩區就原有堤防擇要堆存搶險材料以備萬一爲確保首都免除水患起見該項計劃似尙允當理合編製三十一年度首都防汛經費概算書會銜呈請鈞長俯賜提會准予撥款以便剋日施工而資防禦實爲公便謹呈

行政院院長汪

附呈工程地位圖二份概算書三份（從略）

水利委員會委員長　諸青來

南京特別市市長　周學昌

中華民國三十一年七月　日

南京特別市政府咨

府社字第　號

案准

貴會密調字第九號咨開：

一查京市民食除本會撥發鉅量食米辦理公糶外行號所存米糧量尙不在少乃近日市面竟發生枯涸之象顯係不肖米商囤積居奇所致妨礙民食影響治安至爲鉅大倘不嚴加制裁何以安定民生茲擬將所有京市米商存米尅日掃數查封作價收買以後民食米糧無論需數若干概由本會統籌配給關於查封手續茲派本會委員兼甯屬區辦事處長徐日永及簡任專員陳展如會同貴府暨首都警察總監署派員辦理除分函外相應咨請貴府查照會同辦理至紉公誼」

等由准此除飭社會局派員隨時協助會同辦理外相應咨復查照爲荷

此咨

糧食管理委員會

中華民國三十一年七月　日　　市長　周學昌

南京特別市政府咨　府財字第　號

案准

貴部錢一字第六九號咨開：

「案查收回舊幣期限業於本年六月二十一日屆滿所有禁止使用舊幣辦法暨禁止使用區域及日期亦經本部分別規定佈告實施並咨請貴市政府查照各在案茲為謀嚴密稽查期收實效並便利民衆起見有亟應會商辦理者兩點(一)擬請首都警察總監署酌派警察若干名由本部及貴市政府共同指揮實施檢查(二)應請於南京市區交通衝要地點分設交流兌換處以便一般農民及小商負販得暫時為極少數之交流兌換以示體卹而資便利其應行設立地點及擬派辦理人員並請首都警察總監署逕與貴政府及中央儲備銀行從速會商訂定以憑辦理是為至要除分別咨函外相應咨請貴市政府查照辦理并希見復為荷」

等由准此除實施檢查事宜另案辦理外關於計劃新舊法幣交流兌換處之設立當經指派本府財政局譚局長辦理是後茲據報稱「遵經與中央儲備銀行及首都警察總監署先行會商訂定南京市新舊法幣交流兌換處暫行規程六條俾辦理交流兌換事宜有所依據嗣即擇定市區交通衝要地點(一)中華門南郊警察局(二)水西門分駐所(三)中山門檢查所(四)通濟門檢查所(五)下關鮮魚巷分駐所(六)老江口分駐所等六處分別設置交流兌換處已於六月二十六日起先後正式成立每日農民及小商負販前往兌換新舊法幣者為數甚衆」等情前來除分別咨函外相應檢同兌換處暫

行規程咨復
查照爲荷
此咨
財政部

附南京市新舊法幣交流兌換處暫行規程一份（見法規欄）

市長 周學昌

中華民國三十一年七月　日

南京特別市政府咨　字第　號

案查本市土地工作旬報表業經送至六月份中旬在卷茲造具六月份下旬前項工作旬報表乙份相應咨送卽希
查照爲荷
此咨
內政部

計咨送本市土地工作六月份下旬旬報表乙份

市長 周學昌

中華民國三十一年七月　日

南京特別市政府咨　字第　號

案查本市土地工作旬報表業經送至六月份下旬在卷茲造具七月份上旬前項工作旬報表乙份相應咨送卽希查照爲荷

此咨

內政部

計咨送本市土地工作七月份上旬旬報表乙份

市長　周學昌

中華民國三十一年七月　日

南京特別市政府辦理土地登記工作六月份下旬旬報表

中華民國三十一年

事項 件數 日	接收登記聲請書	土地所有權登記	房屋登記	更正登記	塗銷登記	移轉登記	分割登記	共有權登記	住所變更登記	繕寫查驗證	發給查驗證	備註
星期 21												
22					2	10					6	
23					1	4						
24						1						
25						5						
26						4					3	
27						3				1	1	
星期 28												
29						4					1	
30						3					4	
總計件數					3件	34件				1件	15件	

南京特別市政府辦理土地登記工作七月份上旬旬報表

中華民國三十一年

事項 件數 日	接收登記聲請書	土地所有權登記	房屋登記	更正登記	塗銷登記	移轉登記	分割登記	共有權登記	住所變更登記	繕寫查驗證	發給查驗證	備註
1						4					1	
2						4						
3					1	5					2	
4					1	2					2	
星期 5												
6						2						
7						4					2	
8					1	7					4	
9					2	8					2	
10					1	5					3	
總計件數					6件	41件					16件	

南京特別市政府公函 府財字第　號

案准

貴會執公字第三五八號公函開：

「查本會辦理之社會服務事業，自推行以來，極爲一般民衆所信仰，業務日就擴展，乃近數月來，物價飛漲，藥品昂貴，尤堪驚人，因是本會事業費已感捉襟見肘，近復奉　中央命令，舉辦黨立民衆學校，所用臨時經常等費，均須自行籌支，在本會現有經費中實難劃撥。貴府對本會推進社會事業，向多協助，本會素所感荷，現以經費拮据，左支右絀，致使已辦各項事業，難已發展，業經計劃，正待舉辦之各種事業，亦難以實現，特復商請貴府將每月撥助本會之補助費予以增加，俾資挹注，而利推行，專此佈達，並希裁復。至紉公誼。」

等由查推進社會事業關係市民福利本府向予協助准函前由決自七月份起按月增加補助費一千五百元連原撥之數共爲三千元除編入下半年度概算外相應函復即希

查照

此致

中國國民黨南京特別市執行委員會

市長　周學昌

中華民國三十一年七月　日

南京特別市政府公函 府財字第　號

案准

貴廳祕函字第九七三號公函開：

查全國黨務會議關於各省市黨部提請增加黨務經費水利工作推進案結論：「中央自七月份起增加經費外函請在各省市負政治責任之同志設法寬籌當地黨部經費」經奉中央常務委員會第五十四次會議決議：「通過分函各省市政府負責同志照辦」等因。除分函外，相應奉達，至希查照核覆為荷。

等由准此查本市市黨部業由本府按月撥給補助費一千五百元在案茲准前由相應函覆即煩

查照為荷

此致

中國國民黨中央執行委員會祕書長褚

市長　周學昌

中華民國三十一年七月　日

南京特別市政府公函　府工字第　號

查新街口廣場中心豎立　國父銅像佈置工程前經檢同設計圖說函請

貴廳列入議程提會討論以昭慎重所有

國父銅像之座基白礬石碑文及紫銅碑文并經檢同尺寸紙樣擬請

主席與

褚祕書長分別題譔以資紀念茲為備作參考起見特擬就移奉　國父銅像記略一紙函請查照轉陳

賜予題譔擲下俾便付刻為荷。

此致

中央執行委員會祕書廳

附移奉　國父銅像記略一紙

中華民國三十一年七月日

市長　周學昌

移奉　國父銅像記略

國父銅像係友邦梅屋莊吉先生於民國十八年十月所寄贈原奉立於前中央軍官學校內三十一年七月京市長周學昌以新街口為全市交通中心中外觀瞻所繫經飭工務局局長朱浩元擬具整理新街口廣場計劃并為追念國父革命精神起見將中央軍校內　國父銅像移奉於廣場中心以便中日人士瞻仰而增進共同建設大東亞之觀念同時并接得梅屋夫人自上海來函亦贊成此事移奉時梅屋夫人擬來京參與盛會本工程自三十一年七月開工迄同年九月完成工程費共計二十二萬餘元現經移奉告竣爰述概略以誌紀念

市政公報暫定價目表

期限	價目	郵費
零售每冊	三角	本市一分 外埠二分
半年十二冊	三元五角	本市一角二分 外埠二角四分
全年二十四冊	七元	本市二角四分 外埠四角八分

市政公報廣告刊例

頁數	價目
一頁	每期十一元
半頁	每期六元
四分之一頁	每期三元

刊登廣告在四號以上者每期按照七折計算連續十號以上者每期按照六折計算長期另議

出版日期　本公報暫定每月二次

編輯者　南京特別市政府秘書處

發行者　南京特別市政府秘書處

印刷者　南京時代印書館　地址：南京朱雀路邀貴井十八號　電話：二二五九五號

司法院解釋法律文件彙編

出版通告

本書刊集

國府還都後司法院統一解釋法令會議

兩年來解釋法律議決案全書一冊定價

國幣三元正

外埠每本加掛號郵費三角四分

發行者　司法院參事處

中華郵政掛號認為第一類新聞紙類

中華民國三十一年七月三十一日

市政公報

第一百期

南京特別市政府秘書處印行

目錄

命令

法規

公牘

命令

南京特別市政府公布令 府衛字第　號

茲制定南京特別市衛生局檢查各業男女員役健康暫行規則公佈之此令

計附南京特別市衛生局檢查各業男女員役健康暫行規則（見法規欄）

中華民國三十一年七月　日　市長　周學昌

南京特別市政府訓令 府社字第　號

令本府公糶委員會

案准

糧食管理委員會調字第二一一號咨開：

「查關於擴大京市公糶範圍普遍供給民食業出公糶委員會遵令再行指定公糶售米處一百所連同原有合爲一百五十所惟售米處所增多以後亟應嚴密管理派員監視以免商店藏匿糶米惠不及民相應咨請貴市政府查照轉飭公糶委員會迅卽妥擬辦法轉送審核爲荷」

等由准此自應照辦合行令仰該會迅卽妥擬辦法呈候核轉此令

中華民國三十一年七月　日　市長　周學昌

南京特別市政府訓令 府社字第　號

令本府各局處
城鄉各區公所
南京特別市商會

案奉
行政院行字第六九四一號訓令內開：
「現奉　國民政府第一八〇號訓令開據本府文官處簽呈稱准中央政治委員會祕書廳中政祕字第一九四四號公函開查三十一年七月二日中央政治委員會第九十九次會議討論事項第三案主席交議據行政院呈據實業部呈遵令會商擬具平定物價暫行條例及取締私抬物價暫行條例兩草案呈核一案經提交第一一七次院會通過錄案呈請鑒核等情請公決案當經決議通過送國民政府公布並交立法院備案至主要商品類別品目表准予備案紀錄在案相應錄案幷抄附行政院原呈及各該條例品目表一併函達卽希查照轉陳明令公布並分令行政立法兩院知照等由理合簽請鑒核等情據此自應照辦除明令公布暨分飭施行外合行抄發各該條例及主要商品類別品目表各一份令仰該院知照幷轉飭所屬一體知照等因計抄發平定物價暫行條例及取締私抬物價暫行條例暨主要商品類別品目表各一份奉此除主要商品類別品目表業經本院明令公布並連同上項條例刊登公報及分行外合行令仰該府查照並轉飭所屬一體知照」
等因奉此除分令外合行令仰知照幷轉飭所屬一體知照
此令

中華民國三十一年七月　日

市長　周學昌

南京特別市政府訓令 字第 號

令燕子磯區 下關區 城區 上新河區

案查本屆防汛所需材料業於七月九日第一次配給各區主任具領備用在卷惟該項材料擬用於何項工程應由各該主任會同工務局所派技術員繪具圖說先行據實報府核准後始得動用除分令外合行令仰該主任遵照辦理具報

此令

中華民國三十一年七月 日

市長 周學昌

南京特別市政府訓令 府財字第 號

令新任營業稅征收處處長江兆龍

案查本市營業稅前由謝超認額承辦嗣于本年二月底認包期滿爲圖改善起見另委邵志堯爲營業征收處處長當經令飭依照定章直接征收幷規定提成提奬辦法飭卽遵照辦理在案詎意邵前處長接辦以後仍未能按照申報登記及逐戶調查等項手續確定稅額直接征收據由各業公會認額包繳實與本府規定原則不合以致時經數月成績殊鮮茲者邵前處長辭職照准業經改委該員爲營業稅征收處處長値此本市事業日趨繁榮關于征收稅款亟應改進加以整頓合行令仰該處長遵照修正章程調査各業營業狀況切實辦理直接征稅並將辦理情形隨時具報爲要

此令

中華民國三十一年七月 日

市長 周學昌

南京特別市政府訓令 府財字第　號

令捐稅征收所兼所長劉登瀛

查本市各項捐稅爲政費所從出關係重大不可玩忽自建設特捐停辦之後庫入稅減本府熟慮及此除恢復住房捐外祇有就現辦車捐舖房捐筵席捐娛樂捐旅館捐牙稅菸酒牌照稅等嚴加整頓追增比額期裕市庫關于筵席捐漏捐甚多尤應加以改進多數廚戸平時旣無牌號專包慶弔筵席隱匿納捐務必依章報繳其餘飯店酒家沿習偷漏亦應查明課罰俾盡納捐義務至所有票據如未盡適用可卽貢陳意見擬具方式呈候核辦合亟令仰該兼所長遵照辦理具報

此令

中華民國三十一年七月　日

市長 周學昌

南京特別市政府訓令 府財字第　號

令本府各局處附屬機關

案准

財政部錢壹字第七四號咨開：

「查整理舊法幣條例早奉　國民政府明令公布施行茲經本部將該條例第四條及第八條各規定加以修正呈奉令准施行除由部佈告並分行外相應抄同上項條例第四第八兩條修正文一份咨請貴市政府查照並希轉飭知照爲荷」

等由附抄送修正文一份准此除分行外合行抄發前項修正文一份令仰該○知照！

此令

計抄發修正文一份

中華民國三十一年七月　日

市長　周學昌

整理舊法幣條例

民國三十一年五月三十一日國府公布

第一條　國民政府依本條例之規定整理舊法幣

第二條　整理舊法幣應行收回中央中國及交通銀行所發行之鈔券

第三條　關於收回舊法幣事務由中央儲備銀行辦理之

第四條　收回之舊法幣應由中央儲備銀行按照舊法幣二對一之比率換給該行之鈔券但得代以同額之公債并得作爲同額之存款存於該行政府對於中央儲備銀行按照其所換出之鈔券及因交換所存之存款付與同額之公債

第五條　舊輔幣劵依具額面暫准照中央儲備銀行輔幣券之半價流通

第六條　凡以舊法幣單位訂立或約定之債權債務應以舊法幣二對一之比率改爲中儲劵單位處理之

第七條　本條例施行後以舊法幣單位訂立契約或約定者一槪無效

第八條　本條例施行區域暫定爲蘇浙皖三省及南京上海兩市

第九條　關於收回舊法幣詳細辦法由中央儲備銀行訂定之

第十條　本條例施行日期以命令定之

修正文

第四條　修正文：「收回之舊法幣應由中央儲備銀行按照財政部所定之比率換給該行之鈔劵但得代以同額之公債並得作爲同額之存款存於該行　政府對於中央儲備銀行按照其所換出之鈔劵及因交換所存之存款付與同額之公債」

第八條　修正文：「本條例施行區域由財政部隨時以部令定之」

南京特別市政府訓令　府財字第　號

令本府各局處
各附屬機關

案准

財政部錢壹字第七八號咨開：

「查關于整理舊法幣一案歷經本部根據既定方針並遵照奉頒條例分別辦理嗣以收回舊幣期限屆滿經即訂定禁止使用舊幣辦法自民國三十一年六月二十五日起先就南京上海兩市實行禁止使用業經咨請查照在案茲定於民國三十一年七月十五日起再就淸鄉地區（包括蘇州常熟太倉崑山無錫常州江陰）一律禁止使用除呈請　行政院鑒核並分行外相應咨請貴市政府查照並希轉飭知照」

等由准此除分行外合行令仰該〇知照！

此令

中華民國三十一年七月　日

市長　周學昌

南京特別市政府訓令　府社字第　號

令南京市公糴委員會

案准粮食管理委員會調字第二二四號咨開：

「查京市辦理公糴業由本會陸續撥發大量食米發售惟查市民購米仍多不諳手續以致售米處所常有藉端拒售情事殊背公糴原旨茲經製定京市市民購買糴米須知一種相應檢同須知一份咨請查照并請轉發公糴委員會遵照公布廣爲宣傳務使市民均能瞭解咸霑實惠」

等由准此合行抄發市民購買公米須知一份令仰該會遵照公布爲要

此令

附抄發市民購買公米須知一份

中華民國三十一年七月　日

市長 周學昌

市民購買公米須知

(一)本會公糶售米處現已增至一百五十所其中五十所係公糶整售處專售五斗以上至一石之食米所有售米處均於門口懸有招牌

(二)市民購買糶米應攜帶市民證及戶口證并向售米處索取計數單將「姓名」「市民證號數」「住址」「購米數量」「米價」及「日期」等項分別塡明憑同市民證及戶口證向售米處購米

(三)僅持有市民證者每次購米不得超過二升持有市民證及戶口證者得以人口計算每口每次可購米二升(小口折半)但所報人數如查明不實將來計口授糧時扣發食糧數量

(四)購買糶米在一斗以上者由售米處開具正副發票將正發票交給購米人隨米移動途間如有留難情事准向本會專屬區辦事處隨時報告五斗以上之食米並由售米處派送守取回單

(五)市民如須購米五斗以上至一石者應憑同戶口證或其他足以證明實需數量之書件塡具申請書向整售處申請購米整售處除塡寫發票交購米人收執並留存根備查一面塡具送米單隨米專差送達購米人住所並由收米人在送米單背面簽字蓋章後攜回此項送米單逐日由整售處彙送專屬區辦事處查核

(六)公糶米售價每石新幣一百四十元手續費在內

(七)售米處每日均有糶米發售並不間斷售米時間自上午八時半起至下午六時止如未屆時間米已售完售米處有公告張貼

(八)市民購用公米尤應注意左列各點

1.每石計重一百六十市斤卽每二升應重三市斤三兩二錢

2.不容摻水攙雜加重分量

(九)售米處如有抬價浮收囤積拒售或故意留難終日並不售米或有第八條所列之舞弊行爲者准由市民向南京特別市政府本會專屬區辦事處南京市公糶委員會報告以憑查明懲處

南京特別市政府布告　府財字第　號

案查八卦洲放墾田地已屆二麥成熟時期亟應開徵三十一年份春租玆特定自本年八月一日起至八月三十一日止爲徵收春租之期合亟佈告該洲佃農一體知悉仰將本名下應繳本年春租每畝國幣一元五角遵限前往該洲整理處如數清繳掣據安業倘有遷延觀望逾限不繳者應卽照章科以滯納罰金不貸其各遵照毋違切切

此佈

中華民國三十一年七月　日

市長　周學昌

財政局局長　譚友仲

法規

首都防汛委員會組織規則

第一條 南京特別市政府爲首都防汛事宜邀請有關機關派遣高級職員一人至二人爲代表充任本會委員共同組織首都防汛委員會（以下簡稱本會）

第二條 本會委員分當然委員聘任委員二種其規定如後

一、南京特別市政府秘書長及工務社會衞生三局局長爲當然委員

二、水利委員會振務委員會糧食管理委員會首都警察總監署首都警備司令部及中央醫院代表爲聘任委員

第三條 本會設主任委員一人由各委員推定綜理本會事務

第四條 本會分總務工程運輸醫藥徵配救濟警衞七組各組之執掌如後

一、總務組 掌理文書會計庶務及不屬其他各組事項

二、工程組 掌理防汛施工事項

三、運輸組 掌理各種防汛物品工人及救濟給養之運輸事項

四、醫藥組 掌理防汛員工及成災區域之醫藥事項

五、徵配組 掌理防汛工人之徵集及編配事項

六、救濟組 掌理成災區域之救濟事項

七、警衞組 掌理防汛警衞及情報事項

各組設正副組長各一人由主任委員就委員中推定或由有關機關人員担任各組幹事及辦事員若干人就參加組織機關職員調用

第五條 本會會議分定期會議臨時會議二種

一、定期會議 每逢星期五舉行

二、臨時會議 有特別事故由主任委員隨時召集之

第六條　本會職員均爲無給職但得酌支車馬費

第七條　本會存在期間暫定爲二個月惟應視長江水位之漲落情形酌量延長或縮短

第八條　本會各項辦事細則另定之

第九條　本規則得經委員會會議議決隨時修正之

第十條　本規則呈奉　行政院核准施行

南京特別市衛生局檢查各業男女員役健康暫行規則

三十一年七月二十三日公布

第一條　茲爲預防疾病傳染保持人民健康起見特訂定本規則

第二條　凡屬於本市衛生局管理範圍內之各業男女員役均須依照本規則申請健康檢查

第三條　本規則所稱之各業男女員役係指公共娛樂場所及有關公共衛生之飲食旅宿理髮浴室等各業男女侍役員工而言

第四條　各業男女員役健康檢查每年舉行兩次其時間地點由衛生局臨時訂定之

第五條　各業男女員役於檢查前應填具申請書並附具半身像片兩張準時親赴指定地點受醫師之檢查其申請書格式另訂之

第六條　凡經衛生局指定醫師檢查合格之員役由衛生局發給健康「檢訖證」不收任何費用但于解雇時應由該業主收回「檢訖證」呈繳註銷

第七條　持有健康檢訖證之男女員役遇有疑似第九條所列各病症時得持證赴本局附屬之醫院診所重爲診察治療不收診藥各費但必須注射及用貴重藥品時得照値收費

第八條　健康檢訖證有效期間爲一年期內如有遺失應登報聲明作廢檢報呈請補發

第九條　各業男女員役經檢查有下列疾病之一者各該業主應按其情節酌予解雇或停工但經自行治療得有合格醫師治療痊癒證明書者仍得復業

一、法定傳染病

二、肺癆（痰液及大小便中驗有結核菌者）

三、痲瘋
四、花柳
五、疥瘡
六、砂眼

第　十　條　各業主有不遵守第九條之規定經查明屬實時勒令停業或吊銷其營業執照

第十一條　各業男女員役違背或不遵守本規則之規定者除按情節之輕重酌予五元至三十元之罰金外並勒令其接受檢查

第十二條　本規則如有未盡事宜得隨時呈請修正之

第十三條　本規則自呈奉市長核准公佈之日施行

公牘

南京特別市政府呈

案奉

鈞院行字第六九三八號訓令，略以據外交部呈轉關於滿洲國駐華大使館照開，本年爲建國十週年，定於八月十八日至二十日主催東亞厚生大會擬請貴國選派代表參加用襄盛會一案經令內政，外交，財政三部及社會運動指導委員會會同審議核辦據呈會議紀錄，准如所議辦理，合行抄發東亞厚生大會開催要綱及會議紀錄各一份，令仰該市政府遵照辦理具報，迅將選派代表姓名履歷，逕咨內政部彙辦，等因，奉此，自應遵辦，茲特選派本市政府祕書長陸善熾爲參加代表，除將代表姓名履歷逕咨內政部彙辦外，理合將遵辦情形，具文呈報，仰祈

鈞院鑒核備查。

謹呈

行政院院長汪

南京特別市市長　周學昌

中華民國三十一年七月　日

南京特別市政府呈　府社字第　號

案奉

鈞院行字第六八三一號訓令內開：

「現准中國國民黨中央執行委員會祕書廳祕函字第九七二號公函開：『查全國黨務

會議關於各地方應設立公典嚴禁高利貸以卹貧民案，暨鐵路失業員工應迅予救濟案，請恢復各地方游民教養院組織，廣事收容游民案等提案三件。經奉中央常務委員會第五十四次會議決議：「事關行政函請行政院轉飭關係部會酌量辦理」等因；奉此。相應檢同以上三案原文備函奉達，至希查照核辦」等由；附送提案原文三件准此除函復暨分行外，合行抄發原提案令仰該府遵照各就主管範圍，切實酌核辦理具報！」等因；附抄發原提案三件到府，奉此。遵查設立公典事項，本府早經設有南京市公典一處，輕利貸質，市民稱便。游民教養事項，本府原設有救濟院一處，在蔡前市長任內，因市庫支絀，呈奉鈞院核准，於二十九年九月間既經移交振務委員會接收辦理，本府毋庸再行設置。至救濟鐵路失業員工，應由交通部統籌辦理，奉令前因，理合具文呈復，仰祈鑒核！

謹呈

行政院院長汪

南京特別市市長　周學昌

中華民國三十一年七月　日

南京特別市政府呈

案奉

鈞院行字第六八六二號訓令內開：

「案查本院第一一六次會議討論事項第七案「院長交議：據外交部褚部長財政部周兼部長教育部李部長會呈，遵令會同審議滿州國召開東亞教育大會我國參加代表派遣辦法一案，經審議結果，擬具派遣代表參加東亞教育大會辦法七項及經費支出概算書，請鑒核等情，請公決案。決議：通過，經費在總預備費項下撥付，幷呈報　中央政治委員會備案。」等由，紀錄在卷，除呈報備案暨分令外，合行錄案，抄發外交，財政，教育三部原會呈及上項辦法七項暨經費支出概算書，令仰該府遵照；此令」

等因；暨附抄發外交財政教育三部原會呈及派遣代表參加東亞教育大會辦法七項暨經費支出概算書各一份，奉此，本府遵照奉發派遣代表參加東亞教育會大會辦法，應遣派代表一人，業已派定教育局第三科科長王敏復參加除咨教育部查照外，理合將遵辦情形，備文呈請

鈞院鑒核備查

謹呈

行政院院長汪

南京特別市市長　周學昌

中華民國三十一年七月　日

南京特別市政府咨

案准

實業部林字第三七〇號咨開

「案查本部前以墾荒計劃大綱第五條規定各省應指定轄境內若干縣為墾荒縣份當經分別咨請查照辦理在案現在貴市政府已指定何區為墾荒區份並督勵墾荒情形如何本部亟待明瞭除分咨外相應咨請查照迅賜見復實紉公誼」

等由准此查本市為謀食粮增產起見曾於去年舉辦臨時清荒墾殖所有城區荒地除有特殊原因未能放墾外其餘均經人民先後領種完竣至鄉區方面因幅員遼闊交通不便尚未能盡量放墾本年度

自應依照督勵墾荒暫行條例賡續辦理城鄉各區墾荒當經釐訂調整及增擴辦法對於城區墾戶方面酌予調整凡墾戶墾殖成績優良者仍由本府貸給種籽准其繼續承種其成績不佳者即予停止承種另行招墾至關於鄉區方面荒山曠地亦經派員前往各鄉區區公所會同調查切實辦理以求墾殖面積之增擴而予人民以種種便利並經採備種籽爲大豆玉蜀黍等規定每畝貸種大豆五升或玉蜀黍四升不另取値惟於收獲後酌加償還業已布告幷通知各墾戶攜同墾荒證及本人名章逕向本府請領種籽在案截至本年六月底止所有城鄉各區荒地均經陸續放墾完畢其墾地面積如左

（一）城區方面　第一區地字計七十三號面積二〇五・六六畝第二區地字計二十二號面積五八・〇四五畝第三區玄字計十二號面積六五六・九〇畝第四區黃字計七十號面積三七七・一九畝第五區宇字計三號面積六二・〇〇畝

（二）鄉區方面　上新河區上字計六號面積三三一・五〇畝安德門區安字計十五號面積一三一・〇〇畝燕子磯區燕字計二六八號面積六三二・八〇畝孝陵衛區孝字計七十二號面積二七二・二〇畝

綜計上開放墾地段五九一號面積二七二七・二九五畝較之去年放墾面積實增七百餘畝現上忙已過對於春耕放墾事宜擬暫結束除少數荒地經人民自動呈報領墾仍予隨時辦理並遴派技術人員隨時分赴各地指導耕作以利生産外准咨前由相應將京市辦理墾荒情形並檢同墾荒放領清册一份備文咨請

察照備查此咨

實業部

內政部

附呈墾荒放領清册一份（略）

中華民國三十一年七月　日　　市長　周學昌

南京特別市政府呈

案查本年首都防汛工程計劃及經費概算書業經水利委員會會同本市政府呈請鑒核施行在案關於首都防汛委員會組織規則自應參照事實妥愼規定以資遵循而利實施爰經擬定首都防汛委員會組織規則十條提交第二次會議決議通過外理合繕具首都防汛委員會組織規則一份備文呈請

鈞院鑒核備案

謹呈

行政院院長汪

附呈首都防汛委員會組織規則一份（見法規欄）

南京特別市市長　周學昌

中華民國三十一年七月　日

南京特別市政府咨　府社字第　號

案准

貴會調字第二零五號咨內開：

「查關於調查京市存糧制止囤積業經先後以調密字第九號及十六號咨請　查照會同辦理並檢送查存收買各辦法在案茲經制定南京特別市私囤米穀告密及提獎辦法一種即日施行並請由貴市政府暨首都警察總監署會銜佈告週知除函首都警察總監署外相應檢同會

銜佈告稿三件南京特別市私囤米穀告密及提奬辦法一份咨請查照賜會並檢稿見復爲荷」
等由附送南京特別市私囤米穀告密及提奬辦法一份准此自應照辦除會銜佈告外准函前相由應
咨復
查照爲荷此咨
糧食管理委員會

市長 周學昌

中華民國三十一年七月 日

南京特別市政府咨 府地字第 號

案奉
行政院行字第六六一四號訓令略開
「據外交部呈關於駐滿使館與滿洲國駐華使館互換舘址一案應如駐滿大使館所請辦理除指復轉飭遵照外合行令仰該市府查照」
等因奉此查此案前奉
行政院行字第三六四七號令知並准
貴部先後咨詢滿洲國永租館址所需地價及以地皮交換意見節經咨復核辦在案奉令前因自應遵辦惟查本市暫行提高土地房屋估價標準業經本府呈奉
行政院行字第七七九五號指令准予備案在案自宜重行估計以應需要茲依照新訂標準暨現實情況將各種價費另行造具請册計本案征用土地總面積一百〇一畝一分四釐三毫整每畝以七千二百元計算應發地價爲七十二萬八千二百二十九元六角青苗面積八十七畝一分二釐四毫一絲每畝以三百元計補償金爲二萬六千一百三十七元二角三分房屋拆還費爲八萬二千二百〇七元三

角七分坟墓八座每座以四十元計遷葬費爲三百二十元總計滿洲國大使館永租館址全部地價及各種補償金應需法幣八十三萬六千八百九十四元二角正除呈請行政院鑒核俯賜撥款下府以便依法辦理徵收外相應檢同形勢圖暨清册各乙份咨請

貴部查照此咨

外交部

附形勢圖暨清册各乙份（略）

中華民國三十一年七月　日

市長　周學昌

南京特別市政府咨　字第　號

案查本市土地工作旬報表業經送至七月份上旬在卷茲造具七月份中旬前項工作旬報表乙份相應咨送卽希

查照爲荷

此咨

內政部

計咨送本市土地工作七月份中旬旬報表乙份

中華民國三十一年七月　日

市長　周學昌

南京特別市政府咨　字第　號

案查本市土地工作旬報表業經送至七月份中旬在案茲造具七月份下旬前項工作旬報表乙份相應咨送卽希

查照爲荷

此咨

內政部

計咨本市土地工作七月份下旬旬報表乙份

中華民國三十一年七月　日

市長周學昌

南京特別市政府辦理土地登記工作七月份中旬旬報表

中華民國三十一年

事項/件數/日	接收登記聲請書	土地所有權登記	房屋登記	更正登記	塗銷登記	移轉登記	分割登記	共有權登記	住所變更登記	繕寫查驗證	發給查驗證	備註
11					2						2	
星期 12												
13						4					2	
14						3					2	
15						3					8	
16					1	5					1	
17					1						3	
18						1						
星期 19												
20					1	8				1	3	
總計件數					5件	19件				1件	21件	

南京特別市政府辦理土地登記工作七月份下旬旬報表

中華民國三十一年

事項／次數／日	接收登記聲請書	土地所有權登記	房屋登記	更正登記	塗銷登記	移轉登記	分割登記	共有權登記	住所變更登記	謄寫查驗證	發給查驗證	備註
21						4					1	
22						1					4	
23					2	2				1	5	
24						1					2	
25						4					1	
26												
星期 27					1	6					8	
28						1						
29						4						
30					1	3					3	
31						14				1	3	
總計件數					4件	40件				2件	27件	

市政公報暫定價目表

期限價目		郵費
零售	每冊二角	本市一分 外埠二分
半年	十二冊三元五角	本市一角二分 外埠二角四分
全年	二十四冊七元	本市二角四分 外埠四角八分

市政公報廣告刊例

頁數	價目
一頁	每期十一元
半頁	每期六元
四分之一頁	每期三元

刊登廣告在四號以上者每期按照七折計算連續十號以上者每期按照六折計算長期另議

出版日期 本公報暫定每月二次

編輯者 南京特別市政府祕書處

發行者 南京特別市政府祕書處

印刷者 南京時代印書館
地址：南京朱雀路邀貴井十八號
電話：二二五九五號

中華郵政掛號認爲第一類新聞紙類

中華民國三十一年八月十五日

市政公報

第一零一期

南京特別市政府祕書處印行

目錄

命令

法規

公牘

統計

附錄

行政院訓令

行政院訓令 行字第　號

令南京特別市政府

據本院祕書處簽呈稱准銓敘部函午字第四三二號公函開公務員任用審查表荐任以上人員應各塡具二份送部以便存轉前經本部於本年二月二十四日以函午字第七六號公函請貴處查照轉請通飭所屬遵照在案玆查貴處轉送所屬各機關擬任荐任以上人員之任用審查表大都仍祗塡送乙份以致不敷存轉且有僅送履歷表者尤與規定不合均經本部分別逕函擬任用機關轉飭補正現爲手續上便利起見應請貴處轉請再行通飭所屬嗣後擬任人員應依照公務員任用法施行細則第十六條之規定塡具任用審查表送審不得僅送履歷表其荐任以上人員並應塡送二份以便存轉而免周折再如貴處須抽存乙份時應請飭知於應送本部二份外另行塡具乙份相應函請查照辦理等由准此查荐任以上人員之任用審查表除應送銓敘部二份外本院尙須抽存乙份及呈送國民政府乙份每員應塡具任用審查表四份方敷存轉理合呈請通飭遵辦等情前來應卽通飭遵辦合行令仰該府遵照辦理並飭所屬一體遵照！

此令。

中華民國三十一年八月　日

院長　汪兆銘

命令

南京特別市政府訓令　字第　號

令本府所屬

案奉

行政院行字第七二六二號訓令內開：

「現奉

國民政府第二一二號訓令開：據本府文官處簽呈稱；『准中央政治委員會祕書廳中政祕字第二〇〇一號公函開；「查三十一年七月十六日中央政治委員會第一〇一次會議討論事項第十案主席交議；『據林委員柏生陳副祕書長春圃會簽擬請改定國歷九月二十八日爲先師孔子誕辰今年九月二十八日爲先師孔子二千四百九十三周年誕辰紀念以後類推請鑒核等情請公決案』當經決議『通過交祕書廳將國定紀念日表一併依照修正送 國民政府通飭遵照』紀錄在卷遵由本廳將原表內列先師孔子誕辰紀念照案修正相應錄案並抄附原簽呈及修正表各一份一併函達卽請查照轉陳通飭遵照等由理合簽請鑒核等情據此自應照辦除分令外合行抄發該修正紀念日表暨原附簽呈令仰該院遵照并轉飭所屬一體知照此令」等因；附抄發修正國定紀念日表「先師孔子誕辰紀念」一份原簽呈一件奉此，除分行外合行抄發原附各件令仰該府飭屬一體遵照！」

等因；附發修正國定紀念日表「先師孔子誕辰紀念」一份原簽呈一件奉此，除分行外，合行抄發原附各件，令仰該○飭屬一體遵照！

此令。附發修正國定紀念日表「先師孔子誕辰紀念」一份原簽呈一件。

中華民國三十一年八月　日

市長　周學昌

抄原簽呈

奉

交推查先師孔子誕辰、謹按

一、公羊傳：「魯襄公二十一年、十有一月庚子，孔子生」

紀念用周正，周曆十一月即夏曆九月，

二、穀梁傳：「魯襄公二十一年十月庚子孔子生」

紀念用周正、周曆十月即夏曆八月。

以上兩紀、年日兩同，而月數不同

三、今用陽曆求甲子法，求得

（甲）民國前二四六二年（公曆紀元前五五一）爲庚戌、是年秋冬之間庚子日有三。

七月三十日　即庚戌年癸未月庚子日

九月廿八日　即庚戌年已酉月庚子日

十一月二十七日　即庚戌年丁亥月庚子日

（乙）民國前二四六三年（公曆紀元前五五二）爲已酉，是年秋冬之間庚子日有三。

八月四日　即已酉年辛未月庚子日

十月三日　即已酉年癸酉月庚子日

十二月二日　即已酉年丁亥月庚子日

夏曆月數，日數，閏月及節氣，變動甚大，推查較難，陽曆月數，日數，閏月及節氣，均有定制，推查較便，玆所求得之年月日及其干支，自較可靠。

四、潘守廉所刻歷代尊孔記，孔教外論云：「周靈王二十一年庚戌卽魯襄公二十六年冬十月庚子日孔子生、庚子卽今之八月二十七日」

陶廣叢說云：「孔子聖誕、相傳八月二十七日、忌辰二月十八日」又孔子八字爲庚戌，乙酉、庚子，甲申。」

崔述洙四考信錄謂：「孔子實生於魯襄公二十一年二十一日、若以周曆推算卽等於夏曆八月二十一日」

以上兩則、一爲八月二十七日、一爲八月二十一日，均從夏曆推算而得。查曆法典彙輯詩書所載春秋日食中有一條云襄公二十一年巳酉歲秋七月、庚戌朔，日有食之。」是襄公二十一年爲巳酉歲無疑，照此條所載甲子數往下推算可得如下之庚子日。

（甲）襄公二十二年八月二十七日、卽庚戌年乙酉月庚子日

（乙）襄公二十一年八月二十一日、卽巳酉年癸酉月庚子日

兩年誕辰之干支，與上述（三）陽曆求法所得完全相符。日本新城斯藏博士用陽曆積日法求得公曆紀元前五五二年十月三日、相當於周曆魯襄公二十一年十月二十一日、卽夏曆魯襄公二十一年八月二十一日。

五、另據通會載；「孔子八字爲戊子月，非乙酉月。」查魯襄公二十二年丁亥月，既有庚子日，則次月戊子，除非是年十月置閏、決不能有庚子日，當年置閏毫無疑義、但據王韜杜預及新城三氏之推算，閏月約在十月以前，故此之說絕不可靠。

六、綜上所述，先師誕辰，或爲國曆民國前二四六二年九月二十八日卽夏曆魯襄公二十二年（庚子）八月（乙酉）二十七日（庚子）或爲國曆民國前二四六三年，月三日（卽夏曆魯襄公二十一年（巳酉）八月（癸酉）二十一日（庚子）。則尚待解決者爲年份問題

七、先師生於何年，向有兩說。其爭辯歷二千年而不決。

（甲）司馬遷史記以孔子實生於魯襄公二十二年，從其說者，有杜預（左傳註）陸德明（左氏音義）蘇轍（古史）劉安世（元城語錄）袁樞（通鑑記事本末）鄭樵（通志）朱熹（論語序說）呂祖謙（大事記）羅泌（路史餘論）黃宗羲（南雷文約）元廣牧（先聖生卒年月考）等。

（乙）公羊傳穀梁傳謂孔子生於魯襄公二十一年，從其說者有賈陸（左氏解詁）服虔（左氏傳解詁）邊韶（老子銘）何休（公羊解詁）楊士勳（穀梁疏）王欽若（册府元龜）劉恕（通鑑外記）胡安國（春秋傳）洪輿祖闕里系譜）黃震（黃氏日

鈔）馬端臨（文獻考通）宋濂（宋學士集）胡廣（四書大全）王圻（續文獻通考）崔述等。究竟何說爲是，殊難判定，新城博士採第二說，亦幷非有數理上絕對之根據，與上述斷月日之可肯定者不同，以年之干支言之則庚戌年沿用日久，以日月言之，八月二十七日亦沿用甚久，數理上之核算，既難確定，則取決於習貫，假定於周靈王二十一年卽魯襄公二十二年，未始不可，且史學家較，經學家之論斷，似亦爲可信，基於上述之推算，擬請改定；

（一）國曆九月二十八日爲先師孔子誕辰。

（二）今年九月二十八日爲先師孔子二千四百九十三周年誕辰紀念以後類推。

是否有當？敬請

鑒核！謹呈

主席汪

委員　林柏生

副秘書長　陳春圃

三十一年七月十五日

修正國定紀念日表「先師孔子誕辰紀念」

日期	紀念名稱	紀念儀式	宣傳要點	附註
九月二十八日	先師孔子周年誕辰紀念	（照原表規定辦理）		例如民國三十一年九月二十八日爲先師孔子二千四百九十三周年誕辰紀念三十二年則爲二千四百九十四周年以後類推

南京特別市政府公布令　府宣字第　號

茲修正南京特別市宣傳處辦事細則公佈之。

此令。

計附修正南京特別市宣傳處辦事細則一份（見法規欄）

中華民國三十一年八月　日

南京特別市政府訓令

令各局處會區公所

案奉

行政院行字第七〇八二號訓令內開：

現奉 國民政府第一九〇號訓令開據本府文官處簽呈稱准中央政治委員會祕書廳中政祕字第一九五九號公函開查三十一年七月九日中央政治委員會第一〇〇次會議討論事項第一案主席交議爲推進新國民運動及東亞聯盟運動擬根據本年元旦新頒布之綱要於精神物質兩方面對全體國民實施訓練茲擬就決議文請公決案決議又開今年正月鑒於建設東亞新秩序之不容緩及協力大東亞戰爭尤爲當務之急發起新國民運動期於團結民衆受共同之組織訓練集中意志充實國力於精神建設與物質建設兩者同時幷進俾能負荷復興中華保衞東亞之偉大使命去年二月曾發起東亞聯盟中國總會雖聯盟之形式尙待商確而聯盟之精神實爲根據中日基本關係條約及中日滿三國共同宣言結成東亞軸心以担當東亞新秩序之建設而實現 國父大亞洲主義之遺教此兩運動雖一則重在對內之革新一則重在對外之團結要皆根源於同一之出發點以期達到同一之歸趨故新國民運動實卽東亞聯盟運動之具體的國內革新運動所不待言玆者 國民政府爲謀新國民運動之積極開展爰有行政院新國民促進委員會之設置根據本年元旦所頒布之綱要於精神物質兩方面對全體國民實施訓練幷

市長 周學昌

祕書長 陸善熾代拆代行

宣傳處處長 薛豐

以全國青年團與童子軍之普遍設立用作訓練之機構中央以及地方各機關務須深體斯旨緊密聯絡積極整備以利進行國民全體尤應盡其最大之努力肩負其對國家對東亞之使命使此兩運動積極推進以底於成功等因當經決議通過送國民政府發表訓令通飭遵照紀錄在卷相應錄案函達至希查照轉陳發表訓令通飭遵照等由理合簽請鑒核等情據此自應照辦除分令外合行令仰該院遵照并轉飭所屬一體遵照此令等因奉此除分行外合行令仰該市府轉飭所屬一體遵照

等因；奉此除分行並刊登公報外合行令仰該○飭屬一體遵照

此令

中華民國三十一年八月口　　市長　周學昌

南京特別市政府 首都警察總監署 訓令 府社政一字第　號

令南京特別市商會

查本市癮民遊民麕集街市殊屬影響治安有礙市容亟應籌設遊民習藝所收容教養使有謀生技能以資救濟業經本府於本月一日召集有關機關舉行第一次會議當經議決各案紀錄在卷合行檢同紀錄一份令仰該商會遵照迅速訂期召集各業公會理事長商訂籌措該所經費辦法並呈報本府署派員出席爲要

此令

計發第一次會議紀錄（見法規欄）

中華民國三十一年七月　日

市長　周學昌
總監　鄧祖禹

南京特別市政府訓令　府財字第　號

令各區公所

案准

財政部錢壹字第二八七號公函開：

「案查武昌漢口兩市(包括租界)及漢陽縣城市自本年八月十日起實施新舊幣全面交換一案業經本部另案咨請查照在案茲再頒發佈告分寄各省市張貼街衢俾衆週知除分行外相應檢同佈告一百份函請貴市政府查照並飭屬遵照」

等由附送佈告一百份准此除由本府派員張貼並分令外合行給發原佈告十五份令仰該區公所遵照飭屬張貼街衢俾衆週知爲要！

此令。

計發財政部佈告十五份(略)

中華民國三十一年八月　日

市長　周學昌

南京特別市政府訓令　府財字第　號

令本府各局處暨附屬機關
市商會
市銀行
各區公所

案准

財政部錢壹字第九六號咨開：

「查關于整理舊法幣一案歷經本部根據既定方針暨遵照奉頒條例分別辦理現在禁止使用舊幣區域業經先後規定實施並將使用意義明白解釋一併佈告週知幷咨請查照各在案茲爲澈底禁止使用舊幣起見定於民國三十一年八月一日起嗣後凡經實行禁用舊幣之各區域並應一律禁止攜帶舊幣倘有違犯卽將所帶舊幣沒收充公依法懲處除呈報　行政院鑒核並由部佈告暨分行外相應咨請查照並希轉飭知照」

等由准此除分行外合行令仰知照並轉飭所屬一體知照。

此令。

中華民國三十一年八月　日

市長　周學昌

南京特別市政府訓令

府財字第　號

令本府各局處、城鄉各區公所

案奉

行政院行字第七〇五三號訓令開：

「據公務員特種撫卹事務委員會簽呈稱案查本會第九次會議討論事項第一案主任委員交議准內政部函爲各省送到各遺族領受特種卹金證書式樣頗不一致茲經本部王次長敏中擬訂領受特種卹金證書式樣函請查照提會討論等由請公案決議修正通過呈行政院通飭遵辦等由紀錄在卷理合抄同內政部原函及提案暨領受特種卹金證書表式各一份簽請鑒核俯賜通飭施行等情附呈內政部原函及提案表式等件據此應准照辦除分行外合行抄發內政部原函及提案表式各一紙令仰該府遵照」

等因奉此除分行外合行抄發原件令仰該○知照

此令

計抄發內政部函及提案表式各一件

中華民國三十一年八月　日

市長周學昌

內政部公函

查領受特種卹金，似應在領受卹金證書內塡載領受卹金之數額以資證明，而憑查考。本部前准浙江省政府先後送到樊均甫等各故員遺族領受特種卹金證書，或未塡明領受卹金數額，或所具證書式樣參差，以致咨復更換，既費公牘又稽時日茲經本部王次長敏中擬訂領受特種卹金證書式樣，相應補具提案，檢同證書式樣函請查照提會討論見復爲荷。

此致

公務員特種撫卹事務委員會

附送提案表一件領受特種卹金證書式樣一件

部長陳羣

公務員特種撫卹事務委員會提案表

爲提議頒行領受特種卹金證書擬訂式樣請

公決由

查領受特種卹金前領受卹金證書內似應塡載領受卹金數額以資證明而憑查考茲查各省送到各故員遺族領受特種卹金證書或未塡明領受金數額或所具證書式樣參差不足以昭一律茲爲謀劃一證書式樣起見擬訂領受特種卹金證書函有關機關部會轉咨各省查照辦理嗣後領受卹金各故員遺族均應依式塡送以收整齊劃一之效是否有當提請

公決

附領受特種卹金證書式樣一紙

右提案請提出本會會議爲荷此致

主任委員

中華民國三十一年八月　日

委員　王敏中

領受特種卹金證書

領受特種卹金之遺族	
姓名	
年齡	
籍貫	
現住所	
領受人與亡故公務員之關係	
領受卹金數額	

核准發給特種卹金之亡故公務員	
姓名	
年齡	
原任官職	
原支薪俸	
請卹事由	
核准給卹之數額	
領受人簽名蓋章	

中華民國　　年　　月　　日

南京特別市政府訓令　財字第　號

令各鄉區區長

查田賦爲國家正供完納田賦乃人民天職每年度征起分數對於監督經征各員均分別訂有嚴厲考成收數盈虧關係綦重前此本府開辦田賦時値地方甫平民困未蘇良善農民固能依時繳納而狡黠大戶每多觀望拖延以致歷年征數差額均鉅甚有二十八九年度田賦至今尙有未完納者現時農產物價較前高漲倍徙民間所出田賦其數甚微若不認眞調整殊非愼重國賦之道各鄉區區長本有協助本府行政之義務關於田賦一項尤應負責督催除令田賦征收處將各鄉區歷年已征分數欠完分數並各欠戶花名暨欠完賦額分別查明造冊呈候派警傳催並分令外合亟令仰該區長遵照迅卽轉飭各鄉鎭保甲等挨戶查詢如有未完欠戶勒令卽日親赴田賦征收處如數淸完掣照安業以免派警傳催自貽伊戚至該區長等自有田地更當以身作則及時淸完免致爲人籍口自經此次通令後倘各鄉區能將歷年欠賦催征足額者本府自當酌予嘉奬如仍前漠不關心任令一再拖欠本府亦必須查照欠完分數多寡分別予以相當處分愼勿爲視具文致干懲處仍仰將奉令遵辦情形先行呈復備查切切此令

中華民國三十一年八月　日

市長　周學昌

南京特別市政府訓令　府社字第　號

令市商會

查平定物價暫行條例業經奉令轉飭遵照在案關於上項暫行條例第八條規定各主要商品之批發商人應行遵辦事項提經本市物價評議委員會第十一次常會議決第一次呈報期限於七日內

由各商報告於各該同業公會各該同業公會限本月底彙報市政府社會局以後必須每旬呈報一次至原條例第十條規定倉庫堆存貨物亦應按照上項限期據實呈報登記如逾期不報者一經查明卽按進貨成本收買之等語紀錄在卷除將原條例全文登報布告並編列平定物價法規彙輯印訂成冊交市社運會轉發各業同業公會一體遵照外茲以限期將屆自應妥速辦理合亟令仰該會遵照幷轉飭所屬一體遵照爲要

此令

中華民國三十一年八月日　　市長　周學昌

南京特別市政府訓令　府農字第　號

令城區自治實驗區公所

案查本府前爲保護波羅山和平林及廣州路一帶行道樹曾一再令飭該區公所轉飭所屬坊保甲長隨時切實保護在案茲爲警醒坎伐樹木莠民起見特製就禁止砍伐樹木佈告木牌四塊以再分別懸掛清涼山廟前及廣州路醒目地點而資保護合亟令仰該區長知照！卽日派員前來本府農林專員室領取該項木牌分擇要衝醒目地點懸掛幷希轉飭所屬坊保甲長負責切實保護爲要切切！

此令！

中華民國三十一年八月日　　市長　周學昌

南京特別市政府公告　字第　號

案據周仲卿呈報受押顧子珍等坐落柳葉街第一四九號房地產茲因該項押款償清求撤銷抵

押權帷原領前土地局所發他四字第七二四號他項權利證明書一件因住宅被焚遺失經飭取具商保保證外茲依照土地法第一百四十條第二款之規定揭示公告自公告之日起對於該項遺失證明書如有因權利關係聲明異議者須於三個月內提出理由書暨證明文件呈候核辦一經公告期滿無人異議卽予依法准予撤銷合行公告週知

中華民國三十一年八月日

市長　周學昌

地政局局長　胡政

南京特別市政府公告

字第　號

案據業戶傅學齋呈報坐落藍家莊第四六十號房地產原領前地政局所發一字第三一二一號所有權狀及一區一七七七段分段圖各一件因事變遺失請予補給等情經飭據呈繳聲明圖狀遺失報紙暨鄰商兩保前來茲依照土地法第一百四十條第二款之規定揭示公告自公告之日起對於該項遺失圖狀如有因權利關係聲明異議者須於三個月內提出理由書暨證明文件呈候核辦一經公告期滿無人異議卽予依法補給圖狀管業合行公告週知

計開

聲請人姓名

及籍貫住所

土地坐落

及四至面積

申報地價

定着物情形

共有權人
他項權利人
公告日期
公告期滿日期

中華民國三十一年八月　日

市長　周學昌
地政局局長　胡政

南京特別市政府公告

字第　號

案據業戶徽州旅京同鄉會胡大剛等呈報新安會館所有坐落馬府街第二十二至四十號房地產原領前土地局所發二字第八七〇號所有權狀及二區五六三段分段圖各一件因已遺失請予補給等情經飭據呈繳聲明圖狀遺失報紙暨鄰商兩保前來茲依照土地法第一百四十條節二款之規定揭示公告自公告之日起對於該項遺失圖狀如有因權利關係聲明異議者須於三個月內提出理由書暨證明文件呈候核辦一經公告期滿無人異議卽予依法補給圖狀管業合行公告週知

計開

聲請人姓名
及籍貫住所
土地坐落
及四至面積
定着物
情形
申報地價

申報定着物現值
共有權人
他項權利人
公告日期
公告期滿日期

中華民國三十一年八月　日

市長　周學昌
地政局局長　胡政

法規

南京特別市宣傳處辦事細則 民國三十一年七月修正核准備案施行

第一條 本處直隸於南京特別市政府設處長一人秉承市長之命掌理不直屬於宣傳部之全市宣傳事宜

第二條 本處兼受宣傳部之指導與監督

第三條 本處設秘書一人秉承處長之命綜核全處文稿及辦理交辦事項

第四條 本處暫設指揮事業兩科所有總務事宜由秘書兼理之

第五條 指揮科掌理左列事項
一、關於本市宣傳計劃之擬訂事項
二、關於所屬宣傳機關工作之指揮及考核事項
三、關於本市新聞稿件之撰擬及發佈事項
四、關於本市宣傳刊物之指導及審查事項
五、關於宣傳資料之徵集事項

第六條 事業科掌理左列事項
一、關於宣傳事業宣傳活動之規劃及推動事項
二、關於新聞事業之聯絡及扶助事項
三、關於宣傳事業組織之調查事項
四、關於新聞從業員及同業公會之調查事項
五、關於宣傳刊物之編撰事項
六、關於電影廣播及其他藝術宣傳之計劃及推動事項

第七條 本處設科長二人秉承處長分掌各該科事務各科得按事務之性質酌分若干股

第八條　本處設科員九人至十二人秉承長官分掌各科股事務每股並指派科員一人爲主任
第九條　本處因事務上之必要得設專員並酌用雇員若干人
第十條　本處爲強化新聞報道工作得酌聘新聞聯絡員一人至三人均爲無給職
第十一條　本處祕書科長專員科員雇員均由市長分別遴荐委派或酌量調派市政府各局處職員專任或兼任之
第十二條　處長如因請假或他故不能執行職務時應由祕書代行並呈報　市長備案
第十三條　本處除對於宣傳部直接用呈外對外行文均以市長之名義行之但佈告及命令得由處長副署之
第十四條　本處對於例行公文爲辦事簡捷起見得發處函
第十五條　職員對本處機密事務不得對外宣佈或洩漏
第十六條　凡與兩科有關事項由主管科及關係科會商辦理遇有意見不同時應簽請處長核定之
第十七條　本處於必要時得由處長召集處務會議由各股主任以上職員組織之以處長爲主席其會議規則另定之
第十八條　各科每月擬辦工作應先預定計劃呈由處長彙呈市長核定施行
第十九條　各職員每日應塡工作日報表送呈處長查核
第二十條　各科每屆月終應彙編工作月報表呈由處長轉呈市長查核
第二十一條　本處爲推進宣傳事業起見得呈准市長組織各種委員會其組織規程另定之
第二十二條　本細則如有未盡事宜得隨時呈請修正之
第二十三條　本細則自呈奉　市長核准之日施行並呈報宣傳部備案

南京特別市工會理監事選舉規則

第一條　本條例依據省市縣工會組織準則第九條訂定之
第二條　市工會選舉理監事代表大會須由各業工會選派之出席代表總數三分之二以上出席方得舉行
第三條　本市各業工會出席代表出席時須攜帶各該業工會出席代表證明書
第四條　市工會理監事由代表大會直接自由投票選舉之
第五條　選舉票由代表大會祕書處製定之

第六條　選舉時應呈請南京特別市社會運動指導委員會派員出席監選
第七條　市工會理監事及候補理監事之人數規定如左
1.理事七人　2.候補理事二人
3.監事三人　4.候補監事一人
第八條　出席代表如有不能塡寫選舉票者可請監選員代塡但須本人簽押或蓋章
第九條　選舉權及被選舉權以各業工會產生之代表爲限
第十條　開票須在代表大會場內舉行其職員由大會臨時推選之
第十一條　本規則由南京特別市社會運動指導委員會呈請行政院社會運動指導委員會曁南京特別市政府核准施行

南京特別市工會代表大會出席代表產生辦法

第一條　本市全市工人代表大會代表之產生法依據省市縣工會組織準則第七條之規定訂定之
第二條　出席代表大會之代表由本市各職業工會及產業工會全體會員大會選舉之遇有特殊情形不能召集全體會員大會時得召集各該業工會代表大會或組長會議選舉之
前項代表之選舉須呈請南京特別市社會運動指導委員會派員監選
第三條　出席代表之選舉權及被選舉權以正式加入工會會經登記合格之會員爲限
第四條　已正式成立之各職業工會及產業工會出席代表人數之規定如左
1.會員人數在五十人以上三百人以下者得選派代表一人
2.會員人數在三百人至六百人得選派代表二人
3.會員人數在六百人至一千人得選派代表三人
4.會員人數在一千人至一千五百人得選派代表四人
5.會員人數在一千五百人至二千人得選派代表五人
第五條　各職業工會及產業工會如有下列情形之一者不得選派出席代表
1.未經正式成立之各職業工會及產業工會

2.職業工會會員人數不滿五十人者

3.產業工會會員人數不滿一百人者

4.成立後經南京特別市社會運動指導委員會明令解散或因事自行停頓者

第六條　本辦法由南京特別市社會運動指導委員會呈請行政院社會運動指導委員會暨南京特別市政府核准施行

公牘

南京特別市政府呈 府財字第　號

案查本市概算向係收不敷支三十一年上半年度經將各項稅捐積極整頓增加收入勉可維持自建設特捐停征以來頓失鉅額稅源經財政部允予撥款補助而每月所短爲數尚多現在下半年度開始市政建設諸待推進物價飛漲支出陡增若不設法開源將何以資挹注依照中央規定劃分國地收入標準對於房捐一項係例爲地方收入本市鋪房捐早已徵收頗有成績住房捐曾經籌辦尚未實施現在本市財政既已感覺重大困難住房捐又爲法定收入京滬情形大略相同自應援照上海市住房捐捐率成案舉辦本市住房捐茲特飭由財政局擬具南京特別市政府財政局徵收住房捐暫行章程草案關於捐率各項均係根據上海市成案辦理俾期一致進行除派員調查籌備徵收並咨請財政部查核外理合繕具前項章程草案二份備文呈報仰祈呈核指令備案實爲公便

謹呈

行政院院長汪

附呈送南京特別市財政局徵收住房捐暫行章程二份（略）

南京特別市市長　周學昌

中華民國三十一年八月　日

南京特別市政府呈 府社字第　號

案奉

鈞院行字第六六八七號訓令略開：

「前以各地物價繼漲增高逾越常軌經飭本院祕書處致函實業部召集有關各機關詳細商討擬訂安定物價臨時辦法草案業經提請

中央政治委員會公決修正通過轉送

國民政府通飭遵照在案現奉

國民政府令發行政院原呈及安定物價臨時辦法令仰遵照辦理並轉飭所屬一體切實遵辦具報察核」

等因並抄發安定物價臨時辦法一份奉此查上項安定物價臨時辦法業准 國民政府文官處以文字七九四號函送到府已轉飭所屬遵照辦理在案關於抑平首都物價本府於上年九月起即會同各有關機關組織南京特別市物價評議委員會根據市商會及各業同業公會暨本府菜場管理所呈報各種日常主要食用物品價格由本府派員詳密複查後彙交物價評議委員會評定限價每月公布一次切實執行本月間復遵奉

鈞院頒發之縣市物價評議委員會組織規程將評議會本身組織機構加强由參加各機關派員常川駐會辦公並改爲每旬開會一次評定各種主要日常日用物品限價公佈由本府會同首都警察總監署及其他有關機關組織物價調查隊嚴厲查察執行籍安民生奉令前因理合將本市辦理安定物價情形據實呈復仰祈

鑒核

謹呈

行政院院長汪

南京特別市市長 周學昌

中華民國三十一年八月 日

南京特別市政府呈 財字第　號

竊查本市田賦擬仿照蘇浙皖三省加賦辦法一律加倍徵收一案前奉
鈞院行字第六二二六四號訓令飭遵照
鈞院三十年十一月二十七日行字第五八三一號指令辦理一面詳查每畝正附賦稅確數送部審核簽請轉呈核辦等因遵查本市田賦正稅科則向分三等九則其最高一等上則每畝徵收正稅六角最低三等下則每畝徵稅三分並無帶徵附稅一項業於本年四月三十日列表呈復
鈞院並咨請財政部核辦在案惟聞蘇浙皖三省多有帶徵附稅其加倍徵收辦法亦決於本年實行且閱報載有恢復銀米制之說查本市田賦既無附稅而農產物價較前增加數十倍之多田賦加倍徵收對於農民負担所加實屬甚微現在瞬屆秋收之際本市田賦亟應決定辦法若待各省市送齊彙核飭遵誠恐時間不許有誤徵期且查本府財政自臨時建設特捐奉令取銷後市庫收入銳減雖蒙
鈞院飭部按月增撥補助費十二萬元但職員薪給公用物價較前尚有增無已預計本年下半年收入支出虧短甚鉅自應先事籌劃以資彌補茲擬自三十一年度所有市轄田賦一律照原稅率加倍增收仍不帶徵其他附稅在農民所加甚微而於本府政費實屬不無裨益除分咨財政部備核外理合呈報
鈞院鑒核備案謹呈
行政院

南京特別市市長　周學昌

中華民國三十一年八月　日

南京特別市政府咨 府教字第　號

案准

貴部三十一年六月二十日高字第一七四五號咨略以前市立鄧府巷小學校址，一時無法歸還咨復查照等由查前市立鄧府巷小學校址，原係市有學產，値茲京市人口激增，失學兒童衆多，原有小學不敷容納，亟應增級添校藉利普及義教，惟本年下半年教育經費，雖經審核實際需要，酌予增列，而於校舍一層更覺困難，若云籌建新校舍，則又市庫力所不逮，爰經飭據教育局着手整理學產先就借用部份，分別接洽收回並依照貴部第一二六九號前咨整理學產辦法，妥速進行，是關於前市立鄧府巷小學校址，有應收回復校，俾資擴充京市教育之用用再咨請查照，轉飭遷讓，仍希見復至紉公誼！

此咨

教育部

中華民國三十一年八月　日

市長　周學昌

南京特別市政府咨　字第　號

案查本市土地工作旬報表業經送至七月份下旬在卷茲造具八月份上旬前項工作旬報表乙份相應咨送卽希查照爲荷

此咨

內政部

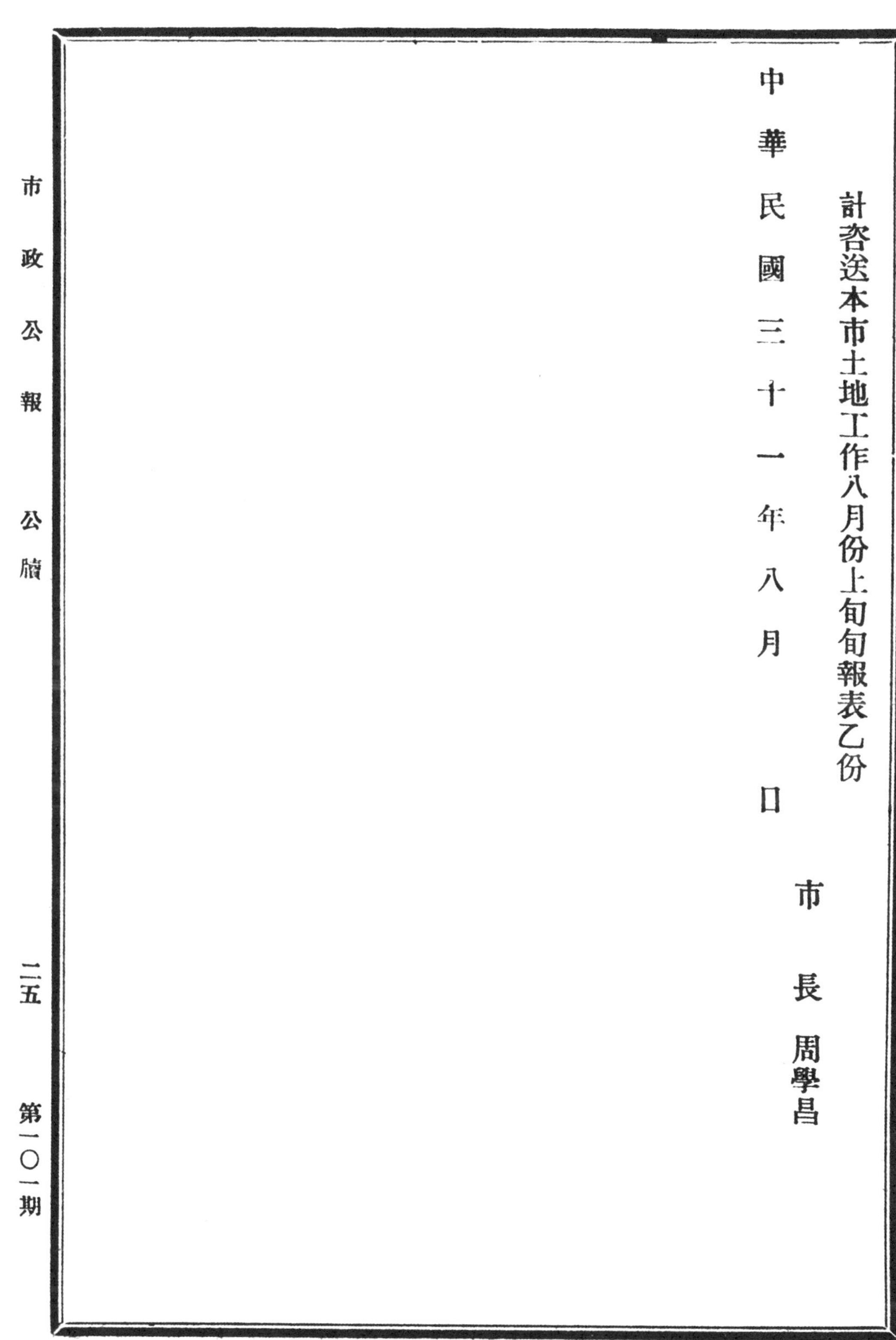

計咨送本市土地工作八月份上旬旬報表乙份

中華民國三十一年八月　日

市長　周學昌

南京特別市政府辦理土地登記工作八月份上旬旬報表

中華民國三十一年

事項 件數 日	接收登記聲請書	土地所有權登記	房屋登記	更正登記	塗銷登記	移轉登記	分割登記	共有權登記	住所變更登記	繕寫查驗證	發給查驗證	備註
1					1	1					4	
星期 2												
3						4					1	
4						9						
5					2	10					2	
6						9					1	
7						4						
8					1	3					3	
星期 9												
10						1					1	
總計件數					4件	41件					12件	

統計

南京特別市戶口統計表

民國三十一年七月份

秘書處第二科統計股製

區別	戶數	人口數						
		總計	男性			女性		
			合計	成人	兒童	合計	成人	兒童
總計	133164	617298	339890	237272	102608	277408	187699	89709
第一區	26369	131983	69050	52233	16817	62933	44516	18417
第二區	32587	156094	86392	59761	27171	69162	48856	120306
第三區	18300	77826	44251	30829	13422	33575	22610	10965
城區實驗區	8920	41304	22321	16305	6016	18983	13113	5870
第五區	11065	50265	29730	22303	7427	20535	13907	6628
上新河區	12709	54912	29524	20201	9323	25388	16786	8602
鄉區實驗區	10021	46469	25471	16266	9205	20998	12819	8179
孝陵衛區	4216	19942	10551	5623	4928	9391	5589	3802
安德門區	8977	38503	22060	13751	8309	16443	9503	6940

註：一、本表係根據各區公所填報之戶口月報

二、各外國僑民戶口不在此內

南京特別市戶口增減比較表

民國三十一年七月份

秘書處第二科統計股製

區別	戶減增數	人口增減數						
		總計	男性			女性		
			合計	成人	兒童	合計	成人	兒童
總計	—8400	—17712	—11732	—3648	—8084	—5980	— 928	—5052
第一區	—1802	十1236	—3126	十 790	—3916	十4362	十4227	十 135
第二區	—6643	—19143	—8691	—4462	—4229	—10452	—6215	—5237
第三區	— 220	— 774	— 413	— 264	— 149	— 361	— 235	— 126
城區實驗區	十 44	十 102	十 72	十 45	十 27	十 30	十 8	十 22
第五區	十 153	十 516	十 249	十 158	十 91	十 267	十 189	十 78
上新河區	十 23	十 92	十 49	十 26	十 23	十 43	十 20	十 23
鄉區實驗區	— 8	十 29	十 10	十 10	—	十 19	十 21	— 2
孝陵衛區	十 4	十 21	十 6	— 5	十 11	十 15	十 10	十 5
安德門區	十 49	十 209	十 112	十 54	十 58	十 97	十 47	十 50

註：一、本表係根據各區公所塡報之戶口月報
二、各外國僑民戶口不在此內
三、有(十)符號者爲增加，有(一)符號者爲減少

檢舉私抬物價商號統計表（八月份）

八月份	勸告	警告	送警罰辦	計
第一旬	一百三十六家	十四家	二十四家	一百七十四家
第二旬	一百八十一家	二十四家	二家	二百另七家
第三旬	八十四家	十一家	十八家	一百十三家
合計	四百另一家	四十九家	四十四家	四百九十四家

附錄

新國民運動與青年訓練

南京市長周學昌對全國青年廣播

時光過得很快，從七七事變到現在已經是五年多了，回顧這五年來，無可諱言的，國民缺乏生機，缺乏生動的機能，在戰時特殊環境之下中國受着英美帝國主義的操縱而抗戰，戰區的人民生活狀况的痛苦已無處伸寃，尤其是作戰的官吏的貪汚，使人民的痛苦更爲加深，知識份子受了歪曲的宣傳鼓動，並沒有看到和平政權下的一切新的建樹，當然更談不到國家思想與時代認識了。

和平政府下生活的民衆固然生活較安適，但是我們所憂慮的是腐化，如果社會沒有進展，就是無生機也就是陳腐，要防止腐化所以我們應該根據目前中國的局勢，國際的狀况，想一想我們應該有如何的思想，如何的行動才能挽救我們的國家。

兄弟所主持的新動向旬刊曾經發刊過兩次五四專號，討論着五四以來有關青年運動的種種經驗，促醒青年對青年運動的熱情，提高青年的國家觀念。去年春天，東亞聯盟中國總會成立，工作目的在促使青年認識現狀，認識中日攜手互惠謀求平等發展，一方面表現出東亞聯盟思想，一方面在促醒國民振作起來。國家雖然是四分五裂，但是我們的意識還要有統一的，獨立的存在。這就是東亞聯盟中國總會成立時的情况。

今年元旦，新國民運動開展，主席在新國民運動綱要中告訴我們說「戰爭是一國人民精神力的總檢閱，在四年有餘的痛苦環境裏，我們同胞的優點，以及缺點，都盡情暴露出來不留一些遮蓋，優點應該發揮光大，缺點應當補救。」如果新國民運動不開展，國民優點不能發揮，缺點不去補救政治沒有進步社會必然要陳腐下去，所以去年有東亞聯盟中國總會的成立今年有新國民運動的展開，有了東亞聯盟思想才能復興中國，保衛東亞，有了新國民運動的行動，才能改善國民的生活，東亞聯盟思想就是復興中國保衛東亞的中心信念。但是有思想而沒有行動配合起來還是不夠的，比如說對友邦講求平等互惠合作，如果我們自己不進步則沒有能力，沒有資格與友邦講提攜，所以說在東亞聯盟思想運動開展之際需要以新國民運動求行動上的實踐，這樣講來，就是說我們需要以東亞聯盟思想爲促進中日合作謀求東亞復興的中心信念，而以新國民運動的行動來掃除國民精神的缺點，發揚優點，全國國民精神總動員，立己立人，復興中國，保衛東亞，所以說東亞聯盟運動和新國民運動是表裏爲用的。

新國民運動要求國民成爲新的國民，但是國民的中堅是青年，國家復興的原動力在於青年，我們說青年是國家的主人是有以下的幾個條件的；第一，一般青年，無論任何階層的青年都是不滿意現狀的，在其不滿現狀中，滋生着新的機能，這力量是極爲珍貴的；第二，青年最富熱情，時時在求進取，很容易接受外來的刺激與促動力；第三，青年是坦白的，真誠的，青年具有這三個自然的力量，所以說青年是最寶貴的，青年是國家復興的中心原動力。反而言之，青年雖具有這三個優點，但往往過猶不及而形成了缺點，第一，不滿意現狀就容易悲觀，因悲觀而放蕩，墮落，不知不覺的就腐化下去；第二，青年雖有熱情，易受刺激，易生反應，但也容易接受不正當的刺激；第三，青年只有坦白但缺乏社會經驗，易爲歪曲的理論所蒙蔽操縱。這不是理論，而是從五四以來實際體驗到的事實。我們雖然矚望青年，信賴青年是國家的中堅，但在信賴之中還有憂懼，憂懼的就是青年的悲觀放蕩墮落腐化，所以我們不能不有合于現階段要求的新國民運動的青年訓練根據以上的原則，新國民運動促進會便決定青年團和童子軍訓練但是怎樣來訓練青年怎樣來接受訓練呢？先說訓練青年的要件，凡是訓練青年的人，第一必須要有好的風格，健全的思想行動，否則不能感召青年，得到他們的信仰。第二訓練青年的人必須以身作則，能吃苦，能耐勞，才能做爲青年的模楷，青年的表率才能領導青年。

青年訓練的關鍵是在使青年於訓練得到成年人的種種良好的經驗，培植起健全的思想行動，所以接受訓練的青年們應具的要件第一是要能吃苦。我們看任何國家的復興，任何偉人的成功，沒有不經過吃苦的階段的，凡是不能吃苦的民族必然要滅亡，必然成爲殖民地，所以我們要求青年在接受訓練的時候，第一要能吃苦，不能吃目前的苦，則不能担當未來的重任，不吃苦就是沒有魄力，國家的前途也就沒有生路，其次要絕對服從，要養成服從社會的觀念和習慣，這樣講來，我們今日的青年訓練是根據着國民的需要，根據着青年本身的需要而來訓練青年，所以我們要求訓練青年者與接受訓練的青年都要瞭解各自作事與作人的正確觀念而使青年能獲得担當未來任務的寶貴經驗。

最後要講的，新國民運動的推動是靠着青年，所以我們要談青年訓練，青年在接受訓練的時候要認定這是一件極有意義的工作，這樣我們才能使理想着的原動力强調起來，發動起來，中國復興，東亞和平的任務才能完成。

南京特別市籌設遊民習藝所第一次會議紀錄

日期　三十一年八月八日上午十時
地點　市府大禮堂
出席者　劉連群　第五區何　澤振　委會陸長齡　警監署

祝爽秋上新河區巫開福孝陵衛區龔和仲第二區
丁永偉安德門區馮宇範衛生局宗伯超第一區
謝雅秋第三區蕭石樓鄉實驗區趙其凡城實驗區

主　席　周兼局長蒯君甫代　　紀錄韓葆華

開會如儀

甲　報告事項：

主席報告

本市前辦地方救濟事項有救濟院殘老收容所平民工廠等均於二十九年九月間奉令移入振務委員會接收繼續辦理至收容遊民一節本府向未經辦在事變前係由警察廳在笆斗山設有乞丐收容所現已停頓嗣於二十九年九月後首都救濟院在臥佛寺辦理遊民收容所一處收容約一百二三十人內烟毒癮民佔大多數該所於本年春間亦因解散所有收容之遊民數十人均奉令遣往龍潭鎮一帶墾荒茲因本市遊民及癮民乞丐又日漸增多與市容及治安均有礙經首都警察總監提議籌設遊民習藝所本府深表贊同習藝所成立後使若輩均得受教養并施之機改過習藝遷惡去技成仍能爲社會生產確爲教善導良之當前急務爰特召集會議商討一切進行事宜

振委會代表報告　振委會在首都舉辦救濟事項有殘廢婦孺孤兒習藝等所統由救濟院經辦至關于辦理地方救濟事項經費儘各地方自行籌劃不足由省府或市府補助再不足即由中央撥補之本會對是項地方遊民習藝所係處指導地位不便參加主辦至該所遊民將來出路應視情形再酌予收容。

乙、討論事項

一、本所組織規程應如何擬訂請　公決案

決議　社會局與警監署會擬由社會局主稿

二、經費應如何籌措概算應如何編製請　公決案

決議　經費由商會設法籌措概算由社會局與警監署會同編製。

三、所址可否仍用首都救濟院前設遊民收容所空屋抑或另覓新址請　公決案

決議　收容人數預定壹仟人如一處容納不下可分兩處收容對于前辦理臥佛寺收容所及義興巷庇寒所兩處空屋由一二

兩區負責接洽並將接洽情形報由市府核辦安德門區亦應負責在該區境內尋覓一處報府核辦

四、爲收容遊民擬具收容手續收容模範收容日期及收容後處置辦法請　公決案

決議　照提案辦法通過

理由、查收容遊民手續最宜簡捷而利事功至收容範圍凡與地方治安及觀瞻有關者均須加以收容爲收容日期尤須事前規定以免此拘彼竄此外最關重要者即該項遊民收容處置辦法亦宜預爲規定以收實效

辦法、關於收容手續擬交首都警察總監署偵緝隊辦理由該隊遣派員警分段偵察遇有該項遊民即予拘捕逕由該隊開列名單轉送收容所查收製據存卷備查至收容範圍凡在沿街乞討（無論其有無住所）及素行不正染有嗜好而無正當職業者一併加以拘捕收容又拘捕收容時期擬定期舉行盡量搜捕此後再有發現隨時拘送再該項遊民收容後擬施以感化並授以相當技能俟其覺悟而能自謀生活時方能釋放。提案人首都警察總監署行政科科長曾昭康

五、下次會議時期應如何規定請　公決案

決議　俟組織規程擬就房屋覓定概算編成再召開第二次會議、

丙、臨時動議

一、商會未派員出席應由市政府及警監署會銜訓令該會照決議案辦理請　公決案

決議　通過

二、散會

南京特別市各主要商未加入同業公會商店名册

業別	商店牌號	營業種類	開設地址	經理姓名	備註
米糧業	謝俊記	糧食行	中華門外上街頭23		

業別	商店牌號	營業種類	開設地址	經理姓名	備註
	福泰	糧食行	中華門外西街197		

業別	商號		地址	
	公成	糧食行	中華門外窰灣街	
	義泰		中華門外窰灣街398	
綢布業	天源		大板巷48	
	天生福		大板巷35	
	餘豐		弓箭坊43	
	申源		弓箭坊27	
	達豐祥		李府巷12	
	義餘		小彩霞街39	
	老祥泰		承恩寺	
	老公泰		承恩寺	
	鼎泰		金沙井43	
	老五成		銅作坊	
	利昌		小彩霞街	
棉紗業	信豐		中華路236	
	福祥		評事街136	
	大新		中山路46	

業別	商號		地址	
煤炭鍋業	裕興		下關惠民橋	
	同盛永		珠江路257	
	燮大		建鄴路復興路	
	同昌		復興路56	
	永興祥		大香爐40	
	萬興隆		明瓦廊71	
	朱興隆		石鼓路138	
	蔣義和		評事街57	
	慶泰和		評事街236	
	協記		復興中路419	
	鴻泰		復興中路431	
	王正興		維新路117	
	慶記		魚市街66	
	義和		估衣廊59	
	春記		復興路31	
	森昌		復興路422	

	森源		復興路383	
	劉義和		集慶路135	
	同興永		豐富路105	
	邱炳記		大彩霞街22	
	永源		集慶路28	
	瑞和		釣魚台182	
	王和豐		朝天宮西街97	
	新泰		碑亭巷187	
	永源		碑亭巷198	
	仁昌祥		碑亭巷266	
	森和		永寧街164	
	永發祥		下浮橋18	

	元豐		市府路40		
	祥泰		中華門外西街186		
	裕豐		洪武路284		
	德興祥		丹鳳街		
捲菸五洋業	裕豐	五洋雜貨	漢中路42		
	裕康祥	肥皂火油柴	中央商場對門		
	復泰	五洋	科巷43之1		
	仁昌	五洋雜貨	中山東路436		
皂燭碱製造業	宏大	北貨行	糯米巷		
	福興	碱廠	下關大馬路天光里	方養吾	
	永大	北貨行	下關綏遠路		
	錦源	碱廠	下關祥寧里		

南京特別市社會運動指導委員會處理勞資糾紛案件報告（卅一年八月份上半月）

業別	關係團體名稱	糾紛原因	糾紛起訖日期	關係人數及家數	處理經過	結果
香燭業	香燭業職業工會 香燭業同業公會	工方要求增加工資	八月七日起至十一日止	一三四人 三六家	經召集勞資雙方調解二次	調解成立簽訂筆錄細香每羅連原工資增加爲儲幣一角九分粗香每羅連原工資加增爲一角八分
革履業	革履業職工會 革履業同業公會	工方要求增加工資	七月廿五日起至八月十三日止	一八二人 一二二家	經召集勞資雙方勸導三次	調解成立簽訂筆錄自八月六日起照原工資普加四成半（如工人特別優良資方另給獎金不在此例）

國民政府考試院銓敍部公函 函午字第　號

案查公務員登記條例暨公務員條例施行細則，業於三十一年四月十六日公布施行在案，茲製定現任公務員登記審查表，退職公務員登記審查表，及學歷證明書，經歷證明書，勳勞證明書各格式。相應連同登記條例，及施行細則各檢一份，函送

查照分別應用，爲荷。

此致

南京特別市政府

附公務員登記條例一份

公務員登記條例施行細則一份

現任公務員登記審查表一份

退職公務員登記審查表一份

學歷證明書一份

經歷證明書一份

勳勞證明書一份

部長 趙毓松

中華民國三十一年八月　日

公務員登記條例

三十一年四月十六日公布

第一條 公務員除經甄別審查或任用審查合格毋須登記者外得依本條例予以登記

第二條　本條例所稱公務員以國民政府統治下之簡任荐任委任職公務員就職在公務員任用法施行以前者爲限

第三條　曾任簡任荐任委任職公務員並具有左列情形之一者得聲請登記

一、因機關變更組織或合併而退職者

二、因機關裁撤而退職者

三、因機關經費緊縮而退職者

四、因病或因事辭職者

第四條　各省區現任簡任荐任委任職公務員因特殊情形未經甄別者得聲請登記

第五條　第三條第四條簡任職公務員任職滿三個月並具有左列資格之一者得聲請以簡任職登記

一、在教育部認可之國內外大學畢業並有專門之研究者

二、曾任國立大學教授三年以上者

三、對於國家有特殊勛勞或致力國民革命十年以上者

第六條　第三條第四條荐任職公務員任職滿三個月並具有左列資格之一者得聲請以荐任職登記

一、在教育部認可之國內外大學或高等專門學校畢業者

二、對於國家有勛勞或致力國民革命七年以上者

第七條　第三條第四條委任職公務員任職滿三個月並具有左列資格之一者得聲請以委任職登記

一、在教育部認可之高級中學或舊制中學以上畢業者

二、曾致力國民革命五年以上者

第八條　第三條第四條公務員聲請登記時應塡具登記表檢同證明文件依左列規定分別送請核轉

一、第三條第一款之公務員應呈請變更或合併後之機關長官核轉之

二、第三條第二款之公務員應呈請原機關長官核轉之

三、第三條第三款第四款之公務員應呈請原機關之現任長官核轉之

四、第四條公務員應呈請本機關長官核轉之

第九條　各機關長官接收公務員塡就之登記表及證明文件後應就表內所列事項分別查明並將各該公務員在職時成績及奬懲評查塡載加具考語按甲乙丙丁四等評定等第連同各該證件轉送銓敘部審查

第十條　銓敘部銓敘審查委員會對於審查資格及成績遇有疑義時得用文書諮詢或召本人到會考詢

第十一條　銓敘部接收公務員登記表及證明文件後應即審查其資格相合及成績列乙等以上者爲合格由銓敘部登記給予證書依第三條送核之公務員資格不合者或資格相合而成績列丙等以下者均不予登記依第四條送核之公務員資格不合者免職資格相合而成績列丙等者降級或降等登記按照應降之等級給予證書列丁等者免職

第十二條　依本條例領有登記證書之公務員任用時由銓敘部分別比照甄別審查合格人員辦理

第十三條　公務員塡寫資格有虛僞舞弊者或長官評定成績有瞻徇不公者均應依法交付懲戒

第十四條　登記證書及登記表格式由銓敘部分別製定之

第十五條　本條例施行細則由銓敘部擬訂呈請考試院核定轉呈國民政府公布之

第十六條　本條例施行期間爲六個月

第十七條　本條例自公布日施行

公務員登記條例施行細則

三十一年四月十六日公佈

第一條　本細則依公務員登記條例第十五條制定之

第二條　依本條例第三條聲請登記者應以最後退職時所任之職務等級爲限依本條例第四條聲請登記者應以現任職務等級爲限

第三條　本條例第四條所稱之特殊情形以合於左列情形之一者爲限

一、因時值軍興交通梗阻者

二、因地處邊遠展轉延誤者

三、因人事障礙者

第四條　證明本條例第五條簡任職第六條薦任職第七條委任職各公務員之資歷須提出任命狀或委任令如不能提出時須有左列之一之證明

一、原機關之證明

二、有關係之公文書

三、公報職員錄或其他足資證明之文件

四、國民政府任命之現任薦任官以上二人之證明書

前項第四款證明人爲虛僞之證明時適用本條例第十三條之規定交付懲戒

第五條　本條例第五條第一款第六條第一款第七條第一款所規定各級學校畢業之資格須提出畢業證書如不能提出時須有左列之一之證明

一、原校校長或主任職員及教員二人以上之證明

二、教育部或該管教育廳局之證明

三、公報畢業同學錄或其他足資證明之文件

第六條　本條例第五條第一款所稱專門之研究指有專門著作或入研究院研究實習場所實習至一年以上者

前項研究或實習提出研究院徑實習場所之證明書如不能提出時準用前條之規定

第七條　本條例第五條第二款之資格須提出學校聘書如不能提出時準用第五條之規定

第八條　本條例第五條第三款所稱特殊勛勞第六條第二款所稱勛勞除由本人開具事實外須有左列之一之證明

一、中央政治委員會委員二人以上之證明書

二、民國以來政府之文件

三、各合法政黨負責人之證明書

第九條　本條例第五條第三款所稱致力國民革命十年以上第六條第二款所稱致力國民革命七年以上除由本人開具事實外須有中央黨部或中央執監委員二人以上之證明書

第十條　本條例第七條第二款所稱致力國民革命五年以上除由本人開具事實外須有左列之一之證明

一、中央黨部或中央執監委員二人以上之證明

二、省黨部或市黨部或海外總支部之證明書

第十一條　銓敍部依本條例第十一條之規定於審查完畢後應卽分別飭知應領證書各員照章繳納印花稅費及二寸半身相片二張彙送銓敍部

第十二條　銓敍部發給證書除徵收印花稅費外並依下列種類徵收證書費

簡任職二十元　薦任職十元　委任職四元

第十三條　本細則第四第五第八第九第十各條證明書格式另定之

第十四條　本細則自公佈日施行

現任公務員登記審查表

機關	姓名（別號、性別）	年齡	籍貫	現任	現職	擔任事務	現任職務	支俸月額	兼職	黨籍	未經甄別原因	資格（出身、經歷、著述）

曾否受過何種獎懲	性行	體格	編成時年	考語	等第	職銜　簽名　蓋章（長官簽章）	部銓敘審定	考備

本表黏貼相片發文證明

填表人簽名蓋章

中華民國　　年　　月　　日

說明

一 [illegible]
二 [illegible]
三 [illegible]
四 [illegible]
五 [illegible]
六 [illegible]
七 [illegible]

退職公務員登記審查表

姓名		
別號	性別	住址：永久　現在
年齡	籍貫	
黨證號碼		
出身		著述
經歷		
最後服務機關	地點名稱	
	長官姓名	
	擔任職務	
	等級俸額	
	任職年月	
	卸職年月	
退職原因	證明文件	
平時成績	考語	
	等第	
曾否受過獎罰	審覈長官	職銜
		簽名
		蓋章
粘貼相片	填表人簽名蓋章	
	銓敘部審定	
	備考	

中華民國　　年　　月　　日

說明

一、姓名至證明文件欄由各該公務員填載其他各欄由審核長官填載
二、本表年月上應蓋核轉機關印信如爲本條例第八條第二款之原機關長官核轉者免蓋
三、經歷欄應將曾任各職務由本人分別填寫附繳證件並填明各職務之任卸年月
四、黨證號碼一欄如未入黨者可填（未入）二字
五、著作欄如無著作者可填一（無）字
六、考語務須明晰正確切實評斷
七、等第用甲乙丙丁等字樣

動勞證明書

請求證明人　　年　　歲籍貫
服務機關
担任職務
據右開請求人開具事實請求證明查核所開事實均屬實在確合於公務員登記條例第　　條第　　款所規定之資格茲連同事實一份送請查照如有虛偽證明人願負法律上之責任此致
銓敘部
證明人
中華民國　　年　　月　　日

一、此項證明書由中央政治委員會委員或中央黨部執監委員及合法政黨負責人出具之
二、由中央政治委員會委員或中央黨部執監委員證明時均須二人以上署名蓋章由合法政黨負責人出具時須填明政黨名稱及負責人署名蓋章
三、此項證明書審查後由銓敘機關抽存

學歷證明書

查　　年　　歲　　省　　縣人於　　年　　月在　　校修習　　學科　　年畢業畢業證書因　　不能提出茲特證明該員確具前項學歷如有虛偽願負法律上之責任此致
銓敘部
原校校長等或該管教育機關長官署名蓋章
中華民國　　年　　月　　日

一、此項證明書由原校校長或主任職員及教員二人或該管教育機關長官出具之均須署名蓋章
二、該管教育機關長官私人證明未經加蓋正式印信者無效
三、此項證明書審查後由銓敘機關抽存

經歷證明書

請求證明人　　年　　歲籍貫

服務機關

擔任職務

據右開請求人以曾任前項職務自　　年　　月起至　　年　　月止共　　年　　月茲因遺失請求證明查請求證明人所任前項職務其任職卸職年月均屬實在如有虛僞證明人願負法律上之責任此致

銓敍部

某某機關長官或現任薦任官簽名蓋章

中華民國　　年　　月　　日

一、此項證明書由請求證明人之原服務機關出具之如原服務機關現已裁撤卽由原機關之主管上級機關出具均須機關長官署名蓋章並蓋正式印信

二、機關或上級機關長官私人出具並未加印信者無效現任薦任官須二人以上並須署名蓋章

三、此項證明書審查後由銓敍機關抽存

市政公報暫定價目表

期限	價目	郵費
零售	每冊三角	本市一分 外埠二分
半年	十二冊 三元五角	本市一角二分 外埠二角四分
全年	二十四冊 七元	本市二角四分 外埠四角八分

市政公報廣告刊例

頁數	價目
一頁	每期十一元
半頁	每期六元
四分之一頁	每期三元

刊登廣告在四號以上者每期按照七折計算連續十號以上者每期按照六折計算長期另議

出版日期　本公報暫定每月二次

編輯者　南京特別市政府祕書處

發行者　南京特別市政府祕書處

印刷者　南京時代印書館　地址：南京朱雀路邀貴井十八號　電話：二二五九五號

中華郵政掛號認爲第一類新聞紙類

中華民國三十一年八月三十一日

市政公報

第一零二期

南京特别市政府祕書處印行

目錄

命令

法規

公牘

行政院訓令

行政院訓令 行字第　號

令南京特別市政府

據外交部呈稱；

「竊查本部前爲統一指揮全國對外交涉事宜會擬具「外交部特派交涉員辦事處組織及職務規程」呈奉鈞院第三十七次會議修正通過并奉民國二十九年十二月十二日指令在案自施行以來由本部遴選人員分駐各省辦理地方涉外事件進行尙屬順利惟據各特派交涉員聲稱交涉二字意義上有對立之感不乏引起日方地方軍事當局誤解之事例反礙事務之推進僉以「特派交涉員」名稱似宜改爲「特派員」俾切實際本部以爲交涉員字樣既足引起誤會似有修正之必要但事變前外交部曾在邊省設有特派員辦事處係屬暫時性質且各特派員不負交涉責任與現在本部所設之特派交涉員辦事處微有不同如將特派交涉員辦事處改爲特派員辦事處不免有恢復事變前辦法之嫌故擬參照財政部在各省所設財政特派員公署之成例將辦事處一併改爲公署以示此項機關具有永久性質而與事變前所設之特派員辦事處稍有區別再查各特派員與地方機關行文辦法亦於民國三十年七月十九日呈奉鈞院核准在案茲乘修正之機擬增訂行文辦法一條併入該項修正規程以內俾各特派員於行文時有所遵循又原規程內第一條第二條第四條第十一條內所載之「市」係指直屬行政院之市嗣於民國三十年三月十三日中央政治委員會會議通過仍用民國十八年以前原名「特別市」字

樣茲擬於各該條內所載之市一律冠以「特別」字樣以符規定以上各點均屬文字上之改對於原規程規定之組織與職務並無變更所有擬請將「外交部特派交涉員辦事處」名稱修正爲「外交部特派員公署」并將原規程內各條文酌予增訂修改各緣由是否有當理合繕具外交部特派員公署組織及職務規程修正草案二份備文呈請鑒核施行」等情；據此，查核外交部擬將駐各省外交部特派交涉員辦事處改稱爲外交部特派員公署，并將組織及職務規程，酌予修正，均屬允當，應准照辦。除以院令公布施行并將本院二十九年十二月十一日公布之外交部特派交涉員辦事處組織及職務規程同時明令廢止暨分別咨通令外，令仰該市府飭屬一體知照！

此令。

附抄發外交部特派員公署組織及職務規程乙份。

中華民國三十一年八月　日

院長　汪兆銘

外交部特派員公署及職務規程

第一條　外交部爲統一指揮全國對外交涉事宜在重要各省及行政院直轄之特別市置特派員其機關稱曰「外交部駐某省或某特別市特派員公署」

第二條　特派員兼辦二省或一省一特別市或二省以上之交涉時由外交部擬訂其管轄區域與駐在地點及機關名稱呈請行政院核定之

第三條　特派員秉承外交部之命受地方最高長官之監督辦理地方交涉事件並監督所屬職員

第四條　未設特派員之省及特別市政府得設外事處或外事室承省或特別市政府之命辦理涉外行政事宜如發生交涉事件由省或特別市政府咨請外交部核辦外交部於必要時得派員前往協助或指定駐在其他省或特別市之特派員襄辦之

第五條　特派員對於下列事項非奉有外交部命令或經呈奉核准者不得辦理之
一、關於含有政治性質之地方交涉事項
二、關於定立條約協定契約合同等類事項
三、關於外人要求償卹及外人租地建造之特許事項
第六條　特派員於職務上遇有與地方行政或軍事關係事項除呈報外交部外隨時呈請省或特別市政府核辦或商請軍事機關長官協助辦理
第七條　特派員於職務上所關事項必須由地方行政司法或軍警機關協助或執行者得隨時商請各該機關辦理並將辦理情形呈報外交部
第八條　中央各機關主管事項有須特派員辦理者及特派員執行職務有須中央各機關核辦者其往返行文除特殊情形或緊急事件外均應咨行或呈請外交部核轉
第九條　特派員公署之組織分甲乙兩種由外交部視事務之繁簡酌定一種呈請行政院核准之
甲、置特派員一人祕書二人至三人科長二人至三人科員八人至十二人
乙、置特派員一人祕書一人至二人科長一人至二人科員五人至八人特派員公署因事務上之必要得酌用雇員但至多不得過六人
第十條　特派員由外交部請簡祕書科長由外交部呈荐科員雇員由特派員委派呈部核准備案
第十一條　特派員公署與地方機關行文辦法如下
特派員公署對於駐在或兼辦之省及特別市最高長官呈行之
特派員公署對於省市政府下之各廳局處及各級軍事司法機關概以公函行之
特派員公署對於各縣政府及特別市下之各區署以令行之
第十二條　各特派員公署之辦事細則由特派員依據本規程擬訂呈請外交部核定之
第十三條　本規程自公布之日施行

命令

南京特別市政府委令　字第　號

令麥兆初

茲派該員代理本府社會局第四科科長另候呈荐此令

中華民國三十一年八月　日

市長　周學昌

南京特別市政府訓令　字第　號

令社會局祕書葉一舟

茲調該祕書在祕書處工作遺缺派參事李惟身暫兼仰卽遵照此令

中華民國三十一年八月　日

市長　周學昌

南京特別市政府訓令　字第　號

令參事李惟身

查社會局祕書葉一舟調祕書處工作遺缺派該參事暫兼仰卽遵照此令

中華民國三十一年八月　日

市長　周學昌

南京特別市政府訓令 府財字第　號

令祕書處

案奉

行政院行字第七三一三號訓令內開：「現奉　國民政府三十一年八月六日第二二四號訓令開：『查整理舊法幣條例第四條第八條條文現經修正明令公布應即通飭施行除分令外合行抄發該修正條文令仰該院知照并轉飭所屬一體知照。』等因；計抄發修正整理舊法幣條例第四條條第八條文乙份，奉此，除分行外合行抄發該修正條文令仰該府飭屬一體知照。」等因；計抄發修正整理舊法幣條例第四條第八條條文一份，奉此，除分行外，合行抄發該修正條文令仰該處飭屬一體知照！

此令

計抄發修正整理舊法幣條例第四條及第八條條文一份

中華民國三十一年八月　日

市長　周學昌

修正整理舊法幣條例第四條及第八條條文 三十一年八月六日公布

第四條　收回之舊法幣應由中央儲備銀行按照財政部所定比率換給該行之鈔券但得代以同額之公債並得作為同額之存款存於該行

政府對於中央儲備銀行按照其所換出之鈔券及因交換所存之存款付與同額之公債

第八條　本條例施行區域由財政部隨時以部令定之

南京特別市政府訓令　府社字第　號

令 城鄉各區公所 市商會 銀行業公會 錢業公會

查商業倉庫取締規則業奉
行政院公布施行並經本府於七月二十一日以府社字第十八號布告週知暨令行（本市市商會及銀行錢業兩公會／該市商會及銀行錢業兩公會／該公會及市商會銀行業公會）轉飭各倉庫堆棧遵照辦理各在案茲爲切實奉行上項取締規則並求管理各商業倉庫堆棧便利起見特訂定「南京特別市商業倉庫堆棧申請登記給證辦法」七條除呈報並布告暨分行外合亟抄發原辦法令仰（該區長遵照轉飭所屬遵照／該商會／該公會遵照並轉飭各倉庫堆棧一體遵照迅即依法申請登記毋違干咎切切）

此令

計抄發南京特別市商業倉庫堆棧申請登記給證辦法各（十一／十十／十）份（見法規欄）

中華民國三十一年八月　日

市長　周學昌

南京特別市政府訓令　府社字第　號

令 市銀行 財政局 市公典

案據市公典董事會呈稱：

「查市公典資本原定爲十五萬元惟尙未奉鈞府撥足計差額一萬七千八百二十五元三角四分實際上僅有資本十三萬二千一百七十四元六角六分（卽事變前公濟典存上海中國銀行之款由本府設法派員提囘者）實屬不敷周轉非加以擴充不足以資應付而維營業爰經提出第一次董監聯席會議決議市公典資本擴充爲五十萬元除該典原有資本十三萬二千一百七十餘元外呈請市政府加撥十六萬七千八百餘元湊足三十萬元再由市銀行撥二十萬元合共五十萬元至於市公典流動資金亦經決議向市銀行透支以五十萬元爲度各等語紀錄在卷理合檢同會議紀錄簽請鈞長鑒賜轉飭財政局加撥十六萬七千八百二十五元三角四分連同市公典原有資本湊足三十萬元幷令飭市銀行迅予籌撥資金二十萬元以利營業」

等情查該典資本不敷周轉尙屬實情自應擴充以維營業除飭

財政局加撥十六萬七千八百二十五元三角四分連同市公典原有資本湊足二十萬元並令飭市公典籌款二十萬元撥充市公典資金俾資周轉爲要

市銀行籌款二十萬元撥充市公典資金幷令該典知照外合行令仰該局遵照加撥十六萬七千八百卄五元三角四分連同市公典原有資本湊足三十萬元俾資周轉爲要

財政局加撥十六萬七千八百二十五元三角四分連同該典原有資本湊足三十萬元並令市銀行籌撥知照外合行令仰該遵照即便資金二十萬元外合行令仰知照

此令

中華民國三十一年八月　日

市長　周學昌

南京特別市政府訓令　府財字第　號

令出賦征收處

案查本府擬將市轄田賦自三十一年度起照原稅率加倍征收一案茲經呈奉行政院行字第八八五八號指令內開呈悉該市府擬自三十一年度起所有市轄田賦一律照原稅率加倍征收仍不帶征其他附稅先經飭據財政部議復於人民負担尙不爲重似可暫准試辦等情應予暫准試辦一年期滿後仍照中央公布田賦條例分別實施仰卽遵照辦理具報並候令行財政部知照等因奉此除呈復外合亟令仰該處照遵辦理具報備查

此令

中華民國三十一年八月　日　市長 周學昌

南京特別市政府訓令 府財字第　號

令 本府各局處 附屬機關 各區公所 市商會 市銀行

案准

財政部錢壹字第一〇三號咨開：

「查本部前爲調整通貨以期雙方兼顧起見曾規定在中央儲備銀行尙未設立分支行或辦事處地方及中央儲備銀行券未經流通之處其中央中國及交通三銀行之舊幣暫時准予收授並應按照舊幣二對一之比率以中央儲備銀行券爲計算單位於本年五月三十一日以錢壹字第五五號咨請貴市政府查照嗣又以上項所稱按照舊幣二對一之比率以中央儲備銀行券

爲計算單位一節係指地方政府機關而言等語於六月二日咨請飭屬遵辦各在案現在收回舊幣期限早經屆滿禁止使用舊幣區域亦已由部分別指定日期佈告施行並規定自本年八月一日起各該禁區區域應一律禁止攜帶是舊幣之通貨性既經完全取消所有本部前咨所定暫予收授及按舊幣二對一之比率計算辦法在禁用舊幣各區域內自應一律取消不得再行授用除分行幷令知整理舊幣委員會外相應抄錄禁用舊幣各區域一覽表咨請貴市政府查照辦理並希轉飭所屬一體遵辦爲荷」

等由附禁用舊幣各區域一覽表准此除分行外合行抄發禁用舊幣各區域一覽表令仰該〇轉飭所屬一體遵辦

此令

計抄發禁用舊幣各區域一覽表

一、南京上海兩市　六月二十五日起禁止使用

二、清鄉區(包括蘇州常州無錫常熟崑山太倉江陰)　七月十五日禁止使用

三、廣東省及廈門市　七月十日起新舊幣全面交換至二十三日滿期後由部分電陳主席及汪特派員酌量當地情形分別辦理

四、杭州市及嘉興鎭江兩縣城市　八月一日起禁止使用

中華民國三十一年八月　日　市長　周學昌

南京特別市政府訓令　府工字第　號

令下關上新河燕子磯區防汛辦事處

「查本年處汛揚子江水勢浩大下關水尺紀錄比較民國二十年同月份尚高當經飭由工務局

計劃防汛一面集合中央各有關機關組織首都防汛委員會並於七月間成立各防汛辦事處當經分配搶險材料積極佈防各在案現據報下關隄工已經補築加高先後工竣兩鄉區堤圩亦經分別妥爲修護幸慶安瀾惟是伏汛雖過轉瞬卽屆秋汛各防區亟宜趁此水落之時將隄身前次衝坍及單薄之處迅予查明從速培補此誠爲唯一預防上策庶免臨時倉皇搶險有措手不及之虞茲據兩鄉區請予續發搶險材料前來除交工務局核發外仰卽在此秋收農隙之時督率民伕普遍加培圩堤以期鞏固萬全實爲切要」

此令。

中華民國三十一年八月　日　　市長　周學昌

南京特別市政府訓令　府工字第　號

令下關上新河燕子磯區防汛辦事處

「查本市防汛曾規定揚子江漲水下關水尺達到五·五〇公尺爲開始時期本年處汛較早水勢亦較大經於七月五六日分別成立燕子磯上新河及下關等三區防汛辦事處派定兼主任負責辦理各該區防汛事宜茲查江水逐漸降落而隄工亦已加高各防汛辦事處自應辦理結束各自成立之日起均以兩個月爲限所有秋汛各區之防護事項應卽責成各該區長主持除飭令工務局注意水位上漲情形派員隨時協助外仰卽遵辦具報

此令。

中華民國三十一年八月　日　　市長　周學昌

南京特別市政府訓令 府宣字第　號

令本府所屬

案准

行政院新國民運動促進委員會總字第四十一號公函內開：

「查中國童子軍歌中國青年團歌業奉 領袖分別修正制定本會公布。除已於本月八日由會公布並分別咨函各有關機關查照外，相應檢同中國童子軍歌，中國青年團歌備函奉達，卽希查照並轉行知照」

等由：附中國童子軍歌中國青年團歌各一份，准此，自應照辦。除分令外，合行抄發原附件令仰該　知照並轉飭所屬知照。

此令

附抄發中國童子軍歌中國青年團歌各乙份

中國青年團團歌

陸仲仁作曲

F調 4/4

雄壯前進

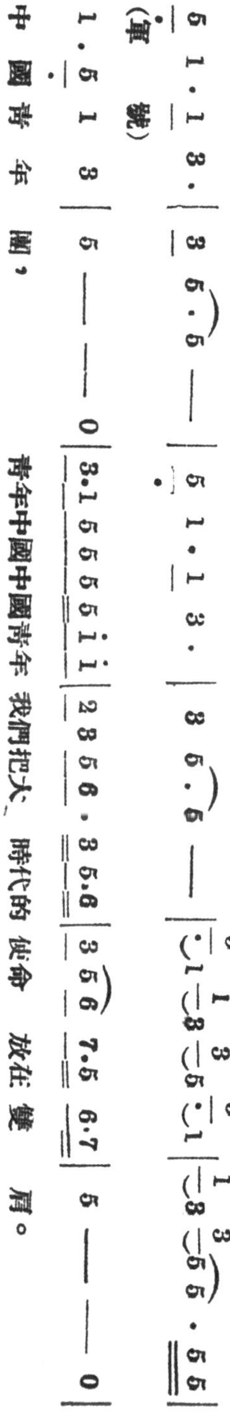

5 1·1 3· | 3 5·5 — | 5 1·1 3· | 3 5·5 — | 1 3 5 1 | 3 5 5·55 |

(軍　號)

1·5 1 3 | 5 — — 0 | 3·1 5 5 5 5 1 1 | 2 3 5 6·3 5·6 | 3 5 6 7·5 6·7 | 5 — — 0 |

中國青年團，青年中國中國青年 我們把大 時代的 使命 放在 雙 肩。

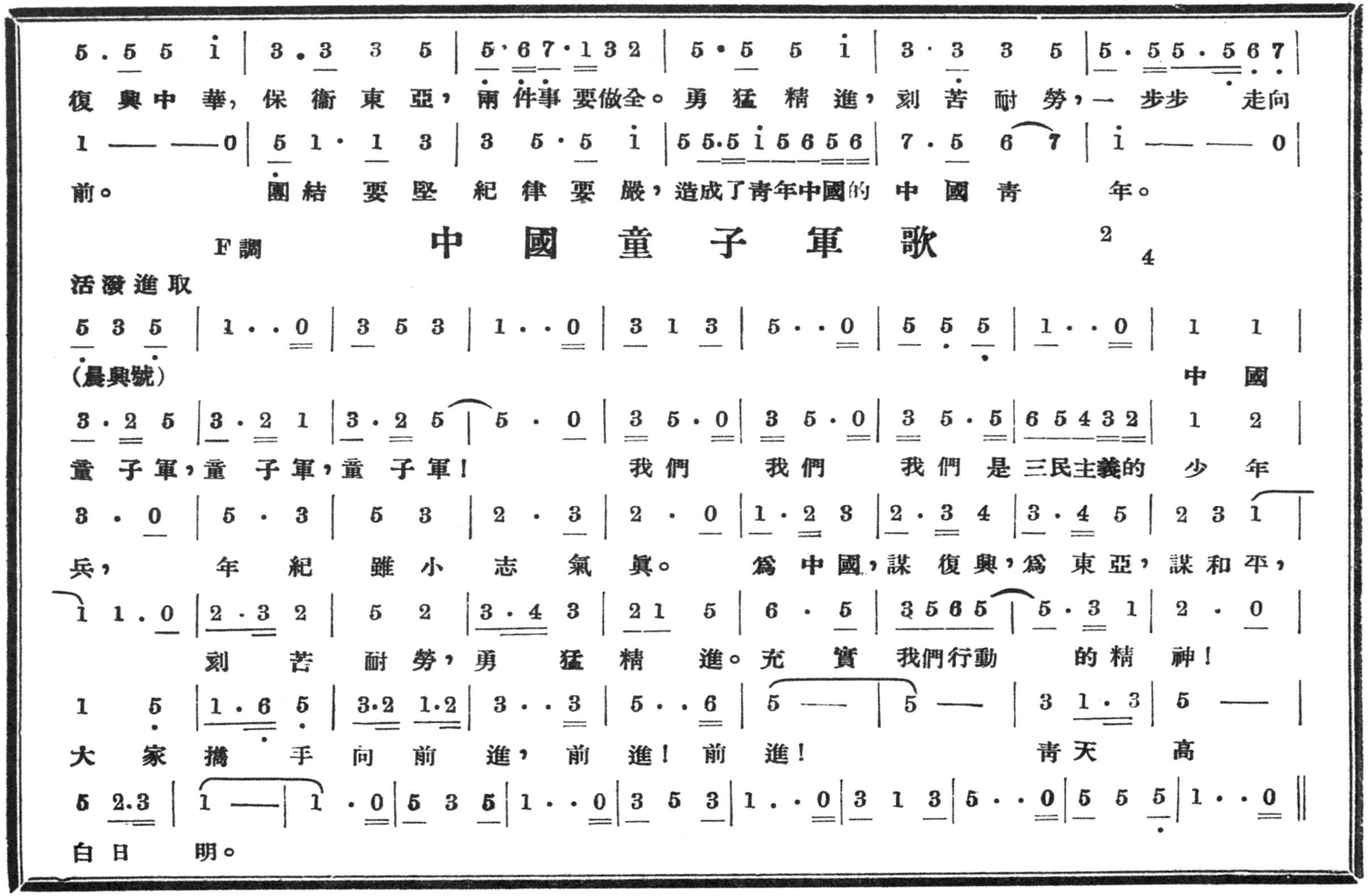

5 . 5 5 i | 3 . 3 3 5 | 5·67·132 | 5 . 5 5 i | 3 · 3 3 5 | 5 · 55 · 567 |
復興中華，保衛東亞，兩件事要做全。勇猛精進，刻苦耐勞，一步步走向
1 —— —— 0 | 5 1 · 1 3 | 3 5 · 5 i | 5 5·5 i 5 6 5 6 | 7 · 5 6 7 | i —— —— 0 |
前。團結要堅紀律要嚴，造成了青年中國的中國青年。

中國童子軍歌

F調 2/4

活潑進取

5 3 5 | 1 · · 0 | 3 5 3 | 1 · · 0 | 3 1 3 | 5 · · 0 | 5 5 5 | 1 · · 0 | 1 1 |
（晨興號） 中國
3 · 2 5 | 3 · 2 1 | 3 · 2 5 | 5 · 0 | 3 5 · 0 | 3 5 · 0 | 3 5 · 5 | 6 5 4 3 2 | 1 2 |
童子軍，童子軍，童子軍！我們我們我們是三民主義的少年
3 · 0 | 5 · 3 | 5 3 | 2 · 3 | 2 · 0 | 1 · 2 3 | 2 · 3 4 | 3 · 4 5 | 2 3 1 |
兵，年紀雖小志氣眞。爲中國，謀復興，爲東亞，謀和平，
1 1 . 0 | 2 · 3 2 | 5 2 | 3 · 4 3 | 2 1 5 | 6 · 5 | 3 5 6 5 | 5 · 3 1 | 2 · 0 |
刻苦耐勞，勇猛精進。充實我們行動的精神！
1 5 | 1 · 6 5 | 3·2 1·2 | 3 · · 3 | 5 · · 6 | 5 —— | 5 —— | 3 1 · 3 | 5 —— |
大家攜手向前進，前進！前進！青天高
5 2.3 | 1 —— | 1 · 0 | 5 3 5 | 1 · · 0 | 3 5 3 | 1 · · 0 | 3 1 3 | 5 · · 0 | 5 5 5 | 1 · · 0 ||
白日明。

南京特別市政府公布令 府社字第　號

茲制定南京特別市公糶委員會公糶售米處違章罰則公布之
此令

計附南京特別市公糶委員會公糶售米處違章罰則一份（見法規欄）

中華民國三十一年八月　日

市長　周學昌

南京特別市政府布告 府社字第　號

查商業倉庫取締規則業奉
行政院公布施行並經本府以府社字第十八號布告週知暨令行市商會銀錢業同業公會轉飭各倉庫堆棧遵照辦理各在案茲爲切實奉行上項取締規則並求管理市內各商業倉庫堆棧便利起見特訂定「南京特別市商業倉庫堆棧申請登記給證辦法」七條除呈報並分行外合亟抄同原辦法布告週知
此布

計抄附南京特別市商業倉庫堆棧申請登記給證辦法一份（見法規欄）

中華民國三十一年八月　日

市長　周學昌

南京特別市政府佈告 府社字第　號

查本市八月份下旬主要日常食用物品七十九種業已送經

南京特別市物價評議委員會第十四次常會評定最高限價定於八月二十一日起實行凡各商人售賣後列各項主要日常食用物品不得超過該項最高限價並須於物品上標明定價出售其有暗盤抬價者或雖經申請變更售價未經核准公佈擅自提高者僞稱無貨應市意圖囤積居奇者變更品級或羼雜劣質意圖欺矇漁利者一經查實或被告發獲有確證定即依照　國民政府公佈取締私抬物價暫行條例從嚴懲罰惟自動在限價以下售賣則屬商人希望營業發展當然在所不禁至未經評定限價之物品仍須遵照取締私抬物價暫行條例之規定不得任意高抬除函請

首都警察總監署按照評定最高限價飭屬查察嚴厲執行外合將八月份下旬評定主要日常食用物品最高限價列表佈告週知

此佈

計附限價表一份

南京特別市八月份下旬日常要主食用物品評定最高限價表

食糧類

品名	單位	最高限價 元	角分	備註
綠牡丹麵粉	袋	九一	〇〇	
紅牡丹麵粉	袋	八一	〇〇	
藍牡丹麵粉	袋	六一	〇〇	
上等本製乾麵	每百斤	一八五	〇〇	
次等本製乾麵	每百斤	一六〇	〇〇	
上等切麵	斤	二	〇〇	
中等切麵	斤	一	六〇	
次等切麵	斤	一	二〇	
小麥	石	一四〇	〇〇	
大麥	石	七〇	〇〇	
黃豆	石	一八〇	〇〇	
綠豆	石	二四〇	〇〇	

品名	單位	最高限價 元	最高限價 角分	備註
赤豆	石	一四〇	〇〇	
豌豆	石	一五〇	〇〇	
蠶豆	石	一八〇	〇〇	
玉蜀黍	石	一三〇	〇〇	
芝蔴	石	五六〇	〇〇	

調味類

品名	單位	最高限價 元	最高限價 角分	備註
豆油	斤	七	八〇	
蔴油	斤	八	四〇	
上白糖	斤	四	八〇	
棉白糖	斤	四	五〇	
砂糖	斤	四	四〇	
紅糖	斤	四	四〇	

服用類

品名	單位	最高限價 元	最高限價 角分	備註
上等捲花	斤	六	四八	
上等被花	斤	七	二〇	
龍頭細布	尺	二	一〇	
190陰丹士林布	尺	三	四〇	
通州土布	尺	一	四五	
條標布	尺	二	二〇	
黑洋布	尺	二	五〇	

燃料類

品名	單位	最高限價 元	最高限價 角分	備註
煤球	担	一六	〇〇	
普通柴煤	噸	三二〇	〇〇	

五洋類

品名	單位	最高限價 元	最高限價 角分	備註
上海牌火柴	簍	四九〇	〇〇	
雜牌火柴	簍	四三五	〇〇	
固本皂	箱	二七五	〇〇	
日光皂	箱	四二五	〇〇	

品名	單位	最高限價 元	角分	備註
僧帽牌洋燭	箱	二一五	〇〇	
鷹牌洋燭	箱	二一八	〇〇	

茶類

品名	單位	最高限價 元	角分	備註
青茶	兩		五〇	
紅茶	兩		六〇	

紙類

品名	單位	最高限價 元	角分	備註
報紙	令	一九五	〇〇	
江南毛邊	令	一四五	〇〇	
草紙	捆	七	五〇	
表芯紙	刀	三	〇〇	

葷菜類

品名	單位	最高限價 元	角分	備註
猪隻	担	六二〇	〇〇	
猪肉	斤	五	八〇	
板油	斤	八	〇〇	
金腿	斤	整隻一六	〇〇	
		零售一八	〇〇	
香肚	個	大三	五〇	
		小二	五〇	
公鷄	斤	四	八〇	
母鷄	斤	五	四〇	
鴨	斤	四	五〇	
牛肉	斤	三	七〇	
鯽魚	斤	七	〇〇	
鰱魚	斤	三	〇〇	
鯖魚	斤	四	〇〇	
鱔魚	斤	四	五〇	
蝦	斤	五	六〇	
皮蛋	個		九〇	
鷄蛋	個		四〇	
鴨蛋	個		四五	

蔬菜類

品名	單位	最高限價 元	角分	備註
水粉絲	斤	一	六〇	
豆腐	塊		二〇	
豆腐乾	塊		二〇	
百頁	張		二〇	
水麵筋	斤	三	〇〇	
青菜	斤	一	〇〇	
莧菜	斤		四〇	
蕹菜	斤		四〇	
毛豆	斤	一	三〇	
黃豆芽	斤		九〇	
綠荳芽	斤		八〇	
青辣椒	斤		五〇	
冬瓜	斤		二五	
茄子	把		二〇	
長豇荳	斤		八〇	
筍瓜	個		三〇	
韮菜	斤		八〇	
藕	斤	一	二〇	

中華民國三十一年八月　日

市長　周學昌

南京特別市政府布告

府財字第　號

案查房捐依照中央劃分國地稅收標準係屬本市法定收入舖房捐已早征收住房捐前曾籌備至今尚未實施現在本市建設諸待進行事業逐漸擴展支出因亦增加如不設法開源將何以資應付所有前項住房捐自應依法及時舉辦俾濟要需除呈報行政院備案並派員尅日調查外茲定於本年九月份起開始征收合行抄錄征收住房捐暫行章程佈

告週知務仰本市居民於本府派員調查時即將租金數目據實申報並將租約或租摺隨時交閱以憑核定捐額後按月照章繳納捐款不得以多報少或任意延欠致干懲處切切此佈

附錄住房捐暫行章程黏後（見法規欄）

中華民國三十一年八月　日

市長　周學昌

財政局局長　譚友仲

南京特別市政府
首都警察總監署
會銜佈告　政四字第　號

查本市人口稠密，丁此炎夏，對於清潔事項，尤以運糞及洗滌便器，應加特別注意，茲由本府署會同修訂限制運糞及洗滌便器辦法一種，自即日起施行，以保清潔而重衛生。除分飭所屬嚴予執行外，合亟粘附上項辦法，會銜佈告，仰本市民衆一體遵照爲要。此佈。

附限制運糞及洗滌便器辦法

首都警察總監署修改限制運糞及洗滌便器辦法

第一條　本市限制運糞及洗滌便器均依本辦法辦由之

第二條　凡運糞器具務須緊密並嚴加覆蓋不得滲漏淋漓臭氣外溢

第三條　運除糞類及洗滌便器時間規定春秋冬季每日上午八時以前下午九時以後夏季每日上午七時以前下午十一時以後（以上均係節約時間）

第四條　運糞器具及便器經過之路綫須趨就僻靜街巷或河道通行中途不得任意停歇

第五條　本市居民不得在城內外各河流洗滌便器及一切穢物

第六條　本市居民洗滌便器及一切穢物與洗滌食物食具等不得在同一池塘及同一時間行之

第七條　本市居民在道旁洗滌便器時應將穢水傾倒於路旁陰溝內不得隨地亂潑

第八條　凡違犯本辦法第二第四第五第六各條之規定者得按照修正違警罰法第四十九條第一二三六各款分別處罰之

第九條　凡違犯本辦法第三條之規定者得按照修正違警罰法第三十三條第一款處罰之

第十條　凡違犯本辦法第七條之規定者得按照修正違警罰法第四十二條第八款處罰之

第十一條　本辦法如有未盡事宜得隨時修正之

第十二條　本辦法自公佈日施行

南京特別市政府公告　字第　號

一　五

案據業戶厲蕭淑端呈報受押李功坐落白下路祥瑞里第三〇三號房地產原領前土地局所發他二字第一三四號他項權利證明書乙件因已遺失請予補給等情經飭據呈繳聲明他項權利證明書遺失報紙暨商保前來茲依照土地法第一百四十條第二款之規定揭示公告自公告之日起對於該項遺失他項權利證明書如有因權利關係聲明異議者須於三個月內提出理由書暨證明文件呈候核辦一經公告期滿無人異議卽予依法補給他項權利證明書以資執憑合行公告週知

中華民國三十一年八月　日

市長　周學昌

地政局局長　胡政

法規

南京特別市商業倉庫堆棧申請登記給證辦法

一、本辦法依據商業倉庫取締規則訂定之
二、凡在本府已領營業許可證之倉庫或堆棧遵照（商業倉庫取締規則）前來補行申請登記者應免費發給倉庫堆棧登記證（登記證式樣另定之）
三、凡未在本府領有營業許可證之倉庫或堆棧除依照普通工商業登記程序繳納登記費經審查合格發給營業許可證外仍須遵照商業倉庫取締規則申請登記加發倉庫堆棧登記證不另收費
四、凡銀行銀號附設之倉庫堆棧應遵照商業倉庫取締規則申請登記領取倉庫堆棧登記證並應按照其倉庫或堆棧部份之資金數額依章繳納登記費
五、各倉庫及堆棧申請登記時應塡具申請書及保證書逕呈本府社會局申請登記但銀行銀號附設之倉庫堆棧經銀行公會證明得免塡保證書
六、本辦法如有未盡事宜得隨時修正之
七、本辦法自公布之日施行

南京特別市公糶委員會公糶售米處違章罰則

三十一年八月二十一日公布

第一條　公糶售米處出售公糶米如不遵照規定手續或違章營業者經本會查明屬實後依本罰則之規定處罰之
第二條　凡有左列情形之一者處以十元以上壹百元以下之罰鍰
　一、不在購米證上按日加蓋售訖戳記者
　二、不依照規定登載賬簿者
　三、塡送日報表延遲至三日以上者
第三條　有左列情形之一者處以壹百元以上叁百元以下之罰鍰

一、不按時領米以致無米應市者但有特殊情形經呈明有案者不在此限
二、不憑購米證而擅自出售公糶米者
三、私自隱匿意圖囤積者
四、不依照規定數量私自剋扣或多售者
五、借用購米證浮報售米數量或經手轉售公糶米者

第四條　有左列情形之一者處以貳百元以上伍百元以下之罰鍰
一、抬高售價者
二、私自將公糶米過機出售者
三、攙雜水糠沙石或攙和劣質食米者

第五條　兩案併發或累犯者除呈請市政府吊銷營業執照外並得加重處罰之

第六條　凡處罰案件經呈准市政府發交米糧業同業公會執行之

第七條　公糶售米處如有違背本罰則第二三四條之情事者無論何人得隨時向本會舉發之

第八條　舉發人或查覺人得按罰鍰數目提給獎金百分之二十

第九條　本罰則如有未盡事宜得隨時修正之

第十條　本罰則自呈准公布之日施行

南京特別市財政局徵征住房捐暫行章程

第一條　凡在本市區內所有住房均應依照本章程徵收房捐

第二條　住房捐由財政局附設徵收機關派員分區挨戶按月徵收製給住房捐收據

第三條　住房捐捐率按照左列規定徵收之
甲、租賃住宅按實在租價徵收百分之十
乙、自產住宅按估定租價徵收百分之十

第四條　前條甲項租價應以最近之租據或租摺爲憑如有原租價與房屋過相懸殊時得依照時值另行估定其乙項租值應比照附近相等房屋之租價公平估定之

第五條　凡屬租賃住宅之住房捐概由業主及租戶各半負擔其業主應担半數由租戶墊繳後憑住房捐收據在月租內扺算

但遇有特殊情形時得將徵收手續酌量變更或由銀行代收之

第六條　凡以住宅作爲商號具有營業行爲者應按鋪房徵捐其以鋪房作爲住宅確無營業行爲者得照住房徵捐

第七條　凡政府機關學校及已立案之人民團體等應免徵住房捐

第八條　前條指免捐之房屋係指自行建築者而言如係向人租賃者其業主部份應擔半數房捐仍當照章繳納

第九條　凡官產房屋而賃人居住者免徵業主部份半數房捐其租戶部份半數捐款仍當照繳

第十條　凡房屋屬於地方公產而所收利息完全作教育慈善或其他公益之用者得免業主部份半數捐款其租戶部份半數捐款仍當照繳

第十一條　凡免捐之團體學校等房屋如以餘屋賃人居住者出賃部份應照章徵捐

第十二條　凡住房月租不滿五元者准予免捐

第十三條　凡住戶起租之日在十五日以前者照全月捐額徵收在十六日以後者照半月捐額徵收

第十四條　凡租戶退租之日在十五以前者照半月捐額徵收在十六日以後者照全月捐額徵收

第十五條　住房捐收據用三聯式以一聯掣給捐戶一聯繳財政局審核一聯存徵收機關備查

前項收據由財政局製備編號蓋印發交徵收機關按戶塡用

第十六條　捐戶對於租金應據實申報如有以多報少情事一經查出按照隱匿捐額處以一倍以上五倍以下之罰金

第十七條　捐戶對於住房捐應按月清繳徵收機關派員持據往收時應卽如數繳納如因故未能繳納准於五日內自行投繳否則照左列各款處罰

(一)逾期十日始繳者按其應納捐款加罰一成

(二)逾期二十日始繳者按其應納捐款加罰二成

(三)逾三十日仍不繳者除由徵收機關勒追或函請警察局追繳外並按其應納捐款加罰三成

第十八條　凡住宅租價增減或房屋變更及新建新租均應由房主隨時報告該管徵收機關登記其自用房屋由房主估計租價申報徵收機關如認爲所報與事實不符可比較附近同等房屋另行估定之

第十九條　凡房屋買賣或典押應由房主隨時申報該管徵收機關登記在未經申報以前原房主應負納捐責任

第二十條　徵收員如有額外浮收或藉端勒索情事得由納捐人向財政局據實呈訴依法究辦

第二十一條　本章程如有未盡事宜得隨時修正之

第二十二條　本章程自呈奉核准之日施行

公牘

南京特別市政府呈 字第　號

查商業倉庫取締規則業奉
鈞院於三十一年七月四日公布施行並經本府佈告暨令飭市商會銀行錢業兩同業公會轉飭本市各倉庫堆棧遵照辦理各在案茲爲切實奉行上項取締規則並求管理各商業倉庫堆棧便利起見特擬訂「南京特別市商業倉庫堆棧申請登記給證辦法」七條除布告並分行外理合繕具原辦法備文呈請
鑒核俯賜備查實爲公便謹呈
行政院院長汪

附呈南京特別市商業倉庫堆棧申請登記給證辦法一份（見法規欄）

市長　周學昌

中華民國三十一年八月　日

南京特別市政府呈 府財字第　號

查本市衛生道路暨水利各項事業亟待推進在在需款三十一年下半年度本府收支概算關于各該項事業之經費均分別增列以利進行計每月較前加多十五萬元之鉅爲求收支平衡起見勢不得不籌集專款以資挹注現擬就本市境內所有電燈電熱電力各用戶征收公益捐以充衛生及工程事業費用暫定按照用戶每月用電總量從價征收百分之五除軍警機關及各國駐華使館一律先征

外所有市內各用戶均委托華中水電公司於收納電費時附帶征收茲特飭由財政局擬具南京特別市征收公益捐章程草案並擬于本年八月份起開始征收除咨請財政實業兩部查核備案外理合繕具前項章程草案備文呈報仰祈鑒核指令祗遵

謹呈

行政院院長汪

附呈案二份

南京特別市市長　周學昌

中華民國三十一年八月　日

南京特別市政府咨　字第　號

案查本市土地工作旬報表業經送至八月份上旬在卷茲造具八月份中旬前項工作旬報表乙份相應咨送即希

查照爲荷

此咨

內政部

計咨送本市土地工作八月份中旬旬報表乙份

市長　周學昌

中華民國三十一年八月　日

南京特別市政府咨　字第　號

案查本市土地工作旬報表業經送至八月份中旬在卷茲造具八月份下旬前項工作旬報表乙

份相應咨送即希
查照爲荷
此咨
內政部
計咨送本市土地工作八月份下旬旬報表乙份
中華民國三十一年八月　日
市長　周學昌

南京特別市政府辦理土地登記工作八月份中旬旬報表

中華民國三十一年

日數 \ 事項	接收登記聲請書	土地所有權登記	房屋登記	更正登記	塗銷登記	移轉登記	分割登記	共有權登記	住所變更登記	繕寫查驗證	發給查驗證	備註
11					2	3					4	
12						2					1	
13						2					2	
14					1	7					3	
15					2	9					4	
星期 16												
17						1					1	
18						1				1	2	
19					1	4					2	
20						3					2	
總計件數					6件	32件				1件	21件	

南京特別市政府辦理土地登記工作八月份下旬旬報表

中華民國三十一年

事項／日／件數	接收登記聲請書	土地所有權登記	房屋登記	更正登記	塗銷登記	移轉登記	分割登記	共有權登記	住所變更登記	繕寫查驗證	發給查驗證	備註
21						5				1	1	
22						2					2	
星期 23												
24						7					2	
25					1	4				1	1	
26					2	10					2	
27						5						
28						3						
29					1	5					4	
星期 30												
31						2					3	
總計件數					4件	43件				2件	15件	

南京特別市政府公函 府衛字第　號

案據衛生試驗所先後呈稱職所化驗夏令清涼飲品查有金陵公司愼豐水菓店愼豐飲冰室金鷄飲冰室復興飲冰室等五家之冰淇淋化驗結果認爲不適於飲料之用又釆芝齋之檸檬汽水元盛之檸檬汽水德甡號之沙士汽水等三家係上海益利汽水公司製造化驗結果認爲不適於販賣又小巴黎飲冰室水上飯店飲冰室綠寶水菓店新亞食品店等四家之冰淇淋鶴林水菓店經售紅寶牌鮮桔水化驗結果認爲不適於販賣各等情並附呈各該商號化驗鑑定書據此除將前項化驗鑑定書先後通知各該商號遵照尅日停止販賣外相應抄送清册一份函請

貴署查照轉飭所屬各該管警局嚴密取締以重衛生實紉公誼

此致

首都警察總監署

附清册乙份

市長　周學昌

中華民國三十一年八月　日

南京特別市衛生局衛生試驗所化驗清涼飲料結果一覽表 三十一年八月二十一日

商號	品名	自製或販賣	化驗結果	地址	備考
金陵公司	冰淇淋	自製	不適於飲料之用	貢院西街86號	
愼豐水菓店	冰淇淋	自製	不適於飲料之用	貢院街24號	
愼豐飲冰室	冰淇淋	自製	不適於飲料之用	貢院街19號	
金鷄飲冰室	冰淇淋	自製	不適於飲料之用	貢院東街90號	
復興飲冰室	冰淇淋	自製	不適於飲料之用	朱雀路75號	

采芝齋	上海益利檸檬汽水販賣	不適於販賣之用	建康路157號
元盛	上海益利檸檬汽水販賣	不適於販賣之用	建康路208號
德姓	上海益利沙士汽水販賣	不適於販賣之用	建康路106號
小巴黎	冰淇淋自製	不適於販賣之用	貢院街
水上飯店	冰淇淋自製	不適於販賣之用	夫子廟
綠寶水菓店	冰淇淋自製	不適於販賣之用	貢院街
新亞食品店	冰淇淋自製	不適於販賣之用	貢院東街
鶴林水菓店	紅寶牌鮮橘水販賣	不適於販賣之用	貢院街

南京特別市政府公函 字第 號

案准

貴署政四字第二二號公函內開：

「案准貴府府衛字第四八號公函略以本市人口稠密裝運糞汚以及洗滌糞桶特規定節約時間每日晨七時前爲裝運糞便與洗滌便器時間過時絕對予以禁止其有糞車糞桶無蓋或洗滌便器食具同在河塘一處者應隨時加以查禁囑查照轉飭各局所督促警士嚴格取締等由准此查關於運糞事宜業經前首都警察廳訂定限制運糞辦法施行在案敝總監視事後正在計劃改善茲准前由自應參照辦理爰經改訂爲限制運糞及洗滌便器辦法一種自卽日起施行所有前訂限制運糞辦法應卽廢止除分別呈報幷分令外相應抄同是項改訂限制運糞及洗滌便器辦法幷擬就會銜布告正副稿一式兩份一併備函奉達請煩查照判行擲還俾便辦理」等由准此自應照辦除飭糞使處置所遵照辦理幷將會銜布告判印抽存備查外相應檢同會銜布告正稿一份備函送達卽希

查照見復爲荷！

此致

首都警察總監署

計附送會銜布告正稿乙份

市長　周學昌

中華民國三十一年八月　日

市政公報暫定價目表

限價	目	郵費
零售	每册三角	本市一分 外埠二分
半年	十二册 三元五角	本市一角二分 外埠二角四分
全年	二十四册七元	本市二角四分 外埠四角八分

市政公報廣告刊例

頁數	價目
一頁	每期十一元
半頁	每期六元
四分之一頁	每期三元

刊登廣告在四號以上者每期按照七折計算連續十號以上者每期按照六折計算長期另議

出版日期 本公報暫定每月二次

編輯者 南京特別市政府祕書處

發行者 南京特別市政府祕書處

印刷者 南京時代印書館 地址：南京朱雀路邀貴井十八號 電話：二二五九五號

中華郵政掛號認為第一類新聞紙類

中華民國三十一年九月十五日

市政公報

第一零三期

南京特別市政府秘書處印行

目錄

命令

法規

公牘

統計

行政院訓令

行政院訓令 行字第　號

令南京特別市政府

奉

國民政府第一六七號訓令開：

「查首都警察總監署組織法，現經制定，明令公布，應即通飭施行，除分令外，合行抄發該組織法，令仰該院知照，幷轉飭所屬一體知照。此令。」

等因；計抄發首都警察總監署組織法一份，奉此。除將上項組織法刊登公報不再抄發並分行外，合行令仰該府飭屬一體知照！此令。

中華民國三十一年六月　日

院長　汪兆銘

首都警察總監署組織法 民國三十一年六月十二日公布

第一條　首都警察總監署直屬行政院幷受內政部之指示監督掌理首都警察事務其轄境以南京特別市政府之區域爲限首都警察總監署對於南京特別市治安與南京特別市政府共負維持增進之責

第二條　首都警察總監署爲執行法律命令依法律命令之委任於不抵觸法令範圍內得呈准行政院發布單行章程規則

第三條　首都警察總監對於所屬機關及職員所爲之處分或命令認爲違背法令妨害公益或侵越權限時得停止或撤銷之

第四條　首都警察總監署置左列各處

一、總務處

二、特警處
三、保安處
四、司法處
五、勤務督察處

第五條　總務處掌左列事項
一、關於收發分配擬及保管文件事項
二、關於典守印信事項
三、關於警察制度之釐訂事項
四、關於所屬警察機關之設置裁併事項
五、關於警察人員之任免及敍等進級事項
六、關於警察員警成績之考核奬懲及撫卹事項
七、關於警察訓育及警士募補事項
八、關於本署及所屬局隊所之經費事項
九、關於警察裝械車輛船隻配備修繕保管及一切設備之計劃與物品之購置分配事項
十、關於本署官產官物及圖書保管事項
十一、關於本署刊物編纂發行事項
十二、關於警察福利事項
十三、其他不屬各處項事

第六條　特警處掌列事項
一、關於情報事項
二、關於集會結社之調查取締事項
三、關於新聞電影之檢查事項
四、關於外國人保護事項
五、關於外事聯絡事項

六、關於協助調解勞資糾紛事項

第七條 保安處掌左列事項

一、關於保安正俗事項

二、關於交通警察事項

三、關於衛生警察事項

四、關於戶口調查事項

五、關於消防警察及防空事項

六、關於建築及修繕取締事項

七、關於違禁物品取締事項

八、關於自衛槍照之核發及編查事項

九、關於突發事故之鎮壓事項

十、關於警衛警戒及本署警備之計劃事項

十一、關於市政及其他機關推行政令之協助事項

十二、關於救濟事業之協助事項

十三、其他行政警察及保安警察事項

第八條 司法處掌左列事項

一、關於審訊事項

二、關於偵緝事項

三、關於拘押人犯事項

四、關於贓證保管事項

五、關於鑑識事項

六、其他司法警察事項

第九條 勤務督察處掌左事項

一、關於外勤暨局隊所內務及警紀風紀之督察事項

二、關於城門車站輪埠等處稽查事項

三、關於警衛警戒督率檢查事項

四、關於總監交辦事項

第十條　首都警察總監署設總監一人綜理署務並指揮監督所屬機關及職員

第十一條　首都警察總監署設參事二人撰擬審核關於本署法案章則幷設計一切警察事務

第十二條　首都警察總監署設秘書四人至六人承總監之命辦理審核文件署務會議及機要事項

第十三條　首都警察總監署總務處特警處保安處司法處各設處長一人分掌各處事務

第十四條　首都警察總監署勤務督察處設勤務督察長四人勤務督察員稽查各若干人辦理勤務督察事務

第十五條　首都警察總監署設科長十人至十四人科員若干人辦理各科事務

第十六條　首都警察總監署設專員二人至四人辦理指定事務

第十七條　首都警察總監署設編審一人至二人辦理編審事務

第十八條　首都警察總監署得設技正二人至四人技士若干人辦理技術事務

第十九條　首都警察總監署因事務上之必要得設辦事員幷酌用雇員

第二十條　首都警察總監署應就該管區域內劃區分設警察局警察分駐所警察派出所幷劃段分負職責

局設局長一人局員辦事員若干人

第二十一條　首都警察總監特任處長參事及秘書一人勤務督察長一人專員一人簡任其餘秘書勤務督察長專員科長編審技正警察局局長薦任科員局員委任或薦任技士勤務督察員辦事員巡官稽查委任

城區及下關警察局局長得爲簡任

科員勤務督察員技士局員巡官稽查辦事員雇員之名額由署依照實際需要呈請行政院核定之

第二十二條　首都警察總監署設會計主任一人統計員一人辦理歲計會計統計事項受總監之指揮監督幷依國民政府主計處組織法之規定直接對主計處負責

會計室統計室需用佐理人員由本署及主計處就本法所定薦任委任人員及雇員中會同決定之

第二十三條　首都警察總監署得設保安警察隊消防隊偵緝隊水巡隊陵園警衛隊清潔隊及警察醫院拘留所

前項各隊院所應設之隊院所長由總監按照各該官等及任用法分別遴員任用之

第二十四條　首都警察總監署得設警士教練所

第二十五條　首都警察總監署得會同其他機關管理與警察有關之各團隊

第二十六條　首都警察總監署各項辦事細則由署訂定呈報行政院備案

第二十七條　本法自公布日施行

國民政府行政院訓令　行字第　號

令南京特別市政府

現奉

國民政府第二二七號訓令開：

「據本府文官處簽呈稱：『准中央政治委員會祕書廳中政祕字第二〇二一號公函內開：「查三十一年七月三十日中央政治委員會第一〇三次會議討論事項第一案　主席交議：『據行政院呈實業部提爲促進林業建設計擬具督勵造林暫行條例及森林保護暫行條例兩草案經本院第一二一次會議通過錄案呈請鑒核等情請公決案當經決議『通過送國民政府公布並交立法院備查』記錄在卷相應錄案抄附原呈暨提案及上項暫行條例兩種各一份一併函達卽請查照轉陳分別明令公布並令行行政院轉飭實業部暨分令立法院知照」等由理合簽請鑒核』等情到府自應照辦除明令公布並分行外合行抄發該督勵造林暫行條例及森林保護暫行條例各一份令仰知照幷轉飭所屬一體知照。」

等因；計抄發督勵造林暫行條例森林保護暫行條例各一份奉此。除該項條例刊登公報不再抄發並分行外合行令仰該府飭屬一體知照！此令。

中華民國三十一年八月　日

院長　汪光銘

督勵造林暫行條例 三十一年八月十日公布

第一條 凡不宜開墾之荒山除別有用途經各該主管官署許可保留者外均應造林其原有之私人權利概受本條例之限制

第二條 各縣市政府或區公署應查勘境內荒山不問其所有權之何屬均編入荒山冊籍並附略圖

第三條 各縣市政府或區公署應將編入冊籍之荒山出示公告招人承造森林關於公有私有之荒山並應通知附近之鄉鎮保甲長限權利人於三十日內聲明異議

第四條 權利人於限內聲明異議經該管縣市政府或區公署覆查認為仍應造林時節限該異議人於兩個月內着手造林如限內無人聲明異議或不於限內着手造林時即准首先聲請之人承造森林但附近之鄉鎮保甲聲請造林者有優先承造權

第五條 聲請承造森林者應依森林法第五十七條之規定繳納保證金

第六條 各縣市政府或區公署核准造林之聲請後應即發給造林許可證權利人自願實行造林者亦同

第七條 承造人領到造林許可證後應按照面積大小於左列年限內造林完竣如逾期尚未完竣即取消其許可證並沒收保證金更得酌量處罰則於施行細則內定之

一、五百畝未滿者一年

二、五百畝以上一千五百畝未滿者二年

三、一千五百畝以上三千畝未滿者三年

四、三千畝以上一萬五千畝未滿者四年

五、一萬五千畝以上者五年

公私團體聲請承造者其完成造林之期限應照前項規定縮短二分之一

第八條 承造人如因不可抗力之事由未能依照前條所定之期限造林完竣者得呈請展期

第九條 荒山跨連二省市或二縣區以上或面積廣大有合併造林之必要者得由實業部或各該省市主管官署自行造林或直接招人造林

第十條 承造人在公有私有之荒山依限造林完竣者應向地政機關登記請領地上權證明書但在國有荒山依限造林完竣者應依森林法第五十五條之規定無償發給土地所有權狀

第十一條 前項地上權期限應參酌林木情形由權利人與承造人協議定之協議不諧時由主管官署裁斷報請實業部核准

公有私有荒山林木之收益除去用費應由承造人分得十分之八權利人分得十分之二但另有契約訂定或特別習慣者從其訂定或習慣

第十二條 各縣市政府或區公署每年招人造林應於植樹節四個月前着手辦理

第十三條 造林之山地面積逾一萬公畝者承造人應自行籌設苗圃

第十四條 各縣市政府或區公署每年荒山之調查列册及招人造林辦理完竣後應即遞呈實業部彙總備查

第十五條 本條例施行細則由實業部以命令定之

第十六條 本條例自公布日施行

森林保護暫行條例 三十一年八月十日公布

第一條 凡國有公有或民有森林除法令別有規定外均依本條例保護之

第二條 森林主管官署或林政機關依事實上之必要應於森林四週劃定護林地帶並命該地帶內之居民按照保甲制度編組護林團

前項護林團應冠以各該棲林之名稱

第三條 護林地帶之劃定應以距離森林三里至五里而可包含附近村落者為準但因附近居民疏密及村落遠近其地帶得伸縮之

第四條 凡護林地帶內十歲以上之男女居民均編為護林團員

第五條 每一森林設一護林團置團長一人在國有林公有林由該森林之管理員兼任在民有林由該森林之承造人兼任如管理員或承造人有二人以上者由各人互推一人兼任又置副團長若干人由團長遴選森林附近之熱心人士分別充任

第六條 護林團之下仍照各地原有之行政區域分設護林聯保及護林保甲其聯保主任由團長在所屬保長甲長中選任其保長甲長即以該地之原保長甲長兼任

第七條 護林團長應參酌地方情形將該管森林分劃地段各段均指定聯保及保甲担任保護

第八條 森林之管理員或承造人關於林內樵採前枝狩獵放牧等事有權制限其方法或規定其開放封閉之時期地段公告

之

第九條　護林聯保主任及保甲長應各在所擔任地段內指揮團員辦理左列各項工作並禁阻非團員之進入但經森林管理員或承造人對於非團員許可者不在此限

一、林木砍伐果實攀折之防止禁阻

二、森林火災之防止救滅

三、森林蟲害之預防救治

四、樵採剪枝狩獵放牧等事之監視禁阻

五、造林之協助

六、其他關於森林應施之工作

第十條　護林聯保主任及保甲長爲完成前條職務起見應各在所擔任地段派員輪流巡邏守望

第十一條　護林團團員依所公告之方法時期及地段享受左列之權利

一、樵採

二、剪枝但所剪採之枝草應以一部份交納於森林管理員或承造人

三、狩獵

四、放牧

五、森林內有荒地宜墾者經管理員承造人許可由團員優先承墾之

第十二條　如護林聯保主任及保甲長因玩忽職務或團員因怠惰工作致林木受害時團長應按其情節輕重爲左列處分

一、取消前條團員權利之一部或全部

二、補植林木

三、賠償損害

第十三條　護林團長應隨時召集所屬各聯保主任及保甲長會議商討該森林保護事宜於必要時得召集團員大會

第十四條　護林團長每月應將該森林現狀層報實業部備查

第十五條　地方警察機關及自衛團隊均應協助護林團辦理第九條所列各項工作

第十六條　各森林主管官署或林政機關應隨時派員考查該管森林現狀層報實業部備查

第十七條　護林團之副團長聯保主任保甲長及團員關於護林着有勞績者得由團長層請實業部獎勵之

第十八條　河川公路鐵道兩旁或寺院附近之林木不能適用本條例編組護林團者得由該管森林主管官署或林政機關另定適當之護林辦法

第十九條　凡經森林主管官署或林政機關爲保育野生樹所劃定之林地視爲森林同受本條例之保護

第二十條　各地關於護林原有善良習慣而不與本條例牴觸者仍從其習慣

第二十一條　本條例自公布之日施行

行政院訓令　行字第　號

令南京特別市政府

案查前奉

國民政府第二四七號訓令關於本院轉據交通部呈請增收國內各類郵資臨時附加費一案，已由中央政治委員會通過，令仰密飭所屬一體遵照等因經以行字第七四四四號訓令通飭遵照在案，現據交通部呈稱；

「茲擬定自本年九月一日起先在滬蘇浙皖鄂各郵區及廈門等處實行至華北各郵區因聯銀券價格較昂其現行郵資如照中儲券核計實已超過本案核定資費且據報各該郵區收支尚能相抵尤無加費之必要擬請從緩實施俾輕華北人民負担並請轉咨華北政務委員會飭屬知照再第四資（寄往日本朝鮮關東租借地及台灣等處）及第五資（寄往澳門及廣州灣租借地等處）郵件資費按照我國與各國所訂協定向例隨國內第二資（各局互寄）資費爲轉移去年十二月國內郵資增加一倍時亦經一律同時照加此次增收臨時附加費百分之一百亦擬援例辦理同時實行除轉令郵政總局駐滬辦事處飭屬遵照外合將施行日期及區域備文呈報仰祈鑒核備案」

等情：前來。除指令准予備案呈報
國民政府鑒核暨咨華北政務委員會查照并分行外，合行令仰該府轉飭所屬一體遵照！此令。
中華民國三十一年九月　日

院長　汪兆銘

命令

南京特別市政府公布令　府衛字第　號

茲制定南京特別市衛生局第一二三四診療所第一二三巡迴診療所暫行診療規則南京特別市衛生局各診療所住院規則公布之

此令

計抄附南京特別市衛生局第一二三四診療所第一二三巡迴診療所暫行診療規則乙份

南京特別市衛生局各診療所住院規則乙份（見法規欄）

市長　周學昌

中華民國三十一年九月　日

南京特別市政府訓令　字第　號

令本府所屬各機關

案奉

行政院行字第七五五八號訓令內開：

「現奉　國民政府第二六七號訓令開：據本府文官處簽呈「准中央政治委員會祕書廳中政祕字第二〇九六號公函開查三十一年八月二十七日中央政治委員會第一〇七次會議討論事項第九案　主席交議「各主管部會及關係部會對於各種人民團體管理權之劃分訂定原則請公決案」當經決議「通過」紀錄在卷相應錄案幷抄附上項原則函達卽希查照

轉陳分令遵照等由理合簽請鑒核等情據此自應照辦除分令外合行抄發原附件令仰該院分別轉飭遵照等因計抄發原附各主管部會及關係部會對於各種人民團體管理權之劃分原則一份奉此除分行外合行抄發是項原則令仰該市府飭屬一體遵照。」等因計抄發各主管部會及關係部會對於各種人民團體管理權之劃分原則一份奉此除分行外合行抄發是項原則令仰該〇遵照！

此令。

計抄發各主管部會及關係部會對於各種人民團體管理權之劃分原則一份。

中華民國三十一年九月　日

市長　周學昌

各主管部會及關係部會對於各種人民團體管理權之劃分原則

三十一年八月二十七日中央政治委員會本一〇七次會議通過三十一年九月　日國民政府第　號訓令飭遵

一、農會商會工會同業公會及工業聯合會等一切實業團體統歸實業部組織指導及監督在地方即以建設廳社會局及縣市政府爲主管機關（餘如郵政公會應歸交通部主管銀行公會應歸財政部主管粮食業同業公會應歸粮食委員會主管教育會應歸教育部律師公會應歸司法行政部醫師公會應歸內政部新聞記者公會及戲劇電影廣播音樂等團體應歸宣傳部主管依此類推）

二、社運會關於政治思想之訓練及必要之政治運動對各職業團體有指導之權

三、各地社運會對於各職業團體如認爲於政治上有不法行爲時得商同當地主管機關（建設廳社會局）呈經上級主管機關之核准改組之

四、勞工團體因與羣衆運動有密切之關係暫歸社運會主管但仍應呈報關係部會核准備案（如碼頭工會須呈報交通部核准備案）

五、社運會爲羣衆運動時應注意各職業團體固有之業務并須於事前與當地主管機關協商行之

六、學生團體及青年團體歸新國民運動促進委員會組織指導及監督其他農工商等職業團體及文化團體事業方面歸關係部會主管新運會就推行新運方面負指導之責幷隨時與主管部會聯絡

通過後送國民政府飭行政院轉飭各該主管機關遵照幷飭立法院根據以上原則修正各關係法規

南京特別市政府訓令　字第　號

令本府所屬各機關

案奉

行政院行字第七五六八號訓令開：

「現奉　國民政府第二六二號訓令開：『據本府文官處呈稱「准中央政治委員會祕書廳中政祕字第二〇八七號公函開『查三十一年六月十一日中央政治委員會第九十七次會議討論行政院呈送監督民營市場暫行條例草案一案決議「交法制經濟兩專門委員會會同審查由法制專門委員會主任委員召集」遵由本廳函請該會辦理並分函行政院查照在卷茲准法制專門委員會函送審查意見囑轉陳鑒核等由當經呈奉　主席提交三十一年八月二十日中央政治委員會第一〇六次會議討論決議「照審查意見通過送國民政府公布並交立法院備查」紀錄在卷相應錄案幷抄附行政院原呈實業部原提案監督民營市場暫行條例暨法制專門委員會原函一併函達即希查照轉陳明令公布幷轉飭行政立法兩院知照』等由理合簽請鑒核」等情據此自應照辦除明令公布並分飭施行外合行抄發監督民營市場暫行條例一份令仰該院知照並轉飭所屬一體知照』等因計抄發監督民營市場暫行條例一份奉此除該項條例刊登公報不再抄發幷分行外合行令仰該市府飭屬知照」

等因；奉此，除將監督民營市場暫行條例刊登公報不再抄發幷分行外　合行令仰該局飭屬知照！

此令。

中華民國三十一年九月　日

市長　周學昌

監督民營市場暫行條例（三十一年九月一日公布）

第一條　凡商業繁盛尚未設有左列各類物品之國營或公營市場之區域得由經營各該類物品之同業者發起呈請該管或地方主管官署轉呈實業部核准設立民營市場

一、水產類

二、牲畜類

三、禽鳥類

四、蛋　類

五、蔬菜類

六、水菓類

第二條　凡官商合辦之市場除法令別有規定外適用本條例之規定

第三條　民營市場以經營第一條所列物品之一類爲限但因特殊事由得呈經實業部特准兼營他類物品之一部或全部

第四條　同類物品在同一區域內祇准設立一市場並不得有其他類似之組織但必要時得呈經實業部特准另設分場

第五條　凡經營本條例第一條所列各類物品之組織不論使用任何名稱均認爲市場非依本條例不得設立

第六條　民營市場存立年限由核准設立時起滿十年爲限但期滿後得申述理由呈由地方主管官署轉請實業部核准續展之

民營市場存立期內不論何時得收歸國營或公營但收歸時應按照實際情況酌給補償費

第七條　民營市場經核准設立後滿三個月不開業者其核准爲無效

第八條　民營市場買賣以現貨爲限不得爲期貨之買賣

第九條　前條規定現貨之買賣以躉批物品爲限

第十條　民營市場對於場外之零星買賣不得干涉

第十一條　前項零星買賣之標準數量由各該市場呈由地方主管官署會同當地商業團體擬定轉呈實業部核准以部令定之

第十二條　民營市場關於物品數量概以法定度量衡器爲準關於價値概以國幣計算

第十三條　民營市場爲適應物品實際需要應附設貨棧冷藏室或其他設備

第十四條　民營市場經實業部之特許得兼營關於該類物品之倉庫運輸等附帶業務

民營市場之組織如左

一、股份有限公司組織

二、同業會員組織

第十五條　凡創設民營市場有外國國籍人民參加者應依股份有限公司組織之其完全爲中華民國人民所組織者應以同業會員組織爲原則

第十六條　股份有限公司組織之民營市場應遵守左列各款規定

一、股本總額之百分之五十一以上應爲中華民國人民所有

二、理事監察人名額過半數應爲中華民國人民充任

三、理事長經理等職應由中華民國人民充任

第十七條　股份有限公司組織之民營市場其爲買賣者以該場經紀人爲限

同業會員組織之民營市場其爲買賣者以該場之會員爲限

第十八條　非有中華民國國籍之商人不得爲民營市場之經紀人及其代理人

第十九條　凡欲爲民營市場經紀人者應由市場呈請地方主管官署轉呈實業部核准登記給照

第二十條　股份有限公司組織之民營市場除遵守本條例各規定外並應依照公司法及其他附屬法令辦理

第二十一條　有左列各款情事之一者不得爲市場之會員或經紀人及其代理人

一、無行爲能力者

二、受破產之宣告者

三、褫奪公權尚未復權者

四、處一年以上之徒刑在執行完畢或赦免後未滿三年者

五、在市場受除名處分未滿三年者

第二十二條　經紀人或會員發生前條所列各款情事之一者卽喪失其資格及登記之效力

第二十三條　有用不正當手段爲經紀人或會員者實業部得撤銷其登記或予除名或令其退其市場

第二十四條　經紀人或會員除營業細則所規定之佣金外不得以任何名義收受關於業務之報償

第二十五條　經紀人或會員應繳存保證金於市場

第二十六條　民營市場應訂立章程並擬具業務計劃營業細則呈由地方主管官署轉呈實業部核准

第二十七條　民營市場章程應規定左列各事項

一、市場之名稱及組織

二、資本總額及每股金額

三、市場所在地

四、營業種類

五、經紀人或會員資格及其名額

六、理事監察人選任資格及其名額

第二十八條　民營市場之業務計劃應規定左列各事項

一、業務概要

二、營業概算

三、市場設備

四、附帶業務

五、其他關於市場營業各計劃

第二十九條　民營市場之營業細則應規定左列各事項

一、營業品目

二、蒐賣數量

三、買賣方法

四、市場因買賣所收取之手續費或保管費使用場地費等

五、物品收交辦法

六、物品結價辦法
七、經紀人或會員收取之佣金
八、營業時日
九、其他營業有關之特殊事項

第三十條　民營市場之職員如左
理事長一人
理事四人以上
監察人三人以下
市場職員之任期爲三年由股東或會員中選任之並應呈報實業部核准備案

第三十一條　民營市場買賣物品以拍賣方法行之但遇有特殊情形時得採用其他方法

第三十二條　買賣成立後市場應即登記簿據對買賣雙方各送結算書一份凡已確定之買賣不得發生異議

第三十三條　市場買賣之委託人如遇經紀人或會員違背委託契約時關於因違背所生之債權對於該經紀人或會員之保證金除市場之優先權外較其他債權人有優先權

第三十四條　市場應每日依買賣情形決定公定市價公告之

第三十五條　市場有違反法令操縱囤積妨害公益與衛生或擾亂公安及其他不正當行爲時實業部得依左列規定處分之
一、解散市場
二、停止市場營業
三、停止或禁止市場一部份營業
四、命令經理或職員退職
五、禁止經紀人或會員買賣或予除名

第三十六條　經紀人及其代理人或會員有故意高抬或勒抑物價致發生不相當價值及有其他不正當或不合法行爲者市場應據實呈明實業部予以除名或其他處分

第三十七條　經紀人或會員不得經營未經核准之各類物品之買賣

第三十八條　物品所有者或其代理人於委託販賣未註明最低售價者得由市場以妥當之價格代爲出售

第三十九條　委託之物品已送交市場經點收給據後卽由市場負責保管知有損失應照最低售價賠償但最重量及應有之消耗或不可抗力之變故不在此限

第四十條　民營市場應組設評議委員會訂立組織章程呈由地方主管官署核轉實業部核准備案

第四十一條　市場營業上發生糾紛爭議時由評議委員會仲裁調解之

第四十二條　市場評議委員會依左列規定組織之

一、市場理事長經理及理事各一人

二、中央及地方主管官署代表各一人

三、當地商會代表二人

四、同業公會代表二人

五、經紀人公會代表一人或當地公益團體代表一人

第四十三條　實業部及其特設之管理機關並地方主管官署均得隨時派員前往市場實地監督

第四十四條　實業部得隨時派員檢查市場之業務簿據財產及其他物件以及經紀人或會員之簿據

市場職員經紀人或會員對於前項之檢查有提供物件並據實答復質問之義務

第四十五條　實業部認爲必要時得令市場修改章程及營業細則或停止禁止取銷其決議案及處分

第四十六條　市場在成立年限內自行解散時應呈由地方主管官署轉請實業部核准

第四十七條　有左列行爲之一者除依本條例第三十五條規定予以處分外並得科以下列之罰鍰

一、違背第八條第三十四條之規定者處五千元以下之罰鍰

二、違背第二十四條之規定者處二千元以下之罰鍰

前項罰則如在法人適用於爲其行爲之理事或監察人或其他執行業務之職員

第四十八條　本條例施行前已成立之市場除依國民政府還都前他種法令所設立者外應在施行細則所定期間內依本條例之規定儘速改組補行核准設立之程序

第四十九條　本條例施行細則由實業部定之

第五十條　本條例自公布日施行

南京特別市政府訓令 府社字第　號

令市商會

查本府前訂工商業登記暫行規則關於征收登記費部份其徵收數額曾於上年八月一日起酌予增加當經本府將修正條文公布並分別令飭施行在案茲查京市工商各業日見繁榮且本府辦理登記核發營業許可謟種種支出較前增高數倍察度目前所收前項工商業登記費數額不敷甚鉅茲將原規則第五第六兩條條文酌予修正幷定於本年九月十一日起施行除公布並分行外合亟抄發修正規則令仰該會遵照幷轉飭各業同業公會一體遵照爲要

此令

附抄發修正工商業登記暫行規則一份（見法規欄）

中華民國三十一年九月　日

市長　周學昌

祕書長陸善熾代行

南京特別市政府訓令 府社字第　號

令城鄉各區公所

查本府前訂工商業登記暫行規則關於徵收登記費部份其征收數額曾於上年八月一日起酌予增加當經本府將修正條文公布並分別令飭施行在案茲查京市工商各業日見繁榮且本府辦理登記核發營業許可證種種支出較前增高數倍察度目前所收前項工商業登記費數額不敷甚鉅茲將原規則第五第六兩條條文酌予修正定於本年九月十一日起施行並准于同日開始在該區公所所收工商業登記費項下坐扣二成充作該區辦理工商業登記調查車膳費及其他紙張文具消耗之

需（惟此項坐扣二成費用必須在本府將該商前申請案核准頒發營業許可證後始准動支如申請原案錯誤駁囘時該區仍應將所扣之二成費用如數發還各該商號以符定章）所有坐扣之數并須每月分戶列表具報至其餘八成仍應按照向例每旬如數解繳市金庫核收除公布並分令外合亟抄發修正規則令仰遵照辦理爲要

此令

附抄發修正工面業登記暫行規則一份（見法規欄）

中華民國三十一年九月　日

市長　周學昌

祕書長陸善熾代行

南京特別市政府訓令　府社字第　號

令城區各區公所

查本市柴薪來源，全賴四鄉供給，近因物價高昂，一般樵夫柴販，乘機私抬售價，平民負担日見加重，本府爲抑平柴價起見，特會同首都警察總監署，於市各區勘定適中地點多處，作爲集中柴草場所，定於本月十一日起，凡出各城關每日所進柴薪，均應運至附近指定柴場出售，以便市民前往採購，經購定後，卽由柴商自行運送，所有柴價，均由物價評議委員會評定售價，俾資遵照。除分函佈告暨分令外，合行檢發指定各區集中售賣柴草地點表，及評定柴草最高限價表各一份，令仰該區長卽便遵照，並轉飭所屬一體遵照！

此令。

計附發指定各區集中售賣柴草地點及評定柴草最高限價表各一份（略）

中華民國三十一年九月　日

市　長　周學昌
祕書長陸善熾代行

南京特別市政府訓令　府社字第　號

令本府各局處、各區區公所、市商會

案奉

行政院行字第七三〇五號訓令內開：

「現據實業部呈稱查關於平定物價暫行條例取締私抬物價暫行條例暨平定物價暫行條例附屬法規四種均經先後公布施行並由鈞院通令各省市政府飭屬遵照辦理各在案竊以平定物價各法規種類既多聯繫尤密必須全部付諸實施始獲效果茲自公布以來雖經本部嚴密督促各省市主管機關積極實施或恐尙有藉故耽延情事爲免誤要政起見擬請鑒核俯准通令各省市政府轉飭所屬對於平定物價各法令務須認眞執行並將辦理情形切實具報考核至從前各省市如訂有關於平定物價之單行法規無論曾否奉准備案幷請令飭一律廢止俾免紛歧而資劃一是否有當理合備文呈請鑒核指令祇遵等情據此所請應准照辦除指令並分行外合行令仰該府切實分別辦理並飭屬一體遵照仍將遵辦情形具報備查」

等因奉此查本府自奉

行政院行字第六九四一號訓令公佈平定物價各項法令後遵卽分別認眞辦理並通飭市屬各機關暨市商會各業同業公會切實遵照在案所有本市原訂南京特別市物價評議委員會規程南京特別市抑平物價暫行辦法暨南京特別市政府首都警察廳會訂違反抑平物價暫行辦法罰則等單行法

規亦早經廢止在案奉令前因除呈復並分令外合行令仰該〇遵照並轉飭所屬一體遵照

此令

中華民國三十一年九月　日

市長　周學昌

祕書長陸善熾代行

南京特別市政府訓令

府社字第　號

令城鄉各區公所

查商人開設商店行號應在籌備期內向該管區公所申請登記案經呈轉本府核准給證後方得開始營業本府訂有工商業登記暫行規則不容蔑視乃近查本市內間有未經申請登記給證或正在辦理登記手續之商店而擅自開業者殊屬不合茲為整頓本市工商業登記起見凡未領得本府核發營業許可證之商店而擅自營業者應即嚴加取締除分行外合亟令仰該區派員切實查察如果發見上項情事准即由區會同該管警局勒令停業並據實呈報來府聽候核辦併仰遵照毋違為要

此令

中華民國三十一年九月　日

市長　周學昌

祕書長陸善熾代行

南京特別市政府訓令

府社字第　號

令公糧委員會、第一二三五區公所、各鄉區公所

案據城區自治實驗區呈稱查本區第五次區務會議第六案第三組提議「以本市計戶授糧業

經開始應如何使戶口異動查報工作與所填發之購米證發生聯繫俾戶口數字常保準確而便實施統制食糧案」決議「由區擬定聯繫辦法呈准市政府通令施行」等語紀錄呈報在案茲經擬定查報戶口異動與購米證聯繫辦法八項是否有當理合檢同辦法呈報鑒核等情據查附呈辦法業經本府酌予修正事關計戶授粮應通飭遵照辦理除分令外合行令仰該會知區遵照

此令

計抄發修正查報戶口異動與購米證聯繫辦法一份

中華民國三十一年九月　日

市長　周學昌

祕書長陸善熾代行

南京特別市城區自治實驗區查報戶口異動與購米證聯繫辦法

一、本辦法依據本區第五次區務會議第六項決議訂定之

二、凡由外埠遷入本區者須呈驗市民證或旅行證等類似之證明文件方得發給購米證

三、凡由本市他區遷入者須繳驗原領之購米證方得換領新證

四、由本區徙出者除在坊公所辦理徙出手續外並須將原領購米證呈由坊公所加蓋「遷出註銷」戳記俾便向遷往地點請領新證

五、各戶增減人口除報由坊查考外須將戶籍門牌送由坊公所於增減欄內改正經坊長加章後方得申請增加或減少米量

六、各戶減少人口或徙出後隱瞞不報者一經查明即依照保甲條例處罰之

南京特別市政府訓令　府財字第　號

令社會局
市商會
市銀行

案奉

行政院行字第七四〇二號訓令內開：

「現奉 國民政府第二四六號訓令開：『據本府文官處簽呈稱：「准中央政治委員會祕書廳中政祕字第二〇七三號公函開『查三十一年八月二十日中央政治委員會第一〇六次會議討論事項第一案 主席交議：「據行政院呈據財政部呈爲穩定金融及適應社會需要起見擬訂財政部管理金融機關暫行辦法呈核一案經提交一二四次院會通過錄案呈請鑒核等情請公決案」當經決議「修正通過送國民政府公布」紀錄在卷相應錄案幷抄附原呈及修正管理金融機關暫行辦法各一份一併函達即請查照轉陳明令公布並令行立法院及行政院轉飭財政部知照』等由理合簽請鑒核」等情據此自應照辦除明令公布幷分飭施行外合行抄發該辦法令仰該院知照幷轉飭所屬一體知照』。等因，計抄發財政部管理金融機關暫行辦法一份，奉此，除分行外，合行令仰該市府飭屬一體知照！」

等因；計抄發財政部管理金融機關暫行辦法一份，奉此，正遵辦間，又准

財政部錢壹字第一〇七號咨開：

「查財政部管理金融機關暫行辦法業奉 國民政府明令公布所有前項辦法應先自蘇浙皖三省及南京上海兩市開始實施除呈報並分行外相應檢同財政部管理金融機關暫行辦法一份咨請 貴市政府查照並希轉飭所屬一體知照爲荷」

等由，附前項辦法一份，准此，除分行外，合行抄發原辦法，令仰該〇知照

此令。

計抄發財政部管理金融機關暫行辦法一份

中華民國三十一年九月 日

市長　周學昌

財政部管理金融機關暫行辦法

民國三十一年八月二十日國府公布

第一條　本辦法所稱金融機關不問其名稱如何凡經營左列各項業務者均屬之
一、收受存款
二、放款或票據貼現
三、匯兌或押匯

第二條　本辦法施行前凡已經開始營業之金融機關應本辦法施行之日起於一個月內備具呈文載明左列事項連同章程呈請財政部補行註册
一、名稱
二、組織
三、資本總額實收資本並出資者姓名
四、店舖所在地
五、營業範圍
六、資產負債表
七、代表者及重要職員姓名住所

第三條　本辦法施行後凡擬設立金融機關者應備具呈文載明左列事項連同章程呈請財政部核准註册
一、名稱
二、組織
三、資本總額及實收資本
四、店舖預定地
五、營業範圍
六、營業計劃書
七、營業期限

八、創辦人姓名住所

第四條　金融機關遇有左列情事應呈請財政部核准

一、名稱之變更

二、組織之變更

三、資本總額及實收資本之變更

四、合併或廢止

五、營業處所設置營業處所之階級或地址之變更及其廢止

六、章程之變更

第五條　金融機關代表者及重要職員之任職與卸職應呈報財政部

第六條　金融機關每屆營業年度終了後應於三個月內編製營業報告書資產負債表財產目錄及損益計算書呈報財政部

第七條　金融機關應依照規定將支付存款之標準金存入中央儲備銀行

第八條　金融機關除列假日外遇有臨時休業或停止付款時應隨時呈報財政部

金融機關不得以供給左列資金爲目的而放款或運用資金

一、有價證卷及商品之期貨買賣

二、囤居積奇及其他有投機性之交易

金融機關本身不得爲投機交易

第九條　金融機關除因營業必要或因清償債務收受担保物件外不得取得動產（證劵除外）或不動產

第十條　金融機關除經營左列各項業務外不得兼營他業

一、證劵之應募承辦或買賣

二、倉庫或保管業務

三、其他金融機關之代理

四、金錢出納事務之代理

第十一條　財政部認爲公益上有必要時得頒布關於金融機關業務之命令

第十二條　財政部得隨時令金融機關報告業務狀況必要時並得令其提供賬薄文件

第十三條　財政部得隨時檢查金融機關之業務及財產之狀況

第十四條　前二條所規定之事項必要時得委託中央儲備銀行辦理之

第十五條　金融機關組織銀行公會錢業公會或其他公會時應經財政部核准

第十六條　凡未依照第二條或第三條呈請核准而經營第一條所規定之業務者或其代表者及重要職員處五萬元以下之罰金或拘役

第十七條　金融機關如有違反法令章程及財政部命令或有妨害公益行為時財政部得停止營業撤換其代表者及重要職員或吊銷其營業執照

第十八條　金融機關遇有左列情事時其代表者或重要職員處壹萬元以下之罰金或拘役

一、業務報告記載不實或用其他方法矇蔽官廳或公衆時

二、故意隱匿賬簿文件或說明不實及用其他方法妨礙檢查時

三、違反第四條至第十條及十五條之規定時

四、不遵守本辦法之命令時

第十九條　本辦法自公布日施行

南京特別市政府訓令　府財字第　號

令攤販管理所

案查漢中路一帶攤販限期拆除棚屋一案迭據該棚戶等具呈困難情形並擬聯合商戶建築漢中路商場附具籌備大綱到府當以所陳辦法尚屬可行惟建築商場應自本年九月一日起限期三個月完成並將原有攤販先行拆讓漢中路口拾丈空地其餘應於十一月底全數拆清批飭遵照在案現在

國父銅像卽將竣工亟應先將漢中路口拆讓拾丈空地以重典禮而壯觀瞻合行令仰該所遵照迅速通知該攤販等尅日自動將漢中路口拾丈空地先行讓出事關重要毋任藉延仍將辦理情形具報備查

此令

中華民國三十一年九月 日 市長 周學昌

南京特別市政府訓令 府農字第 號

令城鄉各區公所

案奉

行政院行字第六八九一號訓令以關於游民墾荒一節由實業部於三十一年度墾荒計劃大綱內增擬實施辦法將原計劃大綱略加修訂除由司法行政部設置罪犯墾殖場一處至三處由賑務委員會就賑務費撥款設置游民或貧民墾植場三處至五處幷由指定之各墾荒縣份縣政府各設置游民墾植場一處以收入自給爲原則幷經加訂各墾荒縣份分別設置特種墾殖場及將小豆列入夏季作物各節令仰該府分別遵辦具報等因奉此查設置游民墾殖場非惟增進農業生產更屬裨益社會安甯本府亦擬斟酌經濟情形籌劃設置惟本市游民向無詳細調查茲經擬製游民調查表乙紙除分行外合行令發該區長卽便遵照查明塡報以憑彙辦爲要切切

此令

附南京特別市 區游民調查表

中華民國三十一年九月 日 市長 周學昌

南京特別市 區游民調查表

姓名	性別	年齡	籍貫	教育程度	曾任何種職業	有無嗜好	有無殘疾	備註

南京特別市政府指令　社字第　號

令城區自治實驗區公所

呈乙件　爲擬定查報戶口異動與購米證聯繫辦法祈核示由

呈件均悉查所附辦法第六條對於匿報戶口照例懲處尙可若停止配給食米未免情輕罰重經予修正合行照抄辦法除分令城鄉各區公所外合行令仰該區遵照

此令

計抄發修正查報戶口異動與購米證聯繫辦法一份

中華民國三十一年九月　日

市長　周學昌

祕書長陸善熾代行

南京特別市政府指令　府教字第　號

令鄉區自治實驗區公所

呈一件　爲奉令籌設義務學校茲經覓得適合校舍懇祈飭局從速籌備開學由

呈悉；准就最適當地點，暫設一所，仰卽知照。

此令。

中華民國三十一年九月　日

市長　周學昌

南京特別市政府指令　府工字第　號

令傳染病院

呈乙件 爲診療上應用籤表印刷費請在臨時費項下支撥祈示遵由

呈及附件均悉所請籤表印刷費准由王吉源號承辦在該院臨時費項下支付實報實銷仰即知照附件發冋此令

中華民國三十一年九月　日　市長　周學昌

南京特別市政府批 府衞字第　號

原具呈人德醫馬耀伯

呈乙件 爲請撥石婆婆菴十四號房屋開設醫院由

呈悉：案關動用外人權益應由該醫師自行依法與產權有關者商酌辦理本府未便處置至開設醫院救濟貧民事屬可行惟須依照本府公布管理醫院規則申請登記給照方合手續仰即知照此批

中華民國三十一年九月　日　市長　周學昌

南京特別市政府 首都警察總監署 佈告 府社字第　號

查本市柴薪來源，全賴四鄉供給，近因物價高昂，一般樵夫柴販，乘機私定售價，任意狂漲，市民感受痛苦甚重，茲本府署爲力謀柴價低廉，藉蘇民困起見，特定於本月十一日起凡各城關每日所進柴薪，均應運至附近指定柴場，以便市民前往採購，市民購定後，由柴商自行運送所有柴價，應即按照左列規定價目售賣，以昭公允，而惠市民　除各種柴薪行情漲落，應於每旬內議定價目，與評定物品限價一併公布外，合將現定柴薪價目及勘定柴場地點，出示布告，仰本市各居民一體週知。

此布

附規定各種柴薪價目及勘定柴場地點

中華民國三十一年九月　日

市長　周學昌

總監　鄧祖禹

各區指定柴場地點表

區別	設立柴場地點	柴薪來源	區別	設立柴場地點	柴薪來源
東區局	珠江路小營大門前	中山門	西區局	豐富路北頭（七號門前）	水西門
	大中橋斛斗巷	通濟門		秣陵路西口（桃園一號門門前）	漢西門
南區局	建康路淮清橋（國貨商場前）	通濟門	北區局	南祖師菴	挹江門
	長樂路（舊菜場）	中華門		百子亭	玄武門
	釣魚台（湖南會館）	水西門	中區局	淮海路忠厚里（即中央戲院前）	中山門

評定柴草最高限價表

品名	市稱價格	品名	市稱價格
蘆柴	一七.〇〇元	雜木柴	一八.〇〇元
山柴	一五.〇〇	枝柴	一七.〇〇
栗木柴	二〇.〇〇	麥楷	一二.〇〇

南京特別市政府布告　府社字第　號

查本市九月份上中旬主要日常食用品八十種業已送經南京特別市物價評議委員會第十五次常會評定最高限價定於九月一日起實行凡各商人售賣後列各項主要日常食用品不得超過該項最高限價並須於物品上標明定價出售其有暗盤抬價者或雖經申請變更售價未經核准公佈擅自提高者僞稱無貨應市意圖囤積居奇者變更品級或羼雜劣質意圖欺矇漁利者一經查實或被告發獲有確證定卽依照　國民政府公佈取締私抬物價暫行條例從嚴懲罰惟自動在限價以下售賣則屬商人希望營業發展當然在所不禁至未經評定限價之物品仍須遵照取締私抬物價暫行條例之規定不得任意高抬除函請首都警察總監署按照評定最高限價飭屬查察嚴厲執行外合將九月份上旬評定主要日常食用物品最高限價列表佈告週知

此佈

附限價表

南京特別市九月份上中旬日常主要食用物品評定最高限價表

食糧類

品名	單位	上旬最高限價 元	上旬最高限價 角分	中旬最高限價 元	中旬最高限價 角分
綠牡丹麵粉	袋	九一	〇〇	八八	〇〇
紅牡丹麵粉	袋	八一	〇〇	七八	〇〇
藍牡丹麵粉	袋	六一	〇〇	五六	〇〇
上等本製乾麵	每百斤	一八五	〇〇	一八〇	〇〇
次等本製乾麵	每百斤	一六〇	〇〇	一五五	〇〇
上等切麵	斤	二	〇〇	一	八〇
中等切麵	斤	一	六〇	一	四〇
次等切麵	斤	一	二〇	一	二〇

品名	單位	上旬最高限價 元	角分	下旬最高限價 元	角分
小麥	石	一四〇	〇〇	一四〇	〇〇
大麥	石	七〇	〇〇	七〇	〇〇
黃豆	石	一八〇	〇〇	一八〇	〇〇
綠豆	石	二四〇	〇〇	二四〇	〇〇
赤豆	石	一四〇	〇〇	一四〇	〇〇
豌豆	石	一五〇	〇〇	一五〇	〇〇
蠶豆	石	一八〇	〇〇	一八〇	〇〇
玉蜀黍	石	一三〇	〇〇		
芝麻	石	五六〇	〇〇	五六〇	〇〇

調味類

品名	單位	上旬最高限價 元	角分	下旬最高限價 元	角分
豆油	斤	七	八〇	七	六〇
菜油				六	八〇
麻油	斤	八	四〇	七	八〇
上白糖	斤	四	八〇	四	八〇
棉白糖	斤	四	五〇	四	五〇
砂糖	斤	四	四〇	四	四〇
紅糖	斤	四	四〇	四	四〇

服用類

品名	單位	上旬最高限價 元	角分	中旬最高限價 元	角分
上等撚花	斤	七	五〇	七	五〇
上等被花	斤	八	四〇	八	四〇
龍頭細布	尺	二	〇五	二	〇五
190陰丹士林	尺	三	四〇	三	四〇
通州土布	尺	一	四五	一	四五
條標布	尺	二	二〇	二	二〇
黑洋布	尺	二	五〇	二	五〇
黑人牙膏	枝			二	四〇
三星牙膏	枝			二	二〇
力士香皂	塊			五	〇〇
利華藥皂	塊			三	二〇
雙錢元口男套鞋	雙			二八	〇〇

燃料類

品名	單位	上旬最高限價 元	上旬最高限價 角分	中旬最高限價 元	中旬最高限價 角分
煤球	担	一六	〇〇	一六	〇〇
普通柴煤	噸	三二〇	〇〇	三二〇	〇〇
蘆柴	担			一七	〇〇
雜木柴	担			一八	〇〇
山柴	担			一五	〇〇
枝柴	担			一七	〇〇
栗木柴	担			二〇	〇〇
麥桶	担			一二	〇〇

五　洋類

品名	單位	上旬最高限價 元	上旬最高限價 角分	中旬最高限價 元	中旬最高限價 角分
上海牌火柴	簍	四九〇	〇〇	四九〇	〇〇
雜牌火柴	簍	四二〇	〇〇	四二〇	〇〇
固本皂	箱	二七〇	〇〇	二六五	〇〇
日光皂	箱	四二〇	〇〇	四二〇	〇〇
僧帽牌洋燭	箱	二一〇	〇〇	一九六	〇〇
鷹牌洋燭	箱	二一三	〇〇	二〇〇	〇〇

茶類

品名	單位	上旬最高限價 元	上旬最高限價 角分	中旬最高限價 元	中旬最高限價 角分
青茶	兩		五〇		五〇
紅茶	兩		六〇		六〇

紙類

品名	單位	上旬最高限價 元	上旬最高限價 角分	中旬最高限價 元	中旬最高限價 角分
報紙	令	一九五	〇〇	一九五	〇〇
江南毛邊	令	一四五	〇〇	一四五	〇〇
草紙	捆	七	五〇	七	五〇
表芯紙	刀	三	〇〇	三	〇〇

葷菜類

品名	單位	上旬最高限價 元	上旬最高限價 角分	中旬最高限價 元	中旬最高限價 角分
猪隻	担	六二〇	〇〇	六二〇	〇〇
猪肉	斤	五	八〇	五	八〇

品名	單位	上旬最高限價 元	角分	中旬最高限價 元	角分
板油	斤	八	○○	八	○○
金腿	斤	整隻 一六 零售 一八	○○ ○○	整隻 一六 零售 一八	○○ ○○
香肚	個	大 三 小 二	五○ 五○	大 三 小 二	五○ 五○
公鷄	斤	四	八○	四	八○
母鷄	斤	五	四○	五	四○
鴨	斤	四	五○	四	五○
牛隻	担			六○○	○○
牛肉	斤	三	七○	四	四○
鯽魚	斤	七	○○	大 七 中 四 小 二	○○ 八○ 八○
鰱魚	斤	三	二○	大 三 中 二 小 二	○○ 六○ 二○
鯖魚	斤	四	○○	大 四 中 三	○○ 二○
鯉魚	斤			大 三 中 三 小 二	二○ ○○ 四○
鯿魚	斤			大 四 小 三	○○ ○○
鱔魚	斤			大 四 小 四	五○ ○○
青蝦	斤	五	六○	大 五 小 四	六○ ○○
水蝦	斤	五	○○		
皮蛋	個		九○		九○
鷄蛋	個		四○		四○
鴨蛋	個		五○		五○

蔬菜類

品名	單位	上旬最高限價 元	角分	中旬最高限價 元	角分
水粉絲	斤	一	六○	一	六○
豆腐	塊		二○		大 四○ 小 二○
豆腐乾	塊		二○		二○
百頁	張		二○		二○
水麵筋	斤	三	○○	三	○○
青菜	斤	一	○○		五○
莧菜	斤		五○		三○
蕹菜	斤		四○		三○
黃豆芽	斤		九○		八○

毛豆	斤	一三〇	一一〇
綠豆芽	斤	八〇	七〇
紅辣椒	斤	一六〇	大二〇〇 小一四〇
青辣椒	斤	四〇	四〇
茄子	把	三〇	
扁豆	斤		一三〇
長豇豆	斤	九〇	六〇
筍瓜	個	三〇	

韭菜	斤	八〇	五〇
藕	斤	一二〇	一二〇
洋葱	斤	八〇	六〇
大葱	斤		一三〇
芋頭	斤		一三〇
芋子	斤		一一〇
洋山芋	斤		一三〇
山芋	斤		六〇

注意　一、以上物品均係最高限價商人售貨時成本降低仍須自動跌價

二、以上物品限價係商人發售與消費者之最高價格

中華民國三十一年九月　日

市長　周學昌

祕書長陸善熾代行

南京特別市政府布告　府工字第　號

查本市考驗汽車駕駛人規則施行已久㝡近各種汽車多數改燃木炭機構不同駕駛人應有考

驗之必要茲將前項考驗汽車駕駛人規則第三四七八十十一各條除分別增訂修改自九月一日實施除飭令工務局轉飭車輛登記所遵照辦理並登報公布外合亟布告週知

此布

附粘攷驗汽車駕駛人規則乙份（見法規欄）

中華民國三十一年九月　日

市　長　周學昌

工務局局長　朱浩元

南京特別市政府公告　字第　號

案據業戶王乾通呈報坐落大沙井第十三號之一房地產原領前土地局所發四字第二五七三二七八一號所有權狀及四區一八〇六(一)(二)段分段圖各一件因事變遺失請予補給等情經飭據呈繳聲明圖狀遺失報紙暨鄰商兩保前來茲依照土地法第一百四十條第二款之規定揭示公告自公告之日起對於該項遺失圖狀如有因權利關係聲明異議者須於三個月內提出理由書暨證明文件呈候核辦一經公告期滿無人異議即予依法補給圖狀管業合行公告週知

聲請人姓名及籍貫住所	土地坐落及四至面積	定着物情形	申報定着物現值	共有權人	他項權利人	公告日期	公告期滿日期

中華民國三十一年九月　日

市　長　周學昌

地政局局長　胡　政

南京特別市政府公告　字第　號

案據業戶樹梓椿呈報坐落天妃巷房地產原領前土地局所發五字第二一九〇號所有權狀及五區一五三八(二)段分段圖各一件因事變遺失請予補給等情經飭據呈繳聲明圖狀遺失報紙暨鄰商兩保前來茲依照土地法第一百四十條第二款之規定揭示公告自公告之日起對於該項遺失圖狀如有因權利關係聲明異議者須於三個月內提出理由書暨證明文件呈候核辦一經公告期滿無人異議卽予依法補給圖狀管業合行公告週知

計開

聲請人姓名及籍貫住所	土地坐落及四至面積	定着物情形	申報地價
申報定着物現值	共有權人	他項權利人	公告日期	公告期滿日期

中華民國三十一年九月　日

市長　周學昌

地政局局長　胡政

南京特別市政府公告　字第　號

案據業戶胡文學呈報坐落下關永甯街第一四一號房地產原領前土地局所發七字第五一〇號所有權狀及七區八五一段分段圖各一件及該產受抵人袁有福他七字第一〇九號他項權利證明書乙紙因事變時由袁姓避難帶出遺失請予補給並撤銷他項權利等情經飭據呈繳聲明圖狀及他項權利證明書遺失報紙暨鄰商兩保前來茲依照土地法第一百四十條第二款之規定揭示公告自公告之日起對於該項遺失圖狀及他項權利證明書如有因權利關係聲明異議者須於三個月內

提出理由書暨證明文件呈候核辦一經公告期滿無人異議卽予依法補給圖狀管業並准予撤銷袁姓他項權利關係合行公告週知

中華民國三十一年九月　日

市長 周學昌
地政局局長 胡政

南京特別市政府公告 字第　號

案據民人陳運齋呈報受押周王氏坐落小石壩第十二號房地產原領前地政局所發他三字第四七三號他項權利證明書壹件業已遺失請予補給等情經飭據呈繳聲明他項權利證明書遺失報紙暨商保前來茲依照土地法第一百四十條第二款之規定揭示公告自公告之日起對於該項遺失他項權利證明書如有因權利關係聲明異議者須於三個月內提出理由書暨證明文件呈候核辦一經公告期滿無人異議卽予依法補給他項權利證明書執管合行公告週知

中華民國三十一年九月　日

市長 周學昌
地政局局長 胡政

南京特別市政府公告 字第　號

案據民人黃玉珊呈報受押程祥瑞所有坐落復興路第三五九號房地產原領前地政局所發他三字第三八六號他項權利證明書壹件業已遺失請予撤銷找押權利登記等情經飭據呈繳聲明他項權利證明書遺失報紙暨商保前來茲依照土地法第一百四十條第二款之規定揭示公告自公告

之日起對於該項遺失他項權利證明書如有因權利關係聲明異議者須於三個月內提出理由書暨證明文件呈候核辦一經公告期滿無人異議卽准予撤銷抵押權利登記合行公告週知

中華民國三十一年九月　日

市長 周學昌
地政局局長 胡政

南京特別市政府公告

字第　號

案據民人孫海珊呈報受押金德仁所有坐落光華路第五十三號房地產原領前地政局所發他五字第八四〇號他項權利證明書壹件業已遺失該項押款現已清償請予銷案等情經飭據呈繳聲明他項權利證明書遺失報紙暨商保前來茲依照土地法第一百四十條第二款之規定揭示公告自公告之日起對於該項遺失他項權利證明書如有因權利關係聲明異議者須於三個月內提出理由書暨證明文件呈候核辦一經公告期滿無人異議卽予註銷抵押登記合行公告週知

中華民國三十一年九月　日

市長 周學昌
地政局局長 胡政

南京特別市政府公告

字第　號

案據民人李一清呈報受押王廷棟等所有坐落石鼓路等三十一號房地產原領前地政局所發他五字第八八一號他項權利證明書壹件因事變遺失請予補給等情經飭據呈繳聲明遺失報紙暨商保前來茲依照土地法第一百四十條第二款之規定揭示公告自公告之日起對於該項遺失他項

權利證明書如有因權利關係聲明異議者須於三個月內提出理由書暨證明文件呈候核辦一經公告期滿無人異議卽予依法補給他項權利證明書以資憑執合行公告週知

中華民國三十一年九月　日

市長　周學昌
地政局局長　胡政

南京特別市政府公告

字第　號

案據市民黃蔚青呈報受押鄭培業坐落平安巷第二十七號房地產原領前土地局所發他五字第三六六號他項權利證明書壹件因事變遺失請予補給等情經飭據呈繳聲明他項權利證明書遺失報紙暨商保前來茲依照土地法第一百四十條第二款之規定揭示公告自公告之日起對於該項遺失他項權利證明書如有因權利關係聲明異議者須於三個月內提出理由書暨證明文件呈候核辦一經公告期滿無人異議卽予依法撤銷他項權利登記合行公告週知

中華民國三十一年九月　日

市長　周學昌
地政局局長　胡政

法規

南京特別市衛生局第一二三四診療所第一二三巡迴診療所暫行診療規則

民國三十一年九月八日公布施行

第一條　本規則根據本所組織規程訂定之

第二條　本所各科診療事務由主任醫師及醫師担任之所分科目如左

一、內科

二、外科

三、產婦科

四、小兒科

五、皮膚花柳科

六、眼科

七、耳鼻咽喉科

第三條　各科診療應用本國數字詳細記入診療紀錄以備查攷

第四條　醫師及護士等均須每日開診前到所服務

第五條　本所門診時間暫定如左（星期日及例假日停診）

每日　上午九時至十一時半

下午二時至四時半

第六條　凡患者經本所醫師診察識爲有入院之必要時應通知病人家屬得入本局診療所住院治療之（住院規則另訂之）

第七條　各醫師及護士應輪流值日如因事請假者應覓相當代理人代理其職務

第八條　星期日或其他例假日以及每日門診完後遇有外傷及患緊急病症請求醫治者值日醫師須負責治療其值日規則

由各所擬定呈核

第九條　本所門診出診如用注射血清及貴重藥品均得照價收取其普通內服藥品暫定一日量收費五角二日量收費壹元外科換藥每日收費五角惟確係赤貧者免收普通藥費如需用投藥瓶者須交押瓶費壹元退還時照數發還

第十條　凡來所就診者須先掛號領取號籌按號診治不得爭先但遇急病或重病得掛拔號提前診治號金暫定如左（赤貧者免收）

初診二角　覆診一角　拔號五角

第十一條　凡到所就診者對於診所發給之診察券須永遠保存不得遺失或損壞覆診時須帶診券掛號

第十二條　凡到所請求診治者無論軍政商學各界人士均須順序掛號聽候診治不得爭先

第十三條　如遇法定傳染病時本診所除隨時報告衛生局外並將病人即時轉送傳染病院再以最速方法實施嚴重消毒預防之

第十四條　凡接生或重病不能親自到所就診者可於本所規定之出診時間前派人來所掛號由本所按照掛號次序前往診治或接生

第十五條　接生每次收藥品材料費五元覆診免收三次為限車費由病家負担確係赤貧者由保甲長出具證明書得免藥品及材料費

第十六條　出診時間規定在下午二時至四時惟據接生及急救事宜則隨請隨到不在此限

第十七條　出診地點以本區公所管轄區域為限相離過遠者概不應診

第十八條　出診車費概由病家担負診費免收藥費照第九條規定收取

第十九條　無論出診門診病人如不受本所醫師及護士之指導本所即認為該病人無誠意求診得停止診療

第二十條　如遇出診處所過多本所應接不暇時得衡其疾病之輕重分別緩急依次前往應診

第二十一條　出診由值日醫師担任惟接生則由產科醫師及助產士專任之

第二十二條　本規則如有未盡事宜得隨時呈請修改之

第二十三條　本規則自呈准之日公佈施行之

南京特別市衛生局各診療所住院規則

民國三十一年九月八日公布施行

第一條　本規則依照診療規則第六條訂定之

第二條　本所爲便利患者治療起見暫設病床十號以資收容

第三條　凡就診患者經本所醫師檢查認爲有入院之必要者須通知病人家屬並經醫師簽字發給住院許可證方得入院

第四條　凡住院患者在住院時須出具志願書及保證書

第五條　住院病人須遵守醫師命令及聽員指導並須嚴守下列各點

（甲）非經醫師許可不得任意擅進飲食或藥品

（乙）非經醫師許可不得擅入他室更不得隨意外出

（丙）不得攜帶違禁物或危險物品

（丁）不得在指定容器之外唾涕便溺

（戊）息燈後不得喧嘩及擅燃其他燈燭

（巳）不得有擾亂公共安靜秩序之行爲

第六條　住院病人伙食自備藥費每日暫收一元五角至三元但須用注射藥品或其他貴重藥品時得照值收費其赤貧無力納費者經各該區坊保長證明得豁免之

第七條　凡住院病人有親友來所探視規定每日下午四時起至六時止過此時間一概不准接見如遇必要時非經醫師許可不得接見

第八條　住院患者如攜帶陪伴人亦可伙食自備

第九條　病人經主治醫師認爲確已治愈方可出院

第十條　本規則如有未盡事宜得隨時呈請修改之

第十一條　本規則自呈准之後施行

南京特別市工商業登記暫行規則（三一年九月修正九月十一日公布施行）

第一條　凡在本市於固定處所經營工商業者除別有規定外均須依照本規則向南京特別市政府（以下簡稱本府）聲請登記

第二條　工商業登記人於登記時均須攜帶居住證或其他足資證明文件

第三條 工商業復業者於登記時須提出前市政府警察廳等主官機關所發之營業執照或其他足資證明之文件經證明爲原業主後方准營業

前項證件如已遺失或無法提出時須覓具殷實舖保一家出具證明書證明其爲原業主

第四條 工商業開業者於登記時須覓具殷實舖保一家證明係正當商人後方准登記營業

第五條 工商業登記人於登記時均須填具規定申請書一份報由該管區公所查明轉呈本府核發營業許可證

第六條 工商業登記費應按左列數額於申請登記時呈繳

資本額	登記費	資本額	登記費
五百元以上未滿一千元	五元	一千元以上未滿五千元者	十元
五千元以上未滿一萬者	二十元	一萬元以上未滿五萬元者	四十元
五萬元以上未滿十萬元	八十元	十萬元以上未滿二十萬元者	一百五十元
二十萬元以上未滿五十萬者	三百元	五十萬元以上者	五百元

凡資本不足五百元者以五百元計算

第七條 工商業應登記之事項如左

一、營業種類

二、店號名稱及開設地點（暨日期）

三、店主或經理人姓名年齡籍貫住址

四、店夥並僱工人數並每月待遇

五、資本總額

六、存貨價值

七、獨資抑合資（如係合資應將股東姓名年齡籍貫一併註明）

八、營業場所係已產抑係租賃（如係租賃須註明租金）

九、開業抑復業（如係復業須註明以前營業地點及店號）

十、進貨及銷售方法

十一、設備概要（如係工廠應註明機器種類及數目）

十二、每月營業額或生產數量（如爲商店應註明營業額如爲工廠則註明生產數量）

十三、有無支店及支店所在地（如本身爲支店應將總店所在地註明）

第八條　工商業登記人於領得營業許可證後應另向該管警察局填具開張報告表報告開張日期其有關治安風化消防衞生建築等事項由本府衞生局工務局及警察總監署另訂規則取締之

第九條　工商業登記後如有停業變更改組遷移轉讓者均應將舊證繳銷按照本規則之規定另行申請登記

第十條　登記如有不實經利害關係人舉發由本府派員調查屬實者得吊銷其營業許可證

第十一條　本府爲執行本規則起見得派員隨時檢查之

第十二條　凡未經呈請登記領有許可證之工商業擅自營業者得停止其營業並處十元以上二百元以下之罰金

第十三條　營業許可證應懸掛於公衆易見之處所不得轉讓或轉借

第十四條　本規則如有未盡事宜得隨時修改之

第十五條　本規則自公布日施行

南京特別市政府工務局考驗汽車駕駛人規則（三十一年九月一日公布）

第一條　凡在本市區內駕駛各種汽車者均依照本規則考驗之

第二條　應考人不論男女均須年在二十歲以上四十以歲下四肢健全耳目聰明而無神經病者

第三條　具前條之資格者得隨帶本人二寸半身照片二張至工務局車輛登記所報名並繳納報名費五元隨到隨考

第四條　車輛分爲下列五種

甲、機器脚踏車

乙、輕便汽車

丙、公共汽車

丁、載貨汽車

戊、各種木炭汽車

（一）駕駛部份

（二）交通規則部份

（三）機械構造及功用部份

第六條　應考人如經領有其他省市發給駕駛執照經驗明屬實後得予免除一部份或全部之考驗由本局另發新執照

第七條　應考人經考驗合格後由工務局發給駕駛執照領照時隨繳執照費五元此項執照應於每年四月一日至六月三十日期內送請工務局檢驗一次並繳手續費五元逾時不來檢驗者作爲無效

第八條　應試人領到駕駛第四條內等項車輛執照後得再應他種車輛之試驗但投考時須另繳報名費五元惟試驗合格後執照費准予免繳

第九條　領有駕駛公共汽車或貨車執照者得免試驗手續准予駕駛輕便汽車

第十條　凡駕駛人持他處之執照而欲在本市駕駛汽車者須先至工務局呈驗執照合格者繳驗照費五元即准予駕駛

第十一條　駕駛人於遺失執照時應即至工務局聲請補發但須繳補領照費五元

第十二條　駕駛人違犯陸上交通管理規則時應按其情節輕重分別處罰或吊銷其駕駛執照

第十三條　本規則自呈奉市長核准後施行如有未盡事宜得隨時呈請修正之

公牘

南京特別市政府呈 字第 號

案奉

鈞院行字第七三〇五號訓令內開：

「現據實業部呈稱查關於平定物價暫行條例取締私抬物價暫行條例暨平定物價暫行條例附屬法規四種均經先後公布施行並由鈞院通令各省市政府飭屬遵照辦理各在案竊以平定物價各法規種類既多聯繫尤密必須全部付諸實施始獲效果茲自公佈以來雖經本部嚴密督促各省市主管機關積極實施或恐尚有藉故耽延情事爲免誤要政起見擬請鑒核俯准通令各省市政府轉飭所屬對於平定物價各法令務須認真執行並將辦理情形切實具報考核至從前各省市如訂有關於平定物價之單行法規無論曾否奉准備案幷請令飭一律廢止俾免紛歧而資劃一是否有當理合備文呈請鑒核指令祇遵等情據此所請應准照辦除指令並分行外合行令仰該府切實分別辦理並飭屬一體遵照仍將遵辦情形具報備查」

等因奉此查本府自奉

鈞院行字第六九四一號訓令公佈平定物價各項法令後即通飭市屬各機關暨市商會各業同業公會切實遵照辦理並改組物價評議委員會加强組織機構每旬評定各種日常主要食用物品限價公佈辦理銀錢行莊附設倉庫及其他商業倉庫堆棧登記並飭呈報存貨名稱數量取締私人囤貨限期移轉於正式商人舉凡取締囤藏抑平物價事項均經分別認真執行所有本市原訂南京特別市物價

評議委員會規程南京特別市抑平物價暫行辦法暨南京特別市政府首都警察廳會訂違反抑平物價暫行辦法罰則等單行法規亦均於中央頒發各種平定物價法令後一律予以廢止在案奉令前因除分令外理合具文呈復仰祈

鑒核備查

謹呈

行政院院長汪

南京特別市市長　周學昌

祕書長陸蓉熾代行

中華民國三十一年九月　日

南京特別市政府咨　字第　號

案查本市土地工作旬報表業經送至八月份下旬在卷茲造具九月份上旬前項工作旬報表乙份相應咨送即希

查照爲荷

此咨

內政部

計咨送本市土地工作九月份上旬旬報表乙份

市長　周學昌

中華民國三十一年九月　日

南京特別市政府辦理土地登記工作九月份上旬旬報表

中華民國三十一年

事項 件數 日	接收登記聲請書	土地所有權登記	房屋登記	更正登記	塗銷登記	移轉登記	分割登記	共有權登記	住所變更登記	繕寫查驗證	發給查驗證	備註
1						10						
2						7					2	
3						4				1	1	
4						5				1	2	
5					1	2					1	
星期 6												
7						3						
8						4						
9						3						
10						12					3	
總計件數					1件	50件				2件	9件	

南京特別市政府公函 府教字第　　號

頃准

貴處公函行字第三三三七號內開：

「奉

院長交下糧食管理委員會呈乙件爲京市小學教員平米擬自六月份起暫停配給請核示一案並奉諭「此項平米應否停止配給應由祕書處招集南京特別市政府糧食管理委員會會商呈核」等因奉此茲定於九月二日上午十時在本院開會除分函外相應抄同原呈函達查照準時派員出席會商爲荷」

等由：並抄送原呈乙件，准此，查京市小學教員，在上年生活狀況極度不安之際，蒙

行政院洞察下情，規定按月配給平米，以資救濟，從此各校職教員安心服務，始無紛紛異動之狀態，若一旦停止配給，勢將引起小學教師之恐慌，本府詳加考慮，認爲小教平米，不容停止配給者，厥有數端：(一)小教待遇清苦，非特不能謀一家之溫飽，且不足維持個人之生活，以薪給言，京市不比其他各省市爲優：以補救言，京市小教並未另給米貼；僅恃此平米一項之配給，聊以慰藉，故在未經另定優待辦法以前，以無停止之可能。(二)小學爲國家基本教育，民智之增進，人才之造就，莫不肇端以此，教師生活不安，則優良者顧而之他，不才者濫竽充數，市教前途，何堪設想。(三)上年因生活程度之高漲，引起小教之不安，奉令配給平米，原爲適應環境，有不得不然之勢，而現時物價激增，較上年又過一倍，有此平米配給，已屬不易支持，倘並此而無之，勢必引起杌隉之現象，使京教整個動搖，萬一發生枝節，影響社會非淺。(四)本年各校參加種種活動，成績均甚優良，頗得各界之贊許，假使小

教生活不安，雖欲鼓其精神，亦難賈其餘勇，最近舉辦公糶，按戶配給，小學教師出動三百名之多，不避酷暑，努力協助，於最短期間，辦理完畢，深堪嘉許。而小西湖初小教師張開發中暑身亡，尤堪憫惜，若將平米停止配給，不第有關威信，於心亦有未安。綜上所述，均屬切要。本府負有市教全責，未可緘默，不得不逐一提出，以資商討。查糧委會原呈主要一點，以此項虧耗，未便再在資金內支銷，然既預料此後米價，有日趨低落之趨勢，與平米價格，不甚懸殊，則虧耗之顧慮，自不成問題，本府再四籌維，認爲小教平米，實有繼續配給之必要，准函前由，除派本府教育局長楊正宇準時出席會商外，相應函請查照，維持原案，實紉公誼。

此致

行政院祕書處

中華民國三十一年九月　日

市長　周學昌

南京特別市政府公函　府財字第　號

案准

貴廳函字第二五二號公函開：

「案查前南京女子中學校外農場徵收地價一案前准貴市長函擬於本案徵收地價內提出五成撥還省方業經函復贊同並派本廳南京教育款產整理員陶真如就近辦理手續各在案所有是項五成地價計國幣四萬八千二百七十五元八角二分相應備函繕具領據飭派陶真如前往貴府具領即希查照賜予給領爲荷」

等由附領據一紙到府當於九月五日將上項五成地價計國幣四萬八千二百七十五元八角二分如數發交該整理員陶真如具領在案准函前由相應函達即煩
查照並希
見復爲荷
此致
江蘇省教育廳
市長　周學昌
中華民國三十一年九月　日

南京特別市政府公函　府衛字第　號

案查本市本年度第二次霍亂預防注射前經依照規定日期次第實施並經函請
貴署轉飭各局派警協助在案茲屆結束之期依照規定自九月十六日起所有巡迴注射班應一律結束其城門注射仍繼續辦理相應函達即希
查照並轉飭所屬各局所知照爲荷！
此致
首都警察總監署
市長　周學昌
中華民國三十一年九月　日

統計

南京特別市戶口統計表

民國三十一年八月份

祕書處第二科統計股製

區別	戶數	人口數						
		總計	男性			女性		
			合計	成人	兒童	合計	成人	兒童
總計	133043	617425	340336	237048	102788	277589	187663	89926
第一區	26456	132465	69291	52363	16928	63174	44636	18538
第二區	33037	157113	87455	60084	27371	69658	49153	20505
第三區	18245	77725	44223	30838	13385	33502	22564	10938
城區實驗區	8996	41540	22438	16396	6042	19102	13201	5901
第五區	10352	48502	28657	21433	7224	19845	13370	6475
上新河區	12710	54926	29550	20214	9336	25376	16776	8600
鄉區實驗區	10000	46454	25465	16260	9205	20989	12811	8178
孝陵衞區	4222	20001	10589	5646	4943	9412	5595	3817
安德門區	9026	38699	22168	13814	8354	16531	9557	6974

註：一、本表係根據各區公所填報之戶口月報

二、各外國僑民戶口不在此內

南京特別市戶口增減比較表

民國三十一年八月份

祕書處第二科統計股製

區別	戶減增數	人口增減數						
		總計	男性			女性		
			合計	成人	兒童	合計	成人	兒童
總計	− 121	+ 121	− 60	− 230	+ 170	+ 181	− 36	+ 217
第一區	+ 87	+ 482	+ 241	+ 130	+ 111	+ 241	+ 120	+ 121
第二區	+ 440	+ 1019	+ 523	+ 323	+ 200	+ 496	+ 297	+ 199
第三區	− 46	− 101	− 28	+ 9	− 37	− 73	− 46	− 27
城區實驗區	+ 76	+ 236	+ 117	+ 91	+ 26	+ 119	+ 88	+ 31
第五區	− 713	−1763	−1073	− 870	− 203	− 690	− 537	− 153
上新河區	+ 1	+ 14	+ 76	+ 13	+ 13	− 12	− 10	− 2
鄉區實驗區	− 21	− 15	− 6	− 6	−	− 9	− 8	− 1
孝陵衛區	+ 6	+ 59	+ 38	+ 23	+ 15	+ 21	+ 6	+ 15
安德門區	+ 49	+ 190	+ 102	+ 57	+ 45	+ 88	+ 54	+ 34

註：一、本表係根據各區公所填報之戶口月報

二、各外國僑民戶口不在此內

三、凡有(+)符號者爲增加，有(−)符號者爲減少

市政公報暫定價目表

期限	價目	郵費
零售	每冊三角	本市二分 外埠四分
半年	十二冊 三元五角	本市四角二分 外埠四角八分
全年	二十四冊 七元	本市四角八分 外埠九角六分

市政公報廣告刊例

頁數	價目
一頁	每期十一元
半頁	每期六元
四分之一頁	每期三元

刊登廣告在四號以上者每期按照七折計算連續十號以上者每期按照六折計算長期另議

出版日期　本公報暫定每月二次

編輯者　南京特別市政府祕書處

發行者　南京特別市政府祕書處

印刷者　南京時代印書館　地址：南京朱雀路邀貴井十八號　電話：二二五九五號

中華郵政掛號認爲第一類新聞紙類

中華民國三十一年九月三十日

市政公報

第一零四期

南京特別市政府祕書處印行

目錄

行政院訓令

行政院訓令

行字第　　號

令南京特別市政府

現奉

國民政府第二四八號訓令開：

「據本府文官處簽呈稱：『准中政會祕書廳中政祕字第二〇七四號公函內開：「查三十一年八月十三日中央政治委員會第一〇四次會議討論事項第一案； 主席交議，擬在軍事委員會內設總參謀長一人爲軍事委員長之幕僚長並將各軍事機關加以調整請授權辦理一案決議通過當奉 主席根據上次議決案分別改組軍事機關；（一）擬將現制軍事委員會辦公廳參謀本部軍政部軍事訓練部政治訓練部加以調整及合併如左：（甲）設總參謀長一人爲軍事委員長之幕僚長設次長二人總務廳長一人輔佐之（乙）設陸軍部（丙）設陸軍編練總監公署以上三機關之組織另定之海軍部經理總監署調查統計部航空署仍舊其有應行修正之處另定之右案通過後由軍事委員長指定人員組織改組委員會辦理釐訂各種條例及細則依法定程序分別提出及公佈之（二）擬請特任劉郁芬爲總參謀長（三）擬請特任鮑文越爲陸軍部長（四）擬請特任葉蓬爲陸軍編練總監（五）軍事參議院代理院長任援道呈請辭職應即照准（六）特任蕭叔宣爲軍事參議院院長（七）開封綏靖主任劉郁芬另有任用應免本職（八）特派第二方面軍總司令孫良誠暫行兼任開封綏靖主任（九）特任孫良誠爲軍事委員會委員(十)總參謀長陸軍部長陸軍編練總監均為軍事委員會當然常務委員附帶報告；擬任命黃自強為參謀次長兼總務廳長許建廷為參謀次長仍由軍事委員會依法呈請國民政府任命提交三十一年八月二十日中央政治委員會第一〇六次會議討論決議，通過，送國民政府紀錄各在卷相應錄案函請查照轉陳分別辦理」等由理合簽請鑒核」等情據此自應照辦，除明令分別任免暨分行外，合行令仰該院遵照。」等因；奉此。除分行外，合行令仰該府轉飭所屬一體知照！此令。

院長　汪兆銘

中華民國三十一年九月　日

命令

南京特別市政府訓令 府祕字第　號

令各處局會

案准

銓敍部函午字第五四一號公函開：

「案查公務員登記條例暨公務員登記條例施行細則，前經函送查照在案，茲由本部擬訂公務員登記條例補充辦法兩條，呈由考試院轉奉 國民政府令准備案，除公布並分行外，相應檢同該補充辦法乙份，備函送請察查為荷。」

等由；准此，除分令外，合行抄附是項補充辦法乙份令仰知照！

此令。

附公務員登記條例補充辦法乙份

中華民國三十一年九月　日

市長 周學昌

公務員登記條例補充辦法

一、登記條例第八條第一款規定應由變通或合併後之機關長官核轉者如此項機關現不存在或因事變無案可稽及同條第二款規定應由原機關長官核轉者如因特殊情形發生窒礙均得由本人附具與原機關有關之現任簡任以上二人之證明連同填就之登記表及證明文件逕向本部呈請登記

二、登記條例第八條第三款所規定之核轉長官遇有窒礙情形時得由原任長官現仍任簡任以上職官者充之並免蓋原機關印信

南京特別市政府訓令　府財字第　號

令 本府各局附屬機關（區公所在內）暨市商會銀行

案准

財政部錢壹字第乙乙〇號咨開：

「查禁止使用舊幣辦法，暨已經實行禁用舊幣各區域，並應一律禁止攜帶各規定，業經本部先後公布實施在案；惟根據上項辦法第五條，凡報解沒收之舊幣，得按其數量酌提獎金，至提成若干，以及如何處置，亟應明訂施行，以資遵守，茲制定查獲使用或攜帶舊幣處置及提獎辦法。除由部令公布並分行外，相應檢同該辦法一份咨請查照，並希轉飭所屬一體知照。」

等由；附查獲使用或攜帶舊幣處置及提獎辦法一份。准此，除分行外，合行抄發原辦法令仰該〇轉飭所屬一體知照！

此令。

計抄發財政部制定查獲使用或攜帶舊幣處置及提獎辦法一份

查獲使用或攜帶舊幣處置及提獎辦法

一、凡在禁止使用舊幣區域使用或攜帶舊幣經查獲後除依照禁止使用舊幣辦法各規定辦理外其處置及提獎辦法應依本辦法辦理之

二、凡在禁止使用舊幣區域查獲之舊幣應由查獲機關出具印收交由原使用或攜帶人收執並隨時將查獲情形連同舊幣報解財政部核收辦理

三、財政部對於前項報解之舊幣應即送由中央儲備銀行掉換新法幣并按照左列規定成數提給奬金

1.沒收充公舊幣在伍千元以下者提奬百分之貳拾

2.沒收充公舊幣超過伍千元者提奬百分之拾

四、上項奬金財政部通知查獲機關備具正式收據具領轉發

五、本辦法自公布日施行

中華民國三十一年九月　日　市長　周學昌

南京特別市政府訓令　府財字第　號

令南京市銀行業同業公會、錢業同業公會、銀行

案准

財政實業部農字第七〇三號咨開：

「案准貴市政府府財字第四〇號咨以據南京市銀行呈擬辦理耕牛及農具貸款辦法六項咨請查核見復等由准此茲經會同審核原擬辦法四六兩項均尚適用其一、二、三、五、各項業經分別修正相應檢送修正辦法一份咨請查照轉飭遵辦」

等由；附送修正農村貸款辦法一份，准此，查此案前准實業部咨請轉飭該南京市銀行辦理，當經飭據該行呈擬辦法六項分咨財政實業部核定見復各在案。茲准前由，除分令外，合亟抄發前項辦法一份令仰該行會遵照辦理並將辦理情形隨時具報備核！此令

附抄發修正農村貸款辦法一份

中華民國三十一年九月　日　市長　周學昌

修正農村貸款辦法

(一)由南京特別市銀行業同業工會及市錢業同業工會轉知各會員行號莊分別認定農貸金額規定各銀行錢莊攤認資金標準各銀行每家至少認定二萬元銀號一萬元錢莊五千元以籌足一百萬元爲度不足之數統由南京市銀行增攤於必要時得比照分別增認

(二)各行號莊所攤認資金須於本年八月底以前繳存於南京市銀行彙集備用

(三)設立南京特別市農本貸款委員會除由實業部財政部南京市政府南京市銀行各指派一人爲當然委員外另由各行號莊公推委員七人組織之其章程由該會自行擬訂後呈南京市政府核轉財實兩部備案

(四)貸款利息依據金融機關辦理農村貸款通則第五條之規定爲月息一分四厘以半數爲各行號錢莊搭放金之利息以半數爲委員會之經費

(五)貸款担保辦理耕牛農具貸款即以所置之耕牛農具爲担保青苗及農村副業貸款即以田間作物及飼養之禽畜或所出之手工業品爲担保以上各項貸款於必要時得命借款人提供田單房契及殷實保證人

(六)所有貸款之調查放出收回詳細辦法由委員會互商決定之

南京特別市政府訓令　府財字第　號

令本府各局、附屬機關、區公所　市銀行、市商會

案准

財政部錢一字第一一七號咨開：

「查關於整頓舊法幣一案歷經本部根據既定方針並遵照奉頒條例分別辦理在案玆准

湖北省政府電稱漢口軍特務部擬請於九江南昌沙市應城四處自民國三十一年九月十六日起開始新舊幣兌換等由自可照辦除電請湖北省政府酌量當地情形妥擬辦法佈告週知隨時報部查核並呈報暨分行外相應咨請貴市政府查照並希轉飭知照」等由；准此，除分行外，合行令仰該○知照，並飭屬一體知照！

此令。

中華民國三十一年九月　日

市長　周學昌

南京特別市政府訓令

府工字第　號

令第三區公所
城區自治實驗區公所

查虹橋河金川河前以久失修浚淤泥阻塞每遇大雨河水不能暢洩沿岸道路停潦積污於交通衛生均有妨礙當經本府令飭工務局組設北區排水工程處督飭包商興工開濬現已全部竣工自此疏濬之後河旁兩岸居民不得隨意傾倒垃圾致使河流淤塞除分令第三區公所/城區自治實驗區公所外合行令仰該區遵照轉飭沿岸各坊保長曉諭居民人等負責愛護並應派員每週巡視一次遇有垃圾應即隨時嚴予查究毋稍疏忽爲要

此令。

中華民國三十一年九月　日

市長　周學昌

南京特別市政府訓令

府宣字第　號

令本府所屬機關

案奉

行政院訓令行字第七七四六號內開：

「現據宣傳部呈稱：「案據中國廣播事業建設協會呈稱『查本會前爲普及廣播宣傳起見特向日本定製優良收音機以最低廉價出售現該項收音機已先後運抵各地計標準型十一號機(三燈)三千架標準型十三號機(四燈)兩千架前者定價日金四十七元後者定價日金七十五元現以發售行將開始爲便利本京各軍政機關購買計决將對於各機關之販賣事務提前辦理並將價格盡量減低僅收成本凡各機關在九月底以前購買此項收音機者十一號三燈機每架定價日金四十三元十三號四燈機每架日金七十元以示優待除由本會分函勸請購買外擬請鈞部飭令各宣傳機關及鈞部直屬各行政機關各新聞報社暨中央電訊社儘先購置並懇轉呈行政院通令各軍政機關及各級黨部酌量購置俾廣播宣傳早收成効實爲公便』等情據此查該會所請似可照辦除令飭本部所屬各機關儘先購置外理合呈請鈞院鑒核通令各機關各黨部酌量購置以利廣播宣傳」等情，據此除指復暨分別函行外，合行令仰該府查照幷轉飭所屬酌量購置以利宣傳此令」

等因；奉此，除分行外合行令仰該〇知照幷轉飭所屬酌量購置以利宣傳此令。

中華民國三十一年九月　日

市長　周學昌

南京特別市政府布告

府社字第　號

案查本月十日下午有社會局調查員姜同軒行經復興路天豐米店門前據市民孫昌元聲稱當日向該店購買糯米三斗每斗三十四元而回家覆量發覺短少一升五合頃來據理質問店主鮑煥明

不服並且用武等語該調查員初聞每斗三十四元之售價覺與限額二十二元五角相差甚鉅當將該店賬簿及量斗幷連同店主顧客一併帶回社會局調查股詳訊其所使用之斗經度量衡檢定所檢定每斗碻少三合之量又復私抬限價且橫暴加人俱經證明屬實查刁頑商人擾市害民本府已三令五申勸懲並施乃該鮑煥明竟敢私用小斗超逾限價殊屬藐忽本府功令已極自應將該店之營業許可證卽予吊銷以示嚴懲而戒效尤除分別函令外合亟佈告周知

此佈

中華民國三十一年九月　日　　市長　周學昌

南京特別市政府布告　府社字第　號

查本市九月份下旬主要日常食用物品九十六種業已送經南京特別市物價評議委員會第十七次常會評定最高限價定於九月廿一日起實行凡各商人售賣後列各項主要日常食用物品不得超過該項最高限價並須於物品上或顯明處標明定價出售其有暗盤抬價者或雖經申請變更售價未經核准公佈擅自提高者僞稱無貨應市意圖囤積居奇者變更品級或羼雜劣質意圖欺朦漁利者一經查實或被告發獲有確證定卽依照　國民政府公佈取締私抬物價暫行條例從嚴懲罰惟自動在限價以下售賣則屬商人希望營業發展當然在所不禁至未經評定限價之物品仍須遵照取締私抬物價暫行條例之規定不得任意高抬除函請首都警察總監署按照評定最高限價飭屬查察嚴厲執行外合將九月份下旬評定主要日常食用物品最高限價列表佈告週知

此佈

附限價表

南京特別市九月份下旬日常主要食用物品評定最高限價表

食糧類

品名	單位	最高限價 元	角分	備註
綠牡丹麵粉	袋	八八	〇〇	
紅牡丹麵粉	袋	八七	〇〇	
藍牡丹麵粉	袋	五六	〇〇	
上等本製乾麵	每百斤	一七〇	〇〇	
次等本製乾麵	每百斤	一五〇	〇〇	
上等切麵	斤	一	八〇	
中等切麵	斤	一	四〇	
次等切麵	斤	一	二〇	
小麥	石	一三五	〇〇	
大麥	石	七〇	〇〇	
黃豆	石	一八〇	〇〇	
綠豆	石	二四〇	〇〇	
赤豆	石	一三五	〇〇	
豌豆	石	一四〇	〇〇	
蠶豆	石	一八〇	〇〇	
芝蔴	石	五二〇	〇〇	

調味類

品名	單位	最高限價 元	角分	備註
豆油	斤	七	六〇	
菜油	斤	六	八〇	
蔴油	斤	七	六〇	
上白糖	斤	四	八〇	
棉白糖	斤	四	五〇	
砂糖	斤	四	四〇	
紅糖	斤	四	四〇	

服用類

品名	單位	最高限價 元	角分	備註

品名	單位	最高限價 元	最高限價 角分	備註
上等捲花	斤	七	五〇	
上等被花	斤	八	四〇	
龍頭細布	尺	二	〇五	
190陰丹士林	尺	三	四〇	
通州土布	尺	一	四五	
條標布	尺	二	二〇	
黑洋布	尺	二	五〇	
黑人牙膏	枝	二	四〇	
三星牙膏	枝	二	二〇	
力士香皂	塊	五	〇〇	
利華藥皂	塊	三	〇〇	
雙錢元口男套鞋	雙	二六	〇〇	

燃料類

品名	單位	最高限價 元	最高限價 角分	備註
煤球	担	一六	〇〇	
普通柴煤	噸	三二〇	〇〇	
蘆柴	担	一九	〇〇	
雜木柴	担	二〇	〇〇	
山柴	担	一六	〇〇	
枝柴	担	二〇	〇〇	
栗木柴	担	二三	〇〇	
麥楷	担	一四	〇〇	

五洋類

品名	單位	最高限價 元	最高限價 角分	備註
上海牌火柴	簍	四七〇	〇〇	
雜牌火柴	簍	四〇〇	〇〇	
固本皂	箱	二六〇	〇〇	
日光皂	箱	四〇〇	〇〇	
僧帽牌洋燭	箱	一九三	〇〇	
鷹牌洋燭	箱	一九五	〇〇	

茶類

品名	單位	最高限價 元	最高限價 角分	備註

品名	單位	最高限價 元	最高限價 角分	備註
青茶	兩		五〇	
紅茶	兩		六〇	

紙類

品名	單位	最高限價 元	最高限價 角分	備註
報紙	令	一八五	〇〇	
江南毛邊	令	一四五	〇〇	
草紙	捆	七	五〇	
表芯紙	刀	三	〇〇	

葷菜類

品名	單位	最高限價 元	最高限價 角分	備註
猪隻	担	六二〇	〇〇	
猪肉	斤	五	八〇	
猪油	斤	八	〇〇	
金腿	斤	整隻 一六 零售 一八	〇〇 〇〇	
香肚	個	大 三 小 二	五〇 五〇	
公鷄	斤	四	八〇	
母鷄	斤	五	四〇	
鴨	斤	四	〇〇	
牛隻	担	六〇〇	〇〇	
牛肉	斤	四	四〇	
鯽魚	斤	大 五 中 三 小 二	四〇 八〇 八〇	
鰱魚	斤	大 二 小 二	六〇 〇〇	
鯖魚	斤	大 四 中 三	〇〇 二〇	
鯉魚	斤	大 二 小 二	六〇 〇〇	
鯿魚	斤	大 四 小 三	〇〇 〇〇	
青蝦	斤	大 五 小 三	〇〇 八〇	
冰蝦	斤	三	〇〇	
皮蛋	個		九〇	
鷄蛋	個		四〇	
鴨蛋	個		五〇	

蔬菜類

品名	單位	最高限價 元	最高限價 角分	備註

品名	單位	價格
水粉絲	斤	一六〇
豆腐	塊	大四〇 小二〇
豆腐乾	塊	二〇
百頁	張	二〇
水麵筋	斤	三〇〇
青菜	斤	三〇
毛豆	斤	一〇〇
黃豆芽	斤	八〇
綠豆芽	斤	七〇
紅辣椒	斤	大二〇〇 小一四〇
扁豆	斤	六〇
長豇豆	斤	六〇
韮菜	斤	五〇
藕	斤	一二〇
茭白	斤	一三〇
洋蔥	斤	五〇
大蔥	斤	一〇〇
芋頭	斤	八〇
芋子	斤	一〇〇
洋山芋	斤	一二〇
山芋	斤	六〇

注意 一、以上物品均係最高限價商人售貨時成本降低仍須自動跌價

二、以上物品限價係商人發售與消費者之最高價格

中華民國三十一年九月　日

市長 周學昌

祕書長陸善熾代行

南京特別市政府布告 府財字第　號

查本府爲擴展事業充裕市庫起見依照中央劃分國地稅收標準舉辦住房捐業經擬訂征收章程及規定開征日期布告週知並呈報　行政院在案茲奉
行政院行字第九〇七八號指令內開「呈件均悉准予備案」等因奉此除已派員分別調查並定於本年九月份起開始征收外合行佈告仰本市居民一體遵照按章繳納毋得短延爲要
此佈

中華民國三十一年九月　日

市長　周學昌
財政局局長　譚友仲

南京特別市政府公告 字第　號

案據業戶盧貊生呈報坐落中正路第六五六號房地產原領前土地局所發三字第一七〇四號所有權狀及三區一四五三段分段圖各一件因被焚遺失請予補給等情經飭據呈繳聲明圖狀遺失報紙暨鄰商兩保前來茲依照土地法第一百四十條第二款之規定揭示公告自公告之日起對於該項遺失圖狀如有因權利關係聲明異議者須於三個月內提出理由書暨證明文件呈候核辦一經公告期滿無人異議卽予依法補給圖狀管業合行公告週知

計開

聲請人姓名及籍貫住所	土地坐落及四至面積	定着物情形	申報地價	申報定着物現值	共有權人	他項權利人

公告日期	公告期滿日期

中華民國三十一年十月　日

市長 周學昌
地政局局長 胡政

南京特別市政府公告 字第 號

案據民人劉德馨等呈報受抵金宏祥坐落木屐巷第十八號房地產原領前土地局所發他五字第二二五號他項權利證明書一件因遺失請予撤銷等情經飭據呈繳聲明他項權利證明書遺失報紙暨商保前來茲依照土地法第一百四十條第二款之規定揭示公告自公告之日起對於該項遺失他項權利證明書如有因權利關係聲明異議者須於三個月內提出理由書暨證明文件呈候核辦一經公告期滿無人異議卽予依法撤銷他項權利關係合行公告週知

中華民國三十一年九月　日

市長 周學昌
地政局局長 胡政

南京特別市政府公告 字第 號

鈞棋

案據業戶莫先琳呈報坐落大石壩街第八十六號房地產原領前財政局所發三字第一六號所有權狀及三區二九五六段分段圖各一件因事變攜出遺失請予補給等情經飭據呈繳聲明圖狀遺失報紙暨鄰商兩保前來茲依照土地法第　百四十條第二款之規定揭示公告自公告之日起對於該項遺失圖狀如有因權利關係聲明異議者須於三個月內提出理由書暨證明文件呈候核辦一經

公告期滿無人異議卽予依法補給圖狀管業合行公告週知

計開

聲請人姓名及籍貫住所	土地坐落及四至面積	申報地價	定着物情形	共有權人	他項權利人	公告日期

公告期滿日期

中華民國三十一年九月　日

市長　周學昌

地政局局長　胡政

法規

南京特別市財政局各征收機關遺失捐稅票照處罰暫行辦法 三十一年九月

第一條 凡本局編號印發之各種捐稅票照及牌照爲征收機關於具領後因職務上之玩誤致有遺失者悉依照本辦法之規定處罰之

第二條 遺失各種捐稅票照或牌照規定處罰辦法如左

一、遺失各種捐稅空白票照者每張處罰國幣貳拾元按張計算如僅遺失收據一聯或繳核一聯者亦以全張論

二、遺失各種捐稅票照如已征收捐稅而匿報遺失空白者除按每張處罰國幣貳拾元外並依法懲處

三、遺失牙行空白牌照者每張處罰國幣伍拾元其餘援照本條第一項及第二項辦理

第三條 遺失之各種捐稅票照或牌照除依照第二條處罰外應於遺失之日起限三日內登報聲明作廢並檢取全張報紙呈報財政局審核辦理

第四條 本辦法如有未盡事宜得隨時呈請修正之

第五條 本辦法經市政府核定公佈之日施行

公牘

南京特別市政府呈 字第　號

案奉

鈞院行字第九〇七八號指令本府呈爲根據劃分國地收入標準援照上海市成案舉辦住房捐擬訂章程草案呈請備案由內開：

「呈件均悉准予備案此令」

等因奉此查此案前爲推進市政建設擬舉辦住房捐以資挹注當經擬訂征收章程呈報鈞院鑒核備案一面由府派員調查籌備啓徵在案玆奉前因除由府佈告定於本年九月份起開始徵收並咨請財政部查核外理合具文呈報仰祈

鑒核備案

謹呈

行政院院長汪

南京特別市市長　周學昌

中華民國三十一年九月　日

南京特別市政府咨 府社字第　號

查本市柴薪來源全賴四鄉供給近來物價高昂一般樵夫柴販乘機高抬售價市民負担日見加

重本府奉
諭嚴厲執行抑平首都柴價遵已會同首都警察總監署於九月十一日起實行在指定場所集中售賣以便管理並經物價評議委員會就各種柴薪評定限價以昭公允惟據報柴販進城金陵關須按值徵收轉口稅百分之七・五致柴價成本加重售價不得不因之高昂除嚴飭仍應遵照限價出售外相應咨請
查照轉飭金陵關迅將前項柴草轉口稅全部豁免以蘇民困並希見復爲荷
此咨
財政部

市長 周學昌

中華民國三十一年九月　日

南京特別市政府咨

府財字第　號

貴部賦字第二一二零號咨開：
案准
「案查各省市所屬各縣地方公款公產在事變前曾設公款公產管理處或監督委員會以資處理所有款產收入如息金房金以及麥租田租等項向經撥充地方教育慈善救濟等項事業之用事變以後各縣公款公產管理機關無形解體而原有公款公產仍多操於原管理人之手各縣縣長對於此項款產多未加意整理以致漫無稽考當此和運進展地方秩序多已恢復凡屬苛捐雜稅固應嚴行禁止卽各地方原有公款公產亦應早復常軌切實整理除分別咨行外相應咨請查照希卽通令所屬各縣剋期成立公款公產管理處趕將事變前原有公款公產切實整理造

冊具報幷先斟酌地方實際情形擬具整理辦法呈送轉部以憑查核並希見覆」等由准此查各省收入支出預算因有省縣之分故對於所屬各縣地方款產必須設置公款公產管理處俾專責成而資整理本市所轄境域集中市區向係統收統支並無附屬縣份與省方情形稍有不同關於本市公款公產依照市政府組織規則向由財政局第三科專設市產股以管理之並未另設地方款產管理處以期節省經費其較為重要部份如八卦洲已設有洲產整理處玄武湖則設有園林管理處漢中路設有攤販管理所各菜場設有菜場管理所各就環境需要分別負責管理均經列入概算彙報有案值此緊縮預算之際似無添設機關必要除擬仍飭各原管理人積極整頓隨時具報外准咨前因相應咨復

查照為荷

此咨

財政部

市長　周學昌

中華民國三十一年九月　日

南京特別市政府咨

府衛字第　號

案查前准

貴部醫二字第八〇號咨以奧國醫師高衛德請領醫師證書應補具該國領事證明再行核辦等由當經派由本府外交專員謝傳安轉知遵照去後茲據該專員簽復略稱據該醫師聲稱其國籍原隸奧國自德奧合併後奧國領事無權對外簽證而德領事當時在二十年六月間尚未與國府開始外交關係故遲而未復今閱報載上海市政府因外人向中國官署呈請時應否由該國領事簽具證明已由

貴部呈奉
行政院核准凡外人在中國官署呈請時應享受中國法律之保障勿須由該國領事簽證國籍等語復
請鑒核等情據此查外人在中國官署呈請證書應享受中國法律之保障勿須該國領事簽證國籍既
奉核准本案似可援例辦理相應咨請
查照並希　見復爲荷此咨
內政部

市長　周學昌

中華民國三十一年九月　日

南京特別市政府咨　字第　號

案查本市土地工作旬報表業經送至九月份上旬在卷茲造具九月份中旬前項工作旬報表乙
份相應咨送卽希
查照爲荷
此咨
內政部

計咨送本市土地工作九月份中旬旬報表乙份

市長　周學昌

中華民國三十一年九月　日

南京特別市政府咨　字第　號

案查本市土地工作旬報表業經送至九月份中旬在卷茲造具九月份下旬前項工作旬報表乙份相應咨送卽希

查照爲荷

此咨

內政部

計咨送本市土地工作九月份下旬旬報表乙份

中華民國三十一年九月　日

市長　周學昌

南京特別市政府辦理土地登記工作九月份中旬旬報表

中華民國三十一年

事項 分數 日	接收登記聲請書	土地所有權登記	房屋登記	更正登記	塗銷登記	移轉登記	分割登記	共有權登記	住所變更登記	繕寫査驗證	發給査驗證	備註
11						7					1	
12						7						
星期 13												
14						5						
15					1	1				1		
16					1	9						
17					1	4					2	
18					3	3					8	
19						5					2	
星期 20												
總計件數					6件	41件				1件	13件	

南京特別市政府辦理土地登記工作九月份下旬旬報表

中華民國三十一年

事項 件數 日	接收登記聲請書	土地所有權登記	房屋登記	更正登記	塗銷登記	移轉登記	分割登記	共有權登記	住所變更登記	繕寫查驗證	發給查驗證	備註
21						7						
22						1					1	
23						3					1	
24												
25					1						1	
26						1						
星期 27												
放假 28												
29						9				1	2	
10						4					1	
總計件數						25件				1件	6件	

南京特別市政府公函　府社字第　　號

查本市自實行柴草集中在指定場所發賣以來瞬已兼旬叠據報告有不肖牙行在場乘機代客過秤甚至强索佣金經派調查員余志翔在玄武門內柴場查獲宋玉林等公然收取行佣當將該宋玉林帶府詢問據稱伊係按柴行規則每日前來場內照料爲客買賣居中過秤合價應得之手續費每十元徵收佣金五角每日多則可收百元之數而以該項維持行內一切費用等語查此項指定場所發賣柴草原爲便利市民起見買賣雙方均可自由直接交易毋庸牙行居間過秤該宋玉林擅自在指定場所强行過秤斂收行佣殊屬非是茲將宋玉林一名解送

貴署請予詢辦相應函達至希

查照爲荷此致

首都警察總監署

計解送强收行佣犯宋玉林一名

市長　周學昌

祕書長陸善熾代行

中華民國三十一年九月　日

南京特別市政府
首都警察總監署　公函　署政一字第　　號

查本市柴薪來源全賴四鄉供給惟近日物價高昂一般樵夫柴販乘機高抬市價市民負擔日見增重本府署奉　主席諭嚴厲執行抑平首都柴價等因遵已於九月十一日起實行在指定場所集中售賣以便管理所有柴價均經物價評議委員會評定限價以昭公允惟據報柴販進城途經江甯縣屬稅

局須繳納地方復興補助稅每担國幣四元江浦縣徵收竹木專稅每担六角柴草成本加重售價高昂相應函請
查照轉飭各該縣迅將前項柴草復興捐稅及竹木專稅全部豁免以蘇民困至紉公誼
此致
江蘇省財政廳

市長 周學昌
秘書長陸善熾代行
總監 鄧祖禹

中華民國三十一年九月日

南京特別市政府公函 府工字第 號

查本京朝天宮孔廟久失修葺前經本府與內政部外交部會呈行政院核准撥款飭令本府修理在案當經轉飭工務局僱工興修現據該局呈稱修理工程業已全部完竣所有廟內原駐警衛團官兵大部遷讓其餘士兵不日亦須他遷以後廟產無人保護請轉函警察總監署派警值岡等情相應函達卽希
查照轉飭派警三名尅日到廟値崗以資保護實紉公誼
此致
首都警察總監署

市長 周學昌

中華民國二十一年九月日

南京特別市政府公函

府衛字第　號

案准

南京防疫委員會稱，因狀元境發現真性霍亂，所有附近居民應予施行隔離，而杜傳染，並將與病人接觸者卅九人應加以更嚴密隔離，請予收容檢視等由，准此查事關積極防疫，自應將該隔離者，送本府衛生局臨時隔離所實行隔離檢視，為求秩序安全起見，相應函請貴署轉飭保安警衛隊第二中隊第一分隊派警四名前往維持秩序以策安全為荷

此致

首都警察總監署

市長　周學昌

中華民國三十一年九月　日

附錄

國民政府最近公布法令一覽表

法令名稱	國府公布年月日	行政院令知年月日	與本府或所轄有關條文	本府令知日期或不另行文	原法令刊載何處	備考
浙東行政公署暫行組織查例	三十一年六月四日公布	三十一年六月十七日令知		不另行文	國府公報三三九號全文二十一條	
內政部組織法	三十一年六月十五日修正公布	三十年六月二十二日令知		不另行文	國府公報三四四號全文二十七條	
修正海軍服制條例	三十一年六月二十九日修正公布	三十一年七月八日令知		不另行文	國府公報三五〇—三六八號全文二十七條	
修正考試院組織法	三十一年七月二十二日修正公布	三十一年八月六日令知		不另行文	國府公報三六〇號全文十七條	
空軍服制條例	三十一年八月十三日公布	三十一年八月二十八日令知		不另行文	國府公報三六九—三七五號全文二十八條	
縣政府組織暫行條例	三十一年八月十五日公布	三十一年八月二十八日令知		不另行文	國府公報三七〇號全文三十條	
修正考試法施行細則	三十一年八月十七日修正公布	三十一年九月三日令知		不另行文	國府公報三七一號全文二十三條	
中國銀行條例	三十一年八月二十八日修正公布	三十一年九月五日令知		不另行文	國府公報三七六號全文二十一條	
交通銀行條例	三十一年八月二十八日修正公布	三十一年九月五日令知		不另行文	國府公報三七六號全文二十一條	
修正典試法	三十一年九月十二日修正公布	三十一年九月二十二日令知		不另行文	國府公報三八二號全文十六條	

市政公報暫定價目表

期限	價目	郵費
零售	每冊三角	本市二分 外埠四分
半年	十二冊 三元五角	本市四角二分 外埠八角四分
全年	二十四冊 七元	本市四角八分 外埠九角六分

市政公報廣告刊例

頁數	價目
一頁	每期十一元
半頁	每期六元
四分之一頁	每期三元

刊登廣告在四號以上者每期按照七折計算連續十號以上者每期按照六折計算長期另議

出版日期　本公報暫定每月二次

編輯者　南京特別市政府祕書處

發行者　南京特別市政府祕書處

印刷者　南京時代印書館
地址：南京朱雀路邀貴井十八號
電話：二二五九五號